如何全面深入地译读维根斯坦的《逻辑哲学纲要》
How to Comprehensively Interpret In-Depth
Wittgenstein's
Tractatus Logico-Philosophicus
当代逻辑学的语法算法和表达的规则的总形式
A General Formula for the Grammatical,
Mathematical and Expressional Rules
of the Contemporary Logic

王爱学◎著

线装书局

图书在版编目（CIP）数据

如何全面深入地译读维根斯坦的《逻辑哲学纲要》/ 王爱学著. -- 北京：线装书局，2024.5
ISBN 978-7-5120-6161-3

Ⅰ. B651.59

中国国家版本馆 CIP 数据核字第 2024XJ3912 号

如何全面深入地译读维根斯坦的《逻辑哲学纲要》
RUHE QUANMIAN SHENRUDE YIDU WEIGENSITAN DE《LUOJI ZHEXUE GANGYAO》

| 作　　者：王爱学 |
| 责任编辑：白　晨 |
| 出版发行：线装书局 |
| 　地　　址：北京市丰台区方庄日月天地大厦 B 座 17 层（100078） |
| 　电　　话：010-58077126（发行部）010-58076938（总编室） |
| 　网　　址：www.zgxzsj.com |
| 经　销：新华书店 |
| 印　制：北京毅峰迅捷印刷有限公司 |
| 开　本：710mm×1000mm　1/16 |
| 印　张：33 |
| 字　数：360 千字 |
| 版　次：2024 年 5 月第 1 版第 1 次印刷 |
| 印　数：1—300 册 |

定　价：89.00 元

目 录

第一章	序……………………………………………………………1
第二章	维根斯坦为这本著作写的序言的中译…………………13
第三章	判断的总形式………………………………………………17
第四章	逻辑坐标与判断的词法……………………………………25
第五章	逻辑点与判断句的句法之一……………………………71
第六章	逻辑点与判断句的句法之二……………………………95
第七章	逻辑点与判断句的句法之三……………………………131
第八章	判断的逻辑与逻辑关系…………………………………179
第九章	逻辑的判断与逻辑数学…………………………………217
第十章	撰写与核对逻辑句的规则及其哲学意义………………279
第十一章	逻辑哲学的总纲…………………………………………343
第十二章	罗素为这篇著作写的引介的中译………………………413
第十三章	维根斯坦为创建信息科学作出的巨大基础理论贡献…449
第十四章	跋…………………………………………………………473

第一章

序

提到语言哲学，人们一般会想到弗里格（Gottlob Frege, 1848-1925）、罗素（Bertrand Russell, 1872-1970）和维根斯坦（Ludwig Wittgenstein, 1889-1951）。他们的共同点是把日常生活中的口语作为哲学的研究对象。不过，尽管弗里格和罗素都曾先后宣称他们成功地建立了一个完整的逻辑哲学系统，但是罗素证明了弗里格的集合的集合论中的根本错误，而维根斯坦也证明了罗素的《数学原理》中的集合论的悖论的错误。和他们相比，只有维根斯坦在《逻辑哲学纲要》（Tractatus Logico-Philosophicus）中通过环环相扣的图形演绎推理才成功地构建了一个完美可靠的逻辑系统。自20世纪50年代开始飞速发展的信息科学已经证明维根斯坦创建的逻辑哲学和逻辑语言系统是个完美并且牢不可破的系统。维根斯坦构建的逻辑哲学系统完整深刻地存在于他的《逻辑哲学纲要》中。这是他一生中发表的唯一著作。这本小书从发表到如今已经过去整整一个世纪。虽然它已经被部分学者认定为哲学发展史上最重要的著作之一，但是直到如今还有许多人声称这本著作难懂，并且可以有许多不同解读。

笔者将演示维根斯坦在这本著作中为逻辑哲学制定的若干规则的根据是比几何图形更加高度抽象的逻辑坐标的图形的演绎，完全做到了理论联系实际。虽然他在这本著作中多次直接或间接地提到了逻辑坐标，但是他并没有做出逻辑坐标的图形。据笔者所知，全世界研究维根斯坦的学者也都没有做出他提到过的逻辑坐标的图形。笔者将在这本著作中做出他没有公开的逻辑坐标图,并把它命名为"王氏逻辑坐标图",并用英文给它起了个名字叫"Wang's Diagram of the Coordinations of Logic"。笔者还将演示,维根斯坦在《逻辑哲学纲要》中以他没有公开的逻辑规则图为根据作出了几十条逻辑的演绎推理的规则。但是他也没有公开这个图表,笔者在本文中将把他没有公开的逻辑规则图做出来。笔者称它为"王氏逻辑规则图"并用英文给它起了个名字叫作"Wang's Diagram of the Rules of Logic"。笔者将演示,维根斯坦在《逻辑哲学纲要》中作出的每一条逻辑哲学的论断都是对王氏逻辑坐标图和王氏逻辑规则图的译读;并且笔者译读这本著作的逻辑根据也是这两个图表。笔者在译读这两个图表的同时也将把他的《逻辑哲学纲要》中的全部英文语句翻译成中文语句并在译文下面用中文作出详细、通俗易懂的解释。

根据芒克(Ray Monk)和康德仁(Edward Kanterian)为维根斯坦写的传记,维根斯坦出生于奥匈帝国的首都维也纳的一个非常富裕的家庭,从小就对语言、音乐和数学深感兴趣。1906年他去柏林读了两年机械工程的中等专业学校,1908年去英国曼彻斯特大学读了四年航空动力学本科,并取得了一项制造航空发动机的专利。大学毕业之后他对哲学产生了更强烈的兴趣,多次去剑桥大学找罗素面谈,并于1912年去剑桥大学的三一学院读了两年本科,师从罗素研究哲学。1913年10月他去挪威的乡下开始撰写《逻辑哲学纲要》。1914年底他离开挪威,回到奥匈帝国参加第一次世界大战,同时进行逻辑哲学的写作。1918年大战快结束之前他在意大利成为俘虏。他在俘虏营里且不到三十岁就完成了《逻辑哲学纲要》这部具有划时代意义的著作。从1918年起他开始找出版商。由于此书的独特的排版形式,再加上维根斯坦当时没有名气,几次投稿都失败。直到1921年,在维根斯坦的请求下罗素为这本书的德文原稿写了英文序言,该书的德文版才正式出版。维根斯坦看了罗素为德文版的《逻辑哲学纲要》写的英文序言之后并不满意,一度产生了还不如不要罗素写的序言就出版这本著作的想法。

第一章：序

但是他的德文出版商说要不是有著名的哲学家罗素写的序言他不会同意出版这本著作。① 1922年这本书的英文版也是在罗素的帮助下才在英国正式出版。英文版的译者是剑桥大学的语言学家奥格拢（C. K. Ogden）。译本得到了剑桥的年轻的数学家兼哲学家冉姆西的帮助（Frank Ramsey 1903-1930），此人也是罗素的学生。并且这个英文译本由维根斯坦本人作了最后的修改，笔者翻译的英文原著就是这个版本。

维根斯坦在这本著作出版之后宣称他解决了所有的哲学问题，但是认为宗教也属于哲学的人士认为他太狂妄。所以他从1921年到1929年，先去奥地利的山区做了八年多小学教师，然后回到维也纳做了不到两年的建筑工程师。维根斯坦的家庭在维也纳有广泛的社交圈子，并不差资金和求职的机会，但是他好几次拒绝了他姐姐给他找工作的企图。也正是在这期间，人们开始认识到《逻辑哲学纲要》的重要意义。在剑桥大学的著名经济学家凯恩斯和年轻的数学／哲学家冉姆西等人的劝说下，（冉姆西还专程去和维根斯坦面谈），维根斯坦1929年回到剑桥。由于他没有博士学位，不能申请学术拨款也不能在大学执教，所以他先读了两个学期的哲学研究生课程。指导老师就是比他小十多岁的冉姆西，他的博士学位答辩的论文就是十多年前就已写好了的《逻辑哲学纲要》，答辩的主持人之一就是罗素。

维根斯坦获得博士学位之后开始在剑桥大学的三一学院执教。从1930年到1939年，他教过语言哲学、逻辑哲学、美学、形而上的批判等十几门课程，并成为哲学系的系主任。在这期间，由于他的授课受到学生们的普遍赞扬和传颂，他们毕业后进入大学和研究单位工作继续宣传维根斯坦的哲学思想，所以维根斯坦在去世前就已逐渐成为二十世纪最伟大的哲学家而闻名于西方世界。1939年

---

①Soon after the meeting Russell wrote his introduction to the Tractatus, but Wittgenstein was so disappointed by his former teacher's apparent lack of understanding that he initially decided against publishing the book at all rather than have it appear with such a preface. 此次会面后不久罗素就为《纲要》写了他的介绍，但是维根斯坦对他的以前的老师明显的缺乏理解感到如此失望以至于他一度决定与其让它带着这个前言面世还不如根本就不出版。Edward Kanterian, Ludwig Wittgenstein, Chapter 6, Reaktion Books, 2007..

如何全面深入的译读维根斯坦的《逻辑哲学纲要》

之后他离开剑桥去伦敦参加二次大战，1944年他回到剑桥，1947年退休，1951年逝世。

维根斯坦的著作可以分为两个时期。在去剑桥教书之前，他于1922年独立完成并出版了《逻辑哲学纲要》；在那之后，他没发表过任何文章，也没有出版过任何著作。在他逝世之后，人们整理他的书稿、教案、讲稿和笔记，才得到了《哲学调查》《蓝皮书》《褐皮书》和《论确定》等著作。其中的《蓝皮书》是他用于上课的讲稿，[②]《褐皮书》和《论确定》的主要内容后来被收进了《哲学调查》，所以《哲学调查》实际上是《褐皮书》和《论确定》的整合和补充。《哲学调查》是他在生前就已经完稿但是最后决定不予发表的著作。另外，他在1939年连续两个学期举行了一个专题讲座，讲解算术的原理。此讲座共有三十一讲，在听课者中间已知有四人作了听课笔记，他们曾把这些听课笔记当作珍贵的学术资料在同行之间传阅。所以美国弗吉尼亚大学的哲学教授戴尔蒙（Cora Diamond）在征集到这四位听课者的笔记之后，把它们整理合编成书，题名为《维根斯坦1939年于剑桥论数学的若干原理的讲座》，于1976年出版[③]，笔者将把这本书简称为《讲座》。为了帮助读者全面读懂维根斯坦，笔者已经把英文版的《哲学调查》[④]翻译成中文并做了注释，也把《讲座》翻译成了中文也做了注释。

芒克是《大英百科全书》指定的"维根斯坦"这个词条的撰写人。他完成过哲学和数学逻辑的博士训练。但是他在他的《如何阅读维根斯坦》这本著作中指出《逻辑哲学纲要》中的语句之间缺乏关联，不存在任何数学逻辑，只可以看作是格言式的著作。[⑤]而笔者将在这本书中演示，《逻辑哲学纲要》为构建完美的逻辑哲学系统制定了一整套具有套层结构的"语法+算法+表达"的规则。正

[②] 笔者认为这是一部非常精彩讲授哲学的讲稿, 语言通俗、深入浅出。它教给你许多哲学思辨的方法和窍门。

[③] Cora Diamond ed. Wittgenstein's Lectures on the Foundations of Mathematics, Cambridge 1939. Chicago, the University of Chicago Press, 1976.

[④] Wittgenstein, Philosophical Investigation, translated by G.E.M. Ansscombe, et al, Blackwell Publishing, UK, 2009.

[⑤] Ray Monk, How to Read Wittgenstein, Granta Books, 2005.

第一章：序

如几何定理都包涵几何图形，维根斯坦的逻辑演绎推理的规则也都有一层套一层的逻辑演绎推理的图形。笔者还将演示，无论是维根斯坦的手稿、讲义还是专题讲座，都是对他在《逻辑哲学纲要》中构建好的逻辑哲学系统的部分解读。他始终没有全面彻底的公开他在脑中用高度抽象的逻辑思维做出的环环相扣、步步深入的逻辑坐标的演绎推理的图形。笔者将反复演示这些环环相扣的图形就深藏在《逻辑哲学纲要》中。考虑到维根斯坦在写完《哲学调查》并联系好出版商之后却最后选择不予发表这个事实，笔者可以推测维根斯坦在世时对他的著作受到的遭遇是相当失望的。这也许是他在剑桥教书十年并没有全面传授他是如何构建逻辑哲学体系的原因，他甚至没有公开说明他构建逻辑哲学的基础就是逻辑坐标的图形设定。

笔者将用逻辑坐标的图形设定演示，维根斯坦在《逻辑哲学纲要》中为人类首次整理出了一个崭新的既能明晰地说明世界也能高效的改造世界的逻辑哲学系统，并且这个系统中包涵的逻辑的模型既是当代信息工程学的基础，也是当代应用科学用数学建模的原始模型。但是直到如今不仅没有人指出维根斯坦为逻辑学和自然科学的发展作出的巨大的贡献，而且他在逻辑哲学方面取得的巨大成就还被好几位西方数学家剽窃，更加不可思议的是他为逻辑学的发展作出的巨大贡献在当代世界几乎被彻底埋没。例如，无论是BBC的普及节目《逻辑的乐趣》[⑥]还是十八卷的《哲学逻辑手册》[⑦]都只提到罗素为逻辑的发展作出的贡献，连维根斯坦的名字都没提及。

《逻辑哲学纲要》是维根斯坦写给像他的导师罗素这样的、当时是世界上第一流的逻辑学家们看的。它采用数学子集的形式排版，没有注释，也没有列出参考著作。这是因为《逻辑哲学纲要》中的每一条论断的证据都是逻辑的图形语言，他只是没有做出这些图形证据而已，但是我们可以推测维根斯坦跟罗素面谈时谈到过逻辑的图形证据。要不然，根据康德仁为维根斯坦写的传记中的描述，罗

[⑥] 英国广播公司，《逻辑的乐趣》（电视节目 2013）。BBC, The Joy of Logic (TV Movie 2013).

[⑦] Dov M. Gabbay ed. Handbook of Philosophic Logic,1983—2012. 请参见戈倍等人编辑《哲学逻辑手册》1983—2012。

如何全面深入的译读维根斯坦的《逻辑哲学纲要》

素当初在同意维根斯坦成为他的学生之后，与维根斯坦的姐姐面谈时，不会说哲学就等待着维根斯坦为其发展指出新方向。

维根斯坦去世之后，人们为他整理出来的著作中也同样没有注释和参考著作。所以从形式看，这样的写作很容易被人误解为仅仅是罗列一些具有哲学深度的格言。如果我们相信某些坚持本体论的哲学家们的别有用心的忽悠，把这部具有划时代意义的逻辑哲学著作看作是一本格言体的哲学语录书，那就是太小看罗素和维根斯坦的逻辑思辨能力，也太贬低自己的认知能力。只不过罗素终其一生都没有介绍维根斯坦在《逻辑哲学纲要》中建立的、完全颠覆了西方传统哲学和逻辑学的图形证据，也没有公开承认维根斯坦给他指出的存在于他的《数学原理》中的许多关键错误。但是罗素似乎是默认了维根斯坦给他指出的错误，因为他在《逻辑哲学纲要》发表之后就放弃了对数学原理的研究，而是改行去写西方哲学史、国际和国内时事评论和短篇小说。具有讽刺意义的历史事实是，当《数学原理》的基础已经被《逻辑哲学纲要》捣毁之后，罗素仍被人们当作是当代世界的哲人和逻辑学的主帅，并被授予了诺贝尔文学奖。于是罗素被宣传成为全世界的知识分子的楷模，成为他们的精神导师，从而彻底掩盖了维根斯坦创建的崭新的逻辑学和逻辑哲学系统。

为什么罗素和剑桥大学的其他逻辑学家们会把《逻辑哲学纲要》看作是具有划时代意义的学术著作？答案很高度抽象也很简单，维根斯坦在这本著作中提出的哲学理论的基础就是与传统逻辑完全不同的新逻辑。新逻辑学的研究对象是表达主体语言和客体语言的形式相对应的认知结构 aRb。这个认知结构完全可以展开成为一个逻辑坐标，并且我们可以从只有一个判断的刻度的逻辑坐标开始作有无比深度和广度的图形演绎。这是因为只要我们从高度抽象的逻辑思维中得到有一个判断的刻度的逻辑坐标，就可以从中推导出由 N 个越来越复杂的逻辑坐标组成的形式序列。笔者将指出，这个逻辑坐标的形式序列就是维根斯坦创建的新逻辑学的理论根据，当代信息科学的基础理论也是这个形式序列。这就是为什么笔者把维根斯坦创建的新逻辑学命名为当代逻辑学。

维根斯坦在《逻辑哲学纲要》和后来的《褐皮书》与《哲学调查》

第一章：序

中都把讨论逻辑哲学的语句用子集的形式分门别类，然后进行环环相扣的演绎推理。外行人看来似乎是水波不兴，但是对知道西方传统哲学的人而言，维根斯坦在逻辑的演绎推理过程中写出的每一个判断句都可以说是步步惊心。每一步都演示西方传统哲学和逻辑学在研究方法和研究对象这两个方面都出现了长达两千多年的根本错误。维根斯坦本人在《逻辑哲学纲要》的作者前言里也说，他提出的逻辑哲学只有跟他一样有过类似想法的人才能看懂。于是我们得问，维根斯坦的逻辑学究竟包涵了些什么与旧逻辑不同的特征？读者将会在笔者的这本译读著作中找到完整深入的答案。

在进入正题之前，让我们先回顾一下逻辑学的发展过程。在语言哲学出现之前，逻辑学在西方哲学发展史上是公认的发展得最为缓慢的基础理论。一般认为，柏拉图首先指出，逻辑作为人们的正确的思维形式是思想家对来自上天的纯粹的思维形式的模拟。亚里士多德接下来在制定西方的教育制度时把学习课程分成物理学和物理学的物理学，并把逻辑学设定为物理学的物理学的基础理论。当时的物理学就是如今的科学，当时的物理学的物理学就是后来的哲学，于是逻辑学既是哲学的基础理论也是科学的基础理论。这就是为什么罗素因《数学原理》而成为英国皇家科学学会的会员的原因，这也是为什么维根斯坦把他的这本著作命名为《逻辑哲学纲要》。这本小书中包涵着他企图用逻辑说明世界并改造世界的远大理想和具有巨大战略价值的实用软件技术。

亚里士多德还指出逻辑的属性是求"真"，并且他还把"真"定义为是什么就说是什么。亚里士多德以句子为单位，从中整理出不同类别的三段论，并把三段论作为逻辑思维的基本形式。三段论中包涵的论点、论据和推理过程，一直被后人看作是形式逻辑的起点。但是亚里士多德并没有写出一部专门讨论逻辑的著作。直到十九世纪，德国哲学家黑格尔才写了一本题为《逻辑》（The Logic）的著作，书中讨论的内容主要是他认为各种不合理或者说缺乏逻辑的思维形式。⑧在古典逻辑学和现代逻辑学方面，真正值得研

---

⑧黑格尔在这本著作中也提到中文没有逻辑。中文没有逻辑这一偏见在现代西方学术界似乎已成共识。部分原因是连民国时期的国学大师们都认同这一观点。林语堂在他的《吾国吾民（My Country and My People）》中甚至宣称不仅中文没有逻辑，就是

究的是英国哲学家弥尔（John Stuart Mill）的著作《逻辑的体系》（The System of Logic）。罗素就是把弥尔看作他的逻辑学的启蒙导师。不过，弥尔的思路也没有跳出三段论所包涵的悖论的窠臼：即逻辑的形式一方面被认为是来自上天的纯洁的精神，但是在另一方面此精神又像酒精一样被掺合在不纯洁的日常生活语句的液体中。传统的形式逻辑的形式特征就是把逻辑推理的大前提设定为是被上天事先做好了的看不见的形而上。西方传统的哲学家们，从柏拉图到康德和黑格尔到如今的本体论者们，就都是根据这个强言为真的大前提进行思考，提出假设，然后用形式逻辑进行论证，企图证明人世间的形式逻辑来源于上天的完美的形式，丝毫不考虑人们的认知主体和客体在感知方面的关联。

逻辑学的真正变革发生在十九世纪末和二十世纪初。首先是弗里格和罗素几乎不约而同的开始从普通语言中研究出了语言和函数之间的关系。维根斯坦是在弗里格和罗素所取得的成就的基础上在逻辑哲学方面取得突破的。这三个人的共同特点是对生活中的语言，尤其是口语，进行细致的语法分析，从而发现了许多被日常语言伪装了的逻辑的算法，如函数、序列的排列和组合、集合、微积分等。所以人们一般把以语言为研究对象的哲学叫作语言哲学。语言哲学有时候又被称为分析哲学，因为它的研究方法是对语言的逻辑结构进行严格的语法和算法分析，于是分析哲学彻底改变了哲学的研究对象和方向。

如果说罗素和弗里格作出的突破是在语句分析中做到了把数学语句和逻辑语句在某类语句的案例中相结合，那么笔者在本书中将证明维根斯坦作出的巨大贡献就是成功地把人类共享的判断的总形式 (aRb) 中包涵的层层深入的"语法+算法+表达"结构，整合成为一个全新的，既具有普遍的哲学意义也包涵软件技术的逻辑哲学系统。笔者将指出这个哲学系统既是当代信息科学和所有其他应用科学的基础理论，也是当今所有人文学科的基础理论，而且笔者还将指出维根斯坦创立的逻辑哲学也为未来的基础理论如何发展指明了方向。

中国人的思维也没有逻辑。

第一章：序

　　如果我们把弗里格的代表作《算术的基本法则》、罗素的代表作《数学原理》和维根斯坦的代表作《逻辑哲学纲要》在页面上作个简单直观的比较，就能看出弗里格和罗素从普通语言中整理出来的逻辑的演绎推理都是散落在用符号表达的单独的某类判断句的案例中。那些符号都是些用作定义的、像音乐符号一样的代码。它们在表达上的根本属性是再现，即用符号再现思维的形式。人们无法用他们的代码做出完整的、不断升级的、有流程的逻辑的运算。

　　笔者将指出，维根斯坦在《逻辑哲学纲要》中做到了让每一条判断句都包涵以逻辑坐标为根据进行逻辑推理的图形语言。图形语言的组成部分是 a、R、b、+、( )、-、p、t、f 这几个语言符号，这些语言符号都是变量符号。尤其重要的是他把"--"设定为同一个简单判断的两个不同的感知值（真或伪）和认知主体触觉现实的象征符号。于是"--"一方面成为有流程的并且可以不断升级的逻辑运算的基本单位，另一方面成为人们的世界观和方法论的象征符号。维根斯坦确定的逻辑运算的基本单位"--"使得逻辑的计算成为和现实密切关联的信息科学中的二进制的计算，使得逻辑哲学成为可以说明世界并改造世界的哲学。

　　维根斯坦创建的逻辑哲学的大厦的基石就是上面那几个语言符号组成的图形语言。笔者在译读这本著作的同时将反复用这几个逻辑语言符号做出"王氏逻辑坐标图"和"王氏逻辑规则图"的整体或部分。笔者将演示，这两个图表是《逻辑哲学纲要》中的逻辑学和逻辑哲学都可以合理成立的图形证据和结论。笔者还将演示，维根斯坦采用的图形证据比欧式几何的图形证据更加高度抽象、更能完美又灵动地反应客观现实。这是因为人们只能靠自己做出抽象的几何图形，但是可以通过逻辑哲学的图形语言利用虚拟的逻辑的机器指挥客体全面又精准的描绘万物的存在的形式。

　　仅仅是阅读或者说解释这本著作中的语句的字面意义并不能全面深入的理解逻辑哲学，只有笔者做出的王氏逻辑坐标图和王氏逻辑规则图才能直观又客观的表达逻辑哲学的精髓。在译读这本著作的过程中，笔者将演示逻辑哲学三大组成部分是逻辑学、逻辑语文和逻辑数学。这就是说，当我们在掌握了逻辑学、逻辑中文和逻辑

如何全面深入的译读维根斯坦的《逻辑哲学纲要》

数学之后，我们就不知不觉地掌握了逻辑哲学。这将极大地提高整个人口的理论和学习素质，提高我们利用客体说明并改造这个世界和生活的质量、数量、效率和速度。

必须强调，由于逻辑哲学的世界观和方法论始终强调存在第一，逻辑第二，并且确定了如何对判断进行有流程的且可以不断升级的客主辩证统一的计算方法，所以逻辑哲学在当代信息科学的发展中所取得的成就标志着马克思开创的辩证唯物主义已经取得了全面彻底的胜利。仅仅是因为在当今世界人们还不知道当代信息科学的理论源泉，所以人们还不知道辩证唯物论已经取得的这个巨大胜利。

还应指出，维根斯坦创建的逻辑哲学的方法论使得西方资本主义国家在二战之后掌握了强大的软件工程技术，促进了信息科学的诞生和发展，从而极大地提高了生产力和生产效率。人们用拼音语言为信息科学的生态环境营造了一个封闭的基础从而掌握着话语霸权。生产力的发展也促使西方国家的舆论界开始反思西方传统文化中的问题，如二元对立、文化／种族歧视、唯我主义，等等，从而从20世纪70年代初开始扭转了"东风压倒西风"的趋势。

马克思的辩证唯物主义论虽然在东方取得了政治统治权，但是在教育界，尤其是在逻辑学、数学、文学作品赏析等学科的课程设置中并没有掌握话语权。这是因为全世界的现代教育和科学研究制度都是从西方照搬的。这些制度的设置本来就是受西方学术界的逻辑学和哲学的影响而诞生的，目的就是维护他们长期保持的已成体系的意识形态和话语霸权。所以在当今世界有些人有能力在世人的面前，在众目睽睽之下，做到了把维根斯坦创建的逻辑哲学的世界观和方法论埋没了整整一个世纪。

通过学习维根斯坦的逻辑哲学，我们还可以看出中文文字的意指和逻辑符号的意指在形音义这三方面可以做到完全一致，从而在未来的语言竞技中具有全面的战略压倒优势。于是我们有能力也有知识和西方的过气了的旧逻辑、旧意识形态、旧文化传统实现彻底的决裂，优化我们的课程设置，让辩证唯物主义的世界观和方法论成为提高生产力和优化学习方法的强大思想武器。

笔者在此郑重声明。通过阅读《逻辑哲学纲要》，笔者发现逻

第一章：序

辑的表达事实上是用高度抽象的逻辑坐标组织而成的图形语言，但是维根斯坦只用简洁的语句描述了他终生没有公开的逻辑的图形语言。笔者的王氏逻辑坐标图和王氏逻辑规则图将揭露这个软件技术领域中的最高机密。这两个逻辑规则图都是笔者本人的原创。笔者在本书中还从这两个规则图做出了许多不同的截取或引申，从而作出了许多不同的与逻辑语言的组织结构有关的图形。这些图形也都是作者本人的原创。由于这两个逻辑归则图确定了既完整又开放的逻辑和数学计算系统，人们可以从中作出数目无比的表达逻辑和数学的算法的图表，所以今后任何其他学者或学术机构在引用王氏逻辑坐标图序列和王氏逻辑规则图序列的整体和其中的任何部分之前都必须经过作者本人同意。

20世纪80年代初笔者在北京国际关系学院攻读英文硕士学位时开始研究罗素，并在此过程中接触到维根斯坦的著作并对他的思想深感兴趣。90年代中期笔者在美国休斯敦大学写的文学博士论文也是重点研究戏剧语言中的呈现和再现的区别。本书引用的学术资料绝大部分来自英文版的维根斯坦的著作，也有少部分来自罗素和其他学者的著作。笔者把读者设定为具有高中以上文化程度并接受过语法和数学的基本训练。欢迎读者对笔者的译读提出不同的见解与批评。

第二章

维根斯坦为这本著作写的序言的中译

Preface
序

This book will perhaps only be understood by those who have themselves already thought the thoughts which are expressed in it---or similar thoughts. It is therefore not a text-book. Its object would be attained if there were one person who read it with understanding and to whom it afforded pleasure.

这本书也许只能被那些亲自想到了此书里面所表达的诸多思想——或者相似思想的人们懂得。因此它不是一本教科书。假使有一个人读懂了它并且给予了他愉悦那么它就达到了目的。

This book deals with problems of philosophy and shows, as I believe, that the method of formulating these problems rests on the misunderstanding of the logic of our language. Its whole meaning could be summed up somewhat as follows: What can be said at all can be said clearly; and whereof one cannot speak thereof one must be silent.

这本书处理哲学的诸多问题，并且，我认为，演示了这些问题的形成方法在于对我们的语言中的逻辑的误解。它的全部意义多多少少可以总结如下：凡是能说得到的东西就说得清楚；凡是在说不到地方就必须保持沉默。

The book will, therefore, draw a limit to thinking, or rather---not to thinking, but to the expression of thoughts; for, in order to draw a limit to thinking we should have to be able to think both sides of this limit(we should therefore have to be able to think what cannot be thought).

于是这本书将界定想的界限，或者说将不界定想，而是界定思想的表达的界限；这是因为为了给想划出界限我们必须应该有能力想到此界限的两边（因此我们必须应该有能力想到不能被想到的）。

The limit can, therefore, only be drawn in language and what lies on the other side of the limit will simply be nonsense.

于是此界限只能用语言划出并且凡是处于界限的那边的简而言之就是毫无感知。

How far my efforts agree with those of other philosophers I will not decide. Indeed what I have written here makes no claim to novelty in points of detail; and therefore I give no sources, because it is indifferent to me whether what I have thought has already been thought before by another.

我的功夫与其他哲学家们的功夫保持一致，保持了多远我不做决定。我在这儿已经写出的东西的的确确绝不在细节上声索任何新奇；于是我没给出出处，因为我不在乎我所想到的是否在从前被另一位哲学家想到过。

I will only mention that to the great works of Frege and the writings of my friend Bertrand Russel I owe in large measure the stimulation of my thoughts.

我只想提及我的思想的激励要大幅度地归功于弗里格的诸多伟大著作和我的朋友伯特兰罗素的诸多著述。

If this book has a value it consists in two things. First that in it thoughts are expressed, and this value

第二章：维根斯坦为这本著作写的序言的中译

will be the greater the better the thoughts are expressed. The more the nail has been hit on the head. ---Here I am conscious that I have fallen far short of the possible. Simply because my powers are insufficient to cope with the task. ---May others come and do it better.

如果这本书有点价值那么它在于两件事。首先思想在其中得到了表达，并且思想表达得越好价值就越大。敲钉子就敲得越紧。---我在此意识到我还远远没达到那特定的或然，就是因为我的力量不足以应付这特定的任务。但愿其他的人们来把它做得更好。

Or, on the other hand the truth of the thoughts communicated here seems to be unassailable and definitive. I am, therefore, of the opinion that the problems have in essentials been finally solved. And if I am not mistaken in this, then the value of this work secondly consists in the fact that it shows how little has been done when these problems have been solved.

或者，在另一方面这儿交流出的思想的真实似乎是无懈可击的并且是可以确定的。于是我有这种意见，这些问题在诸多实质上终于被解决了。如果我在这点上没错，那么这本书的价值在第二件事上在于此事实，它演示在这些问题得到解决之时已做出的事是多么少。

译注：敲钉子是确定逻辑点的暗喻。他是说他一个人没有力量投影客体的存在的形式中的哪怕是一个逻辑点。为了投影一个逻辑点他需要许多机械设备和逻辑编码人员，但是维根斯坦从逻辑坐标和逻辑点中发现了一个认知的新大陆和其广阔的应用前景。试想任何人取得这样伟大的成就时该是多么激动，但是他保守了这个秘密，公开声明他不愿意公开他在书中表达的思想的出处。他说他不在乎其他哲学家是否有过同样的思想，那是因为他知道其他哲学家都没有想到我们在日常生活中必须使用的逻辑坐标就是解决语文、数学、科学和哲学的问题的基础。就此而言，本书的价值就在于终于有机会揭开我早已看明白了的、他逝世时带走了的这个巨大秘密，并且

如何全面深入的译读维根斯坦的《逻辑哲学纲要》

我还做出了王氏逻辑坐标图和王氏逻辑规则图。和这个认知的新大陆和其无比广阔的前景相比，当代信息科学所取得的成就仍是多么的少。当我把这本书献给读者时，我也希望其他的人们来把逻辑哲学赋予我们的伟大任务完成得更好。

第三章：判断的总形式

第三章

判断的总形式

提要：数学家高斯曾宣称数学家的任务是在数学计算中寻找上帝的杰作；而维根斯坦在《蓝皮书》中宣称数学家的任务是要利用客体不断地提高计算的速度和效率。为了判断这两个人的理论哪一个更合理、更契合实际，请和我一起开始仔细译读《逻辑哲学纲要》的第一大子集。

1. The world is everything that is the case.
   世界是每一件可以核对成立的事。

译注：核对成立即认知主体用判断决定某件事是否成立。维根斯坦在《逻辑哲学纲要》的第 4.5 段，在《哲学调查》的第 134 段和《蓝皮书》中多次指出判断的总形式用描述语言表达是"如此这般核对成立"[①]，在《逻辑哲学纲要》的第 4.012 段指出我们是把判断的总形式感知为用 aRb 表达的图形，并在第 3.1432 和 4.1252 段给 aRb 做出了详细的定义。

根据我对维根斯坦的著作的研究，我将详细解释什么是"如此这般核对成立"。在形象思维中，我们用描述句，如"那是桌子"，核对某个东西是不是桌子这件事是否成立。当我们说"那是桌子"时，我们是在不自觉地使用逻辑坐标 aRb 做出判断。桌子是客体，从客体的位置引申出来的延长线可以看作是客体语言轴。这是因为这条延长线总是代表客体无声的反复地诉说着"我在这里"，于是我们可以把客体的无声语言叫作客体语言轴 a。判断某个东西是否是桌

[①]《逻辑哲学纲要》第 4.5 段: The general form of proposition is: Such and such is the case. 判断的总形式是：如此这般核对成立。

子的东西是存在于人的大脑中的认知主体，从认知主体引申出来的延长线可以叫作主体语言轴。这是因为这条延长线总是代表主体反复对客体说着"我要找你"。主体语言轴和客体语言轴在视野确定的范围之内（如某个房间之内）的相对成立是如果客体语言轴是横轴，那么主体语言轴是纵轴；反之依然。在欧式几何中，认知主体只能从固定不变的角度和分裂的思维看待组成客体的点线面。与之相反，在维根斯坦表达的高度抽象的逻辑思维中，认知主体在立体的视野范围之内可以从任何角度通过纵横交叉核对确定某个事件在逻辑坐标中的逻辑点上是否成立。连接主客语言轴的交叉点就是逻辑点。所以在立体的高度抽象的思维中，逻辑坐标必须是个用 aRb 的轴对称结构确定的空空的有逻辑边界的方框。遵循维根斯坦的习惯，我用"a"表达客体语言轴，用"b"表达主体语言轴，用 fa 表达主体语言是客体语言的判断函数，用"R"表达连接主客语言轴并使两者保持十字交叉并对称平衡的逻辑点，用"+"表达认知主体在逻辑点上可以从空间中的任何角度对客体的存在形式作纵横交叉核对，用"p"表达认知主体对客体是否存在做出的简单判断，用"t"表达判断的真值，用"f"表达同一个判断的伪值，用"--"表达同一个简单判断的两个真伪值。于是我可以做出下面这个王氏逻辑坐标图表达我们的思想在高度抽象的逻辑思维中是如何确定某个简单事件是否成立。

a	a	t	a
R		+ (--) p	
b	fa	f	fa

此坐标图的第一个竖行是原始逻辑坐标 (aRb)[0]。原始逻辑坐标是逻辑坐标序列的起点。原始逻辑坐标图的图形可以展开如下。

a	a	a	
R		+ (tf) P	
b	fa		fa

原始逻辑坐标在客/主语言轴上没有用 tf（判断的真伪值）确

第三章：判断的总形式

定的判断的刻度。我用大写的 P 代表原始判断，原始判断是没有意义的判断。这是因为真伪判断和与之相关的行为只发生在逻辑点上。

根据王氏逻辑坐标图，简单判断是有意义的判断的开始。这是因为认知主体可以根据客/主语言轴上判断的刻度离开逻辑点对逻辑点上发生的事件进行反思。反思的结果是判断的计算。只有人才能根据判断的计算利用另一个客体代替自己去逻辑点上执行某个任务，例如用长矛投向某个猎物。所以简单判断的逻辑坐标的形式特征是客主语言轴上都有了判断的刻度。王氏逻辑坐标图中的客体语言轴上的 t 代表客体的存在第一。主体语言轴上 f 代表主体的判断第二。符号 t 和 f 在客/主语言轴上相对成立表达这个事实：当我们在不知道事实真相的情况下，我们总是面对"真/伪"这个矛盾。于是复杂结构"+（tf）p"表达简单判断的必然逻辑属性是辨析判断的真伪。符号 t 表达客体的存在总是为真。但是在日常生活的简单判断中，在处于动态的逻辑坐标的逻辑点上也许存在也许不存在某个简单客体，于是认知主体的判断也许是对的也许是错的。于是我们可以用"--"代表同一个简单判断的两个不同的感知值，其中一个"-"是说客体在这个逻辑点或框里可以存在，另一个"-"是说客体在这个逻辑点或框里不可以存在。这就是说，(--)[1] 是简单判断用逻辑判断值给简单客体的存在作有逻辑的画面的作画形式，简单判断函数 fa 的轨迹即简单客体必然存在的形式。但是数学函数 fa 一次只处理一个确定的值；而简单判断必须同时处理"--"这两个值。如果我们把"--"叫作简单判断为客体的逻辑组织作画的形式，那么我们可以根据此作画形式为简单判断做出（t f）p 和（f t）p 这两个或然的画面。我可以把这两个或然的画面归总的表达为 (--)[1]，并且我还可以把判断某个简单的事件是否合理成立的根据表达为判断的真值根据 (-t)[1]。于是我可以把简单判断的逻辑坐标图转换成为逻辑规则图如下。

逻辑坐标	判断句	判断函数	作画形式	或然的画面	真值根据
(aRb)[1]	p	fa	(--)[1]	(--)[1]	(-t)[1]

并且我还可以照着做出复合判断的逻辑规则图如下。

如何全面深入的译读维根斯坦的《逻辑哲学纲要》

逻辑坐标	判断句	判断函数	作画形式	或然的画面	真值根据
$(aRb)^2$	pRq	f(ab)	$(--)^2$	$(--)^{2 \times 2}$	$(-t)^2$

于是我可以照着做出完整的王氏逻辑规则图如下。

逻辑坐标	判断句	判断函数	作画形式	或然的画面	真值根据
$(aRb)^0$	P				
$(aRb)^1$	(p)	fa	$(--)^1$	$(--)^1$	$(-t)^1$
$(aRb)^2$	(p)R(q)	f(ab)	$(--)^2$	$(--)^{2 \times 2}$	$(-t)^2$
$(aRb)^3$	(pRq)R(pRq)	f(abc)	$(--)^3$	$(--)^{2 \times 2 \times 2}$	$(-t)^3$
$(aRb)^{n+1}$	(p)R(pRq)^n	f(a…n)	$(--)^n$	$(--)^{2^n}$	$(-t)^n$

注：如果判断的感知只有真和伪这两个值，那么感知值的计算单位是（--）。如果判断的感知只有真、真/伪、伪这三个值，那么感知值的计算单位是（---），如此等等。

王氏逻辑规则图的最底下的那一排显示 N 数列必定是个有限数列。在逻辑坐标序列中，随着逻辑坐标不断升级，判断和函数的计算技术也必须不断升级，高度抽象的思维也必须不断地升华。但是判断的逻辑组织结构（逻辑坐标、判断句、判断函数、作画形式、或然的画面、真值根据）是不变的；可变的是从属于逻辑组织结构下面的那若干排表达变量的符号。变量符号组成可以进行计算的形式序列，并且每一个变量符号"-"所指称的空框里都包涵一个客/主核对的结构。于是无论某件事是简单还是复杂，我们为了求真必须对其逻辑结构中每一个空框做客/主核对的计算。于是我们都可以说："世界是每一件可以核对成立的事。"

现在我们可以根据王氏逻辑坐标图和逻辑规则图如此表达思维的层次：（形象思维（抽象思维（高度抽象的思维）））。我是根据维根斯坦在《逻辑哲学纲要》的第5.501段的提示这样使用括号的。一方面（）可以代表定义域的边界或者说立体的逻辑的方框。这就是"包"。另一方面收括号"）"可以看作是逻辑关系后件"⊃"。后件即后者的意义是前者的意义的内涵，也就是"涵"。所以，（形象思维（抽象思维（高度抽象的思维）））就表达了思维的逻辑结

第三章：判断的总形式

构。我们可以用括号非常简洁直观地表达任何语言符号、文字、词语或语句都必须共享的逻辑结构，例如 (a(b(c)))。但是 (a(b(c))) 和 a, b, c 是两个完全不同的逻辑的组织。再例如，(-- (---- (------))) 和 "--、----、------" 的逻辑结构也完全不同。并且在"包"和"涵"之间存在许许多多与逻辑和数学有关的算法规则。读者以后在本书中如果遇到括号的此类用法，都应如此理解其中的逻辑结构。

形象思维用文字、画作、歌咏、朗诵等艺术形式表达现实，从而给感官留下印象。抽象思维用符号或代码把万物分门别类，并且从每一个类别中看到一个形式序列。有形式序列就有计算和抽象的图形。但是抽象思维的特点是用孤立、分裂、固定不变的形式看世界。每次计算只有一个正确的结果。抽象思维者一般都会认为抽象思维已经是思维的顶点，再往上就是完美永恒的上天或必朽的万物之所以存在的纯洁的本体。欧氏几何就是抽象思维的典型代表。在欧式几何中，点线面是绝对分开的，但是在生活中我们找不到这样绝对分开的点线面。然而抽象思维的倡导者们利用在全世界早已建立的教育体系和话语霸权要求人们都这样用绝对静止、绝对分裂的思想看世界。你要是跟着他们这样想你就获得了自由的思想并且有或然获得他们的奖励；否则你就没有获得自由的思想。

高度抽象的逻辑思维是把世界和生活的形式看作是立体的 N+1 的形式序列。此序列是由点线面结合组成的灵活多变的逻辑坐标的序列。随着逻辑坐标升级，思维的形式必须跟着升级，判断的计算也必须总是保持可以同时处理"多重数学计算"任务的完整流程。于是判断和逻辑的计算技术也必须不断升级。所以相对于静止、孤立不变的抽象思维，高度抽象的有逻辑的思维可以实现思想的不断地升华和认知的不断飞跃。所以逻辑学也是鼓舞人们注重客观规律，不断提升精神和物质财富的基础理论和学问。

1.1 The world is the totality of facts, not of things.
世界是事实，而不是事物的总和。

译注：世界和生活的形式是个有限序列；有序列就可以求和。逻辑哲学的巨大实用价值就是帮助我们不断地扩大世界的总和。

1.11 The world is determined by the facts, and by their being all the facts.

世界是由诸多事实决定的,是由它们是所有事实决定的。

译注:在王氏逻辑规则图中,诸多事实是N阶判断范围之内的事实,并且在此范围之内只有它们是所有事实。这就是说,随着判断的升级,我们可以扩大事实的范围,也就是这个世界的界限。

1.12 For the totality of facts determines what is the case, and also whatever is not the case.

因为事实的总和决定什么核对成立,也决定什么不核对成立。

译注:在王氏逻辑坐标图中判断事实是否成立的根据是真值根据序列。如果此序列的总和决定什么核对成立,那么它也决定什么经过核对并不成立。

1.13 The facts in logical space are the world.

有逻辑空间里的事实即世界。

译注:事实的发生必须有客/主核对的逻辑坐标,有逻辑的空间即有逻辑坐标序列的空间。请注意维根斯坦在这里第一次间接提到了逻辑坐标。

1.2 The world divides into facts.

世界划分为事实。

译注:划分(divide)世界的根据是判断的逻辑坐标。有逻辑的划分就有逻辑积和逻辑和,就有算术中的加减乘除。

根据王氏逻辑规则图,如果用"/"代表划分,那么我们可以这样划分世界和事实。表中的n和m都必须是正整数。

世界的划分	a^n/b^n
简单事实的划分	a/b
逻辑坐标的划分	$(aRb)^n/(aRb)^m$
逻辑判断句的划分	p/q
判断的感知值的划分	$(--)^n/(--)^m$
判断的真值根据的划分	$(-t)^n/(-t)^m$

于是我们知道,在高度抽象的逻辑思维中世界的划分就是逻辑坐标的划分。客体的逻辑坐标的阶位越高,客体的存在形式就越复

第三章：判断的总形式

杂。人的存在形式应该是逻辑坐标中阶位最高的客体，这是因为只有人能离开逻辑点对逻辑进行反思。

根据 aRb，所有划分的结果必须是正整数，并且被划分的序列必须是有限序列。于是就语法和算法而言，我们总是可以把某个复杂判断，无论它多么复杂，划分成为一个简单的判断因式 aRb。于是我们可以根据因式分解求出判断句的最大公倍数和最小因式。我们必须在逻辑坐标序列中这样理解判断的因式分解。

判断	逻辑坐标的升级	（pRq）的因式的数目
原始判断/事实	$(aRb)^0$	0
简单判断/事实	$(aRb)^1$	1
复合判断/事实	$(aRb)^2$	2
复杂判断/事实	$(aRb)^3$	3
N元复杂判断/事实	$(aRb)^{n+1}$	N

从以上两个图表可以看出：逻辑坐标（aRb）就是我们划分这个世界的算法，尽管 aRb 在不同的计算中有不同的表达：如 $(aRb)^n$/$(aRb)^m$、p/q、$(--)^n$/$(--)^m$，等等。这些不同的表达的实质都具有相同的逻辑结构，即 aRb，并且表达高度抽象的思维的复杂符号 aRb 就是主体通过逻辑关系等同于客体。在形象思维中 aRb 的表达就是"甲是乙"。由于高度抽象的逻辑坐标 aRb 序列超越抽象的数学坐标，所以 aRb 包涵的划分法（整数的加减乘除、因数、因式、公倍数、公约数、扩大和化简、有限序列等）是高度抽象的逻辑思维的基本算法。

我们必须根据这个划分法看王氏逻辑规则图，既要一排排地看每一层逻辑坐标的横向定义，也要一行行地看逻辑坐标的升级和与之对应的判断的算法和判断的表达的升级。用高度抽象的思维看王氏逻辑规则图，脑中就会呈现这样的一个立体的空灵的图形：随着判断的刻度在语言轴上越来越多，逻辑坐标 aRb 的阶位越高，判断句包涵的 pRq 的层次也越多，如（pRq（pRq（pRq）））……仅仅是为了表达的简洁，我们可以把（pRq（pRq（pRq）））写成（p（q（r））），甚至简单的 p、q、r。但是在 N 阶判断中，所有的一阶简单判断也可以写成：p、q、r，……所以，逻辑坐标是我们区别判断的升级与断代的唯一标准。

我们从上往下或从下往上看王氏逻辑规则图，就可以看出，随着逻辑坐标的层次或维面越来越多，若干逻辑判断句确定的逻辑点的数目和层次将越来越多、表达客体的逻辑结构的模型将越来越精致、逻辑点上的判断值的计算也越来越复杂。这就是说随着判断的基本运算单位（--）^{1}的指数不断增加，计算的规模会成几何级数的迅速增长。人的大脑是算不过来的，所以我们必须想办法利用客体不断地提高计算的速度和效率。在王氏逻辑规则图中，我们看不到上帝的影子，所以维根斯坦在后面将指出上帝并不比人更懂数学。

1.21 Any one can either be the case or not the case, and everything else remain the same.

（划分中的）任何因式能或不能核对成立，其余不变。

译注：在算法方面，aRb 这个划分法中有三个简单因素：a、R、b。这三个因素都必须合理成立。"其余不变"则表达客观存在 a 这个正整数除以主观认知 b 这个正整数的商也必须是正整数，没有任何余数。

在语法方面，这个判断是说每一件事实是否成立是由划分的三个因素，"a""R""b"决定的。"其余不变"则表示如果缺乏高度抽象的、有逻辑坐标的判断，那么无论怎么说得好听、怎么抒情、怎么做纯数学计算，都不能改变这个世界的总和。

小结：

维根斯坦在这个子集中根据他没有公开的但是被笔者看出来的逻辑坐标图和逻辑规则图确定了逻辑哲学的世界观和方法论。接下来维根斯坦将在后面的五大子集中详细并深入地分析逻辑规则图中的每一个成分：a、R、b、+、-、p、t、f 和（）。

第四章

逻辑坐标与判断的词法

提要：在前一章中，维根斯坦指出了判断的总形式的语法规则是客／主交叉核对，算法规则是划分，表达的规则是以下几个符号组成的逻辑组织构成：a、R、b(fa)、+、( )、-、p、t、f。在这一章中，维根斯坦将对这几个逻辑语言符号进行详细深入的词法分析。

现在请和我一起看维根斯坦将如何分析表达逻辑坐标这个整体结构的语言符号：a、R、b(fa)、+、-、t、f 和 p。

第一部分 在逻辑坐标中的客体是形式序列

表达客体的形式序列的词法规则之一：若干原子事实的序列组成事实。事实也是形式序列，原子事实和事实的背景是主客核对的逻辑坐标序列。

2. What is the case, the fact, is the existence of atomic facts.

可以核对成立的啥，即事实，是存在若干原子事实。

译注：我用"/"表达核对，用 $a_⊃a^1$、a^2、…a^n 表达简单判断组成的客体语言序列，用 $b⊃b^1$、b^2…b^n 表达与之对应的主体语言序列，那么在简单判断中，事实的表达是 S ⊃ a^1、a^2……a^n/b^1、b^2……b^n。所以，事实，客体和主体都是形式序列。原子事实是 a^1/b^1、a^2/b^2……a^n/b^n。原子事实作为形式序列存在于逻辑坐标 (aRb)[1]

那一排。随着逻辑坐标升级，事实越来越复杂。但是所有的复杂事实都可以化简成为原子事实。

表达客体的形式序列的词法规则之二：原子事实的算法规则是客体的组合。

An atomic fact is a combination of objects(entities, things).

一件原子事实是若干客体（诸多实体，诸多事物）的组合。

译注：维根斯坦在这里 第一次提出"客体"这个概念，并且指出客体的算法是排列和组合。我把一元简单判断的图形展开如下。

a	a	t	a
R		+ (--) p	
b	fa	f	fa

我们可以把发生在逻辑坐标的逻辑点上的价值为真的简单判断看作是一个原子事实，于是该原子事实的逻辑坐标的成分的组合就是若干客体的组合。例如，a 指称客体，b 指称认知客体的主体，fa 表达主体对客体的认知是个判断函数，客体是自变量，主体是因变量。符号 R 是联系客体和主体之间的逻辑关系；（ ）代表逻辑坐标；+ 代表在逻辑坐标内从任何角度做客/主纵横交叉核对所得到的逻辑点；"--"代表同一个判断在逻辑点上的两个不同判断值；符号 t 和 f 分别指称可以确定的判断的真值和伪值；符号 p 既是判断句也是该判断句所指称的判断行为的代表。于是，符号 a、R、fa、+、( )、--、t、f 和 p 就是原子事实 a^1/b^1 中的全部客体的组合。以上几个代表这些客体的符号组成的画面（即王氏逻辑坐标图）再现我们在生活中对某个简单客体的存在形式做出高度抽象的判断的实际情形。

表达客体的形式序列的词法规则之三：客体是必然与或然的统一。

2.011 It is essential to a thing that it can be a constituent part of an object.

第四章：逻辑坐标与判断的词法

某个东西的实质在于它可以成为某个客体的成分。

译注：如果我们把 a^1 看作是某个东西，那么它的实质是它可以成为客体a的成分。同样的，如果我们把木板看作是某个东西，那么它的实质就是可以成为椅子、凳子等客体的成分。所以，客体的实质是逻辑的必然，客体中的要素的组合方式是逻辑的或然。

2.012 In logic nothing is accidental: if a thing can occur in an atomic fact the possibility of that atomic fact must already be prejudged in the thing.

逻辑中绝无偶然：如果某东西能出现在某原子事实中，那么那个原子事实的或然必然已经被判定在那个东西中。

译注：归总地说，我们认知任何东西都必须具有逻辑坐标。逻辑坐标是必然，任何原子事实和组成原子事实的东西都是必然中的或然。

更细致地说，所有原子事实必须有一个共同的逻辑坐标。例如，在一元简单判断的逻辑坐标中，原子事实是 a^1/b^1。如果某个东西出现在 a^1/b^1 中，那么 a^1/b^1 这个形式是必然，被代入的那个东西是或然。于是"那个原子事实的或然必然已经被判定在那个东西中"。

同样的，如果简单判断的逻辑坐标图是认知的客体，那么符号a、R、fa、+、（--）和p必然是已经被判定在该逻辑坐标图中。

必然是高度抽象的客体的重要形式特征。任何一类客体（包括人）都必须有个共享的固定形式。这就是必然。但是必然包涵或然，正如人都有不同的面貌特征。如果客体的形式特征是必然，那么该形式特征的应用是或然。必然与或然必须统一于某一阶逻辑坐标中，于是"或然"（possibility）是逻辑哲学的一个重要概念，它意指某个原子事实在逻辑坐标 aRb 内或许成立。所以我用"或然"这个词语意指"或许成立"，用"有或然"表达或许成立的全部选项的共同属性，故我把possible译作"有或然"。Probable是指某个选项根据判断的真伪值可以计算出来的、可以成真的比率，应该译作"或然率"。只有这样，"或然""有或然"和"或然率"才能相互关联，组成完整的逻辑系统中的完整的子系统。数学中的"概率"不一定和逻辑的或然率相关。这是因为概率的计算也许不发生在关联客主的逻辑坐标之内，只发生在认知主体的自觉中。"或然率"必须是在逻辑坐标之内的、与事实有关的判断的计算。所以我们必须用中文清晰地区分逻辑学中的"或然"/"或然率"，数学中的"约等于"/"概率"和描述语言中的"可能"/"可能性"。但是在目前人们都是用"可能性"泛指生活中的可能、数学中的概率和逻辑学中的或然。

逻辑中绝对没有偶然，只有或然和必然。遗憾的是，到目前为止，中文是用"可能""可能性"和"概率"概括偶然和必然，没有专门的词语指称处于偶然和必然之间的"或然"。在中文的话语系统中，竟然到目前还没有出现"或然"这个名字的广泛使用。

2.0121 It would, so to speak, appear as an accident, when to a thing that could exist alone on its own account, subsequently a state of affairs could be made to fit in.

打个比方说，当某个东西似乎能独立而自在，于是可以做出某个局面与那个东西契合，这看起来似乎是个偶然事件。

If things can occur in atomic facts, this possibility must already lie in them.

如果诸多东西能出现在诸多原子事实中，这个或然必须是已经藏在其中。

(A logical entity cannot be merely possible. Logis treats of every possibility, and all possibilities are its facts.)

（有逻辑的实体不能仅仅是有或然。逻辑处理每一个或然，并且所有的或然是其诸多事实。）

Just as we cannot think of spatial objects at all apart from space, or temporal objects apart from time, so we cannot think of any object apart from the possibility of its connexion with other things.

正如我们不能脱离空间想象有空间的客体，或脱离时间想象有时间的客体，我们也不脱离客体和其他诸多东西的关联而想象某个客体。

第四章：逻辑坐标与判断的词法

If I can think of an object in the context of an atomic fact, I cannot think of it apart from the possibility of this context.

如果我能在某个原子事实的文本之内想到某个客体，那么我不能脱离该文本的或然而想到该客体。

译注：维根斯坦在这儿首次提到若干东西构成当前事件的局面（states of affairs）。我把它简称为局面。局面由若干东西或者说要素组成，如木腿和木板组成"桌子"这个局面，桌子和椅子组成另一个局面。

客体的逻辑坐标告诉我们，客体语言、主体语言、判断、逻辑点、判断的感知值、真值根据和判断句都相互关联成为一个整体。我们在脑中把这个整体做成一个画面，并且用图表表达它。所以无论在生活、数学计算，还是逻辑计算中，客体都是相互关联的。在生活中，某个客体似乎是独立的，并且有时候似乎是与某个系统偶然契合。事实是，这个表面上的契合早已被判定在客体的逻辑坐标中。某种貌似偶然的契合必须是以必然的逻辑坐标为基础，这是因为我们不能离开逻辑坐标而想象客体的存在。所以，客体语言轴 a 既指称由若干简单客体组成的序列，也指称由若干复合和复杂客体组成的序列。有序列必定有语义项，有语义项必定有排列和组合。所以，在逻辑的算法方面"如果我能想象组合于某局面中的客体，我不能排除此等组合之或然而想象该客体"。

2.0122 The thing is independent, in so far as it can occur in all possible circumstances, but this form of independence is a form of connexion with the atomic fact, a form of dependence. (It is impossible for words to occur in two different ways, alone and in the proposition.)

就能在所有或然场景中出现而言，事物是独立的，但这种独立的形式是与原子事实有关联，有依赖的形式。（词语以两种不同的方式出现：自在并自为于判断中——没有这个或然。）

译注：逻辑坐标图演示图中的所有的成分都有其独立的存在。但是这些貌似独立的存在都是相对的存在，它们之间的相对关系构

成逻辑坐标图这个整体。我们也必须以同样的立场和方法观看逻辑规则图。

请注意，维根斯坦的"词语"是指拼音语言中的单词，并不指中文的文字。

拼音语言中的词语的自为是用语音和书面的语音符号再现思想和感情，而逻辑和逻辑坐标的自为是高度抽象的图形的呈现，所以拼音语言的文字不能在逻辑坐标中同时兼顾再现和呈现，这就是说拼音语言文字不能自为并自在于逻辑坐标中，我将逐步深入地讲解：和拼音语言的词语不同，中文的逻辑属性是每一个方块字都可以自为并自在于逻辑坐标中。自在和自为是有逻辑的自信的基础。

2.0123 If I know an object, then I also know all its possible occurrences in atomic facts. (Every such possibility must be in the nature of the object.) A new possibility cannot subsequently be found.

如果我知道某客体，那么我也知它在诸多原子事实中出现的所有的或然（这些或然中的每一或然必须是该客体的自然性质的部分）。之后不可能发现一个新的或然。

译注：如果我知道客体语言 a 序列中的某一项，那么我根据排列和组合的规律知道 $a^1 \cdots a^n$ 这个序列中的某几个语义项组合而成的各种局面。在这样的计算中绝对没有偶然，只有必然和或然。这是因为在客体语言序列的排列和组合之外不可能还有另一个排列和组合。

2.01231 In order to know an object, I must know not its external but all its internal qualities.

为了知道某客体，我不必知道其外在属性，但我必须知道其所有的内在属性。

译注：这个语句清晰地划分了逻辑和科学的界限。逻辑并不研究客体的物质内容（内在属性或者说物质属性），只研究客体的形式特征和形式特征的内在逻辑属性。深入研究客体的内在物质属性是科学家的任务。这就是说逻辑学并不研究客体的内容是什么；但是逻辑学知道客体的存在形式是怎么用判断和逻辑关系组织的。

第四章：逻辑坐标与判断的词法

表达客体的形式序列的词法规则之四：给定有N阶逻辑结构的客体即给定N个原子事实。反过来，N个原子事实组成为某个N阶客体。

2.0124 If all objects are given, then thereby are all possible atomic facts also given.

如果给定所有的客体，那么也据此给定全部或然的原子事实。

译注：给定所有的客体即给定N阶逻辑坐标序列之内的所有客体。所以N阶客体的形式可以化简成为原子事实的形式 a^1/b^1，并且天下所有类别的原子事实都可以代入到原子事实的 a^1/b^1 这个必然的总形式中，这个原子事实的总形式是所有语言的总形式。语文、数学、科学、音乐、绘画、密码，甚至生命都有自己的语言和语句。这些语句的形式都可以归总地表达成为客/主语言轴纵横交叉核对的形式：aRb。于是我们可以把天下所有客体和对客体的判断，无论它们多么复杂，都归结为逻辑规则图的 (aRb)[1] 那一排。我们根据逻辑规则图可以看出，确定了简单判断那一排的逻辑结构就是确定了任一高阶判断的逻辑结构。这是因为高阶判断的逻辑坐标都是 (aRb)[1] 的升级。

表达客体的形式序列的词法规则之五：必须在立体的有逻辑的空间内研究客体的形式特征。

2.013 Every thing is, as it were, in a space of possible atomic facts.

I can think of this space as empty, but not of the thing without the space.

打个比方说，每个东西都存在于诸多或然的原子事实的空间中。我能想到此空间为空洞的，但是我不能离开此空间想到这个东西。

译注：东西是"客体"这个变量的代入。试着想想你此刻就在某个房间中，四把椅子和一张桌子的位置为什么是或然的位置。这是因为有许多或然把它们放在其他位置，你是根据纵横交叉核对确定某个最佳位置，高度抽象的思维不是仅仅计算一个放餐桌和椅子的固定不变的几何位置。这是数学计算的对象。高度抽象的逻辑思维是用判断的感知值和逻辑关系计算组成客观局面的要素之间的全

部或许成立的排列和组合，所以客体在逻辑的空间中的位置必须是多重交叉核对。这就是说，我们可以用虚拟的逻辑的机器把简单判断的逻辑坐标转动360度，为客/主判断作全方位的核对。

2.0131 A spatial object must lie in infinite space. (A point in space is a place for an argument.) A speck in the visual field, need not be red, but it must have a colour; it has, so to speak, a colour space around it. A tone must have a pitch, the object of the sense of touch a hardness, etc.

空间中的客体必置于无限的空间中（空间点即参数点）。视野中的一颗尘埃，不一定为红色，但得有某种颜色，比方说，它受颜色空间的包围。音调必有音阶，感触到的客体必有某种程度的硬度，等等。

译注：形象思维和抽象思维中的客体，无论多么渺小，都有无限广阔没有界限的背景，也必须有颜色、硬度、音阶等这些感知。高度抽象的思维必须有用逻辑坐标界定的定义域，必须有和形象思维和抽象思维不同的感知。我们可以这样表达客体在思维中的存在形式：（形象（抽象（高度抽象的客体）））。逻辑学研究高度抽象的客体的存在形式。于是主体在逻辑坐标中对客体的感知是什么？怎么表达主客核对的感知？这是他接下来需要解决的问题。

表达客体的形式序列的词法规则之六：我们从局面的全部或然中感知到高度抽象的客体。

2.014 Objects contain the possibility of all state of affairs.

客体包涵所有当前事件的局面的或然。

译注：逻辑坐标越升级，组成客体的成分越多，这些成分组成的局面就越复杂。不过客体不仅呈现当前的局面，而且也隐藏所有与当前的局面有关的全部或然的局面。这些或然的局面就藏在逻辑规则图中的"或然的画面"那一行下面的判断的感知值的组合中：$(--)^{2x1}$、$(--)^{2x2}$、$(--)^{2x2x2}$、$(--)^{2^n}$。所以，掌握局面就是要掌握形成局面的客体，掌握客体的必然和或然。一般人只能算到

第四章：逻辑坐标与判断的词法

与客体有关的$(--)^{2\times2\times2}$个或然的局面。这就是为什么维根斯坦在《讲座》中指出我们必须利用客体不断地提高计算的速度和效率。并且他为此设想了一台虚拟的逻辑的机器。这台虚拟的逻辑的机器就是图灵机和计算机语言的始祖。

2.0141 The possibility of its occurrence in atomic facts is the form of an object.

客体出现于诸多原子事实中的或然即客体的形式。

译注：如果客体有或然出现在 (aRb)^n 中的诸多原子事实中，那么客体的形式就是 (aRb)^n。

第二部分 必须在逻辑坐标中必须区分客体的形式和内容

提要：我们理解下面这个子集中的客体的基础仍是王氏逻辑规则图的简单判断的逻辑坐标那一排。在简单判断的逻辑坐标中，客体语言轴是一个由若干简单客体组成的序列：$a^1 \cdots a^n$。根据 aRb，主体语言轴也必须有与之对应的序列：$b^1 \cdots b^n$。维根斯坦将指出，简单判断的序列中的每一个原子事实 a/b 都必须有形式和内容的区别。怎么让主体语言的形式与内容和客体语言的形式与内容准确对应？这是从属于 2.02 这个判断下面的从 2.0201 到 2.0272 总共 17 条判断组成的判断的词法规则的子集要解决的问题。

客体的形式规则之一：必须把高度抽象的客体看作是简单的结构。

2.02 The object is simple.

客体是简单的。

译注：在语法方面，在 aRb 这个复杂结构中，指称客体的名字 a 是简单的。于是此名字所指称的对象（客体）在语法分析方面也必须是简单的，对简单客体做出的判断也必须是简单的。但是 N 个简单客体可以组成某个具有 N 阶复杂逻辑结构的客体，N 阶复杂判断必须包涵 N 个简单判断。这就是说我们必须有关联、成系统、有或然地看待客体和组成客体的成分。并且以同样的方式对客体做出

全面、深入的正确的判断。

客体的形式规则之二：描述 N 阶客体的语句可以分解成 N 个成分，并且每一个成分都必须被一个简单判断句描述。

2.0201 Every statement about complexes can be analysed into a statement about their constituent parts, and into the propositions which completely describe the complexes.

描述复杂结构的每一条语句都可以分解成为描述其组成成分的语句，并分解成为完整的描述该复杂结构的判断句。

译注：这是我们分解描述句的一条重要词法规则。复杂描述句中的任何一个词语都可以分解称为若干简单判断句，其逻辑坐标是 (aRb)[1]。

我们可以把 aRb 看作是一个主从复杂句。其中的 a 是主句，b 是从句，从句又可以分解成若干名字（成分），并且从句的每一个成分都包涵一个核心判断句。我按照这条语法规则把这条中文复杂句"我看见她走过来了"分解如下。

复杂句	我看见她走过来了
主从句	主句：我看见。从句：她走过来了
从句的成分	她/走/过/来/了
成分包涵的判断句	"走"是用双腿以一定的频率移动身体

所以，"她走过来了"这个描述句里面包涵五个判断句：

她	她是张力
走	走是用双腿以特定的频率移动身体
过	过是横穿某段距离
来	来是朝着"我"的方向
了	了是在过程中或过程完毕

这五个中文字分别看是五个简单的 pRq 的判断。定义这五个字的每一条简单判断句都有真或伪这两个感知值，简单判断的感知值的表达和计算单位是"--"。这就是如今的二进制的数码计算单位。

但是这五个字组成的判断语句的集合是具有五阶逻辑坐标的复杂判断。所以，逻辑的语法规则是任何人类语言的语法规则的共同

34

第四章：逻辑坐标与判断的词法

核心。

由此可见维根斯坦有多么深厚的语法知识,理解他的逻辑判断就必须有同样深厚的语法知识。我们还能说语法不重要吗?上面的图表敦促我们必须善于突破二维平面的书面语言的桎梏,看出语言的使用在高度抽象的立体思维中就是认知主体对客体的投影。这就是为什么我们必须改进使用中文的语法规则。

我们必须这样思考:一个真实的描述句在陈述某个事件时该事件也必须正在发生。这时候,陈述句就是主体语言,事件的发生过程就是客体语言。逻辑哲学的目的就是要发明一套逻辑语言既明晰地描述客体语言中每一个语义项之间的逻辑关系也让主体语言共享这套逻辑语言。于是主体语言就是客体语言的投影,如今的"虚拟的世界"的理论基础就是客／主语言核对成立。这才是高雅的使用语言的行为。

凡是投影都是一幅幅在立体空间中的纵横交叉核对的画面。这时候,"她走过来了"这几个字的作用就不仅是表达思想和感情的自为,而是在逻辑坐标中的自在的自为。自在和自为使得我们可以在脑中像放电影一样看"她／走／过／来／了",拼音语言做不到这一点。这是因为拼音语言是用声音或书面语言符号的拼写再现生活中的画面,不能像中文文字那样在逻辑坐标的网格中直接呈现／放映生活的画面。

我可以用这条判断作为基础理论,从"她走过来了"这个中文描述句中为人类的所有语言整理出若干条与逻辑坐标中的判断句和逻辑句有关的语法规则。

客体的形式规则之三:客体的形式是世界的形式的实质。
2.021 Objects form the substance of the world. That is why they cannot be compound.

若干客体形成世界的实质,那就是为什么客体不是合成的原因。

译注:处于逻辑坐标中的所有客体的形式组成世界的实质,实质即万物离开它就不能成立的那个独一无二的东西,万物离开其形式就不能成立。所以形式是客体的实质,独一无二的客体的形式不能同时有两个实质,所以客体不是合成。

客体的形式规则之四：我们用感知值标定客体的形式的实质。

2.0211 If the world had no substance, then whether a proposition had sense would depend on whether another proposition was true.

如果世界没有实质，那么一个判断有无感知则取决于另一判断是否为真。

译注：形状、颜色、声音等是形象思维的感知，长宽高、硬度、和音阶等是抽象思维的感知。任何客体在逻辑坐标中都有其独一无二的形式属性是高度抽象的感知。这就是说，能否在大脑中感知到处于逻辑点上的客体的存在的形式是衡量我们是否有高度抽象思维的能力的标志。

维根斯坦在此首次提出的"感知"是指高度抽象的判断的感知。他指出，如果某个判断没有感知，那么这个判断的感知是否存在（为真）就是由另一个更高级的力量决定的。那个更高级的力量就是上天。但是这个语句用语法上的虚拟语气告诉我们，每一个合理的判断都可以感知到客体的高度抽象的形式。

实质就是属性。我们对某个具体事物的属性的认知始于形象的感知，然后我们从对某个特殊的形象的感知抽象到对某同类事物的共同的感知，再把抽象的感知升华到对万物在逻辑坐标都具有的独一无二的存在的形式的感知。这个升华是否正确，是否为真，取决于主体语言的序列（主体语言轴）是否与客体的语言序列（客体语言轴）每一对语义项有正确的对应和计算。有正确的对应就是有正确的感知，有感知就有形式序列，有形式序列就有计算，有计算就能用轨迹和图形投影客体的形式。

2.0212 It would then be impossible to form a picture of the world (true or false).

在那种情景下我们不能作出任何世界的（真或伪的）画面的形式。

译注：维根斯坦在此首次提出"画面"这个概念。脑中的画面是客体的内在逻辑结构的素描，这个素描必须和生活中的局面中的逻辑结构对应。于是画面是局面在脑中的投影，正如如果在房间中

第四章：逻辑坐标与判断的词法

我们看到一把椅子，那么我们在脑中有那把椅子在房间的某个位置上的投影。我们可以用（椅）这个判断表达天下所有的具有逻辑坐标的椅子在脑中的投影。如果椅子和桌子是失联关系，那么我们可以用"（椅）V（桌）"这个画面再现存在于某个房间中的那个真实的局面。符号"V"不再是拼音字母，而是呈现两个客体／判断处于失联状态的图形。

在语法上这个语句仍是虚拟语气。它是说如果世界中的事物缺乏实质，那么认知就没有任何或然在脑中对客体的形式形成画面。把这个语句的虚拟语气反过来说就是：画面的真伪是由主体感知局面的逻辑组织这个实质决定的，感知的实质当然来源于主客核对的逻辑坐标。所以判断的真伪不是由来自上天的命题决定的，而是由人自己对客体的存在作出的判断决定的。

客体的形式规则之五：客体的形式是想象和现实共享的基础。

2.022 It is clear that however different from the real one an imagined world may be, it must have something-- a form--in common with it.

显然不管一个想象的世界与现实世界多么不同，它必然要与现实世界有点共同的东西———即形式。

译注：万物的存在离不开其固定不变的形式，所以想象和现实必须共享客体的形式。判断客体的形式是如此存在的标准是逻辑坐标的升级，所以判断客体是否存在、判断客体的物质属性、读写小说、读写诗词，日常语言交流等思维活动或思想，除非大脑不工作了，否则都离不开高度抽象的逻辑坐标。

客体的形式规则之六：客体的形式是万物的存在之不可更改的形式。

2.023 This fixed form consists of the objects.

这个固定的形式由诸多客体组成。

译注：在（形象（抽象（高度抽象的客体）））这个认知结构中，高度抽象的客体是万物的存在的形式。维根斯坦把呈现客体的存在的形式的图形语言叫作画面，所以王氏逻辑坐标图和规则图既是画面，也是图形语言。罗素在为这本著作写的序言中称这样的画面为

逻辑的素描。维根斯坦在后面将详细解释我们如何为客体的存在形式作画的方法，但是他没有做出图形。罗素只提及素描，没有介绍的方法。我将指出我们为逻辑的结构的作画或者素描的方法全都在王氏逻辑规则图中的"作画形式""或然的画面"和"真值根据"那三行中包涵的感知值的算法。

2.0231 The substance of the world can only determine a form and not any material properties. For it is only by means of propositions that material properties are represented——only by the configuration of objects that they are produced.

世界的实质只能决定一个形式，并不能决定任何物质属性。因为物质的属性只有用判断才能被再现———只有将诸多客体设定为一个图形才能产生物质属性。

译注：维根斯坦在这儿第一次提出为客体作"图形设定"这个概念。联系2.023思考，"图形设定"即用感知值标定客体/判断的身份，和连接客体/判断的逻辑关系的身份，从而做出表达高度抽象客体的形式的图形语言，然后用图形语言和虚拟的逻辑的机器把客体的形式投影出来。这就是高度抽象的"图形设定"，这样的图形设定是所有机械设计的蓝图。

世界的实质是高度抽象的客体的形式。这个形式就是万物共享的逻辑坐标的组成成分 a, R, b; R 用逻辑关系把 a 和 b 关联起来，所以世界的实质只决定客体的有逻辑坐标的形式，不能决定客体的物质属性。客体的物质属性，如液体或固体的属性，在逻辑坐标中是用科学的判断再现的。这就是说在逻辑坐标中，逻辑呈现客体的必然形式特征；科学用对客体的物质属性做出的正确判断填充客体的形式。

于是客体的形式界定万物的高度抽象的存在的形式，科学的判断确定此形式中的具体的物质内容。这样的图形设定具有广阔的实用前景，例如，也许有一天逻辑学和科学的结合能在逻辑坐标序列的范围之内再现甚至再生人的所有器官甚至身体。

注意维根斯坦在这儿首次使用图形设定（configuration）这

第四章：逻辑坐标与判断的词法

个词语。它本来是个机械工程用语，指用图形和数值标定某个机械装置的形式特征所能容许的偏差范围，即赋予某个装置的若干形式特征以特定的身份。但是，维根斯坦在他的逻辑哲学中把图形设定如下：

某一类别的事物的图形设定，这属于自然科学中的某个特殊的学科，如机械工程。

判断的图形设定，这属于判断函数的计算。

逻辑的图形设定，即用逻辑关系把若干判断连接起来组成逻辑句。再用逻辑句指挥虚拟的逻辑的机器仿真这个世界的形式。这属于语言学、社会科学和自然科学的图形设定的升华，所以维根斯坦创建的逻辑哲学是统领社会科学和自然科学的科学。这样的逻辑学是笛卡尔、莱布尼兹、弗里格、罗素等人的梦想，并且维根斯坦还将演示，逻辑哲学将超越他们的梦想，成为语文的语文，思想的思想，或者说X的X。这就是为什么他在《蓝皮书》中要他的学生们时刻想到哲学的思考对象是X的X。

2.0232 Roughly speaking, objects are colourless.
大约的说，客体是无色的。

译注：在某种意义地说即高度抽象地说。在高度抽象的逻辑坐标中客体没有颜色，所以我们就不能用视觉直接地感知到在逻辑坐标的矩阵中哪些方框是真哪些方框是伪。

2.0233 Two objects of the same logical form are---apart from their external properties---only differentiated from one another in that they are different.

两个具有同一逻辑形式的客体—除了其外在属性之外—仅仅是因为它们是不同的而被区别开来的。

译注：客体具有外在属性和内在属性，逻辑只关心外在属性，例如在逻辑坐标 aRb 中有 a、R、b 三个简单客体，其中的 a 和 b 都有相同的逻辑形式 R，但是 a 和 b 作为客体各自都有两个不同的形式特征：1) 指称客主这两个不同的语言。2) 符号的形式特征本身也不同。

同样的，我们在王氏逻辑规则图中可以看出，判断句 P（p（pq

（pqr）) ）…都共享唯一的原始判断 P 的逻辑坐标的形式。这是判断句共享的逻辑形式，但是逻辑坐标的阶位不同的判断句有不同的判断形式。

2.02331 Either a thing has properties which no other has, and then one can distinguish it straight away from the others by a description and refer to it; or, on the other hand, there are several things which have the totality of their properties in common, and then it is quite impossible to point to any one of them.

For if a thing is not distinguished by anything, I cannot distinguish it for otherwise it would be distinguished.

要么某事物具有它物不具有的属性，在此实例中人能直接用描叙将它与其他东西区别并指称它；要么，在另一方面，有好几个事物具有一集共同的属性，在此实例中完全没有或然指出其中之一。

这是因为如果没有任何东西区分某个东西，那么我也不能，否则它就可以被区分开来。

译注：形式特征确定某一类东西的外在属性。如人的形式特征确定人的外在属性，树的形式特征确定树的外在属性，等等。只有当某个东西有其独特的外在形式特征时我们才能用语言描述它，世上不存在把人的形式特征和树的形式特征组合在一起的东西，也不存在把张三和李四的面貌合起来的东西。但是，人们在使用语言时往往用同一名字即指称若干事物的不同的外在和内在属性，如意像、意境、乐圣，等等。"意像"中的"意"指认知主体的内在属性，"像"指形象的外在属性。使用语言不区分客体的形式和内容，不区分客体的外在和内在属性——这就是坏的语法习惯。这也是所有的旧逻辑和旧哲学使用的坏语法。

客体的形式规则之七：客体的实质是其成分与判断独立。

2.024 Substance is what exists independently of what is the case.

实质是独立于核对成立的那个东西。

译注：即实质是独立于判断之外的东西，反过来说，判断发生在客体的实质之外。

第三部分：客体的实质是形式和内容

2.025 It is form and content.
它是形式与内容。

译注："它"指上面的独立于判断之外的客体的实质。此实质就是客体的形式和内容，这就是说形式和内容是万物的存在不能没有的东西。形象思维中的客体，如草木鱼虫；抽象思维中的客体，如 a=b；高度抽象思维中的客体，如 aRb，它们的实质都是形式和内容的统一。如果客体的实质是形式，那么此形式必须是完整的，否则客体无法存在。同样的，如果形式是世界的实质，那么组成世界的形式序列必须是完整有限的。但是就人类已知的世界的形式而言，这个形式序列又是不完整的。所以表达这个世界的形式的序列既包涵了整个世界也包涵了世界中的部分，于是形式和内容就破解了罗素的集合论的悖论。我们可以看出当代逻辑和形式逻辑的根本区别：罗素的形式逻辑坚持世界的实质是数和数的集合，而维根斯坦的当代逻辑坚持世界的实质是客体的形式和内容。

在高度抽象的思维中，客体的形式是固定不变的，但是组成客体的逻辑结构的图形设定是可变的。正因为客体，无论形象、抽象，还是高度抽象，都有固定不变的形式，所以逻辑哲学才有坚实的基础，才能把研究客体的形式，找出如何用感知的计算标定客体的形式的方法，当作自己的研究方向。

我在此预告，维根斯坦在讨论客体和判断的词法时强调了客体的实质是形式和内容。他在后面讨论判断的句法和逻辑的句法也反复强调了判断、思想、逻辑的实质也是形式和内容。并且他反复指出，形式逻辑和旧哲学都不区分思想和逻辑的形式和内容。

2.0251 Space, time, colour (colouredness) are forms of objects.
空间、时间、颜色（被上色）是诸多客体的诸多形式。

译注：这儿的诸多客体并非属于高度抽象的思维对象的客体，

它们的形式都是被时空和颜色确定的。

与客体的实质有关的规则之一：客体的固定形式即世界的固定形式。

2.026 Only if there are objects can there be a fixed form of the world.

只有存在诸多客体才能存在世界的固定的形式。

译注：客体组成世界，形式确定客体，所以"如果世界要有固定的形式，那么必然存在客体"。正如我们有（形象（抽象（高度的抽象思维）））的思维结构，我们也必须有（形象（抽象（高度的抽象的客体）））。逻辑学只研究高度抽象的客体的固定形式。

与客体的实质有关的规则之二：客体即存在。

2.027 The fixed, the existent and the object are one.

固定的，存在的和客体是同一。

译注：这个判断句总结了高度抽象的客体的三个形式特征：固定、存在和客观。这是个三合一的结构。它指出高度抽象的客体的归总的形式特征既是客观存在的，也是永恒不变的。正因为有这个三合一的结构，高度抽象的客体在逻辑坐标中必须有无声的表达自己的逻辑结构的语言。逻辑哲学的应用在于首先要看懂客体表达自己的逻辑结构的无声语言，而不是像形式逻辑那样让人的思维的模式对准被强言为真的来自上天的完美的形式。

与客体的实质有关的规则之三：客体的形式是固定不变的，形式的内容是可变的。

2.0271 The object is the fixed, the existent, the configuration is the changing, the variable.

客体是固定的，存在的，图形设定是变化的，是变量。

译注：凡是存在的即客体，所以客体是存在的本体，这是客体的必然。客体的或然是图形设定，例如"（桌）∨（椅）"就是客体的或然的图形设定。图形设定是可变的。

与客体的实质有关的规则之四：用若干客体做出的图形设定即客观局面的表达。

2.0272 The configuration of objects forms the atomic

第四章：逻辑坐标与判断的词法

fact.

将诸多客体设定为整体的图形就形成原子事实的形式。

译注：在高度抽象的思维中，下面的这个图形就是某个原子事实的形式。

a	a	t	a
R		+ (--) p	
b	fa	f	fa

与客体的实质有关的规则之五：客体在原子事实中必须环环相扣。

2.03 In the atomic fact objects hang one in another, like the members of a chain.

在原子事实中客体像链条环环相扣。

译注：我再次做出表达原子事实的图形如下。

a	a	t	a
R		+ (--) p	
b	fa	f	fa

在这个表达原子事实的图形中，客体 a、R、b、+、t、f、（）的逻辑组织是紧密的环环相扣的链条，绝对不可以分割开来。

2.031 In the atomic fact the objects are combined in a definite way.

在原子事实中诸多客体以确定关系被组合成一起。

译注：我们还是看表达原子事实的局面的图形如下。

a	a	t	a
R		+ (--) p	
b	fa	f	fa

某个确定的关系即连接客体语言和主体语言轴的逻辑关系 R。逻辑关系 R 不仅把逻辑坐标中的 a 和 b 组合在一起，而且把在逻辑点上发生的简单判断的两个或然的值（--）组合在一起。

2.032 The way in which objects hang together in the

43

atomic fact is the structure of the atomic fact.

诸多客体在原子事实中悬挂在一起的方式即原子事实的逻辑结构。

译注：我们还是看王氏一元简单判断的逻辑坐标图如下。

a	a	t	a
R		+ (——) p	
b	fa	f	fa

显然，原子事实中各个要素之间的关系即此原子事实的逻辑结构。

"悬挂"强调我们必须把二维书面的逻辑坐标图看做是立体的判断的场景的再现。

与客体的实质有关的规则之六：客体的形式是必然，形式的内在结构是或然。

2.033 The form is the possibility of structure.

形式即结构的或然。

译注：在王氏逻辑规则图中，(aRb)[1]作为形式是不变的，但是我们可以从中看出许多不同的或然结构。如客体语言的或然结构，主体语言的或然结构，把这两者做交叉核对"+"组成的事实的或然结构，等等。同样的，(aRb)[2]和(aRb)[n]的形式和结构的关系都是如此。

同样的，"（桌）∨（椅）"中的逻辑结构是失联关系∨。如果我们抽掉文字符号，那么我们就得到一个纯粹的形式（ ）∨（ ）。于是

（ ）∨（ ）是逻辑结构的必然，并且"（桌） ∨（椅）"是逻辑结构的或然。

2.034 The structure of a fact consists of the structures of the atomic facts.

一个事实的结构由诸多原子事实的结构组成。

译注：如果房间里面的某个事实是桌子和椅子分开，那么桌子和其逻辑坐标形成一个原子事实：（桌）。椅子和其逻辑坐标形成

另一个原子事实：（椅）。用失联关系把这两个逻辑坐标连接起来我们就得到一个以二阶逻辑坐标为基础，并用失联关系确定的二元复合判断确定的事实，"（桌）∨（椅）"。如果我们把（桌）∨（椅）看成一个事实，那么它是由两个原子事实（桌）或（椅）组成。

第四部分：简单客体决定世界的构成

2.04 The totality of existent atomic facts is the world

存在着的原子事实的总和是世界。

译注：简单事实来自主体语言 Z 通过正确的逻辑关系 "/" 对客体语言 K 做出的正确的对应。这就是说：K (a^1…a^n) /Z (b^1…b^n) 中的每一对对应语义项都是一个原子事实。原子事实的形式序列包涵 K, /, Z 这三个形式序列。这三个形式序列确保客/主语言序列中的所有对应语义项的总和构成我们的世界和生活。

2.05 The totality of existent atomic facts also determines which atomic facts do not exist.

存在着的原子事实的总和决定哪些原子事实不存在。

译注：在这个形式序列中：K (a^1, …, a^n) /Z (b^1, …, b^n)，并不是所有语义项都一一对应。于是，由正确的主客对应确定的原子事实的总和同时也确定哪些原子事实不存在。这是一个非常重要的哲学原则。如果客/主总是准确的一一对应，那么这个世界就是大同的世界。

2.06 The existence and non-existence of atomic facts is the reality.

(The existence of atomic facts we also call a positive fact, their non-existence a negative fact.)

原子事实的存在和不存在是现实。

（我们也称诸多原子事实的存在为正面的事实，称它们的不存在为负面的事实。）

译注：即我们可以用原子事实的"存在（T）"和"不存在（F）"这两个值标定现实。现实必须包涵不存在，即必须包涵矛盾的两个

方面。如果现实只包涵存在，那么现实中的一切都是已知。所以判断的感知值是从两个不同的角度处理同一个原子事实。例如，从主体语言的角度看，T是说"我判断原子事实在这个框里存在"，"我在这个框里能说得到并说清楚原子事实"，等等。

从客体语言的角度看，T是说"我在此表达你对我的感知是真的"，"我的形式在此成立"，等等。

2.061 Atomic facts are independent of one another.
诸多原子事实相互独立。

译注：（桌）和（椅）这原子事实是相互独立的。于是在 K（a^1 ... a^n）/Z（b^1 ... b^n）中每一对语义项的核对成立都是相互独立的。这就是说 a^1/b^1、a^2/b^2、…a^n/b^n 等核心判断都是独立的。

如果原子事实都是相互独立的，那么简单判断都是相互独立的。没有一个简单判断和另一个简单判断完全相悖或完全相同，这是高度抽象的客/主语言序列中的所有的简单判断的共同的形式特征。

2.062 From the existence or non-existence of an atomic fact we cannot infer the existence or non-existence of another.

我们不能从某个原子事实的存在或不存在中推断另一原子事实的存在或不存在。

译注：我们不能从（桌）此核心的存在或不存在推断出（椅）此核心的存在或不存在。

世界的形式特征是不仅万物分门别类，而且每一个原子事实之间都没有直接的关联或因果关系。我们不能从某一原子事实的存在或不存在中想出或者觉得另一原子事实的存在还是不存在，这就是说，我们不可以武断的从 a^1/b^1 中直接想出 a^2/b^2，逻辑推理在 a^1/b^1 和 a^2/b^2 之间必须有个中间项 R 才能成立。所以，在一元简单的逻辑坐标中，除了 a 和 b 这两个纵横轴之外，还必须有用于交叉核对的结构：R+（--）p。这个交叉核对的判断结构就是中间项 R。形象地说，我们不可以因为张三存在而推出李四存在。

换句话说，如果 a^1/b^1 既包涵简单判断 P（走），也包涵简单判断 Q（过），那么 P（走）和 Q（过）都是相对独立的，既不相同也

第四章：逻辑坐标与判断的词法

不相悖。我们只能从 P 和 Q 的逻辑关系 R 之间推出 p R q 这样的复合判断。所以，逻辑推理中的 R 的演绎推理和形式逻辑的演绎推理完全不同。

根据逻辑规则图，如果判断是一个不断升级的形式序列，那么我们必须把它看作是不断升级的逻辑坐标的序列，并且前一级判断的逻辑坐标包涵后一级判断逻辑坐标。不论逻辑的构架有多少层判断层次（逻辑坐标有多高的阶位），万丈高楼平地起，地基就是原始逻辑坐标。我们用同一类、同两类、同三类、同 N 类的砖块构建一座有 N 层的逻辑的大厦。

如果这个世界中有两个完全相同的简单判断，那么这个世界（逻辑的大厦）就是千篇一律。如果这个世界中有两个完全相悖的简单判断，那么这个世界就是万物相悖，永远相互生灭。

由此我们可以看出，来源于西方形式逻辑的作品赏读和文学批评理论，如人物塑造，情节安排等都是读者从作品中直接武断的读出某个人物的形象和思想，某个情节的发展过程，等等。阅读和作品之间缺乏一个确保主客等同的有逻辑的中间项 R 和对比的方法 + (--) p。

2.063 The total reality is the world.
总和的现实是世界。

译注：现实的总和是从存在于生活中的原子事实和简单判断推导出来的复杂事实和复杂判断的总和，也就是逻辑规则图中的 N 阶判断的总和。

小结：从 2.04—2.063 维根斯坦指出原子事实是一个完整的形式序列，其中的每一个语义项的形式特征都是既不相同也不相悖。并且用 aRb 确定的原子事实的形式序列必须是个有限序列，于是这个序列既容纳自己的总形式也容纳其中的每一个语义项的特定形式。所以计算现实的世界的总和的起点如下。

有些原子事实存在，有些原子事实不存在。我们看到原子事实的某一面时我们也没有看到原子事实的其他面。

所有存在的原子事实都相互独立，既不全等也不相悖。这就破除了罗素的集合论的悖论。

哥德尔的理论——任何一个形式系统，只要包括了简单的初级数论的描述，而且总是自我契合的，它必定包涵该系统内所容许的方法既不能证明为真也不能证明为伪的判断——就是来自2.04—2.063这个小子集。这个小子集的图形证据就是王氏逻辑规则图的这一排。

逻辑坐标	判断句	判断函数	作画形式	或然的画面	真值根据
$(aRb)^1$	p	fa	$(--)^1$	$(--)^1$	$(-t)^1$

这一排就是个形式序列，它描述了"1"这个正整数的逻辑基础。这个正整数的感知值的计算方法是用其逻辑坐标、作画形式、真值根据$(-t)^1$和简单判断句（1的定义）自证。并且$(aRb)^1$的基础是原始逻辑坐标$(aRb)^0$，原始逻辑坐标之外再无另一个原始逻辑坐标，所以，原始逻辑坐标是既不能证明为真也不能证明为伪的判断。维根斯坦的这条论断发表在1921年，哥德尔的这条理论发表在1931年。维根斯坦虽然没有公布他的逻辑坐标图，但是哥德尔肯定是阅读并看懂了维根斯坦的这个小子集。所以从时间顺序看，哥德尔的这条理论并不是逻辑学和逻辑数学的原创理论。

客体的实质是形式——这条判断也宣判了维根斯坦之前的所有数理逻辑数学家们的思想都走错了路子。例如，弗里格的集合的集合论就是把数看作是世界的实质，罗素的集合论的悖论也是把世界的实质看作是无穷数列中的前面的部分。维根斯坦看出了世界的实质不是数的集合而是形式和内容，世界只有一个固定的必然形式aRb。但是此形式可以有许多或然的、由aRb设定的具有对称性质的图形序列。所以世界的实质是一个可以用判断感知值计算，并且穷尽其全部或然的有限序列。这就是说，王氏逻辑规则图中的逻辑坐标序列是个名叫N+1的有限序列。这是因为原始逻辑坐标是逻辑坐标序列的第一项。

到此为止，维根斯坦完成了对判断句aRb的成分a的分析。符号a指称客体，根据判断句的对称原理，确定了客体a就是确定了主体b。做好了客体就是做好了主体自己，所以接下来他只需要对R做详细的分析。

第五部分：判断的总形式 aRb 中的 R 是联系客观局面和主观画面的逻辑关系。

逻辑关系是认知主体把现实中的局面在脑中作成有逻辑结构的画面给自己看的作画形式。

与有逻辑的画面有关的规则之一如下。

2.1 We make to ourselves pictures of facts.

我们为自己作出诸多事实的画面。

译注：维根斯坦在前面从客体转换到客体中的局面，现在他从客体中的局面转换到关联主客的画面。

作画给自己看，在表达上就是在脑中用画面呈现局面中的有逻辑的形式特征。画面就是我们在脑中把事实做成至少保留其逻辑结构的东西，这个画面是超越时空的，是人类在语言的使用中都共享的东西，是语言可以保持记忆、传承记忆和扩展记忆的根本。

在哲理上，作画给自己看，即在做到画面和局面对应的同时也做到主体和客体对应。如果客体的局面有存在的形式和内容，那么画面也必有与之对应的形式和内容。所以，逻辑句的语法规则必须包涵主体语言序列和客体语言序列的对应规则，以及这两个语言中每一个语义项的对应规则。前者是判断句和逻辑句的句法，后者是判断句和逻辑句的词法。

所谓画面就是全面表达主客核对的逻辑结构的图形。"（桌）V（椅）"就是一个和客观局面相对的画面。

现在我用 a 代表客体语言序列，用 b 代表主体语言序列，用（a^1）和（b^1）表达两个语言序列中只有一对语义项，那么一元简单判断的图形是如下。

a	(a^1)
R	+（—）p
b	(b^1)

接下来，如果我用 A/B 表达逻辑坐标，那么二元复合判断的逻辑结构是 A（a^1（a^2））/B（b^1（b^2））。并且我可以把 A（a^1（a^2））/B（b^1（b^2））转换成高度抽象的形式（—（—））pq，或者（——）

pq。所以在王氏逻辑规则图中的（----）就是二元复合判断的作画形式，并且我们可以用组合律穷尽这个作画形式所能做出的全部或然的画面。同样的，我们可以做出N元复杂判断的不变的作画形式和可变的图形设定。

与作画形式有关的规则之二：画面在逻辑坐标中呈现局面的存在还是不存在。

2.11 A picture presents the facts in logical space, the existence and non-existence of atomic facts.

画面在有逻辑的空间中呈现诸多事实，即诸多核心的存在与不存在。

译注：请注意，"有逻辑的空间"即有逻辑坐标的空间。维根斯坦在《逻辑哲学纲要》中多次提到逻辑坐标，但是他就是不做出逻辑坐标的 $S\begin{Bmatrix}T\\F\end{Bmatrix}=K$ 图形。如果我用（$a^1 \cdots a^n$）/Z（$b^1 \cdots b^n$）这组符号表达上面这条判断的意指，那么这只是一条代码，有逻辑的画面必须有客/主核对的逻辑坐标。有逻辑的画面必须是用a、R、b、+、（）、-、p这几个符号组成的图形语言。于是我把一元简单判断再次做成有逻辑的画面如下。

a	a	t	a
R		+ (--) p	
b	fa	f	fa

并且我可以据此作出N元判断的逻辑坐标和逻辑点的画面。这些画面的归总的表达就是王氏逻辑规则图中的"作画形式""或然的画面"和"真值根据"那三行。

所以学习逻辑就是认知主体要有能力把在逻辑点上发生的原子事实做成画面给自己看。这就是离开逻辑点对逻辑点进行反思的行为的表达。与此同时，这样的画面使得我们可以在高度抽象的高度往下俯瞰发生在逻辑点上的万物的形式在哪个空框中可以存在，在哪个空框中不可以。只要我们能为简单判断作出这样的画面，我们就可以从这个画面出发做出空框更多、体积更大的N阶判断的画面。既远离逻辑点，又通过判断的感知值的计算精准的标定发生逻辑点

第四章：逻辑坐标与判断的词法

上的判断的身份特征——这就是为什么逻辑学可以使得人具有高度抽象的反思能力，从而模拟甚至改造这个世界。

与有逻辑的画面有关的规则之三：画面是主体认知现实的模型。判断的作画的形式、或然的画面和真值根据是建模的方法。

2.12 A picture is a model of reality.

画面是现实的模型。

译注："(桌)∨(椅)"的有逻辑坐标和逻辑点的画面当然就是现实的模型。在高度抽象的逻辑坐标中，画面+(--)p确定简单判断的逻辑点，画面+(----)pq确定复合判断的逻辑点，画面+(--------)pqr确定复杂判断的逻辑点，如此等等。把这些点连接起来就是一个空空的、立体的现实的模型。

2.13 To the objects correspond in the picture the elements of the picture.

在画面中，若干客体与画面的若干要素对应。

译注：继续用 $S\begin{Bmatrix}T\\F\end{Bmatrix}= K$ ($a^1 \cdots a^n$) /Z ($b^1 \cdots b^n$) 作为画面的代码。

这句话清晰地说明，画面作为现实的模型是使得主体的形式语言序列Z与客体的形式语言K对应的"/"。客体语言中有确定数目的语义项，那么画面中就有与之对应的若干要素。这就是说，"/"也必定是个有限的正整数的序列。

这个对应的形式序列就是画面的作画形式。它是用二维书面符号"/"或"R"呈现的，在逻辑坐标中必须把画面R理解为使得客/主（p/q）这两部分保持平衡的支点。例如，二元复合判断pRq在其逻辑坐标轴上有一个使得两个简单判断保持平衡的支点R。

2.131 The elements of the picture stand, in the picture, for the objects.

在画面中，画面的诸多要素代表诸多客体。

译注：在王氏逻辑坐标图中，a、R、b、+、( )、--、p 这几个符号都是客体的代表。这是因为它们都是认知的对象，都是图形语言的成分。

更深入地看王氏逻辑规则图的 (aRb)[1] 那一排，(--) 中的两条小线段，是同一个简单客体是否存在的代表。一个代表客体存在，一个代表客体不存在。

在王氏逻辑规则图的 (aRb)² 那一排，(--)² 中的四条小线段，是两个简单客体是否存在的代表。一个（--）代表一个简单客体的存在或不存在，另一个（--）代表另一个简单客体的存在或不存在，如此等等。

与作画形式有关的规则之四：作画形式中的每一个表达感知值的符号"-"都以排列组合的方式相互关联。

2.14 The picture consists in the fact that its elements are combined with one another in a determinate way.

画面构成此事实，即其要素是以确定的方式相互组合的。

译注：根据王氏逻辑规则图，逻辑坐标和逻辑点上的画面中的要素都是若干语义项的组合。

2.141 A picture is a fact.
画面即事实。

译注：(----)pq 这个作画形式中的某个或然的画面，如(tttf)，是说两个原子事实失去关联这一复合事实，即 p v q。

与有逻辑的画面有关的规则之五：作画形式是画面的必然结构，或然的画面是此必然结构的或然。

That the elements of a picture are combined with one another in a definite way, represents that things are so combined with one another.

This connexion of the elements of the picture is called it's structure, and the possibility of this structure is called the form of representation of the picture.

画面的要素以某确定的方式相互组合 --- 此事实再现若干事物是以同样的方式相互组合。

画面的诸多要素的这个关联叫作画面的结构，并且此结构的或然叫作画面的再现的形式。

译注：我把王氏逻辑规则图中的逻辑坐标的形式序列的前四排 (aRb)⁰, (aRb)¹, (aRb)², (aRb)³ 再现成为更直观的图形如下。

第四章：逻辑坐标与判断的词法

a	(a^1)	$(a^1 (a^2))$	$(a^1 (a^2 (a^3)))\cdots$
R	+(- -) p	+(- - - -) pq	+(- - - - - - - -) pqr$\cdots$
b	(b^1)	$(b^1 (b^2))$	$(b^1 (b^2 (b^3)))\cdots$

中间的用R指称的那一排是关联客主的画面，也是画面的要素（判断的真伪值）和客观局面中的要素相互对应的画面。我们根据 +(- -) p，+(- - - -) pq，+(- - - - - - - -) pqr 等等可以作出许多不同的或然的画面。这就是王氏逻辑规则图中的"作画形式"和"或然的画面"的由来。

维根斯坦将把 N 阶判断的或然的画面化简成为复合判断 pRq 的作画形式 (- - - -) pq 所确定的或然的画面。这个算法就彻底推翻了罗素的形式逻辑的大前提 --- 逻辑关系是永恒不变的来自上天的普遍原则的代表。

2.151 The form of representation is the possibility that things are combined with one another as are the elements of the picture.

再现的形式是这种或然：诸多事物怎样互相组合，画面的要素就怎样互相组合。

译注：逻辑坐标的再现形式是画面。在逻辑坐标中，作画的形式的或然就是 K (a^1, $\cdots$, a^n) / Z (b^1, $\cdots$, b^n) 中的那个"/"包涵的所有或然的组合，也就是 aRb 中的 R 的全部或然。而穷尽 R 的所有或然的作画形式是穷尽 +(- -) p，+(- - - -) pq ……中的真伪值的组合方式。这就是王氏逻辑规则图的"或然的画面"的由来。或然的画面的逻辑形式特征确定生活中的诸多东西和事件之间的逻辑关系。我们必须用感知值的计算才能精准地确定事件和事件之间的逻辑关系。

2.1511 Thus the picture is linked with reality; it reaches up to it.

那就是画面如何与现实关联；它直接接触到现实。

译注：所谓"画面如何与现实关联"就是填充"画面（ ）现实"之间的那个空白的 R。那个（ ）中有看不见的存在于逻辑点上的逻

辑关系，所以画面通过逻辑关系和现实有直接的接触。画面中的"—"是判断直接接触现实的触觉。

在描述中我们用"是"填空（），如"她是张力"。在缺乏客/主核对的抽象思维中我们用算术符号填空，如"="">""<"。在高度抽象的有主客核对的王氏逻辑规则图中，我们用（—）^{1}和（—）^{2}中的"—"所确定的感知值的或然组合填空。这样的填空是规模越来越庞大的计算，因此需要不断地提高计算的速度和技术。

2.1512 It is like a scale applied to reality.

它（即画面与现实关联的方式）就像把度量现实的标尺。

译注：逻辑坐标图中的R是人们度量客/主是否保持一致的尺子。它上面的基本刻度是（—）^{1}、（—）^{2}、（—）^{3}，等等。所以（—）^{n}是判断尺上的刻度。

2.15121 Only the outmost points of the dividing lines actually touch the object that is to be measured.

只有这些不断划分的线段的终端才真正触及将被度量的客体。

译注：我还是用下面这个图形呈现这个判断的意指。

a	(a^1)	(a^1 (a^2))	(a^1 (a^2 (a^3))) …
R	+ (—) p	+ (——) pq	+ (————) pqr…
b	(b^1)	(b^1 (b^2))	(b^1 (b^2 (b^3))) …

横着看这个图表每一个横排都是不断划分的线段。竖着看这个图表，每一个行都是不断升级的线段。但是只有中间的那一排（行）R才是判断触觉现实的触觉点。

我们现在用句号"。"代表逻辑点R，并把R的竖行倒立起来，请大家看它是如何往上（向天）触觉到现实。

逻辑坐标	逻辑点R
(aRb)$^{n+1}$	。
(aRb)^3	。
(aRb)^2	。
(aRb)^1	。
(aRb)^0	。

第四章：逻辑坐标与判断的词法

那些句号组成的竖行就代表R是不断划分不断升级的线段。我们只能以这条线段为对称轴为现实作画。对称轴的一边是现实的有逻辑结构的局面a，另一边是我们为现实的逻辑结构做出的画面b。对称轴R决定画面是否和局面保持一致。

2.1513 According to this view the representing relation which makes it a picture, also belongs to the picture.

根据此观点，使得它成为画面的再现关系也属于画面。

译注：请看下面这个图表。

局面	逻辑关系	画面
a（客体、现实）	R（再现的关系）	b（现实的再现）

使得客体成为画面（现实的再现）的逻辑关系R是认知主体在脑中再现现实的局面的关系，所以R属于画面。于是王氏逻辑规则图中的R ＋(—) p、＋(——) pq、＋(———) pqr…这个形式序列是使得客/主保持对称平衡的逻辑关系的再现，不是呈现。

2.1514 The representing relation consist of the co-ordinations of the elements of the picture and the things.

此再现关系由画面的诸多要素和诸多事物之间的坐标对应关系组成。

译注：在下面这个图形中。

a	(a^1)	$(a^1(a^2))$	$(a^1(a^2(a^3)))$…
R	＋(—) p	＋(——) pq	＋(———) pqr…
b	(b^1)	$(b^1(b^2))$	$(b^1(b^2(b^3)))$…

第一行确定原始逻辑坐标。第二行的简单判断的画面中两个要素（—）是和一个简单客体或事物（a^1）在逻辑坐标 $(aRb)^1$ 上成对应关系。第三行的复合判断的画面中四个要素（——）是和两个简单客体或事物（$a^1(a^2)$）在逻辑坐标 $(aRb)^2$ 上成对应关系，如此等等。

2.1515 These co-ordinations are as it were the feelers of its elements with which the picture touches reality.

打个比方说,这些坐标对应点是画面要素的触觉点,画面用这些触觉点接触现实。

译注:维根斯坦再次提到逻辑坐标的对应点。尽管他没有作出逻辑坐标的图形,但是有高度抽象思维能力的人到此都能根据逻辑坐标点和表达逻辑坐标的图形语言的符号a、R、b、+、-( )、p、t、f 想象出逻辑坐标了。

在这些符号中"-"既是纵横交叉核对的逻辑点也是画面直接感知现实的触觉。于是在简单判断中,一方面"--"是画面和局面保持对应的逻辑坐标点;另一方面,"--"也是画面和现实接触的触觉点。

在语法方面,符号"--"表达某个简单判断句 --- 如"走是用双腿以一定的频率移动身体"---- 是否和现实中的局面保持一致的触觉。

在算法上,符号"--"是判断的运算的基本单位。这就是如今的用二进制表达的信息科学的由来。

与有逻辑的画面有关的规则之六:有逻辑的画面是关联客主的中介。

2.16 In order to be a picture a fact must have something in common with what it pictures.

事实要成为画面必须与它所描绘的有共同的东西。

译注:我们再看这个图形。

| 事实 | ( ) | 画面 |

这个共同的东西就是当中的那个括号,它代表逻辑坐标。括号中的逻辑关系就是使得画面等同于局面的东西。例如,如果事实是房屋结构中的砖和瓦是分开的,那么该事实的逻辑的画面必须是两个简单判断(砖)和(瓦)在二阶逻辑坐标 $(aRb)^2$ 中处于失联关系。所以,"(砖)∨(瓦)"中的∨就是画面和局面共享的东西。抽掉文字符号之后,"( )∨( )"就是万物处于失联关系这个事实的画面。

56

第四章：逻辑坐标与判断的词法

"（ ）V（ ）"就是高度抽象的逻辑思维的图形语言。

2.161 In the picture and the pictured there must be something identical in order that the one can a picture of the other at all.

万一要让画面称为被画的画面，画面与被画之间必需有点身份等同的东西。

译注：请看图表。

画面	被画（事实）
p v q	砖墙和瓦失联
p & r	砖墙和木头联合
(p & r) ⊃ (p v q)	砖瓦失联是后件，砖木联合是前件

如果建房子只用三种材料：砖，瓦，木材，那么完整的描述怎么建房子的逻辑语言必须有以下三个步骤。

1. 列出三个简单判断。

(aRb)[1]	p q r

2. 列出每两个简单之间的逻辑关系。

(aRb)[2]	p v q, q & r

3. 列出三个简单判断之间的环环相扣的逻辑关系。

(aRb)[3]	(p v q) ⊃ (q & r)

所以，完整地描述这座房子的逻辑结构的逻辑句如下。

p q r；p v q、p & r；(p v q) ⊃ (q & r)。

主体语言和客体语言、局面甲和画面甲、所画和被画，它们之间都有个使得两者等同的东西：逻辑坐标 aRb 和逻辑关系 R。我们可以归总的说，在所有的认知主体和认知对象之间，无论逻辑坐标有多少个层次或阶位，都必须有个使得客/主的身份等同的中间项 R，并在这个具有特定的逻辑坐标的阶位的中间项 R 里面寻找合理的逻辑关系。我们绝不可以从一个画面中直接推出另一个画面。同理，我们不可以仅仅凭"我觉得""我认为"等等语句就能有理性地从

如何全面深入的译读维根斯坦的《逻辑哲学纲要》

一个事实中推导出另一个事实，从一个诗句中推出另一个意义等同的诗句，等等。

与有逻辑的画面有关的规则之七：判断的作画形式和其或然的画面使得画面和现实保持一致。

2.17 What a picture must have in common with reality in order to be able to depict it--rightly or falsely--in the way that it does, is its pictorial form.

画面为了能够按照自己的方式 --- 真的或伪的 --- 描绘现实，必须和现实共享的东西是它的作画形式。

译注：在此处的英文译本中，我读到的是"form of representation"。但是在我阅读的其他英译版本中，"form of representation"（再现的形式）变成了"pictorial form"（作画形式）。我通过比较不同的版本在此处采用了"pictorial form"（作画形式）。同样的，这一章中的"atomic facts（原子事实）"在别的英文译本中成为"state of affairs（局面）"。我的翻译在大多数实例中采用了"atomic facts（原子事实）"。这就是说，我的译文的原文是我阅读了几个不同的译本，并且是自己打印出来的结果。

从2.17到这个子集的结尾2.225维根斯坦是把判断的作画形式和或然的画面归总的称为画面。现在我们看怎么用高度抽象的思维填空从而确定作画的形式。我们从右往左看下面这个语句。

事实　是　局面甲　（　）画面甲。

为了让画面正确或不正确地反映现实，在局面甲和画面甲之间必须有个作画关系R在（　）中。再把文字描述作成图表，于是

1. 现实的描绘 $\begin{cases} \text{正确的如果局面甲} = \text{画面甲} \\ \text{不正确的如果局面甲} \neq \text{画面甲} \end{cases}$ 是

2. 现在我们可以把语句写成抽象的拼音符号。

3. 再把表达抽象思维的语言符号写成更简洁的代码。
$$S \supset K(a^1 \cdots a^n)/Z(b^1 \cdots b^n)$$

4. 再把代码转换成为更清晰的有逻辑判断层次的画面或图形

第四章：逻辑坐标与判断的词法

语言。

a	(a^1)	$(a^1 (a^2))$	$(a^1 (a^2 (a^3)))\cdots$
R	+ (——) p	+ (————) pq	+ (————————) pqr$\cdots$
b	(b^1)	$(b^1 (b^2))$	$(b^1 (b^2 (b^3)))\cdots$

5. 我们可以把 $(a^1) R (b^1)$ 和 $(a^1 (a^2)) R (b^1 (b^2))$ 转换成王氏逻辑坐标图中的一元简单判断和二元复合判断的那两排如下。

逻辑坐标	判断句	判断函数	作画形式	或然的画面	真值根据
$(aRb)^0$					
$(aRb)^1$	p	fa	$(——)^1$	$(——)^1$	$(-t)^1$
$(aRb)^2$	pRq	f(a b)	$(——)^2$	$(——)^{2\times 2}$	$(-t)^1$

现在我们看如何从画面 5 的 $(aRb)^2$ 那一排中做出二元复合判断的或然的画面。如果我们用 p q 代表对两个简单客体（砖、木材）的简单判断，用 R 代表关联这两个判断之间的逻辑关系，那么我们可以得到一个这样的画面：P（R）Q。我们再把它写成 pRq，这就是从属于 $(aRb)^2$ 的二元复合判断句的固定的形式。在第五章我们将继续探讨如何从 pRq 中的 R 作出全部十六个或然的画面，这些画面中的真值点就是我们的逻辑思维和现实接触的触觉点。所以我们通过高度抽象的思维可以全面深入地把握有逻辑实质的现实，而不是表面上似乎是繁杂但是没有逻辑结构的现实。

2.171 The picture can represent every reality whose form it has.

The spatial picture, everything spatial, the coloured, everything coloured, etc.

画面具有现实的形式，画面能描绘任何现实。

有空间的画面能再现任何有空间的东西，彩色画面能再现任何有色彩的东西，等等。

译注：必须从画面中解剖三个不同的层次（现实的画面（抽象的画面（高度抽象的画面）））。由于现实存在于空间中，所以我们必须把高度抽象的画面或图形语言看作是有空间的现实的虚拟的

模型，并且用判断的感知值的计算和虚拟的逻辑的机器把这个虚拟的模型投影出来。维根斯坦的画面论就是如今信息科学中的虚拟的现实的基础理论。

与有逻辑的画面有关的规则之八：画面呈现自己的形式和内容，再现自己的认知主体。

2.172 The picture cannot, however, depict its pictorial form: it displays it.

然而画面不能描绘其作画形式：画面展示作画形式。

译注：请再看图形。

局面	逻辑关系	画面
a（客体、现实）	R（再现的关系）	b（现实的再现）

显然画面并不描述 R，但是画面展示 R，这是因为 R 就是画面的作画形式。

所以，+（--）p 这个画面不能描绘它自己的作画形式，它啥也不说。我们从此画面 +（--）p 中看到它的若干形式特征：逻辑点 +，真伪值的排列和组合（--），表达真伪值的名字或符号（tf）和判断句的名字 p。（--）表达任何判断都只有两个感知值：真或伪。真伪值是看不见但的确存在的与万物的形式存在还是不存在有关的信息。信息是没有质量并且永恒不灭的东西。

2.173 The picture represents its object from without(its standpoint is its form of representation), therefore the picture represents its object rightly or falsely.

画面在客体的外面再现其客体（其立脚点是画面的再现的形式），于是画面正确或不正确地再现其客体。

译注：请再看图表。

局面	逻辑关系	画面
a（客体、现实）	R（再现的关系）	b（现实的再现）

作画的主体和被画的客体都绝对不在再现客体的逻辑结构的画面之内！所以在有逻辑的语法中绝对没有什么"主谓结构"或"主

60

第四章：逻辑坐标与判断的词法

宾结构"。这是再现的关键。

再现有三个形式特征：1）再现属于认知主体。再现描述认知主体对发生在逻辑点上的客观局面进行的反思。2）我们必须走出逻辑点才能再现主客是否一致的逻辑画面。3）再现的主体就是作画人，即在脑中用画面认识现实、反映现实的人。再现的客体是客体的内在逻辑结构。所以，主体和客体，或者主语和谓语，都不在再现的形式，或者作画形式中。但是人认知世界的立场（立脚点）、观点和方法是主体为客体的逻辑结构作画的方式R。R也叫作画面再现被画的客体的形式。R明确地告诉我们存在第一，逻辑第二。

2.174 But the picture cannot place itself outside its form of representation.

但是画面并不能自在于其再现的形式之外。

译注：在逻辑哲学中，所有的概念，如客体、局面、画面、呈现、再现、逻辑、感知值，等等，都有形式和内容之分。例如，再现的形式特征是符号，再现的内容是符号所指称的对象。所以，aRb，+(--)P，（桌）V（椅）等画面都是用符号再现现实的有逻辑结构的形式。于是画面不能处于再现的形式之外。

与有逻辑的画面有关的规则之九：逻辑的形式是使得画面等同于现实的中间项。所以逻辑的形式即现实的形式。

2.18 What every picture, of whatever form, must have in common with reality in order to be able to represent it at all--rightly or falsely—is the logical form, that is, the form of reality.

每一个画面，无论具有什么形式，万一要能够—正确地或错误地 --- 再现现实，必须和现实共享的东西是逻辑的形式，即现实的形式。

译注：请注意，维根斯坦在这里说的是"逻辑的形式"等同于现实的形式。这就是说逻辑来源于客体，逻辑的形式即客体的存在形式中的内在逻辑关系，这个判断和形式逻辑中的逻辑的形式是来源于上天这个假定的命题有本质上的差别。当代信息科学的发展已经证明了维根斯坦的这个正确的判断。

为了懂得这个判断，请参考2.161："要让一画成另一画的画面，画面与画面所描述的之间必有点身份等同的东西"并且再度思考下面这个语句。

事实（现实）是 画面甲 (R) 画面乙。维根斯坦在这里明确指出，逻辑的形式即画面甲（A）和画面乙（B）的中介（R）。逻辑关系R的位置就在"画面甲（ ）画面乙"中间的那个括号中。我们用p代表判断句甲，用q代表判断句乙，用R代表关联这两个判断句的逻辑关系，用tt代表客体语言a必须总是为真，用ff代表主体语言b有或然全部为伪。用（----）代表复合判断的感知值的排列和组合，那么我们完全可以做出2.18这个语句所指称的二元复合判断的逻辑的形式。

a	p	tt	p
R	R	+（----）pRq	
b	q	ff	q

中间的那一排上的复杂结构 +（----）pRq就是处于逻辑坐标的逻辑点上的两个简单判断如何关联成为一个复合判断的画面。请注意，这是逻辑点上的判断的形式，不是逻辑坐标的形式。但是判断的形式和逻辑坐标的形式都共享aRb（pRq）这个固定不变的形式。可变的图形设定是判断的感知值的排列和组合决定的。

所以逻辑关系R既是连接主体语言和客体语言的中介，也是连接简单画面和复合，复杂画面的中介，更是连接判断和现实的中介。请用下面这个图形中看明白逻辑关系R的属性。

a	R（逻辑关系）	b
客	R	主
局面（现实）	R	画面（思想）
画面甲	R	画面乙
p	R	q

所以逻辑关系R不仅是（形象（抽象（高度抽象的思维）））和现实的关联，还是高度抽象的思维单元之间的关联。逻辑规则图演示只有高度抽象的判断和连接它们的逻辑关系R才能实现不断地升华

第四章：逻辑坐标与判断的词法

或升级。

2.181 If the form of representation is the logical form, then the picture is called a logical picture.

如果再现的形式是有逻辑的形式，那么画面叫作有逻辑的画面。

译注：有逻辑的画面必须具有逻辑关系R，逻辑关系R是再现的形式。R的定义是＋(--)p，所以复杂结构R＋(--)p叫作有逻辑的画面。在王氏逻辑规则图中有逻辑的画面包涵"作画形式""或然的画面""真值根据"和"判断句"那四行。我们必须知道根据些什么语法和算法规则把"--"用作主体感知现实的触觉为判断句p、pRq、(pRq) R (pRq)等作出有逻辑的画面。

2.182 Every picture is also a logical picture. (On the other hand, for example, not every picture is spatial one.)

每个画面也是有逻辑的画面。（在另一方面，举例说，并非每个画面都是有空间的画面。）

译注："每一个画面也是有逻辑的画面"即我们在脑中不能离开逻辑坐标寻找或记住客体。但是并非所有的画面都是有空间的画面。例如，形式逻辑句，如 p∨q 等，因为缺乏＋(--)作为判断感知现实的触觉，都不是有空间的画面。

所以，为了掌握高度抽象的逻辑思维，我们必须把有逻辑的画面首先看作是有空间的画面，并且我们必须从（形象（抽象（高度抽象的画面）））这三个层次看待画面。一般人的头脑很容易被形象思维的画面掌控。形象思维和抽象思维都缺乏高度抽象的思维和现实保持关联的触觉"-"。我们必须在高度抽象的思维中用若干主体感知现实的触觉"--"才能为判断句和逻辑句有逻辑的画面，所以，在高度抽象的思维中，用和现实保持一致的触觉"-"为判断作出有逻辑的画面是维根斯坦的重大发明。否则罗素作为当时的逻辑学的统帅一定会指出其他出处。

与有逻辑的画面有关的规则之十：有逻辑的画面可以说明世界并改造世界。

2.19 The logical pictures can depict the world.

有逻辑的画面能描绘世界。

译注：首先我们必须确定有逻辑的画面是王氏逻辑坐标图序列的 R +（--）p、+（-----）pRq、……那一排。维根斯坦在后面把有逻辑的画面转换成了判断符号，塔斯基和克林等人后来又把维根斯坦的判断符号改名为真值表。如今的信息科学的入门课程都是从真值表开始的，似乎真值表是从天上掉下来的理所当然的东西，从而彻底埋没了维根斯坦为信息科学的诞生作出的巨大贡献。

我们继续从（形象（抽象（高度抽象的画面）））这三个层次看待画面。逻辑学要求我们穿透形象和抽象思维，升华到高度抽象的思维。只有在这个层次上，我们才有能力为判断句作出高度抽象的有逻辑的画面，这样的画面才有或然通过触觉点"-"和现实保持高度的一致。并且我们可以把有逻辑的画面转换成逻辑的画面，写出合理的逻辑句，指挥虚拟的逻辑的机器仿真现实，从而帮助我们说明并改造现实。

与有逻辑的画面有关的规则之十一：有逻辑的画面是必然与或然的统一。

2.2 The picture has the logical form of representation in common with what it pictures.

画面与其所画共享再现的有逻辑的形式。

译注：再现是现实的再现。再现的有逻辑的形式即用特定的逻辑关系把判断的若干触觉"-"组成的画面，这个画面和现实共享同一个有逻辑关系的形式。同样的，"（砖）∨（瓦）"这个画面和实际生活中的某个房子的砖隔着瓦共享一个"失联"（∨）的逻辑关系。

2.201. The picture depicts reality by representing a possibility of the existence and non-existence of atomic facts.

画面通过再现若干原子事实的存在和不存在的或然而描绘现实。

译注：在 +（--）p 这个立体的画面中，判断 p 的触觉"-"再现简单事实是存在（T）还是不存在（F）。在 N 阶逻辑坐标中，我

第四章：逻辑坐标与判断的词法

们用特定的语法和算法规则做出若干条逻辑句，把 N 个 "T" 连接起来就得到一个空空虚拟的模型。这个模型就是生活中的客体的高度抽象的存在形式的描述。

2.202. The picture represents a possible state of affairs in logical space.

画面在有逻辑的空间中再现某个或然的局面。

译注：如果我们把 TF 和 FT 分别代入在 +（--）p 这个画面中，那么我们就得到两个在空间中的或然的局面的再现 1)+（TF）p;2)+（FT）p。

2.203 The picture contains the possibility of the state of affairs which it represents.

画面包含它所再现的局面的或然。

译注：+（----）pq 是二元复合判断的画面的作画形式，是必然。根据这个作画形式做出某个特殊的画面，如 +（TFFF）pRq，是必然中的或然之一。画面作为再现有被画和所画这两个部分。如果被画的有必然和或然，那么所画的必然和或然必须与之对应。所画和被画怎么对应？这是下面的子集要回答的问题。

与有逻辑的画面有关的规则之十二：真或伪是同一个判断对现实的两个不同的触觉。

2.21 The picture agrees with reality or not; it is right or wrong, true or false.

画面是否与现实一致，就是画面是否正确或错误，是真或是伪。

译注：有逻辑的画面是由判断对现实的触觉 "-" 组合而成的。同一个判断有并且只有两个触觉：T 或 F、真或伪、对或错、有或无。我们绝对不可以用真或假指称同一个判断的两个不同的触觉。这是因为真或假指称两个不同的东西，于是我们可以从三种不同的角度译读 T 的意指。

认知的角度	T的意指
主体的角度	我在此说的到客体的形式
客体的角度	我的形式在此成立
判断的角度	画面的形式与现实的形式一致

65

如何全面深入的译读维根斯坦的《逻辑哲学纲要》

如果我们只把.T 看作是个抽象的计算符号，那么我们就得不到逻辑哲学的精髓。逻辑坐标中的任何一个符号都是全面深入地从逻辑坐标的三个角度 a，R，b 立体的解读世界和生活。以后我们分析判断句和逻辑句的每一个成分，都要从这三个维度做全面深入彻底的分析。直到分析出每一个逻辑句的成分都是真值我们才有或然开始用虚拟的逻辑机器仿真现实。

然而当今世界的现实是信息科学的起点是真值表。并没有人介绍维根斯坦的逻辑哲学是产生真值表的基础理论，于是甚至有些研究计算机科学的专业人士都不知道逻辑哲学的基本立场和方法。反过来，如果我们知道了逻辑哲学的基本立场和方法就能更容易更有效率地掌握和使用信息科学。

与有逻辑的画面有关的规则之十三：判断的有逻辑的画面是现实的局面的再现。

2.22 The picture represents what it represents, independently of its truth or falsehood, through the form of representation.

画面独立于画面的真伪之外，通过再现的形式再现它所再现的对象。

译注：判断的有逻辑的画面的真伪用真或伪这两个值的组合标定，如（tttf）p v q。在（tttf）p v q 中，p v q 是判断的画面。此画面再现现实中两个简单判断，如（砖）和（瓦），处于失联的状态。而（tttf）是 p v q 这个画面的形式特征或者说身份标定。所以"画面独立于画面的真伪之外"。

2.221 What the picture represents is its sense.
画面所再现的是它的感知。

译注：画面 p v q 再现它怎么感知生活中的两个简单客体处于"失联"的逻辑关系。感知的触觉是"-"，感知值是真值或伪值。

2.222 In the agreement or disagreement of its sense with reality, its truth or falsity consists.

第四章：逻辑坐标与判断的词法

画面的真伪在于它的感知是否和现实一致。

译注：画面 p v q 的真伪是由（tttf）标定的。其中的 t 是说画面 p v q 在此成立，f 是说画面 p v q 在此不成立。

2.223 In order to discover whether the picture is true or false we must compare it with reality.

为了发现画面是真或伪，我们必须把它和现实对比。

译注：我们必须把现实中的某个局面"走""跑"和"双腿以一定的频率移动身体"作对比才能发现画面（走）是真还是伪。所以（走）必须被"真"或"伪"定性。于是我们可以做出这样一个画面：（走）/（真伪）。

2.224 It cannot be discovered from the picture alone whether it is true or false.

仅仅根据画面不能发现它是真还是伪。

译注：我们不能根据任何貌似有逻辑的画面，如（走）v（过）或者 p v q，就认为它是个合理的逻辑句。我们必须用判断的触觉的真伪值的组合标定 p v q 的逻辑属性。在维根斯坦之前的形式逻辑中，所有的逻辑句都只有画面，没有真伪值的组合作画面的身份标定。

2.225 There is no picture which is a priori true.

绝无先验为真的画面。

译注：p v q, p & q, p ⊃ q 等画面之所以成立的逻辑根据是现实中若干要素（简单客体）组成的客观局面。所以客观存在第一，逻辑第二。于是绝对没有先验为真的画面。

重大发现：

一、在《逻辑哲学纲要》中有很多的或然现象演示，维根斯坦是先做好了和王氏逻辑坐标图和逻辑规则图类似的图表后才撰写《逻辑哲学纲要》。也许是因为他没有得到他理应获得的名誉，所以他把逻辑坐标和逻辑规则图作为秘密保留了。但是他很有可能在1939年把部分秘密传授给了图灵。于是图灵发明了虚拟的图灵机，并用判断和逻辑的算法破解了德军的密码。破密的原理就是用明码字母逐一核对（--）2^{26}那么多的方格。其中必有一个方格把某个明码字母和密码字母等同地对应起来。

二、维根斯坦是用拼音字母和逻辑符号为现实作有逻辑的画面，并且是用 T 和 F 这两个字母标定画面的逻辑属性。这是因为拼音语言中的词语不能根据欧卡玛的逻辑的表达必须尽可能按简洁的原则为画面和其逻辑属性命名。用维根斯坦的话说，拼音语言不能在逻辑坐标中做到自在和自为兼而有之。我认为更深层的原因是拼音语言的形音义都是存在于表达判断的触觉的符号"-"的方框之外。与之相比，每一个中文字的形音义都是统一在那个方框之内。这就是方块文字的逻辑属性。但是为什么中文的文科教育一直都没有发现中文在表达高度抽象的思维时对拼音语言具有的全面压倒性的战略优势并利用这个优势呢？这个问题说明我们的文科教育和课程设置在一个多世纪以来为了追求现代化盲目地跟在具有话语霸权的拼音语言的后面走错了路子。张申府、赵元任、林语堂、胡适这几个人对罗素盲目崇拜，大肆宣传他的错误的形式逻辑，因此他们应该负有重大的学术错误的责任。

小结：

一、维根斯坦在这个子集的前半部分详细的译读了 (aRb) 中的客体 a。由于在逻辑坐标中，主体和客体相对并且对称的成立，所以做好了客体就是做好了主体，做好客体语言轴也就是做好了主体语言轴。这两个轴的纵横交叉核对界定逻辑坐标的范围，也就是客体的定义域。

二、维根斯坦在这个子集的后半部分译读了 (aRb) 中的 R。R 是某一阶判断中的主客交叉核对的那个交叉点，也是 N 阶判断在逻辑坐标序列中组成的对称轴。逻辑学的目的是在逻辑坐标的交叉点上为客体的存在的形式做出有逻辑结构的画面。

三、在分析完客体(a)形式特征、形式属性和关联主客的画面(R)的逻辑结构之后，维根斯坦本可以直接做出判断的有逻辑的画面（判断符号或真值表）。但是在那个时代，信息科学还没有证明他的理论是否可以转变成为现实。所以，为了证明他的理论是合理的，他还得继续对 aRb 进行句法分析。他将演示，用罗素在为《逻辑哲学纲要》写的引介中的话说，所有的旧哲学的语法都是坏语法，都源于我们对我们使用语言时必须使用的逻辑的无知。

重大哲学意义：

一、既远离逻辑点，又通过判断的感知值的计算精准的标定发生逻辑点上的判断的身份特征 --- 这就是为什么逻辑学可以使人具有高度抽象的反思能力，从而模拟甚至改造这个世界。这是维根斯坦为逻辑学的发展做出的巨大贡献。它既彻底颠覆了旧逻辑学，也使得逻辑学成为可以摹拟并仿真现实的科学和哲学。

二、逻辑哲学能训练我们的思想从形象上升到抽象，再从抽象上升到高度的抽象。高度抽象的思维是做学问、管理和领导都必须掌握的思维的艺术。只有这样才能把握全局。但是，旧逻辑和旧哲学认为尘世所有哲学和逻辑学的命题的真伪是来自上天的命题决定的。在抽象思维中，固执于旧逻辑的人们不需要主体对客体的感知，只需要认知主体把自己的思维形式对准来自上天的命题的形式进行思考。形式逻辑假定我们只需要对语句的逻辑形式进行思考，就可以得到超越生活的形式逻辑的客体——被假定并被强言为真的上天的完美逻辑。正是在"感知"的排列和组合这个核心上维根斯坦与旧逻辑彻底决裂。

第五章

逻辑点与判断句的句法之一

在确定 aRb 这个复杂句或复杂图形结构的简单词语 a 和 R 之后，维根斯坦接下来将强调判断的核心是这个画面： +（--）p。他将指出"--"是同一个简单判断句 aRb 感触现实的两个象征符号，我们可以用"--"这两个象征主体感知现实的变量符号通过"作画形式""或然的画面"和"真值根据"等逻辑方程式计算出万物的形式。所以维根斯坦接下来将为如何解读"--"所象征的核心判断句制定若干语法、算法和表达的规则。我把它们命名为"与判断的画面有关的规则"。

画面处于逻辑坐标的中心"+"上，也就是逻辑坐标的逻辑点上，是我们在逻辑坐标的范围（视野的范围）之内关注和思考的对象。单词 proposition 是判断的画面的名字，我们绝不能把 proposition 翻译成为形式逻辑的命题，必须把 proposition 翻译成为"客主交叉核对的判断"，简称为"判断"。逻辑坐标图和逻辑规则图都是仅仅存在于大脑中、高度抽象的有逻辑的思想的再现。于是维根斯坦在第三大子集的开头首先宣布。

逻辑点上的判断句的句法规则集之一：思想是事实的有逻辑的画面。

3. The logical picture of the facts is the thought.

事实的有逻辑的画面即思想。

译注：在王氏逻辑规则图的 (aRb)[1] 那一排，事实的有逻辑的画面是（--）[1]。(p) 是画面（--）[1] 的名字。

在 (aRb)² 那一排，事实的有逻辑的画面（--）²，(p)R(q) 是画面（--）² 的名字，如此等等。

所以，逻辑坐标是视野。画面是认知主体在逻辑点上关注、记忆并投影局面的思想。符号语言是画面的名字。

3.001 "An atomic fact is thinkable"---means: we can imagine it.

"某个原子事实是可以想到的"——意指：我们可以想象它。

译注：原子事实在 (aRb)¹ 上，我们可以把想到的原子事实"走"代入到 +（--）（走）中，或者用其他事实置换（走）中的"走"。

3.01 The totality of true thoughts is a picture of the world.

价值为真的思想的总和是世界的画面。

译注：已知的 N 阶判断之内全部具有真值根据"-t"的画面的序列的总和即世界的画面。

3.02 The thought contains the possibility of the state of affairs which it thinks.

What is thinkable is also possible.

思想包涵它所想的局面的或然。

可以想到的也是或然的。

译注：例如，在 (aRb)² 那一排中的思想所想到的局面是两个原子事实以特定的逻辑关系关联在一起。如果我们想到（桌）V（椅）这个局面，那么此局面包涵"（桌）&（椅）"，"（桌）⊃（椅）"等其他或然的局面。这就是说如果我们能想到两个简单事实具有什么样的特定的逻辑关联，那么我们根据真伪感知值的组合就能算出关联两个简单事实的全部或然的逻辑关系。这是因为我们为（桌）V（椅）的逻辑结构作画的必然作画形式是（--）²，并且此必然的作画形式可以有（--）^(2×2) 个或然的画面。（桌）V（椅）只是二元复合判断包涵的全部十六个或然的画面之一。

3.03 We cannot think anything unlogical, for otherwise we should have to think unlogically.

我们不能想任何没有逻辑的事，要不然我们就得没逻辑地想。

第五章：逻辑点与判断句的句法之一

译注：这是因为思想通过逻辑坐标序列中的"或然的画面"可以穷尽某一阶判断的全部或然的局面／画面，于是我们可以说在学术研究中和生活中都没有自由的思想。这是因为任何思想都受逻辑坐标掌控。我们通过对这个掌控万物的逻辑坐标进行反思，获得不必去逻辑点完成某个任务的相对自由。

3.031 It used to be said that God could create everything, except what was contrary to the laws of logic. The truth is we could not say of an "unlogical" world how it would look.

除了违反逻辑法则的东西之外，上帝可以创造任何东西——这是过去的常言道。真实是我们不可以说某个"没逻辑的"世界看起来会是什么样。

译注：思想和世界都是被逻辑坐标界定、被逻辑坐标掌控。在这个掌控中我们看不到上帝。逻辑坐标掌控万物，所以我们不知道没逻辑的世界是个什么样子。

3.032 To present in language anything which "contradicts logic" is as impossible as in geometry to present by its co-ordinates a figure which contradicts the laws of space; or to give the co-ordianates of a point which does not exist.

没有任何或然用语言呈现任何"违反逻辑"的东西，正如在几何学中没有任何或然用坐标呈现违反空间法则的图形；或者给定某个不存在的点的坐标。

译注：维根斯坦在这儿指出任何语言都必须有逻辑坐标。根据王氏逻辑规则图，原始判断的逻辑坐标就是 $(aRb)^0$。我们可以把它展开成为书面的图形如下。

a	a	a
R		+ (tf) p
b	fa	fa

如何全面深入的译读维根斯坦的《逻辑哲学纲要》

原始判断的逻辑坐标是从简单判断演绎到所有高阶判断到逻辑坐标的原始起点，所以N阶判断句的序列走不出 (aRb)⁰ 确定的空间。

3.0321 We could present spatially an atomic fact which contradicted the laws of physics, but not one which contradicted the laws of geometry.

我们可以在空间中呈现某个违反物理定律的原子事实，但是不可以在空间中呈现某个违反几何定律的原子事实。

译注：几何定律即逻辑坐标定律。所有的原子事实 (p) 都必须具有逻辑坐标 (aRb)[1]。

3.04 An a priori true thought would be one whose possibility guaranteed its truth.

某个先验为真的思想会是个其或然就保证其为真的思想。

译注：注意这个语句中的虚拟语气。本来的意思是指在人间的经验中，发生在逻辑点上的思想只有通过判断对现实的价值为真的触觉 "-t" 才能后觉为真。但是这句话的虚拟语气是反着说：某个思想，无须逻辑坐标、无须在逻辑点上的客/主核对、无须作画形式、无须真值根据等，只需要人自觉到某个画面为真，那么该先于经验的思想就为真。这个判断句用反着说话的方式点出了所有旧形式逻辑中的先验论的错误，这是因为形式逻辑设定逻辑之真来源于上天的绝对纯粹的形式之真。如此看来，我们不能把旧逻辑中的排中律等逻辑的法则看作是先验为真。它们必须被界定在逻辑坐标之内，并且接受判断的感知值的检验。

3.05 We could only know a priori that a thought is true if its truth was to be recognized from the thought itself (without an object of comparison).

如果（不采用对比的客体）就能从某个思想本身中看出它的真，那么该思想为真，这是我们唯一能先验知道的东西。

译注：在如果不采用主客对比，我们唯一能先验知道为真的东西就是王氏逻辑规则图中的一元简单判断"真值根据"那一排"-t"中的真值。那个真值先验的告诉我们某个简单思想为真。

现在的问题是：思想在判断中是如何表达的？接下来维根斯坦

第五章：逻辑点与判断句的句法之一

为此也制定了一系列的判断的句法的规则。

逻辑点上的判断句的句法规则集之二：判断句的逻辑结构 aRb 是逻辑哲学的投影论的基石。

3.1 In the proposition the thought is expressed perceptibly through the senses.

在判断中思想是通过感官在感知方面得到表达。

译注：在逻辑规则图中，思想是用主体感知现实的象征符号"--"表达的。

3.11 We use the sensibly perceptible sign (sound or written sign, etc.) of the proposition as a projection of the possible state of affairs.

我们把在感官方面可以感知到的判断符号（声音或书面符号）用作或然的局面的投影。

译注：维根斯坦在这儿首次提出了逻辑哲学的两个重要理论：1）判断符号论。2）投影论。

首先谈谈"判断符号"。在高度抽象的思维中判断符号必须有三层逻辑结构（书面（声音（高度抽象的判断符号）））。拼音语言的词语，如 walk，是复杂符号，不能作为简单的判断符号投影生活中的画面。但是单个的拼音字母作为简单符号可以是（书面（声音（高度抽象的判断符号））），所以 (p) 是天下所有的简单判断的归总的符号。

再讨论"投影"。我们使用英语时，是用单词，如"walk"（多个字母）的拼音或拼写在脑中投影现实中的局面。这样的表达是通过声音再现局面。

中文的判断符号，如（走），可以在（书面（声音（高度抽象的判断符号）））这三个层次上同时投影"走"的局面。所以每一个中文字都可以投影并表达现实中的局面。这样的表达是呈现。

The method of projection is the thinking of the sense of the proposition.

投影的方法即判断的感知正在思考中。

译注：如果我们把简单判断句写成 aRb，那么这个复杂结构说

的主观世界 b 是客观世界 a 的投影。投影的机制不是判断句 p，而是判断的感知值"--"这部分在进行思想。这就是说，判断是通过王氏逻辑规则图中的"作画形式""或然的画面""真值根据"和"判断函数"进行思考的。在算法上，判断用 "--" 的排列和组合投影现实。所以，虚拟的逻辑的机器只需要判断的感知值"--"的组合，不需要判断的名字。判断的名字是人自己用来组织思想的东西。

3.12 The sign through which we express the thought I call the propositional sign. And the proposition is the propositional sign in its projective relation to the world.

我们用来表达思想的符号我称之为判断的符号。而判断是判断符号自在于它和世界的投影关系之中。

译注：维根斯坦在这儿强调了判断、判断符号和判断是现实的投影这三者之间的关系。我用图表来表达这三者之间的关系。

a	R	b
现实	投影关系	现实的投影
"走"的局面	+（--）p	（走）的画面

逻辑关系 R 即投影关系。投影关系的内容是 +（--）包涵的感知值。判断的名字 p 和投影没有任何关系。在英文中，我们只能用字母 p 指称简单判断。在中文中，我们能用某个中文字置换字母 p，从而既表达也能命名简单判断句所投影的生活中的局面。

3.13 To the proposition belongs everything which belongs to the projection; but not what is projected.

凡属于投影的即属于判断，但是被投影的不属于判断。

译注：在具有逻辑坐标的判断句 aRb 中，客体 a 是被投影的，所以客体不属于判断。判断的主体是投影者，所以也不属于判断。于是只有主体语言 b 和逻辑关系 R 属于投影，因此属于判断。逻辑关系 R 是投影的机制。主体语言 b 是用逻辑关系连接的若干判断句，例如，（桌）∨（椅）就是一条表达主体的思想的逻辑句。这个逻辑句是否合理必须和现实中的"桌"和"椅"的逻辑关系作对比。

第五章：逻辑点与判断句的句法之一

Therefore the possibility of what is projected but not this itself.

因此有被投影的东西的或然，但不是这个本身。

译注：在语法上这个英文句子不是一个完整的语句，但是我们可以看出来作者在 Therefore 后面故意省略了 there is。所以这条判断句的意思是说 R（作画关系）是固定的投影机制，于是被投影的客体可以有若干"或然的画面"。

In the proposition, therefore, its sense is not yet contained, but the possibility of expressing it.

所以，在判断中还没包涵判断的感知，但是（包涵）表达它的或然。

译注：例如，在一元简单判断的逻辑关系 R 所包涵的 +（--）p 中，一切都还是名字或者符号。但是这些符号已经为感知的真伪值的表达做好了准备。

("The content of the proposition" means the content of the significant proposition.)

（"判断的内容" 意指有意义的判断的内容。）

译注：我在前面已经指出了原始判断和有意义的判断的形式和内容的区别。

In the proposition the form of its sense is contained, but not its content.

在判断中被包涵的是判断的感知形式，而不是它的内容。

译注：现在我把一元简单判断的判断符号写成这样：+(p(--))。于是我们可以看出简单判断包涵的是判断的形式（--），而不是判断的内容。同样的 +（走（--））只确定（走）是否存在的形式，不确定（走）的内容（走了多少步）。总而言之，任何阶位的判断都只确定判断的感知的形式不确定感知的内容。

投影论的小结：逻辑哲学的投影论彻底颠覆了维根斯坦之前的旧哲学和旧逻辑学的基石---柏拉图的上天形式论（theory of Forms）。并且当代信息科学的仿真和虚拟的世界已经证明投影论是完美的。

逻辑点上的判断句的句法规则集之三：若干名字/符号的组合组成判断符号。该组合的意指是判断可以触觉到的事实。

3.14 The propositional sign consists in the fact its elements, the words, are combined in a definite way. The propositional sign is a fact.

判断符号的构成在于此事实，其成分，即词语，是以某个确定的方式组合而成的。判断符号是事实。

译注：在判断符号+（--）p的组合中，维根斯坦把每一个符号都用作是组成核心判断句aRb的词语。"+"指称逻辑点，p指称一元简单判断，（--）指称逻辑点上的任何一个简单判断句的两个感知值----真或伪----的排列和组合。

一元简单判断的判断符号+（--）p不仅是一组名字，更重要的是它们都指称事实。事实即主客一致的判断。例如，T指称事实在某个框中可以成立，也指称主体在那个框里可以投影客体。投影即图形设定。如果一元简单判断的判断符号是事实，那么N阶判断的判断符号同样也是事实。这是因为王氏逻辑规则图演示：N阶判断是简单判断的升级。

3.141 The proposition is not a mixture of words（just as the musical theme is not a mixtures of tones）.

判断不是词语的混合（正如音乐的主题不是音调的混合）。

译注：请注意，+（--）p不是一元简单判断符号的名字的随意混合。它们都有固定的逻辑组织。如果我们把它写成，如（p（--））+等，判断的逻辑组织不变。这个原则也适用整个王氏逻辑规则图。它们都是高度抽象的逻辑的组织的再现。高度抽象的逻辑组织适用于任何语言、艺术、生产流程、社会管理，等等。所以逻辑和生活的关系是一对多的关系。

顺便指出，一方面音乐的旋律也不是声音的混合，而是有规律的编码的组合。但是在另一方面，音乐的语言仍是代码语言。即乐谱符号和声音之间只有一对一的关系。所以音乐的语言只是抽象的语言，不是高度抽象的逻辑语言。罗素的形式逻辑中的代码也只有一对一的关系。

第五章：逻辑点与判断句的句法之一

The proposition is articulate.

判断是清晰地说。

译注：所谓清晰地说即说得清清楚楚。判断之所以能说得清清楚楚，就是因为每个判断符号都是用清晰的图形演示各个要素之间的关系。逻辑规则图也是如此。我们拆散逻辑规则图，改动它的竖行或横排的排序，都不会改变内在于图形中的固定的逻辑的组织。更重要的是，判断是主体用眼光对客体的存在的形式在脑中作出的投影。投影必须是明晰的。

3.142 Only facts can express a sense, a class of names cannot.

只有事实才能表达感知，名字的集合不能。

译注：简单事实即 a^1/b^1 对应为真。"真"或"T"表达我们对客体的存在形式的感知为真。如果简单判断 +(--)p 缺乏感知值，那么它就仅仅是名字的集合。同样的，如果形式逻辑句 p v q 缺乏感知值，那么它也只是名字的集合。所有的语言，无论描述、音乐、数学、代码、还是形式逻辑，等等，如果缺乏和客体作对比，就都仅仅是名字的集合。

3.143 That the propositional sign is a fact is concealed by the ordinary form of expression, written or printed.

判断符号是个事实----被普通的书写或印刷的表达形式掩盖了。

译注：判断符号（--）p 作为事实的表达是个立体的方框。但是（--）p 的二维书面表达掩盖了这个形式特征。

(For in the printed proposition, for example, the sign of a proposition does not appear essentially different from a word. Thus it was possible for Frege to call the proposition a compounded name.)

（例如，在印刷体的判断中，判断符号看起来和词语没有本质的不同。于是弗里格就可以称判断为复合的名字。）

译注：判断的句法可以分析"+（--）p"这组表达立体的空框的复合名字中的每一个名字。弗里格的分析只到+（--）p 的二

79

维书面名字为止。维根斯坦把判断符号看作是立体的空间符号，开始对逻辑点上的判断句的感知值作详细的句法分析。

维根斯坦接下来在3.143下面列出了一个子集 3.1431---3.2432，给我们演示如何进一步建构判断符号。

逻辑点上的判断句的句法规则集之四：判断符号用感知值素描客观局面中的逻辑结构。

3.1431 The essential nature of the propositional sign becomes very clear when we imagine it made up of spatial objects (such as tables, chairs, books) instead of written signs.

当我们把判断符号看作是由空间中的若干客体（如桌子、椅子、书本）而不是书面符号做成时，判断符号的实质就变得非常清晰。

译注：设想你在某个房间里面，高度抽象掉所有客体，只留下些空框。于是判断符号就是大框里面包涵许多小框。你确定了的某把椅子的位置就是确定了主客纵横交叉核对的逻辑点。椅子的延长线是客体的横轴，你本人的延长线就是主体的纵轴，反之亦然。这就是个立体的判断符号。我们是用 a, fa、R、+、(--)、p, t, f 这些名字组合成二维书面的简单判断的判断符号。此符号是客观局面中的逻辑结构的再现。

The mutual spatial position of these things then expresses the sense of the proposition.

于是这些东西相互之间的空间关系表达判断的感知。

译注：根据 aRb 的语法结构，每一件东西不管其形式多么复杂，单独看都是简单客体，都是简单判断。其判断符号都是 + (--) p，其逻辑坐标是 (aRb)[1]。

把两件东西放在一起当作客体看，就是复合判断。其判断符号就是 + (----) pRq，其逻辑坐标是两个逻辑坐标 (aRb)[1] 的叠加 (aRb)[2]，如此等等。

语法决定逻辑坐标的表达，逻辑坐标决定感知值的算法，语法和算法决定被投影的东西的存在形式。这就是高度抽象的图形设定的方法。

第五章：逻辑点与判断句的句法之一

3.1432 We must not say, "The complex sign 'aRb' says 'a stands in relation R to b' "; but we must say, "That 'a' stands in a certain relation to 'b' says that aRb".

我们决不可以说，"复杂符号'aRb'说的是'a 以R关系和b对应'"；但是我们必须说"aRb说的是'a' 以某个确定的关系和'b'对应"。

译注：甲和乙之间有"某个确定关系"，即两者之间有许多或然的关系。如果仅仅是甲和乙以R关系对应，那么 "对应"就只有R这一个关系。

甲和乙之间的"某个确定关系"是说a、b、R都是逻辑坐标系统中的变量。它们之间的互动关系如下：如果客体的组合结构升级，那么主体语言也要升级，客体的逻辑坐标也必须升级，逻辑点上的逻辑作画关系R也必须升级。王氏逻辑规则图演示这样的同步升级。

于是逻辑关系R不可能是来自上天的常量。逻辑关系和判断一样都必须用感知值标定其身份。所以旧的形式逻辑把逻辑关系V等设定为来自上天的常量是错误的。罗素在《数学原理》中也认定逻辑关系和定冠词一样都是来自上天的表达永恒不变的形式的符号。

逻辑点上的判断句的句法规则集之五：判断符号的若干成分和局面中的客体的若干成分必须有意义的一一对应。有此对应才有感知。

3.144 State of affairs can be described but not named.
(Names resemble points; proposition resemble arrows, they have sense.)

局面可以被描述但不可以被命名。（名字像点；判断像射线，它们有感知。）

译注：简单判断的判断符号+（—）p中的"+"代表两条交叉核对的射线，射线的交叉点就是判断的感知点。感知用感知值(t f)标定。我们可以给+（—）p中的每一个成分命名，但是我们无法给整个+（—）p之交叉核对的思维过程命名。但是我们可以用名字和名字的组合组成的图形直观的呈现一元简单判断的思想过程如下：

a	a	t	a
R		+(--)	p
b	fa	f	fa

无论横看还是竖看，名字既是若干点，也是从点出发的射线，点线面组成立体的判断的空框。

这是重申：凡是能呈现的就不能说，凡是能说的都是再现。逻辑的规则通过王氏逻辑规则图而呈现自己，规则图本身也只是看不见的逻辑的再现，维根斯坦的译读也只是再现。规则图里面包涵的整个世界的有逻辑结构的信息才是内容。

我们在此和他后来的书稿和讲义中可以看出，维根斯坦虽然有时提到逻辑坐标的成分，但是他终生都没有公开逻辑坐标的图形。

顺便指出，形式逻辑从三段论开始直到罗素和他的门徒们都只看到了逻辑的名字（形式），如 P v Q，等等。他们都没有像维根斯坦那样从逻辑的形式中看出逻辑的深刻内容：逻辑坐标包涵的层层深入的判断、逻辑点上的判断句的句法结构，等等。所以，形式逻辑不能叫作逻辑学，只能叫作名学。

在语法上的关键区别是形式逻辑和其描述语句都只研究句子（sentence），逻辑哲学的研究对象是语句（statement）。"语句"和"句子"就逻辑的包涵而言有巨大的区别。在形式逻辑中，一类句子的形式决不能包涵另一类句子的形式。例如，p V q 绝不能包涵 p & q。但是维根斯坦的判断的语句的形式 aRb 包涵 N 阶判断的全部或然的形式。根据我的阅读，只有少数数学家看破了这个重大区别。

In propositions thoughts can be so expressed that to the objects of the thoughts correspond the elements of the propositional sign.

思想在判断中可以这样表达，判断的符号的若干要素和思想中的若干客体一一对应。

译注：一元简单判断的判断符号 +（--）p 和只有一个判断要素或客体的思想对应。二元复合判断的判断符号 +（----）pRq 和

第五章：逻辑点与判断句的句法之一

只有两个判断要素或客体的思想对应，如此等等。

所以在二元复合判断中，逻辑要的是＋（----）pq 中的（----）所指称的感知值，而不是（----）这组名字。这就是说，虚拟的逻辑的机器不认名字，只认感知值。

于是不仅在描述语句中，就是在判断和逻辑语句中，名字作为语句的组成成分也掩盖了判断。名字作为逻辑句的组成成分也掩盖了逻辑。必须再次强调，英语的单词不能自在于简单的逻辑方框中，中文字可以。所以，必须是为了用字母给逻辑的组织命名，维根斯坦接下来说。

3.201 These elements I call "simple signs" and the proposition "completely analysed".

我称这些要素为"简单符号"并且该判断"已经被完整的分析"。

译注：（--）就是一元简单判断的两个要素。"--"中的两个符号都是简单符号，同样的，二元复合判断的要素是（----），其中的每一个"-"都是简单符号。分析完（----）中的简单符号的排列组合就是完整的分析了二元复合判断。

逻辑点上的判断句的句法规则集之六：判断句的完整分析是分析该语句中的每一个名字。这一部分叫作判断的名字学。

3.202 The simple signs employed in propositions are called names.

用于判断中的简单符号叫作名字。

译注：＋（----）pq 中的每一简单符号都是名字。例如，＋是纵横交叉核对的逻辑点的名字，（）是逻辑坐标的名字，"-"是感知值的名字。两个字母 p q 是组成二元复合判断的两个简单判断的名字，所以维根斯坦的简洁表达 p q 必须被理解为 pRq。

3.203 The name means the object. The object is its meaning. ("A" is the same as "A".)

名字意指客体。客体即其意指。（"A"与"A"是同一。）

译注：如果我用 → 代表意指，那么我们可以得到这个表达三重思维结构的图形。

1. 形象思维：　　　　名字　→　　客体
2. 抽象思维：　　　　A　→　　A
3. 高度抽象的思维：　-　→　　判断的感知值

名字指称客体。客体是名字的指称对象。"甲"这个名字的指称对象和"甲"客体是同一，所以A = A。这就是数理逻辑中的等同律。

维根斯坦从这儿开始委婉的教罗素怎么对判断进行分析。这是因为罗素把同一、对称、转换这三个他所谓的逻辑的基本计算法则看作是他的数理逻辑的原理。维根斯坦在这里是在对罗素说，你的数理逻辑还只是在名字和代码的使用中转圈呢，根本就没有进入判断的感知这个高度抽象的思维的核心。

就表达而言，如果说在描述句中，名字的使用掩盖了判断，从而误导人们的日常思维，那么在形式逻辑中，名字的使用同样也掩盖了判断，从而误导了罗素这样的数理逻辑学家。这是因为，从P推出P v Q 等，　只是把代码转换成了更多的代码，或者说从符号推出更多的符号。符号说到底还是名字。名字里面没有任何感知值的表达。

3.21 To the configuration of the simple signs in the propositional sign corresponds the configuration of the objects in the state of affairs.

判断符号中的简单符号的图形设定和局面中的客体的图形设定相对应。

译注：判断用简单符号"-"作成若干图形，如 + (--) p, + (----) p q 等。这样的图形设定和客观局面中的要素组成的局面必须对应。这是因为一个简单符号"-"确定对某个客体做出的判断的感知值。更具体而言，（砖）（木）（瓦）的判断真值和逻辑关系组成的图形设定和生活中的砖、木、瓦的集合组成的图形设定必须正确的对应。如果砖和木构成有图形的客体，那么（砖）/（木）是该客体的图形的投影，（----）（砖木）是投影的机制。

3.22 In the proposition the name represents the object.

名字在判断中再现客体。

第五章：逻辑点与判断句的句法之一

译注：维根斯坦在这里强调了"再现"这个表达的方式。在前面讨论客体时，他强调了局面和画面的表达方式是"呈现"。所以正如客体的实质是形式和内容，判断句的表达也有"再现"和"呈现"的区别。

3.221. Objects I can only name. Signs represent them. I can only speak of them. I cannot assert them. A proposition can only say how a thing is, not what it is.

我只能命名客体，符号再现它们，我只能说到符号，我不能断言符号为真。判断只能说事物是怎么，不能说事物是什么。

译注：我用下面这个一元简单判断 p 的图表演示这句话的意指。

客体/名字	判断符号	判断值
p	+（--）p	t f

从上往下看每一行，就可以看出 3.221 的确切意指。例如，"客体/名字"那一行中的 p 只是客体的名字。"我只能说到符号。我不能断言符号为真"——这句话是说，我只能提到名字，我不能断言名字指称真实。同样的，我只能说到判断符号 +（--）p，我不能断言它们指称真实，判断值那一行是说任何简单判断只有或真或伪这两个或然。或然说的仅仅是事物怎么成立，而不是事物是什么。这就是说逻辑并不证明上帝或风水等东西存不存在，逻辑只确定已经存在的客体的形式。

当高度抽象的判断句中的名字再现任何客体时，名字和客体之间的量的关系不是一对一的代码关系，而是一对多的象征关系。但是，这个"多"是有限还是无限？这对罗素的数理逻辑是个问题。

维根斯坦坚持这个"多"是有限的，因为 aRb 确定的逻辑坐标的形式序列是有限的，客/主核对的感知值的排列和组合也是有限的。 并且王氏逻辑规则图演示，就有能力计算到的那部分而言，判断和逻辑的计算在 N+1 阶逻辑坐标序列之内的计算是有限的、完整的；但是就还没有能力计算到的 N+1 阶逻辑坐标序列的那部分而言，判断的序列是开放的，不完整的。

但是罗素等形式逻辑学家们只认名字，不认逻辑坐标。名字的序列是无限的，同一个东西可以有数目无限的名字。如果逻辑推理是"一对无限"，那么无论一还是无限都是来自永恒的上天。这就是旧哲学和基督教中的"象征"的完整定义。所以罗素认为维根斯坦的象征的定义不完整。

维根斯坦也知道如果他能从来自于生活的语言文字中推导出整个逻辑系统，那么他就能完整的确定逻辑推理的范围都是在这个世界和生活之内。但是他无法从拼音语言的词语开始做出逻辑判断句的连环演绎。这是因为拼音语言的单词都是通过若干语音符号的组合再现有意义的生活中的局面，而逻辑的演绎必须用图形呈现。

逻辑点上的判断句的句法规则集之七：判断符号是个立体的等待着被感知值标定的复杂结构（迷宫）。

3.23 The postulate of possibility of the simple signs is the postulate of the determinateness of the sense.

设定若干简单符号的或然的前提即设定感知之被确定的前提。

译注：假定"（-）"中的"-"都有或然合理成立，就是假定感知值可以被确定为是真还是伪。

3.24 A proposition about a complex stands in internal relations to the proposition about its constituent part.

与复杂结构有关的判断和其各个成分的判断成内部对应关系。

译注：理解这句话的图形仍是王氏逻辑规则图的"逻辑坐标"那一行。更详细地说，复杂判断中内部对应关系即逻辑坐标 aRb 中的判断的因式的对应关系。所以，1) 原始判断 P 没有对逻辑点的反思，即 $(aRb)^0$。但是它是逻辑坐标序列的第一个语义项。2) 一元简单判断 p 包涵一对主客对应的因式 $(aRb)^1$。3) 复合判断 p（p q) 包涵两对主客对应的因式，即 (aRb(aRb)) 或 $(aRb)^2$。4) 复杂判断 p(p q(p q r)) 包涵三对主客判断的因式，即(aRb(aRb(aRb)))，或 $(aRb)^3$。5) 我们可以如此这般一直做下去做到 N 阶判断的顶点为止。

A complex can only be given by its description, and this will either be right or wrong. The proposition in which there is mention of complex, if this does not exist,

第五章：逻辑点与判断句的句法之一

becomes not nonsense but simply false.

只有描述才能给定复杂结构，并且这会是或对或错。在里面提及了复杂结构的判断，如果此复杂结构不存在，就不会成为毫无感知，而就是伪的。

译注：aRb 本身是个复杂结构。维根斯坦必须详细地描述这个复杂结构中的每一个成分才能给定它的结构。这样的设定只能是要么是对要么是错，并且决定对错的标准是感知值。

如果我只提到 aRb 是个包涵复杂结构的判断句，但是我不能演示其中的判断句和其感知值的排列和组合，那么我的判断句"aRb 是个包涵复杂结构的判断句"不是伪的，而是缺乏感知。于是，形式逻辑的所有表达，如 P v Q 等，在维根斯坦的逻辑哲学出现之前都是缺乏感知的，尽管它们不一定都是伪的。

That a propositional element signifies a complex can be seen from an indeterminateness in which it occurs. We know everything is not yet determined by this proposition.(The notation for generality contains a prototype.)

判断的某个要素指出某复杂结构的意义，这可以从此要素出现于其中的不确定性看出来。我们知道，还没有任何东西被这个判断确定（用于归总的代码包含某个原始模型）。

译注：一元简单判断 p 中每一个要素，如 R、+、(--) 等的意义，都还没有确定，所以此时的简单判断的复杂结构（即作画形式）中没有任何东西被确定。如果一元简单判断的作画形式中还没有任何东西被确定，那么其他多元判断的作画形式中也没有任何东西被确定。

"用于归总的代码包含某个原始模型"这句话是说，无论是 p 还是 q 还是 p R q 等，它们作为代码都是原始判断的代码 P 的包涵，并且原始判断 P 的逻辑坐标是 $(aRb)^0$。所以维根斯坦在这儿暗示，罗素式的代码还没有归总到判断的原始逻辑坐标。

稍微深入探讨一下罗素的原型论。罗素是用不同的代码表达不同的原型。如用"∀"表达所有，用"∃"表达特殊，但是"∃"和"∀

"都没有得到完整的分析。这是因为我们没法用感知值确定"∃"和"∀"的形式特征和它们的原始逻辑坐标 (aRb)⁰，所以"∃"和"∀"等符号看起来似乎深奥，其实就是个名字。罗素用来表达普遍和特殊关系的符号，没有容纳任何客体语言和主客核对的原始逻辑坐标。

（用于归总的代码包含某个原始模型）——这句话说出了逻辑哲学的要点，也点破了罗素的集合论的悖论的错误。所以，当罗素在为这篇著作写的"引介"中说维根斯坦看出了旧哲学家们（当然包括他本人）"不懂使用语言时必须使用的逻辑"，他是看清楚了逻辑坐标的结构图的。

罗素的集合论的悖论错误是拼音语言的习惯用法的错误。拼音字母可以把万物分门别类，做成若干集合，并通过计算确定某个集合的抽象图形（例如工程学中的蓝图）。但是罗素用的归总的符号"∃"和"∀"其实还是拼音字母。拼音字母不能走出拼音系统之外再找到另一个给所有其他字母归总的字母，于是罗素不能找到一个为万物的分门别类的总类。所以他认为这个总类一定是存在于更加抽象，完美永恒的上天。

维根斯坦在这里告诉他，逻辑的作用不是归总而是为万物的形式提供共享的存在的基础或者说流动的河床。它就是逻辑坐标。王氏逻辑规则图演示 (aRb)⁰ 既容纳了它自己也容纳了 N 阶判断的 N+1 阶逻辑坐标。

中国文人的文化传统中的惰性是董仲舒提倡的独尊儒术使得天下归心的政策造成的。它以文章写得是否能打动人心，貌似合理为判断的标准。造成了文人们使用语言的习惯脱离了生活和逻辑。其实，一条七言律句就是一条完美的逻辑的旋律。组成旋律的逻辑框就在作者的眼前。可是我如今要是不点出，谁都没有看出来。如今仍有许多使用拼音语言的学者说古典中文文学作品因为没有标点所以没有逻辑；也有许多使用中文的学者迎合这种观点。其实这些人的思维才是没有逻辑的。

请看王氏逻辑规则图中的任意一排。那一排的若干成分之间的逻辑组织需要标点符号吗？它们的逻辑地位都完全相等。它们需要等于号吗？所以真正能让天下归心的东西是逻辑坐标。它不仅能让

第五章：逻辑点与判断句的句法之一

天下归心，而且能帮助人制造出完美灵活的客体代替人去逻辑点上执行任务。

The combination of the symbols of a complex in a simple symbol can be expressed by a definition.

在某个简单的象征中，由若干象征符号组合而成的复杂结构，可以用定义表达。

译注："某个简单的象征"意指简单判断的象征符号，"+(--)p"。这是个复杂结构。若干象征符号是(--)。所以简单判断的复杂结构"+(--)p"是由"--"定义的，二元复合判断的复杂结构+(----)pRq 是由(----)定义的。如此等等。

维根斯坦在这儿是在教罗素一些基础的逻辑理论，即怎么用感知值定义原始判断、简单判断、复合判断和复杂判断。他的逻辑根据就是王氏逻辑规则图的"作画形式"那一行。那一行演示，只要你把你的思维上升到高度抽象的逻辑学的领域，你就能从一个简单判断中看出处理所有复杂问题的基本方法。

由此可见，判断符号的作画形式是维根斯坦的原创。如果不是，罗素作为当时的逻辑学的统帅肯定会指出其他出处，并反驳维根斯坦对他的批评。

逻辑点上的判断句的句法规则集之八：判断有而且只有一个完整的图形分析。

3.25 There is one and only one complete analysis of the proposition.

判断有而且只有一个完整的分析。

译注：从左到右分析完王氏逻辑规则图的一元简单判断 p 那一排就是完整的分析所有的简单判断的逻辑结构。这样的分析或对或错，但是只能有一个正确的解读。判断的形式序列可以使得分析成为精确的计算，从而得到唯一正确、但是有"多重数学计算"并且是有流程的答案。克林在其著作《数学逻辑》第12页列出的图表也演示"判断有而且只有一个完整的分析"。

所谓的"有一千个读者就有一千个哈姆雷特"是违反逻辑规则的。目的是为了浑水摸鱼，保持话语霸权。

3.251 The proposition expresses what it expresses in a definite and clearly specifiable way: the proposition is articulate.

判断用确定的并且可以被清晰标定的方式表达它所表达的东西：判断是说得清清楚楚的。

译注：逻辑规则图就是无声地说，并且说得清清楚楚。

3.26 The name cannot be analysed further by any definition. It is a primitive sign.

名字不能用任何定义作进一步的分析，它是个原始符号。

译注：此处的"名字"是逻辑坐标都共享的名字，例如客/主，甲、乙、真、伪、(aRb, p q r, t f)。这就是说语言的再现功能到判断的名字为止，但是，这仅仅是就拼音字母而言。我们可以用任何一个中文字进一步定义判断符号p。例如，（走）就是判断符号p的定义，并且我可以用甲置换p。

如果判断的分析始于判断句中的名字，并且名字指称投影客观局面的要素，那么文本分析（包括阅读和写作）当然也始于日常生活中的名字的使用。所以，我们应该把语言（写作和阅读）看作是现实的投影，而不是书本中的定义。在高度抽象的思维中，任何名字的阅读和写作，都必须有立体的投影，才能具有明确的意指和清晰的认知结构。

在日常生活中，词语的使用一方面必须有逻辑坐标和逻辑关系，但是在另一方面也有许多定义域的混淆和意指的矛盾。例如，"良心"和"心血管"中的心的意指对象完全不同，"今人"的人可以用逻辑坐标做投影，但是"古人"的人完全是个象征符号，做不出投影。正确的使用名字是学好逻辑的第一步。

3.261 Every defined sign signifies via those signs by which it is defined, and the definitions show the way.

每一个已被定义的符号是通过那些定义它的诸多符号而指意的，并且那些定义演示特定的道路。

译注（----）pRq 中的 R 的定义是被（--）^{2} 中的真伪两个项，项数为四的组合定义的。并且 R 的不同的定义（"--"的不同排列

90

第五章：逻辑点与判断句的句法之一

和组合）演示某个特定的道路（全等、包涵、联合、失联、等等）。

Two signs, one a primitive sign, and one defined by primitive signs, cannot signify in the same way. Names cannot be taken to pieces by definition (nor any sign which alone and independently has a meaning).

两个符号，一个是原始符号，另一个是被若干原始符号定义的符号，不能用同一方式指意。名字不能被定义分解成若干部分（任一独自具有意指的符号也不能）。

译注：例如，"+" "-" "p"都是原始符号。简单判断的作画形式+（--）p是被那三个原始符号定义的符号。这两种逻辑结构完全不同的符号绝对不能用同一方法表达意义。但是在形式逻辑中，p∨q这样的形式逻辑句的指意方式和 p、∨、q 的指意方式完全相同---都是思维的形式的代码。所以，维根斯坦在这里也是在教罗素怎么完整的分析和表达逻辑判断句。他的逻辑根据就是他对"作画形式"的全部或然作出的分析。

3.262 What does not get expressed in the sign is shown by its application. What the sign conceals, their application declares.

没在符号中得到表达的是通过其使用演示的。符号所掩盖的，其使用予以公开说明。

译注：王氏逻辑规则图演示，随着判断升级，逻辑坐标必须跟着升级。于是我可以把二元复合判断句的逻辑结构完整的写成 P（p（pRq））……不过这组符号掩盖了许多内容。但是通过使用，我们可以看明白多重括号（ ）表达：1）所有的判断的逻辑坐标都始于原始判断的逻辑坐标。2）我们用重重括号表达判断的逻辑坐标的重重定义，并且后一个括号里面的内容是前面那个括号里的内容的定义。3）右边的收括号表达判断的断代或者说包涵的层次。如果不明白（ ）的使用方法我们就不知道括号里面竟然包涵如此丰富的意义，如此广阔的可以深入探索的高度抽象的思维的空间。

于是我们明白，高度抽象的思维具有随着逻辑坐标的升级而实现重重升华的逻辑特征。于是只有高度抽象的思维才能完整深入地描述并改造世界。这是高度抽象的思维对形象思维和抽象思维具有的全面压倒的战略优势的原因。

3.263 The meanings of primitive signs can be explained by elucidation. Elucidations are propositions which contain the primitive signs. They can, therefore, only be understood when the meanings of these signs are already known.

诸多原始符号的意指可以用明晰投影法解释，明晰的投影即包涵原始符号的判断句。因此只有在已知这些符号的意思时才可以懂得判断的意思。

译注：这儿的"明晰投影"是指我们用投影的机制 R 在脑中得到的与现实密切相关的判断句的画面，并且这个画面可以通过 aRb 中的 R 和虚拟的逻辑的机器投影成明晰的书面符号。这个符号的形式就是个空空的方框，但是我们可以把某个字母或字的照片填入这个方框中。

小结：

逻辑规则图中不存在认知的主体和客体，整个逻辑规则图只是主体投影客体的机制 R 的定义或者说高度抽象的图形设定。那么我们如何看待 R 的图形设定？

维根斯坦在这一章中把作画形式中的最简单位"-"分析成为一个指称逻辑的最简单位的名字和判断的感知值。他还下结论说"诸多原始符号的意指可以用明晰投影法解释"。由于所有的判断都可以从一元简单判断升级，我们只需要看 +（--）p 这个组织就可以看出逻辑的演绎推理是怎么回事。

我们可以把逻辑规则图设想为我们在脑中为客体作画的画框。简单判断句 p 指称只有一个逻辑单位的方框，这个框既是我们素描简单客体的形式的高度抽象的纸张，也是认知主体对客体的存在的形式作明晰的投影的幕布。但是这个幕布有三层。第一层是判断句；第二层是逻辑坐标，第三层是逻辑点上的作画形式。我们心里想到哪一层或哪几层就有明晰的投影出现在我们的高度抽象的思维中。

第五章： 逻辑点与判断句的句法之一

例如，如果我们想到简单判断句和其逻辑坐标，那么我们就会有（走）和（aRb)[1] 这两层画面，并且这两层画面里面包涵着简单判断的核心 --- 感知值 "--" 的排列和组合。但是我们还不能仅仅用 "—" 为客体的逻辑结构作画，只是为作画做好了准备。

第六章：逻辑点和判断句的句法之二

第六章

逻辑点与判断句的句法之二

提要：我在前面指出了逻辑的"语法＋算法＋表达"的规则有（形象（抽象（高度抽象）））这三个层面，所以我们必须从日常生活语言的使用中推导出表达（形象（抽象（高度抽象的思维）））的语法规则。但是横亘在维根斯坦的高度抽象的逻辑思维的前面有两个巨大的障碍：一是拼音语言的形音义不能统一在逻辑的简单方框中。二是抽象思维把高度抽象的存在设定成为上帝一样的存在。这和主导西方意识形态的基督教对上帝的顶礼膜拜没有区别。

维根斯坦在这一章中没有和这些抽象思维的维护者们作正面冲突，而是根据他在脑中想到的逻辑坐标和逻辑规则图继续为逻辑的图形演绎推理制定了更多的语法规则。为了帮助读者理解他是如何制定这些规则，我把3.3---3.334分为一个独立的章节，并把它命名为"逻辑象征主义的规则的集合"。我们必须读懂其中的每一条规则才能掌握解剖逻辑结构的手术刀，掌握了这把手术刀之后就能清晰解剖出旧逻辑和旧哲学这具僵尸的病理。请看这个子集的第一句。

3.3 Only the proposition has sense; only in the context of a proposition has a name meaning.

只有判断才有感知，只有在判断的文本范围之内名字才有意指。

译注：维根斯坦在这儿第一次使用了"文本范围"这个名字和与之相关的判断句的文本批评这个概念。判断句的文本批评的第一

条理论是有感知的判断只发生在逻辑点上。原始判断 (aRb)⁰ 的文本范围就是下面这个逻辑坐标图界定的。

a	a	a
R	+ (tf) P	
b	fa	fa

这个文本演示，所有的名字，无论描述、抽象还是高度抽象，都只有在判断的逻辑坐标之内的逻辑点上才有感知。并且所有的简单、复合和复杂判断的文本必须以原始判断的文本为基础，尽管原始判断本身没有意义。

逻辑坐标图的第一行演示，文本批评的必然前提是第一行的客/主核对 (aRb)⁰。即使在日常生活中，我们寻找某个东西，甚至在捉迷藏的游戏中，都必须有这个高度抽象的逻辑坐标。但是在旧的描述语言的使用中，文人们偏重于用语言描述礼仪、伦理、道德、感情或感悟，使得旧语文、旧哲学和旧逻辑都脱离了人类都具有的高度抽象思维的能力。与之相比，中文的日常生活语言每时每刻都在同时呈现和再现高度抽象的逻辑思维。所以，我们在生活中并不缺乏逻辑，而是缺乏对逻辑坐标的逻辑点进行反思的逻辑学。

3.31 Every part of a proposition which characterizes its sense I call an expression (a symbol).

(The proposition itself is an expression.)

Expressions are everything---essential for the sense of the proposition -that propositions can have in common with one another.

An expression characterizes a form and a content.

判断中突出其感知特征的每一个部分我都称为表达（象征）。

（判断本身是个表达。）

就判断之间可以有完全的共同而言，表达是一切——即表达对判断的感知具有实质意义。

表达突出形式和内容的特征。

译注：在简单判断的 +（—）p 中，两个符号 "-" 都是表达。

第六章：逻辑点和判断句的句法之二

它们突出判断的感知。维根斯坦在前面说了"-"是判断对现实的触觉，所以"-"所触觉的必须是与高度抽象的画面对应的客观局面，于是"-"是个高度抽象的用局面对比画面的象征符号。

判断本身是个表达----即判断符号-、p、p v q等必须是指称高度抽象的立体的画面的二维书面的名字。于是"-"，p、q、p v q等对维根斯坦而言既是象征符号，也是画面。它们的共同特征是再现，所以他的目的是要使用拼音语言的人们把字母符号的组合看作是表达高度抽象的图形语言。只有这样，符号语言才能在高度抽象的思维中触及现实。

按照西方的宗教和文化传统，生活中的万物都是上帝或上天的存在的象征。但是，"-"、p、q这些表达，和拼音语言的词语一样，并不能呈现生活中的局面。这是罗素在《引介》中指出维根斯坦的逻辑象征主义没有完整地定义象征的第二个原因。这是维根斯坦遇到的困难。

和拼音语言相比，我们使用中文只需要一个判断符号（走）就可以完整的定义逻辑象征主义。这是因为象征符号（走）的意指和文字"走"的意指是同一。这是我们学习逻辑时必须时刻关注的现象。

3.311 An expression presupposes the forms of all propositions in which it occurs. It is the common characteristic mark of a class of propositions.

某个表达是该表达出现于其中的所有判断的形式的既定前提。它是若干判断的某个集合的共同特征的记号。

译注："-"是表达所有判断的既定前提。某一类判断的集合---如简单判断的两个或然判断值的集合的共同特征符号是（--）。二元复合判断的全部16个或然的画面的集合的共同特征记号是（-），如此等等。它们都共享同一象征符号"-"。

所以维根斯坦是在对逻辑点上的判断句的作画形式的基本单位或者说表达感知的象征符号"-"继续进行语法分析。

3.312 It is therefore represented by the general form of the propositions which it characterizes. And in this form the expression is constant and everything else variable.

因此它（指前面的表达高度抽象的感知的符号"-"）是通过它所书写的那些判断的特征的总形式而再现的。在这个形式中，表达是常量，其他的一切都是变量。

译注：在表达中，只有"-"这个形式是不变的，其他都是变量。这就是说各个学科的判断句的真伪值都可以代入到"-"这个表达或象征符号中。

3.313 An expression is thus presented by a variable, whose values are the propositions which contain the expression.

表达因此是用变量呈现的，变量的值是包涵该表达的判断。

译注：高度抽象思维中的表达是用简单判断的两个变量值定义或者说填充"-"。"变量的值是包涵该表达的判断"——即同一个判断句的真值或伪值作为变量填充"-"。

所以我们在高度抽象的思维中，必须把"-"看作是某个高度抽象的空空的框的再现。必须把"-"和"真"或"伪"看作是某个空框的标签，那个空框才是逻辑结构中的简单单位的自我呈现，空框里面包涵看不见摸不着的与万物的存在形式相关的信息。

(In the limiting case the variables become constants, the expression a proposition.)

（在有限的情形中变量成为常量，表达成为判断。）

译注：当我们把 T 看作是所有价值为真的判断句时，T 就成为常量。它表达所有价值为真的判断句。同样的，当我们把形式逻辑句 P v Q 中的 P 或者 v 或者 Q 看作是包涵许多变量的符号时，P、Q 和 v 就各自成为一个常量。

这句话是在委婉地教罗素必须把形式逻辑句中的固定不变的符号 P、Q 和 v 看作是包涵变量的符号。这个道理和数学方程中的 X、Y、Z 都必须是变量符号一样。

I call such a variable a "propositional variable".

我称此等变量为"判断的变量"。

译注：在这样的情形中，T、F、P、V、X、Y、Z 和（走）

第六章：逻辑点和判断句的句法之二

等就都是"判断的变量"。

3.314 An expression has meaning only in a proposition. Every variable can be conceived as a propositional variable.

表达只有在判断中才有意指。每一个变量都可以构思为判断的变量。

(Including the variable name.)

(包括可变的名字。)

译注：如此使用的 T、F、P、X、Y、Z 和（走）等等都是可变的名字。这是因为它们都可以指称同一类判断并且我们完全可以用其他符号置换它们。由此可见，每一个中文字都是判断的变量，都是在判断中可以被置换的名字。例如，（人）指称天下所有的人这个序列，（走）指称天下所有的走这个画面的序列。并且我们可以用任何另一个中文字置换（　）中的某个字，于是中文文字是逻辑透明的文字。拼音语言中的文字做不到这一点。

这一段的小结：高度抽象的思维的最基本的表达是"-"。它表达逻辑结构中的最简单的空框。我们可以用中文字填充这个空框，英文的词语不可以填充这个空框。

根据王氏逻辑规则图，感知值的表达、逻辑点、判断句是和整个逻辑坐标互相配合互相关联的，它们的逻辑组织就是横平竖直的空框包涵空框，维根斯坦把这样的组织结构叫作脚手架。由于"-"是表达主体触觉客体的形式是存在还是不存在的象征符号，所以判断句和判断句的感知值是可以代入表达的变量，这就省掉了形式逻辑必须把生活中的语句转换成代码那个环节。天下所有各个认知子集（如文学、数学、物理学）中的判断句的感知值都可以用象征符号"-"直接表达，不再需要形式逻辑的代码。

到此为止，维根斯坦完成了有意义的判断的逻辑坐标的整体和其每一个成分的语法分析。在分析完所有逻辑点上的核心成分———表达高度抽象的感知的符号"-"之后，维根斯坦从下面开始将讨论如何把象征符号"-"和它所象征的简单判断句有逻辑地关联起来。这部分属于逻辑点上的判断句的句法。与此同时他也严谨又冷酷地解剖了形式逻辑的许多谬误。

3.315 If we change a constituent part of a proposition into a variable, there is a class of propositions which are all the values of the resulting variable proposition. This class in general still depends on what, by arbitrary agreement, we mean by parts of that proposition. But if we change all those signs, whose meaning was arbitrarily determined, into variables, there always remains such a class. But this is now no longer dependent on any agreement; it depends only on the nature of the proposition. It corresponds to a logical form, to a logical prototype.

如果我们把判断的某个成分改成变量，那么就有一个若干判断的集合，这些若干判断是产生它们的那个可变判断的全部值。总的来说，这个集合的意指，仍取决于我们用武断一致的意见决定的那个判断的成分的意指。但是，如果我们把所有那些符号——其意义是被武断地决定的——改为变量，仍然还会有这个集合。但是这不再取决于任何一致的意见；它只取决于该判断的性质。它和逻辑的形式对应，和逻辑的原型对应。

译注：维根斯坦在这儿是在教罗素怎么把形式逻辑的语句改写成完全排除主观武断的、可以表达高度抽象的客观又纯粹的感知值的逻辑语句。于是我们可以用高度抽象的感知值对逻辑句作出精准的计算。

"如果我们把判断的某个成分改变成变量，那么就有一个若干判断的集合，这些若干判断是产生它们的那个可变判断的全部值。"这句话是说：如果我们把形式逻辑中的某个判断句的某个成分改成变量，如把 p∨q 中的 p 改成变量，那么符号 p 必定指称某一类判断的集合。这个集合中的所有判断句就是符号 p 的判断值。于是，此类判断值的判断性质就改变了形式逻辑句 p∨q 中的所有代码都是由认知主体用一致的意见武断的使用符号这个事实。形式逻辑句中的任何成分都不是变量，形式逻辑中的逻辑关系符号指称永恒不变的来自上天的完美的逻辑的形式。与上天完美的逻辑的形式相比，

第六章：逻辑点和判断句的句法之二

人类语言中的形式逻辑是被旧哲学设定为不完美的。

"它和逻辑的形式对应，和逻辑的原型对应"是说象征符号（变量符号）必须和原始判断的逻辑的坐标 $(aRb)^0$ 中的简单符号对应。笔者的逻辑规则图的每一排都演示这个原则。例如，一元简单判断中的所有符号都必须和 $(aRb)^1$ 对应，并且 $(aRb)^1$ 必须和 $(aRb)^0$ 对应。

必须再次指出，逻辑的最简单位的表达特征是其形音义都是在一个方框里面。但是拼音语言的词语一方面都不是一个简单单位，另一方面其形音义也不是同在一个方框里面。所以，维根斯坦把拼音字母用作象征仅仅是权宜之计。这是因为拼音词语的形音义不能和表达判断的感知值的最简单位"-"的形音义对应。

和拼音语言的词语相反，任何中文文字的形音义都是界定在一个空空的方框里面。我们完全可以把"真"代入到"-"所占据的那个空框中，也可以用（走）进一步定义简单判断 p。因此中文字在表达上和逻辑判断的感知值判断的感知值的原型（-）契合。

根据维根斯坦的这个论断，判断句的成分，如果用符号表达，那么该符号将会有两种不同的使用。一是武断的使用，即我们规定这个符号是什么意思它就是什么意思，如 $\forall x \forall y$ 规定 $\forall$ 是"所有"的代码。二是作为变量使用。如果我们把符号当作变量使用，那么该变量符号的值是该符号所代表的所有判断句的感知值。这个值是个若干判断值的集合。例如 T 作为变量是所有判断为真的判断句的感知值的集合，所以，如此使用的 T 这个符号不再是武断的。这是因为它的逻辑属性是用纵横交叉核对得出的真值决定的，所以象征符号 T 是所有判断值为真的判断句的总形式，因此 T 是具有普遍意义的变量。象征因此是表达逻辑的前提。变量为判断函数的运算做好了准备。这是一条我们可以用来区分真逻辑和伪逻辑、真哲学和伪哲学的非常重要的规则。

维根斯坦在这一段话中也是在教我们如何把罗素的形式逻辑转换成真正的逻辑的形式。举"每个正方形的长和宽相等"这个复合判断句为例，如果我们用罗素式的定义把这个判断句写成代码，就应该这样表达：让正方形的长为 X，让正方形的宽为 Y，让等于为 D。于是这个复合判断句可以分解成 3 个符号，X、Y 和 D。Dxy 即 $x = y$。

于是根据罗素的定义，这类复合判断句的归总可以用代码表达如下。

$$\forall x \forall y \, (Dxy).$$

它是说："所有的 x 和所有的 y 是如此存在以至于 x = y。"

这行代码只是"所有的 x 和所有的 y 是如此存在以至于 x = y"这个语句的翻译，并没有包涵任何高度抽象的感知值。这是因为 $\forall$ 已经被看作是个判断值。但是这个值只有名字，没有联系主客的纵横交叉核对的感知的内容。

我们以此为参照，翻翻罗素的《数学原理》，就会发现其中的每一行代码的意指都是他自己的武断决定，都没有区分代码的形式和内容，而且每条代码语句的逻辑属性都没有用感知值（F或T）标定。维根斯坦在前面已经指出形式逻辑缺乏客体语言序列和主体语言序列的交叉核对这个致命错误。于是我们现在可以解剖出形式逻辑的以下两个致命的病理。

一是形式逻辑表达判断函数的形式是错误的。

二是形式逻辑缺乏"-"这个高度抽象的感知值的计算的基本单位，也缺乏"-"作为名字指称立体的容纳判断的感知值的方框。

就凭这两点，维根斯坦彻底解构了罗素的《数学原理》中的许多谬误，从而让我们明白形式逻辑的表达缺乏逻辑的语法算法和表达的常识。

如果按照维根斯坦的投影原理，那么我们应该把 $\forall x$ 和 $\forall y$ 都看作是表达变量的判断句 x 和判断句 y，而且 Dxy 中的等同是根据 xy 这两个判断的感知值的组合自动决定的。例如，如果我能得到一个判断句 x "正方形的宽为五个逻辑单位"，马上就会有一个判断句 y "正方形的长也是五个逻辑单位"自动跟上。这就不是武断的设定，而是"客体"的正方形的形式自动决定的。这就是客体的无声的语言的表达。所以判断句是否合理的标准是客体的存在的形式，而不是判断句是否有 $\forall x \forall y \, (Dxy)$ 这样的武断符号。现在我们可以看出，所有的形式逻辑都不考虑客体，只考虑"思维的形式"是否对准"逻辑的形式"。与之相反，逻辑哲学的演绎推理始于"客体第一，逻辑第二"。所以，我们必须再次弄清楚逻辑哲学和形式逻辑是两个

第六章：逻辑点和判断句的句法之二

性质完全不同的世界观。

如果我用 p、q、r 分别代表面、线、点，那么我可以想象完整的描述逻辑的方框的逻辑句是 pqr，p ⊃ q q ⊃ r，(p ⊃ q) ⊃ (q ⊃ r) 但是我不可以说：pqr，p ⊃ q q ⊃ r，(p ⊃ q) ⊃ (q ⊃ r) 必定是个合理的逻辑句的形式。它是否合理还需要我们用真值函数的运算检验其内容。

如果我用 p 象征属于 x 这一类的客体，用 q 象征属于 y 这一类的客体，那么 p 和 q 之间的关系就是主客对应 aRb 中的 R。于是我们根据维根斯坦在这儿确定的句法可以得到这样一个逻辑句。

    p R   q。

R 表达两个简单句组合而成的二元复合判断句，即 pRq。当然为了表达的简洁，我们根据习惯也可以把这个逻辑句写成如下。

    p q   r。

这个横排中有两个简单判断句 p q，一个复合判断句 r（pRq）。它是说复合判断句 r 的逻辑属性等待用 p 和 q 的逻辑属性确定。

那么什么是判断的逻辑属性？当然是求真。怎么表达判断的逻辑属性？如果我们用（--）表达简单判断的逻辑属性，那么复合判断的逻辑属性表达必定是（--)^2。这是因为二元复合判断的逻辑坐标已经从 (aRb)[1] 升级到了 (aRb)[2]。三元复杂判断的逻辑属性的表达必定是 (aRb)[3]。

于是我们可以用（--）表达所有一元简单判断句的真伪值的排列（作画形式）。同样的，我们可以用（--）表达天下所有二元复合判断句的真伪值的排列，如此等等。

这些高度抽象的符号都演示着象征符号的表达对象是万物的存在的形式特征，并且形式也有自己的内容。象征的表达必须做到（客体的存在的形式、表达此形式的形式和主体认知的形式）三者一致。这也是我们发明用中文撰写逻辑句的关键。

维根斯坦接下来在 3.316--3.318 中讨论如何设定判断的值。理解这个过程的关键仍是逻辑的包涵关系。即判断符号（形式）指称判断（内容）有若干"形式/内容"的套层结构，直到我们用感知值标定简单判断的形式特征为止。但是感知值的表达仍包涵"形式/内容"这个固定不变的形式的镜像。

换句话说,如果我们根据感知判断"甲事件为真",并用 T 作这个判断句的判断值为真的象征,那么确定所有具有真值的判断句的形式的东西是 T 这个感知值,而不是判断句的内容。这是因为逻辑只关心"客体的形式特征+认知+表达"这三者之间的形式的统一。

3.316 What values the propositional variable can assume is determined.

The determination of the values is the variable.

判断的变量能具备什么值,是被确定的。

值的确定是变量。

译注:如果 T 是变量,那么它表达什么样的值是由认知主体自己确定的。你可以说这个 T 象物理学或其他学科的判断句的感知值。但是维根斯坦是把 T 设定为逻辑学的感知真值。我也可以用"真"表达"客体的形式在此成立"这个高度抽象的感知值。

3.317 The determination of the values of the propositional variable is done by indicating the propositions whose common mark the variable is.

确定判断的变量的值是通过用该变量的共同符号指明某一类判断而实现的。

译注:例如 T 指明所有合理成立的判断句和判断函数都具有的真值。这是维根斯坦根据逻辑学的习惯设定的。

The determination is a description of these propositions.

确定即描述这些判断。

译注:这儿的确定即"值的确定"。描述这些判断就是用判断值 T 或 F 填充(--)、(----)、(------)等中的每一个"-"。

The determination will therefore deal only with symbols not with their meaning.

因此确定只处理象征符号不处理象征符号的意指。

译注:即我们只是用 T 或 F 填充"-",不问"-"有什么意指和意义。

第六章：逻辑点和判断句的句法之二

And only this is essential to the determination, that it is only a description of the symbols and asserts nothing about what is symbolized.

The way in which we describe the propositions is not essential.

只有这个才是确定的实质，即它仅仅描述象征符号，并不对被象征的是什么有任何强言为真。

我们描述判断句的方式无关实质。

译注：判断值的确定只需要象征符号 T 和 F 的组合。TF 的组合是判断的形式。我们不需要考虑 T 和 F 包涵的判断句。这些判断句是判断的内容。这就是说，在这样的图表中。

判断符号	判断句	判断值
（走）	是用双腿以一定的频率移动身体，	T/F

逻辑只考虑判断值T/F。这是因为判断值才是判断的形式，判断句是判断的内容，判断符号是判断的名字。

判断值是判断符号确定的，即判断值是通过判断符号 T 或 F 确定的。每一个判断值，如 T 都是主体对客体的正确投影，都有形式和内容。作为形式，T 是说主体对客体的投影方式是真的。作为内容 T 是说被投影的东西为真，但是判断值 T 只考虑形式。它是说："主体的认知形式作为客体的存在的形式的投影是合理成立的。"于是 T 仍包涵"名字+感知"。所以，在下面的图表中，从下往上看思维的升华过程，就可以看出任何语句的使用，从描述到数学，到判断，判断值的表达和确定，都包涵"名字+感知"。

"–" 包涵	"名字+感知"
t 包涵	"名字+感知"
P（tf）包涵	"名字+感知"
数字包涵	"名字+感知"
"苹果"包涵	"名字+感知"

所以，当我们用"–"确定所有判断中的所有的感知的真值时，我们一方面要知道它是判断的立体模型的投影点，另一方面要区分

它的形式和内容。逻辑只管判断的感知值的形式。

现在我们可以问：表达高度抽象的逻辑思维符号"⊢"所指称的对象（客体）是什么东西？答案是看不见、摸不着、没有质量，但是的确是存在着的，并且是有逻辑组织的信息。正因为信息有逻辑组织，客体才有逻辑组织，所以主体才要研究客体的逻辑组织。人为了研究逻辑首先要给客体的逻辑的组织的每个成分起个简单的名字，只有这样主体才能说明并改造客体。根据投影论，信息一定是在光里面。

3.318 I conceive the proposition---like Frege and Russell-as a function of the expressions contained in it.

我和弗里格和罗素一样，把判断构思为包涵在判断中的若干表达的函数。

译注：他在这儿第一次提出了判断函数这个概念。我们可以这样构思：简单判断函数是 fa。简单判断函数的自变量和因变量都是"⊢"。

"若干表达"即若干象征符号。它们在使用中都相当于"⊢"。维根斯坦是在说他和这两个人一样都把判断看作是表达的函数，但是他的表达和他们的表达是有根本区别的。这是因为维根斯坦坚持一个判断函数的运算符号"⊢"作为表达同时有两种象征性的用法。一个是表达的形式"⊢"，另一个是表达的内容（信息）。我们只能从使用中区别这两种不同的象征，而罗素和他之前的逻辑学家根本就没想到判断符号有形式和内容的区别。例如，罗素式的谓词逻辑的典型表达 -- ∀x∀y(Dxy) -- 绝不是具有双重象征意义的象征符号。这是因为这样的表达缺乏用判断的感知值作定义。

3.32 The sign is the part of the symbol perceptible by the senses.

符号是象征的可以被感官直接感知的那部分。

译注：如果"⊢"是象征，那么象征的内容可以是信息。这是我们无法用感官感知的部分。如果"⊢"是象征，那么象征的名字也是"⊢"这个符号。这是可以被感官通过纵横交叉核对直接触觉到现实中的局面的那部分，所以同一个象征必须有符号（形式）和

第六章：逻辑点和判断句的句法之二

内容（信息）的区别。我们不能用语言描述，只能通过使用区别象征的形式和内容。例如，我们可以从 TFFF 这样的组合中区别 T 的形式和内容。

相比之下，罗素式的代码的表达中没有任何一个符号表达判断的感知，也没有一个符号跳出了它的文本范围之外成为文本的某个成分的名字，作出包涵"形式/内容"的套层结构。

维根斯坦在 3.2 下面，专门作了一个子集：3.321---3.328，指出了无论是传统的三段论的逻辑，还是罗素的定义逻辑（谓词逻辑）都没有区分判断的形式和内容，因此造成了表达的混淆不清。然后他指出，为了避免这种错误，我们必须遵守严格的逻辑的句法规则。

3.321 Two different symbols can therefore have the sign (the written sign or the sound sign) in common--they then signify in different ways.

两个不同的象征因此可以有共同的符号（书面符号或声音符号）-- 它们然后以不同的方式指意。

译注：维根斯坦在此指出，一个书面符号或语音符号包涵两个不同的指意方式。例如，"苹果"既是认知标准（形式）的象征，也是认知内容的象征。同样的，Dxy 既包涵 x = y 这个形式象征，也包涵"甲是乙"这个内容象征。这是维根斯坦在哲学和语言学的发展史上首次指出人类语言中的任何词语都有两种不同的使用方式，都有形式的使用和内容的使用的区别。

3.322 It can never indicate the common characteristic of two objects that we symbolize them with the same sign but by different methods of symbolizing. For the sign is arbitrary. We could therefore equally well choose two different signs and where then would be what was common in the symbolization.

我们用同一个符号但是用不同的象征方法永远也不能指明我们所象征的两个客体间的共同特征。这是因为符号是武断的。我们于是完全可以选择两个不同的符号并且在这两个符号里面就会有存在于象征方法中的共同的东西。

译注：维根斯坦仍在解剖 ∀x∀y(Dxy)中的坏语法：∀x∀y(Dxy)是同一组符号。x y 是两个客体。但是 D 是一个象征方法，∀ 是另一个象征方法。所以，∀x∀y(Dxy)永远也不能指明 x 和 y 之间的共同特征。

他在这儿教罗素怎么把代码∀x∀y(Dxy)做成象征：把∀x看作是一个象征（p），把∀y看作是另一个象征（q）。于是罗素的代码判断句∀x∀y(Dxy)就可以转变为维根斯坦的象征符号组成的 pRq 这样的复合判断句。维根斯坦在后面是根据当时的形式逻辑的习惯用字母 R 指称二元复合判断句。形式逻辑表达的复合判断中逻辑关系是固定不变的。例如：

p	Q	R
P	Q	P V Q

在这样的表达中 R 一次只指称一个固定不变的逻辑关系 V。维根斯坦的表达如下：

P	q	r
p	q	pRq

他所谓的"象征方法中的共同的东西"就是关联两个简单判断的作画形式 R。复合判断 pRq 中的 R 指称二元复合判断的作画形式 $(--)^2$ 和或然的画面 $(--)^4$。在王氏逻辑规则图中，由于复合判断的逻辑坐标是 $(aRb)^2$，所以我们可以用其固定的作画形式 $(--)^2$ 做出 $(--)^4$ 个或然的画面。

两相比较，P v Q 这样的形式逻辑一次只处理一个逻辑关系，而 pRq 一次算出复合判断包涵的全部或然的逻辑关系。维根斯坦在后面将把判断的这个计算特征叫作多"多重数学计算"（mathematical multiplicity）。

在逻辑学的发展史上，这是个重大转变。这个转变使得判断函数的计算对数学计算具有全面压倒性的的战略优势。没有这个转变就毫无或然写出可以穷尽判断的全部或然的画面的逻辑语句和程序语言，在西方也不会诞生《数学逻辑》这门课程。

第六章：逻辑点和判断句的句法之二

3.323 In the language of everyday life it very often happens that the same word signifies in two different ways----and therefore belongs to two different symbols---or that two words, which signify in different ways, are apparently applied in the same way in the proposition.

在日常生活语言中，同一个词语用两个不同的方式指意 ---- 因此属于两个不同的象征 ---- 或者两个以不同方式指意的词语，明显地以同一方式被用在判断中，这是常见的。

译注：他指出，日常生活语言中的"一义多词"和"一词多义"是描述的坏语法。在形式逻辑的判断句中 $\forall x \forall y$ (Dxy)，Dxy 是个判断句，但!$\forall x \forall y$ 仅仅是两种不同类别的判断的名字。判断的名字和判断句被罗素以同一方式使用。这也是坏语法。正确的使用词语的方式用图表演示如下。

判断符号	判断句	判断的感知值
（走）	是以一定的频率移动身体	T/F
$\forall x \forall y$	(Dxy)	

在高度抽象的逻辑思维中，我们应该1）把判断符号（ ）当作名字使用，所以"走"这个字是符号（ ）的定义。2）把判断的感知值 TF 当作判断函数的自变量和因变量使用。罗素的错误在这个图表的第三排变得一目了然。这是因为在 $\forall x \forall y$ 和(Dxy)的后面没有确定的感知值。

Thus the word "is" appears as the copula, as the sign of equality, and as the expression of existence; "to exist" as an intransitive verb like "to go"; "identical" as an adjective; we speak of something but also of the fact of something happening.

于是"是"这个词看起来是联系动词，是等于号，也是存在的表达；"存在"和"去"一样是不及物动词；"等同的"看起来是形容词；我们说某事但也说某事在发生这个事实。

译注：维根斯坦在这儿显示他的深厚又灵动的语法知识。这句

如何全面深入的译读维根斯坦的《逻辑哲学纲要》

话是在解构系动词"是"的用法。他是说"是"有三种不同的指意方式。

1. 系动词	甲是乙。
2. 不及物动词	甲就是。
3. 形容词	是的。

这个图表告诉我们,当我们说某个事时,也是说这个事正在发生。例如,我问"谁是张力?"张力回答说:"我就是。"这时候张力是在一边回答我的问题,一边用她的存在证明她就"是"。同样的,当我说"张力走过来了"时,这件事必然是在同时发生,否则这个句子没有任何意义。以后我将用这个句子分析并演示任何语言中包涵的判断句和逻辑句的词法、句法和表达的规则。

(In the proposition "Green is green" ---where the first word is a proper noun and the last an adjective--- these words have not merely different meanings but they are different symbols.)

(在"绿是绿"中 --- 第一个词是专有名称并且最后那个词是形容词 -- 这些词不仅有不同的意指而且它们也是不同的象征。)

译注:仍是指出一个语言符号具有多重指意。我们要善于区别词语的指意方式。如果在语言的使用中,连词语的"意指"和"指意"都不能明晰的区别,那么思想就不会是明晰的,那么这样的语法就是坏语法。

3.324 Thus there easily arise the most fundamental confusions (of which the whole of philosophy is full).

于是很容易冒出最根本的意义混淆(整个哲学就充满最根本的意义混淆)。

译注:维根斯坦认为,旧哲学中的所有的哲学家和逻辑学家们的语法都是坏语法。这是因为他们使用语言都不区分语言的形式和内容,都不知道区别词语的意指和指意的功能,都不知道说某事时必须有个某事同时发生。他们的著作一般都是自说自话,那些貌似深奥、表达深沉的哲思的语句一般都不指称正在发生的事件。而逻

第六章：逻辑点和判断句的句法之二

辑规则图则演示，《逻辑哲学纲要》中的每一个判断句都指称逻辑规则图中某一个逻辑组织或结构。这样的逻辑结构必须存在于描述生活的语句中。

罗素在为这部著作写的引介中说维根斯坦认为以往的哲学家都不懂语言中的逻辑和语法。其出处就是这儿的 3.32-3.324.

3.325 In order to avoid these errors, we must employ a symbolism which excludes them, by not applying the same sign in different symbols and by not applying signs in the same way which signify in different ways. A symbolism, that is to say, which obeys the rules of logical grammar-- of logical syntax.

(The logical symbolism of Frege and Russell is such a language, which, however, does still not exclude all errors.)

为了避免这些错误，我们必须使用排除这些错误的象征主义，即不在不同的象征中使用同一个符号，并且不采取同一方式使用若干以不同的方式指意的符号。也就是说是种象征主义，它遵守逻辑的语法规则 --- 逻辑的句法规则。

(弗里格和罗素的逻辑象征表达就是这样的语言，然而，它仍没排除所有的错误。)

译注：请注意，维根斯坦说的"象征主义"是某种特殊的象征主义，即遵守逻辑的句法规则的象征主义。这就是说，如果你始终遵守逻辑句的语法规则，那么你写出的逻辑句就是现实的象征。

还要指出，维根斯坦一直都在分析判断的语法规则，但是他在这里才第一次提及"逻辑的句法规则"这个名字。维根斯坦在这里为逻辑象征符号的使用制定了两条句法规则。我把它们译读如下。

象征符号有两种不同的使用。一个是形式的使用，一个是内容的使用。就形式的使用而言，象征的形式里面还包涵象征的形式，因此必须用不同的符号表达这两个不同的象征形式。例如，如果原始判断 P 包涵逻辑关系 R，并且 R 包涵（--）p，那么1）P 是象征的一个形式；2）R→+（--）p 是象征的另一个形式；3）并且2

是1的定义。罗素式的代码表达，如 Fx Fy（Fxy），尽管看起来貌似象征，但是在不同层次的包涵中都是不变的 x 和 y，因此没法表达逻辑的形式包涵形式。维根斯坦在这里指出：逻辑永远只关心形式的层层包涵，每一层形式都必须使用不同的象征符号。

象征符号的意义不是符号本身决定的，而是其使用和使用的文本范围决定的。例如T或"真"的意义是由其文本结构+(--)决定的，这就是说，1) T或真作为象征符号包涵多重象征（交叉核对、判断的感知，感知的形式和内容，等等）。2) 逻辑坐标的所有成分和逻辑坐标这个整体的表达也必须具有多层次的象征包涵象征。这两点就是文本研究的基础和根据。1) 是逻辑符号的表达问题。2) 是逻辑符号使用的问题。解决了1) 就必然要讨论2)。所以维根斯坦接下来主要是要解决与2) 有关的问题。

3.326 In order to recognize the symbol in the sign we must consider the significant use.

为了认出符号里面的象征我们必须考虑符号的有意义的使用。

译注：为了认出"-"这个符号中的象征，我们必须考虑它的使用范围+(--)p。只有在其文本范围+(--)p之内，"-"才有特定的象征意义。

同样的，如果我们用T填充"-"，那么T是象征符号，我们必须知道怎么从多个角度理解并使用T。在纵横交叉核对中，站在主体一边，T是说："主体对客体的存在的形式在某人脑中的投影或模型是正确的"；站在客体一边，T也可以说："客体的形式在这个框里可以存在。"

总之，作为象征符号，T意指任何不同种类的判断句是客体的正确的投影。我们看到T时一方面必须在脑中有个形象的图形，这个图形显示逻辑坐标系统的逻辑点上的某个判断句（走）的值是"真"。另一方面还必须在脑中有个高度抽象的具有逻辑坐标的主客交叉核对的画面。这个道理就和我们用逻辑坐标回忆生活中已经发生了的事件一样，所以，我们可以不需要抽象思维，从形象思维一下子飞跃到高度抽象的逻辑思维。

维根斯坦制定了这么多的象征的句法规则就是千方百计地想办

第六章：逻辑点和判断句的句法之二

法把拼音字母的形音义等同于象征符号"-"的形音义。这儿的形是逻辑坐标的形（　），音是逻辑坐标自我表达的无声的语言，意义是判断触觉现实的感知"-"。我们用某个中文字表达逻辑的形音义时不必绕这么多的圈子，直接一步把和判断的意指完美对应的某个字填到框中就可以了。例如，（走）的意指就是"走"的意指。于是我们可以说中文是逻辑透明的语言；英文是逻辑不透明的语言。

于是我们可以有逻辑地推测，所有的语言文字符号，在其使用的开始，都是为了呈现判断。拼音符号是文字符号的进化，在进化的过程中失去了呈现，成为用声音再现。中文文字在其进化的过程中，保留了可以让一个字在逻辑的空框中同时具有再现、再现/呈现、呈现这三种感知方式。于是我们也可以说，每一个中文字在逻辑坐标的最基本单位（空框）中可以同时做到自为、自为/自在、自在。

在日常口语中，中文文字的作用主要是自在/呈现，如"走"呈现（走）这个判断和局面。但是在文人们使用的语言或雅语中，文字的作用完全是再现。并且再现的对象不是客体和与客体有关的判断，而是主体自己的思想和感情。这就是文字的自为，也就是自说自话的强言为真。我们在唐朝的几位著名文学家的著作中看到了他们认识到中文语言的使用中存在缺陷，并且提出了复古运动，并且他们都在自己的作品中尽力做出了呈现。但是到底是怎样的复古没有定论。如今看来，中文文学的复古就是要在继续使用再现的同时也要恢复语言的自在/呈现。我们必须善于使用中文文字同时具有呈现/再现、自在/自为的特殊功能。和拼音字母只能一次做到呈现或自在相比，如此使用中文文字作判断的计算就可以极大的提高判断的计算的速度和效率。复古的目的是为了更好地迎接未来，而不仅仅是为了再现或呈现过去。否则我们就没有掌握逻辑哲学的精髓。

到此为止，维根斯坦完成了对旧逻辑的形式结构的解构和新逻辑的理论建构。并且维根斯坦已经从符号的角度讲解了我们必须从立体的三个维度和客主两厢解读每一个符号，所以，接下来他指出逻辑句中的每一个符号的使用都必须遵守逻辑句的句法的规则。我将在下面指出，撰写逻辑句的第一条规则就是我们必须根据逻辑坐标使用符号。

3.327 The sign determines a logical form only together with its logical syntactic application.

符号只有和符号在逻辑句法中的应用合并才能决定某个有逻辑的形式。

译注：首先必须明确，1）维根斯坦从判断的总形式开始到这儿到这部著作的结尾都是把 aRb 当作逻辑的句法使用；2）一个判断函数即一个判断句。用至少一个逻辑关系把两个判断函数连接的语句叫作逻辑句。

所以如果我们有两个简单判断函数和一个逻辑关系组成一个复合逻辑句，那么该逻辑句的逻辑形式是这样的。

逻辑坐标	判断句和逻辑关系
$(aRb)^0$	P
$(aRb)^1$	p、q
$(aRb)^2$	pRq

复合逻辑句的逻辑句法是逻辑坐标决定的。如果我们用维根斯坦在这儿制定的编写逻辑句的规则写出了下面这个复杂逻辑句。

a b c, (a⊃b)(b⊃c),(a⊃b)⊃(b⊃c)

那么我们可以设想判断函数 a、b、c 分别代表描述任何空框的三个简单判断（面）、（线）、（点）。为了让上面那些符号具备一个有逻辑的形式，每一个符号都必须遵守维根斯坦在此制定的逻辑句的句法规则。根据王氏逻辑规则图：1）a b c 共享 $(aRb)^1$。2）(a⊃b) 和 (b⊃c) 共享 $(aRb)^2$。3）((a⊃b)⊃(b⊃c)) 单独享有 $(aRb)^3$。如果我们把这个逻辑句描述的客体比作一座三层楼的建筑，那么我们必须用判断函数和逻辑关系描述每一层才能得到一个逻辑句、完整的描述具有 3 阶逻辑坐标的客体。我们必须遵守这个撰写逻辑句的句法规则。我用逻辑坐标图演示维根斯坦制定的这条撰写逻辑句的规则。

判断和逻辑关系符号	逻辑坐标
a b c	$(aRb)^1$
(a⊃b) (b⊃c)	$(aRb)^2$
(a⊃b)⊃(b⊃c)	$(aRb)^3$

第六章：逻辑点和判断句的句法之二

这条逻辑句描述一个面线点相互包涵的逻辑的方框。根据这个图形可以看出，我们可以用合理的逻辑句的句法规则一层一层的构建完美无缺的逻辑的大厦。

3.328 If a sign is not necessary then it is meaningless. That is the meaning of Occam's razor.

(If everything in the symbolism works as though a sign had meaning, then it has meaning.)

如果某个符号不是必要的那么它就是没有意思的。那就是欧卡马的刮胡刀的意指。

（如果在象征表达中的每个东西都操作为似乎某个符号有了意指，那么它就是有意指。）

译注：逻辑的表达必须明快简洁。这是因为逻辑只研究万物的存在的形式，并且万物的存在的形式必须是普遍又完整的。所以 $\forall x \forall y (Dxy)$ 中的 $\forall$ 就不是必要的，再用符号 $\forall$ 表达普遍的存在就是多余的。

D（等于）也是多余的，因为逻辑的包涵关系就包涵算术中的等于、大于和小于这三种关系。显然，罗素的这组代码是武断的自言自语的代码，和逻辑句的句法规则没有任何关系。

与之相反，逻辑哲学中的逻辑句的意义是逻辑坐标系统决定的，不是维根斯坦武断的。例如，在 +（--）pq 这个象征结构中的每个符号似乎有简洁明快的意指，那么它们就是有简洁明快的意指。这就是说，逻辑的形式特征必须是"所见即所得"。你看到了逻辑中有什么，逻辑就给你呈现什么。你用逻辑句写出了合理的什么，虚拟的逻辑的机器就给你呈现（投影）什么。"所见即所得"是逻辑的呈现的一个非常重要的形式特征。

接下来必须是为了确定这条撰写逻辑句的句法规则的重要性，所以维根斯坦才从符号的使用出发，在 3.33---3.334 这个子集中指出了罗素的数理逻辑中的几个基本原理（即哲学的原型论、数学的函数论和集合论的悖论）在判断的语法、算法和逻辑推理上都不成立。他首先指出：

3.33 In logical syntax the meaning of the sign ought

never to play a role; it must admit of being established without mention being thereby made of the meaning of a sign; it ought to presuppose only the description of the expressions.

在逻辑的句法中符号的意思绝不应该起作用，允许符号成立必须不提到符号的意指也不提到用此意指作符号；符号只应该是描述若干表达的前提。

译注：例如，在+(tf)p这组符号中，拼音字母p并不是proposition的缩写，T也不truth的缩写，等等。我们完全可以用利刀旁表达判断，用√表达判断的投影成立，用x表达判断的投影不成立。我们用（tf）p完全是武断的习惯使然。这就是说，逻辑句中的所有象征符号都是图形，都失去了它们本来在描述中的意思。

现在我要指出：如果"在逻辑的句法中符号的意思绝不应该起任何作用"----这个句法规则成立，那么罗素的原型论就不成立。这是因为罗素是用定义确定原型的意指，罗素的表达原型的符号的意思在代码中都有表达意义的作用。例如∀x和∀y是两个原型，它们都是用∀作定义符号并且表达"所有"的意思。我们必须用"存在所有的X和所有的Y"中的"所有的"这个定义解释原型x和y。所以维根斯坦接下来说。

3.331 From this observation we get a further view--- into Russell's Theory of Types. Russell's error is shown by the fact that in drawing up his symbolic rules he has to speak of the meaning of the sign.

从这个观察出发，我们看得更远----看穿了罗素的原型论。罗素的错误是被此事实演示的，即他制定他的象征的规则时他得说到符号的意指。

译注：再次强调在逻辑句中所有的符号都是象征图形的呈现，不能有任何描述词语中的意指和意思的再现。一个简单判断句即一个具有立体的逻辑坐标的图形。例如，"走是双腿以一定的频率移动身体"这个判断句的立体的图形语言的书面表达就是下面的简单

第六章：逻辑点和判断句的句法之二

判断（走）的逻辑坐标图。

a	a	t	a
R		+（--）（走）	
b	fa	f	fa

任何复合逻辑句的图形语言都是两个简单逻辑句的图形的叠加，如此等等。

3.332 No proposition can say anything about itself, because the propositional sign cannot be contained in itself (that is the "whole theory of types").

判断怎么说也说不到它自己，因为判断符号不能包涵在自身里面（而那就是"原型论的全部"）。

译注：我们再看这个图形。

判断和逻辑关系符号	判断函数	逻辑坐标
P		$(aRb)^0$
a b c	fa	$(aRb)^1$
(a ⊃ b)（b ⊃ c)	f(ab)	$(aRb)^2$
((a ⊃ b) ⊃ (b ⊃ c))	f(a b c)	$(aRb)^3$

左边那一行中的每一排中的判断符号和逻辑关系符号怎么说也说不到自己。右边那一行演示逻辑坐标序列的原型是 $(aRb)^0$。所以，判断的演绎推理的原型是原始逻辑坐标 $(aRb)^0$，不是罗素的 ∀x 和 ∀y 这样的用武断的符号作出的原型。

3.333 A function cannot be its own argument, because the functional sign already contains the prototype of its own argument and it cannot contain itself.

If, for example, we suppose that the function F (fx) could be its own argument, then there would be a proposition "F (F (fx))", and in this the outer function F and the inner function F must have different meanings; for the inner one has the form φ (fx), and the outer one has the form ψ (φ (fx). Common to both functions is only the letter 'F', which by itself signifies nothing.

This is at once clear if instead of "F (F (u))" we write "(∃ϕ): F (ϕu) . ϕu = Fu".

Herewith Russell's paradox vanishes.

函数不能作自身的参数（自变量），因为函数符号已经包涵其自身参数的原型，并且它不能包涵自身。

例如，如果我们假设函数 F（fx）可以作自己的参数，那么就会有个判断 "F（F（fx））"，并且在这个里面，外面的函数 F 和里面的函数 F 必须有不同的意指，因为里面的具有 ϕ（fx）的形式，外面的具有 ψ（ϕ（fx））的形式。这两个函数所共同的东西只是字母 "F"，它本身没有任何指意。

如果我们不写成 "F(F（u))" 而是写 "(∃ϕ): F(ϕu) . ϕu = Fu" 成，这马上清楚。以此为根据罗素的悖论消失得无踪无影。

译注：在维根斯坦的表达："(∃ϕ): F(ϕu) . ϕu = Fu" 中，（ ）代表判断函数和其逻辑坐标，冒号代表判断的断代与继承，小黑点代表联合关系。

维根斯坦的表达演示罗素的集合论的悖论的原则错误是一个判断函数既包涵自身也包涵另一个判断函数。所以后来的逻辑数学家，如塔斯基、克林和哥德尔，都采用了维根斯坦的 f（x,y），而不是罗素的 F（fx）。

3.334 The rules of logical syntax must follow of themselves, if we only know how every single sign signifies.

只要我们知道每个单个的符号如何指意，那么逻辑的句法规则就必须自动连贯跟上。

译注：维根斯坦在这儿指出，只要判断找到了正确的函数表达形式，那么下一个判断句和逻辑关系就可以根据判断函数的算法自动从上一个判断句中推出。

例如，我们如果知道原始判断中的 +（ ）P 如何在逻辑坐标中指意，那么我们根据逻辑规则图，必然的作画形式的规则，+（--）p、+（---）pRq 等等就可以自动地连环而上。

并且我们可以根据一元简单判断的逻辑坐标和作画形式（--）[1]

第六章：逻辑点和判断句的句法之二

推导出二元复合逻辑句的逻辑坐标和作画形式（——）^{2}和其或然的画面（——）^{4}，如此等等。于是逻辑的计算就成为一个自动的流程。

3.34 A proposition possesses essential and accidental features.

Accidental are the features which are due to a particular way of producing the propositional sign. Essential are those which alone enable the proposition to express its sense.

判断具有实质特征和偶然特征。

偶然的特征出生于某个特殊的作判断符号的方式。实质的特征是那些独自使得判断有能力表达其感知的特点。

译注：判断的表达，如判断符号T、F、p或q等，都具有偶然性。也就是说我们完全可以用另一组符号作判断符号。例如，我完全可以用√和x代替T和F。如今我们用这些符号表达判断，完全是尊重习惯使然。这些符号的共同实质是它们都表达判断的感知，所以在逻辑面前，拼音语言并不比中文优越。

3.341 The essential in a proposition is therefore that which is common to all propositions which can express the same sense.

And in the same way in general the essential in a symbol is that which all symbols which can fulfill the same purpose have in common.

判断的实质因此是所有能表达同一感知的判断所共同的东西。

同样的，象征的实质归总地说是所有能满足同一目的的象征符号所共有的东西。

译注：判断的实质是所有具有同样的感知值的判断句的共同的东西。这就是+（——）、+（————）等中的"–"。

"象征的实质归总地说是所有能满足同一目的的象征符号所共有的东西"——这句话是说如果逻辑规则图的某一排中的所有符号都是象征符号，那么"–"就是它们的共同的实质。

如果我们仅仅是孤立地看"–"这个图形符号，我们的确看不出什么名堂。但是如果我们把"+"和"-"联系起来看就能从图形中看出非常深刻的学术和哲学意义。这是因为如果我们把"+"和"-"联系起来就能看出判断的实质是判断用"纵横交叉核对"得到的判断值。生活的局面中有"纵横交叉核对",高度抽象的画面中也必须有"纵横交叉核对"。并且这两者必须一致,这是"-"作为象征符号的大前提。这个前提要求我们把判断句中的所有字母和符号,把逻辑规则图中的所有"-"都看作是以"纵横交叉核对"为背景的图形符号。它一方面演示"-"是从属于"+"的部分因而是客观公正的;在另一方面也演示"-"是判断触觉现实时得到的是真值还是伪值。

正是判断的逻辑坐标的实质是图形象征,所以这组来源于逻辑坐标图的符号+(--)p才使得高度抽象的"+"是确保判断的触觉"-"可以客观公正地触及现实的前提。也正因为逻辑象征能够做到这一点,所以塔斯基等人才看出维根斯坦发明的逻辑的演绎推理是自然科学和数学的求真的道路。

判断的实质是图形象征——这个事实告诉我们在高度抽象的思维中,根本就没有用拼音语言表达的抽象思维什么事。拼音语言的特征是用声音再现画面,但是这样的画面缺乏交叉核对。任何语言的使用如果缺乏交叉核对,那么就只能以自我为表达认知和感情的中心。

我认为最能区别抽象思维和高度抽象思维的实质的东西就是欧氏几何和维氏图形象征。欧式几何的语句是独立、固定、不变地表达并计量点、线、面。维氏逻辑哲学的图形象征是全面整体灵动地看点线面的包涵,并且从点线面的包涵开始做连环不断的图形演绎。如果不懂得这一点,我们就不能写出界定逻辑框的第一条逻辑指令句!

3.3411 One could therefore say the real name is that which all symbols, which signify an object, have in common. It would then follow, step by step, that no sort of composition was essential for a name.

And in the same way in general the essential in a sym-

第六章：逻辑点和判断句的句法之二

bol is that which all symbols which can fulfill the same purpose have in common.

因此人可以说真正的名字是所有指意某个客体的象征符号所共有的东西，于是可以一步跟着一步地推断出名字的实质是绝不需要任何作文组织。

同样的，象征符号的实质归总地说就是所有能满足同一目的的象征符号所共有的东西。

译注：维根斯坦在这里指出，所有拼音语言中的名字（单词）都不是指称逻辑的象征图形的名字。举"word"这个单词为例，其中的四个字母可以分开成为四个语音符号，但是，1）它们不具有同一目的，因为这四个字母既可以用于拼写这个单词也可以用于拼写其他单词。2）它们都需要按照拼写规则作为组织结构。如果我把word拼成drwo，那么drwo就失去了拼写组织，让人们不知所云。3）拼音语言的词语必须有许多形式区别，如时态、单复数、阴性、阳性，等等。但是高度抽象的逻辑语句必须彻底排除这些抽象思想的形式特征。所以，我们必须把判断句p、q和逻辑句p∨q都看作是立体的图形语言的书面表达，而不是拼音字母。例如p∨q象征"砖"和"瓦"，或任何两个不同的客体，处于失联的状态。

所以，拼音语言的拼音字母、词语和语句在高度抽象的思维中都是武断的，都和逻辑的画面和逻辑判断没有直接的联系。于是拼音语言中的单词在高度抽象的思维中不能做指称逻辑的成分和组织的名字。英文的程序编码语言必须首先使用一套程序语言把若干字母拼成词语，再用确定的感知值把词语和画面连接起来。这就减慢了计算的速度，加大了计算的能量消耗。

每一个中文字都是所有指称某个客体的象征符号所共同的东西。原因一："走"看作立体的图形是天下所有指称"走"这个画面的语言符号（无论是英文还是其他语言符号）共同的东西。这个被看作是图形的"走"因此是天下所有走的画面的名字。原因二：（走）可以做到把判断的形音义确定在一个逻辑的空框中。原因三：当我把句子"她走过来了"的秩序打乱，写成如"走过来了她"，我并没有破坏这个语句包涵的每一个画面的判断值都为真的逻辑组织。所以在高度的抽象思维中,"她走过来了"这个句子中的每一个字都是逻辑思维的真正的名字。于是我们可以说,每一个中文字都是表达高度抽象的逻辑思维的真正的名字。

3.342 In our notations there is indeed something arbitrary, but this is not arbitrary, namely that if we have determined anything arbitrarily, then something else must be the case.

在我们的代码形式中的确是有点武断的东西,但是这一点不是武断的,即如果我们武断地确定了个什么,那么某个其他的东西必然成立。

译注:即如果我们武断地用 P Q 或(走)(过)确定了它们是二元复合判断中的简单判断的象征,那么 P 和 Q 之间的所有或然逻辑关系(即某个其他的东西)必然成立;同样的(走)和(过)之间的所有或然逻辑关系也必然成立。

3.3421 A particular method of symbolizing may be unimportant, but it is always important that this is a possible method of symbolizing. And this happens as a rule in philosophy: The single thing proves over and over again to be unimportant, but the possibility of every single thing reveals something about the nature of the world.

某个特定的象征的表达方法是不重要的,但是这是个象征的表达的或然方法之一——这总是重要的。并且这作为一条规则经常出现在哲学中:某个单独的东西反反复复证明是不重要的,但是每一个单独的东西的或然性都对世界的本质有所揭示。

译注:维根斯坦在这里是在说象征是用符号/图形表达语言的意指的形式。用某个特定的符号(如中文字或英文字母)虽不重要,但是某个图形设定/象征有或然成为象征的表达是重要的。因为它揭示了图形设定/象征既是逻辑的全面正确的表达,也是我们认识并改造世界的根据。这是因为世界的存在的形式是有逻辑组织的图形。我们可以置换贴在某个逻辑方块上的标签,但是不能替换这个存在于日常生活又高度抽象的方块。

第六章：逻辑点和判断句的句法之二

　　象征的表达中包涵的哲学原理是偶然总是掩盖（有逻辑组织的）必然，而必然可以穷尽或然。所以，发明创造首先就是要善于观察，从大家都以为是平常的简单细节中发现有逻辑的偶然，然后从偶然中找到必然，再用必然为穷尽或然。于是认知主体就可以从某个特殊的局面获得全面精准的知识。这就是维根斯坦创建新逻辑学的诀窍。

　　符号／感知、图形／象征这类表达结构告诉我们：拼音文字比象形文字更远离了世界的实质和实质的表达。这也是象形文字要比拼音文字的单词的包涵更丰富，或者说包涵的信息更紧密，因而具有更灵活多变的词法和句法的根本原因。但是逻辑研究象形文字不是探讨每个文字的定义（说文解字）和写法（书法），而是所有人类语言和文字都必须使用的逻辑坐标！

　　"每一个单独的东西的或然性都对世界的本质有所揭示"这句话的重要意义还在于，在表达高度抽象思维的逻辑语言中，我们可以用仅仅几十个简单象征符号组成一个语言系统完整地描写世界和生活。例如，如果判断的感知值是真或伪，那么20个符号有（--）2^{20}个或然。

3.343 Definitions are rules for the translation of one language into another. Every correct symbolism must be translatable into every other according to such rules. It is this which all have in common.

　　定义是把一种语言翻译成另一种语言的规则。根据这样的规则，每一个正确的象征表达方式都必须可以被翻译成另一个象征表达方式。这就是所有（象征）的共享。

　　译注：注意这儿的"定义"首先是图形语言的定义。在逻辑语言的翻译中不存在失去。这是因为所有的逻辑语言都必须保持相同的逻辑组织。例如我们可以把 aRb 翻译成各种象征的图形或形式，但是我们不能改变所有象征图形的共同基因 aRb。

　　这也说明，日常生活和文学作品的翻译所失去的是感情和心理因素。例如，我们因为不熟悉英文的简单词语中的丰富包涵、意指和其适当的使用的场景而觉得把中文翻译成英文失去了原味。描述

如何全面深入的译读维根斯坦的《逻辑哲学纲要》

语言的逻辑文本是可以被原汁原味的翻译的而且是必须在翻译中保留的。

同样的，如果维根斯坦的脑子中没有逻辑规则图和逻辑坐标图的图形，那么《逻辑哲学纲要》中的判断句就都没有逻辑根据，于是我的译读也无法与他的译读共享同一个逻辑根据。我们可以从这条理论中推导出一套与翻译学有关的基础理论。

3.344 What signifies in the symbol is what is common to all those symbols by which it can be replaced according to the rules of logical syntax.

自在于象征符号中表达意义的东西就是所有那些象征符号所共同的东西，这个共同的东西根据逻辑句的句法可以被那些象征符号置换。

译注：逻辑句即用逻辑关系关联起来的判断，如 P v Q，P & Q，等等。P、Q、V、& 都是表达逻辑句的符号。我们可以用其他符号置换这些符号。但是无论你用什么符号，所有的符号都必须共享逻辑规则图中的逻辑坐标、作画形式、或然的画面、真值根据、判断函数、逻辑关系，等逻辑组织。

3.3441 We can, for example, express what is common to all notations for the truth-functions as follows: It is common to them that they all, for example, can be replaced by the notations of "~p" ("not p") and "p v q" ("p or q")

(Herewith is indicated the way in which a special possible notation can give us general information.)

例如，我们可以如此表达真值函数的所有代码的共同点：它们都可以用代码"~p"("非p")和"p v q"("p 或 q")置换。

（某个特殊的或然的代码系统能给予我们归总的信息的方式就以此被指明。）

译注：维根斯坦在这儿的表达顺序超前了。这是因为他在后面才做出关联两个简单判断的全部十六个逻辑关系和其真值标定。我们必须要读懂他在后面做出的那十六个逻辑关系的判断符号之后才

第六章：逻辑点和判断句的句法之二

能明白 3.344—3.3442 的意思。

他在这里是说，所有十六种逻辑关系都可以用否定（~p）和失联（p v q）推导出来。这是因为在表达初级判断的触觉的两个象征符号"--"之间只有两种逻辑运算方式，1. 或者"-"或者"-"，即（p v q）。2. 后面的"-"可以否定前面的"-"，即（p ~p）。

由于所有判断句的感知值的表达都必须以（--）为基因或基本单位，所以所有的逻辑句，不管多么复杂，阶位多么高，都能从（p v q）和（p ~p）中导出。如果我们要深入学习撰写逻辑句，我们都不得不学会如何灵活地使用逻辑关系"p v q"和"~p"。

3.3442 The sign of the complex is not arbitrarily resolved in the analysis, in such a way that its resolution would be different in every propositional structure.

复杂结构的符号在分析中不是这样武断分解的，如此武断以至于其分解在每一个判断结构中竟然不同。

译注：王氏逻辑规则图演示，任何阶位的判断都必须有相同的逻辑组织。即其横排和竖行的逻辑组织保持不变。

所以这个判断句还是在说如果我们分析 ∀x∀y (Dxy) 这个复杂符号，我们不能武断地把它分解出∀和D这两个象征符号和它们代表的不同的判断结构。王氏逻辑规则图和坐标图都演示所有的判断句的逻辑结构，不管多么复杂，都是始于逻辑坐标的原型 $(aRb)^0$。在维根斯坦之前谁也没想到逻辑演绎推理必须从逻辑坐标的原型 $(aRb)^0$ 开始。下面的子集 3.4-3.412 专门讨论逻辑坐标，但是他并没有做出逻辑坐标的图形。

我把他保留在脑中的逻辑坐标图和逻辑规则图做了出来。于是我用中文撰写的逻辑学就可以成为一门专门的学科，成为语言、数学、自然科学和社会科学的基础理论，也就是理论的理论或者说 X 的 X。

3.4 The proposition determines a place in logical space; the existence of this logical place is guaranteed by the existence of the constituent parts alone, by the existence of the significant proposition.

判断决定逻辑空间中的某个点，此逻辑点的存在是由判断的组成成分的唯独存在而得到保证的，是由有意指的判断的存在而得到保证的。

译注：王氏逻辑坐标图的组成成分是 a、R、+、（--）p 和 b。此图形演示判断 p 的纵横交叉核对"+"和感知值的排列和组合（--）决定某个逻辑点。

3.41 The propositional sign and the logical co-ordinates: that is the logical place.

判断符号和若干逻辑坐标的对应值：那就是有逻辑的地方。

译注：维根斯坦在后面才做出表达逻辑关系的复合判断符号。在判断符号中，判断对现实的触觉"-"所决定的感知值是客/主语言轴纵横交叉核对的逻辑坐标值。

3.411 The geometrical and the logical place agree in that each is the possibility of an existence.

几何点和逻辑点互相一致在于每一个点都是某个存在的或然。

译注：逻辑点和几何点都有或然容纳客体存在的形式。

3.42 Although a proposition may only determine one place in logical space, the whole logical space must already be given by it.

虽然一个判断也许只确定逻辑空间中的一个点，但是整个逻辑空间必须是被它已经给定。

译注：这就是说，虽然一个判断只确定（--）中的真值，但是 a、R、+（--）p 和 b 组成的逻辑空间必须是由（-t）中的真值确定的。这是因为真值根据是判断句的核心。

(Otherwise denial, the logical sum, the logical product, etc., would always introduce new elements - in co-ordination.)

（否则否定、逻辑和、逻辑积等总是会在坐标系统中引进新的元素。）

译注：否定，逻辑和都是由简单判断中的真值根据"-t"确定

第六章：逻辑点和判断句的句法之二

的。算术中的加减法，代数中的不等式、简单函数的计算就在 $(aRb)^1$ 那一排的作画形式、或然的画面、真值根据和判断函数。

逻辑积、算术中的乘除法，二元函数（方程式）的计算就在 $(aRb)^2$ 那一排中的作画形式、或然的画面、真值根据和判断函数。

逻辑的否定运算、逻辑和、逻辑积必须始终是以判断的感知值"—"为运算单位。像罗素那样在形式逻辑中不断引进新元素就无法进行判断的计算。明白了这一点，还需要证明 1 + 1 = 2 吗？

(The logical scaffolding round the picture determines the logical space. The proposition reaches through the whole logical space)

（围绕画面的逻辑的脚手架决定逻辑的空间。判断在整个逻辑空间中延伸。）

译注：我在前面根据王氏逻辑规则图已经解释，在逻辑坐标中，判断是以逻辑点为中心指向客/主两个不同方向的射线。这些射线围绕逻辑点成纵横交叉的脚手架。认知主体就是站在判断的脚手架上以逻辑点为画布为客体的存在的形式作画。

3.5 The applied, thought, propositional sign is the thought.

有实际应用的、被想出来的判断符号即思想。

译注：思想即有实际用途的、经过思考后得出的判断的图形与图表。

The thought is the significant proposition.

思想是有意义的判断。

译注：在王氏逻辑规则图中从 $(aRb)^1$ 开始的每一阶判断和其展开的图形都是有意义的判断，都是思想。现在我们再次在（描述（抽象（高度抽象）））的主客之间填空。

语句	客	/	主
描述	a	是	b
抽象	a	=	b
逻辑	a	R	b

小结：

如何全面深入的译读维根斯坦的《逻辑哲学纲要》

在高度抽象的逻辑思维中，实事求是中的"是"即逻辑坐标aRb中的R。R包涵所有判断和逻辑关系的演绎。

R也确定唯物主义的世界观的立场和方法。逻辑哲学的世界观就是存在第一，逻辑第二。逻辑哲学的方法论就是以"--"为基本单位的客/主纵横交叉核对的感知值的计算。逻辑哲学作为一门基础学科必须包括逻辑语文、逻辑学和逻辑数学。

到此为止，维根斯坦把有逻辑的空间的逻辑结构a（R、、"--"p）b 分析到了有逻辑的空间的核心"--"。在这个过程中，他站在高度抽象思维的层面，在只懂拼音语言的条件下，突破了拼音语言的限制，看出了逻辑的规则和表达都必须是立体的图形象征。所以我们必须把"-"看作是判断的画面和生活中某个具体的局面是否一致的图形，符号"-"只是这个图形的名字。这是维根斯坦帮助使用拼音语言的人们学习和掌握逻辑学的重要方法和手段。与之相比，每一个中文字都是图形象征，都可以看作是一个判断符号。所以我们面临的问题不是中文没有逻辑，而是能不能用真正有用的逻辑学粉碎罗素等人宣传的语言优越论，打破那些语言优越论者们在教育和思想建设界占据的话语霸权。

顺便指出逻辑也是我们判断艺术是否高雅的唯一客观标准。例如，"日落乌啼霜满天"这个律句就很高雅。一方面它的表达和逻辑的表达一样简洁。另一方面，它包涵逻辑坐标的三次升级：日落（客/主）、乌啼（客/主）、霜满天（客/主）。所以它描绘的画面是生动的有高雅格调的画面。舞蹈、交响乐等高雅艺术都是有逻辑的组织和结构的表达，所以，逻辑既是科学的科学，也是艺术的艺术。基督教用灵魂不死安慰人们对死亡的恐惧。逻辑规则图则演示只有逻辑才有真正的或然把人类从死亡中拯救出来。这是因为逻辑学用强大的算力最终可以反思到简单生命在光合作用下产生的那一刻的逻辑，所以逻辑哲学的思想是真正能正确地描述世界并改造世界的思想。于是逻辑学也是乐观主义的精神支撑，鼓励每一个人都积极进取、不断登攀，在生活的逻辑坐标中找到属于自己的那一小块"-"。

可不要小看象征判断的触觉的符号"-"，就是它可以帮助我们通过计算反思出万物存在的形式。万物当然包括人自己的存在的

第六章：逻辑点和判断句的句法之二

形式。接下来维根斯坦将指出"-"是个形式序列，正如客体是个形式序列。只要存在序列，就有算法和图形设定。于是他将从"-"的序列中推出表达逻辑关系的判断图。

第七章

逻辑点与判断句的句法之三

与判断的形式序列有关的语法规则集

提要：维根斯坦在分析完逻辑点上的判断的图形 R +（--）p 中的"-"之后接下来将分析 +（--）p 这个整体的画面。

把字母看成名字，再从名字中看出（画面（判断））这个判断的核心结构---对使用拼音语言的人来说是学习逻辑最困难的部分。这是因为拼音文字的字母的书写和字母的拼写都是武断的。拼音文字没法直观呈现（画面（判断）），即使像罗素那样写出的形式逻辑句也没有接触到（画面（判断））。即使在当今，仍有许多西方的"哲学家"们在从事抽象的思辨时都是把拼音文字看作是表达哲学意义的语音符号，而不是判断的伪装。他们最善于做的就是在拼音语言的词语的武断意思里绕来绕去，总是以为自己的意思别人不能理解、不能表达，并认为抽象语言比象形文字更精致、更有逻辑。这样的"哲学家"从来不会想到（画面（判断））是确定所有语言指称客体时必须表达的意指对象的客观标准。于是对在日常生活中使用拼音语言的人们而言，如果没有经过训练，理解维根斯坦的逻辑哲学是个严肃的挑战。维根斯坦在这一章里仍是从各个角度继续制定一些与简单判断有关的句法规则，千方百计想办法训练他们如何把拼音字母看成是指称（画面（判断））这个结构的名字。当我们把中文字看作是判断符号时我们并不需要这样的训练。

4. The thought is the significant proposition.

思想是有意义的判断。

译注：有意义的判断始于简单判断和其逻辑坐标图。如果连个客/主纵横交叉核对的逻辑点都没有，怎么想都是白想。

4.001 The totality of propositions is the language.

判断的总和是语言。

译注：语言的核心是判断+（--）p，判断的核心是"-"。所有人类语言都必须共享这个判断的核心："-"。此核心作为象征是个形式序列，判断也是个形式序列，语言因此也是形式序列，有N个语言就有N个形式序列和一个名叫N的总形式序列。反过来，我们可以把那一个名叫N的总形式序列化简到判断的核心"-"的形式序列。所以判断的总和是语言。

4.002 Man possesses the capacity of constructing languages, in which every sense can be expressed, without having an idea how and what each word means—just as one speaks without knowing how the single sounds are produced.

人拥有构建语言的能力，每一个感知都能用此能力表达，并不需要想到每一个单词如何意指或意指什么——正如人说话不需要知道每一个发音是如何产生。

Colloquial language is a part of the human organism and is not less complicated than it. From it it is humanly impossible to gather immediately the logic of language.

Language disguises the thought; so that from the external form of the clothes one cannot infer the form of the thought they clothe, because the external form of the clothes is constructed with quite another object than to let the form of the body be recognized.

The silent adjustments to understand colloquial language are enormously complicated.

口语是人的生理机制的部分并且并不是不如生理机制那么复杂。因此，人性中没有任何或然直接采集语言的逻辑。

语言掩盖思想，于是人不能从表面的衣服的形式推理出穿着衣

第七章：逻辑点与判断的句法之三

服的思想，因为衣服的形式的制作设计有个完全不同的目的，并不是为了让人看到身体的形式。

为了懂得口语而作出的沉默的调整和适应是极其复杂的。

译注：逻辑是生理机制的部分。正如只有医学才懂得神经系统，只有逻辑学才懂得我们在脑中如何通过眼光明晰的投影高度抽象的客体的存在的形式。在日常生活中我们要正确地理解一句口语，必须在瞬间作出无数沉默的判断的计算。所以口语是逻辑哲学的研究对象。

4.003 Most propositions and questions, that have been written about philosophical matters, are not false, but senseless. We cannot, therefore, answer questions of this kind at all, but only state their senselessness. Most questions and propositions of the philosophers result from the fact that we do not understand the logic of our language.

(They are of the same kind as the question whether the Good is more or less identical than the Beautiful.)

And so it is not to be wondered at that the deepest problems are really no problems.

与哲学的诸多要点有关而撰写的大多数判断和问题，不是伪理，而是没有感知。因此，我们根本不能回答此类问题，只能郑重声明它们毫无感知。哲学家们的大多数问题和判断起源于我们不懂得我们的语言的逻辑这个事实。

（大善和大美是否或多或少是同类，和它们是同一类别的问题。）

所以最深刻的问题本来就不是问题就不足为奇。

译注：旧哲学中的所有问题都是毫无感知的问题即旧哲学的问题都不在 a R b +(—) p 确定的范围之内。如果我们分析问题时掌握了逻辑坐标，那么我们根本不需证明上帝存不存在，那么"我是谁，我从哪里来，到哪里去"等根本就不是与客观存在有关的问题，都是些唯我主义者的自言自语。

4.0031 All philosophy is "Critique of language" (but not at all in Mauthner's sense). Russell's merit is to have shown that the apparent logical form of the proposition need not be its real form.

所有的哲学都是"语言的批判"(但根本不是毛特纳所感知的)。罗素的功劳是演示了判断不需要貌似有逻辑的形式做其真正的形式。

译注：任何语言的语句，无论多么复杂，都可以化简到一元简单判断。所以逻辑判断的真正形式是符号：a、R、b、+、(--)、p、t、f 的组合。所以，罗素用代码编写的冗长的形式逻辑句的功劳就是演示了貌似有逻辑的形式不是逻辑的真正的形式。这是因为形式逻辑缺乏判断的真正形式的书面、有逻辑结构的表达：+(--) p。

4.01 The proposition is a picture of reality.
The proposition is a model of the reality as we think it is.

判断是现实的画面。
判断是我们认为现实确实是如此的模型。

译注：这是因为"-"就是判断为现实作画的触觉。当我们把王氏逻辑规则中的某一排判断做成逻辑坐标图之后，那个图形就是现实的确是如此的模型。请注意这就是逻辑学的几何和欧式几何的区别。逻辑学可以通过编写逻辑句让虚拟的逻辑的机器指挥客体投影若干个方框。欧式几何只能让人自己一次做出一个方框。根据逻辑哲学的象征主义、模型论、投影论，我们现在可以看出：逻辑点是逻辑把客观局面 a 投影成画面 b 的焦点。局面在焦点的一边，投影在焦点的另一边，所以我们为判断做出的有逻辑画面 +(--) p 是放大现实的投影的机制。如图所示。

a	R	b
局面	画面	投影
现实	+(--) p	虚拟的现实的模型

134

第七章：逻辑点与判断的句法之三

所以画面 R 指称的作画形式＋(--) p 是属于每一个人的生理机制。它是由判断的基本计算单位"--"组成的形式序列。

4.011 At the first glance the proposition—say as it stands printed on paper—does not seem to be a picture of the reality of which it treats. But nor does the musical score appear at first sight to be a picture of a musical piece; nor does our phonetic spelling (letters) seem to be a picture of our spoken language. And yet these symbolisms prove to be pictures—even in the ordinary sense of the word—of what they represent.

乍一看判断---比方说印刷在书面的判断---似乎不是它所处理的现实的画面。但是乐谱乍一看也似乎不是某个音乐作品的画面；我们的拼音（字母）也似乎不是我们的口语的画面。然而这些象征表达都证明它们是它们所再现的啥的画面---即使从画面这个词语的普通感知意义上说也是如此。

译注：维根斯坦这儿指出拼音语言的书面表达特征和音乐一样是只通过声音再现判断的画面。所以拼音语言的表达都不是呈现，而是再现。我曾写过一篇英语文学博士论文讨论中西戏剧语言的表达特征是呈现和再现的区别。

4.012 It is obvious that we perceive a proposition of the form aRb as a picture. Here the sign is obviously a likeness of the signified.

显然我们是把具有 aRb 的形式的判断构思成画面。符号在这里显然看起来是被意指的对象的相像。

译注：维根斯坦在这儿是要读者根据判断的句法规则把判断符号（p）看作是指称 aRb 的名字。于是我们可以通过拼音字母这个名字看出，该名字的指称对象 b 是和生活中的某个局面 a 的相像。对于使用拼音语言者而言，这是个挑战。

4.013 And if we penetrate to the essence of this pictorial nature we see that this is not disturbed by apparent irregularities (like the use of # and b in the score).

For these irregularities also picture what they are to express; only in another way.

并且如果我们深入到这个作画的实质,那么我们就可以看出表面上的不合常规(像在乐谱中的#和 b 符号的使用)并不影响这个。

这是因为这些不合常规也是它们所要表达的东西的画面,只是用了另一个方式而已。

译注:拼音语言用声音表达再现的东西仍是与客观局面对应的画面。如果拼音语言中的某些单词或语句不表达生活中的画面,那么它们所要表达的东西仍是个不合常规的画面。

4.014 The gramophone record, the musical thought, the score, the waves of sound, all stand to one another in that pictorial internal relation, which holds between language and the world. To all of them the logical structure is common.

(Like the two youths, their two horses and their lilies in the story. They are all in a certain sense one.)

留声机的唱片、音乐的思想、乐谱、声波,都在那个作画的内在关系中互相对应成立,那个作画的内在关系即把语言和世界紧握在一起的关系。逻辑的结构是它们的一切的共同。

(像民间故事中的那两个年轻人,他们的两匹马,和他们的百合花。在某种特定感知上它们都是一体。)

译注:语言的使用中的作画关系,即用高度的抽象思维构建现实的逻辑模型的关系,是逻辑学、语文、数学、科学、音乐和艺术等都共享的关系。这些关系的归总表达就是客/主或aRb。并且aRb 就是;主体语言 b 是客体语言 a 的再现,R 是再现的关系或者说作画形式。

维根斯坦在这儿强调,拼音语言通过声音再现的画面中也必须存在为逻辑坐标作画的内在关系。我们可以在此对比中文和拼音语言为逻辑关系作画的区别。在如何撰写简洁明快,所见即所得的逻辑句时,这是个具有重大意义的区别。

4.0141 In the fact that there is a general rule by

第七章：逻辑点与判断的句法之三

which the musician is able to read the symphony out of the score, and that there is a rule by which one could reconstruct the symphony from the line on a gramophone record and from this again—by means of the first rule—construct the score, herein lies the internal similarity between these things which at first sight seem to be entirely different. And the rule is the law of projection which projects the symphony into the language of the musical score. It is the rule of translation of this language into the language of the gramophone record.

存在某个归总的规则使得音乐家有能力从乐谱中读出一部交响乐，存在某个规则使得某人能够从留声机唱片的条纹中构建交响乐并且从中再次 --- 用第一条规则 --- 构建出乐谱，在此事实中深藏着这些乍一看貌似完全不同的东西之间的内在相似。而这个规则就是把交响乐投影成乐谱的语言的投影规则。它是把这个语言翻译成留声机唱片的语言的规则。

译注：维根斯坦仍是在强调拼音语言中存在的 aRb 是用声音给逻辑的结构作画的高度抽象的形式。

4.015 The possibility of all similes, of all the imagery of our language, rests on the logic of representation.

所有比喻的或然，我们的语言的所有意象，都成立于再现的逻辑。

译注：在高度抽象的思维中，再现的逻辑即 aRb。我们可以在纵横交叉核对客/主核对的逻辑点"+"上用判断的感知值投影出许多与现实对应的画面。这些画面即文学批评中的意象。这不仅是对拼音语言而言，对中文也是如此。

4.016 In order to understand the essence of the proposition, consider hieroglyphic writing, which pictures the facts it describes.

And from it came the alphabet without the essence of the representation being lost.

为了理解判断的实质，考虑一下象形文字的书写，它为它所描述的事实作画。

字母表来源于其中，并没有失去再现的实质。

译注：象形文字更接近于判断的实质是因为文字"桌"的意指就是判断（桌）的意指。拼音文字是只用声音给事实作画，所以，使用拼音文字者很难从拼音文字中看出高度抽象的画面，尽管他们可以直接进入抽象的画面。对于拼音文字而言，看破高度抽象的判断的实质的唯一道路是把拼音字母看作是指称"画面+判断"的名字。在高度抽象的思维中，名字指称判断的画面，正如中文字指称事实的画面。

4.02 This we see from the fact that we understand the sense of the propositional sign, without having had it explained to us.

这一点我们可以从这个事实中看出，即不需要有人给我们解释，我们就懂得判断符号的感知。

译注：例如，在中文中简单判断（走）的判断符号（- 真）意指现实中的"走"的局面为真。同样的，在拼音语言中如果确定了某个判断符号的意指，我们就不再需要人给我们做任何解释。这是因为判断符号所指称的图形呈现判断意指。例如，如果我们把"P v Q"看作是"桌 v 椅"的名字，那么我们就不需要别人为我们解释"P v Q"意指什么。这就是说，我们可以把任何学科的两个简单判断代入到"P v Q"中。

4.021 The proposition is a picture of reality, for I know the state of affairs presented by it, if I understand the proposition. And I understand the proposition, without its sense having been explained to me.

判断之所以是现实的画面，是因为如果我懂得该判断那么我知道它所呈现的局面，并且不给我解释其感知我都懂该判断。

译注：如果我懂得"-"指称某个简单判断句把某个简单的局面和画面对比，那么我知道该判断呈现的局面。例如，如果我知道"-"代表"走是双腿以一定的频率移动身体"这个判断是真的，那么我

第七章：逻辑点与判断的句法之三

不再需要任何解释。

4.022 The proposition shows its sense.

判断表演它的感知。

译注：（走）用画面表演它的感知。

The proposition shows how things stand, if it is true. And it says that they do so stand.

判断表演事物如果为真是怎么成立。并且判断说，事物的确如此成立。

译注：我现在做一个图表演示为什么判断是现实的画面。

字母	a	R	b	+(-)p
文字	局面	R	画面	判断值
(aRb)[1]	桌、椅	R	（桌）（椅）	真/伪
(aRb)[2]	桌 v 椅	R	（桌）v（椅）	真/伪

我们可以从这个图表中看出两个重大发现。

一、现在我们比较拼音字母和文字那两排：拼音字母只能用 a 指称现实的局面，用 b 指称脑中的画面。如果逻辑的机器需要用英文的词语和语句描述局面／画面对应，那么它需要至少 26 阶判断，这是因为英文有 26 个字母。与之相比，中文文字可以一步到位地指称判断所意指的局面。这就是说逻辑的机器只需要用一个中文文字表达的简单判断和判断函数就能做到让判断直接触觉到现实。这就是中文在未来的"语言竞技"中的全面压倒的战略优势。

二、逻辑坐标 (aRb)[1] 确定的那排是简单判断的逻辑结构。局面中的两个客体（桌、椅）是共享同一个逻辑坐标的相互独立的存在。画面中的两个判断（桌）（椅）是和局面中的两个客体对应存在。它们相互独立，既不相同也不相悖。局面 a 是现实，画面 b 是脑中对现实的投影，R 是认知主体把 a 投影成 b 的生理机制。投影是否正确是用判断决定的。判断是把局面和画面做对比，所以画面绝对不是局面的代表，并且 +(--)p 是判断的画面。这就是说：局面是 a，局面的投影是 b，R 包涵的 +(--)p 是我们把 a 投影成 b 的生理机制的图形象征。我们必须把 +(--)p 用作联系客主的中介和生理机制才能为现实做出投影。所以+(--)p是认知主体明晰的投影客观局面的生理机制的图形。

拼音语言在逻辑的表达方面做不到如此透明，所以维根斯坦希望他的读者把现实中的局面代入到拼音字母中。只有这样，判断的触觉"--"才能接触现实。维根斯坦创建的新逻辑学和虚拟的逻辑的机器就将围绕着+(--)p这部分做文章。

4.023 The proposition determines reality to this extent, that one only needs to say "Yes" or "No" to it to make it agree with reality.

It must therefore be completely described by the proposition.

A proposition is the description of a fact.

As the description of an object describes it by its external properties so propositions describe reality by its internal properties.

The proposition constructs a world with the help of a logical scaffolding, and therefore one can actually see in the proposition all the logical features possessed by reality if it is true. One can draw conclusions from a false proposition.

判断确定现实到这个程度，人只需要对它说"是"或"不"就使得它和现实一致。

因此它必然要被判断全面地描述。

判断是对事实的描述。

正如描述根据客体的外在属性描述客体，判断根据现实的内在属性描述现实。判断在逻辑的脚手架的帮助之下构建世界，因此如果判断为真，那么人实际上能从判断中看出现实所拥有的全部有逻辑的形式特征。人能从伪的判断中作出结论。

译注：简单判断在逻辑点上画面+(--)p即对现实中的(桌)的完整的描述。作画形式中的(--)代表简单判断的两个真或伪的判断值。人们把现实作为对比的工具，立即知道该判断句是真或是

第七章：逻辑点与判断的句法之三

伪值。

所以，判断能完整的（从肯定和否定这两个方面）描述现实。当判断描述现实时，它是在描述某个客观局面中的若干要素和它们之间的内在逻辑关系。人们只需要一个价值为真的简单判断的真值根据（-t）就能看出现实中的（桌）这个局面的全部逻辑特征（逻辑坐标，主客纵横交叉核对，逻辑点，判断和判断的感知值，等等）。图示如下。

a	a	t	a
R		+ (--) p	
b	fa	t	fa

如果人们知道自己的判断的价值为伪，那么人们可以马上做结论说自己的判断错在哪里。图示如下。

a	a	t	a
R		+ (--) p	
b	fa	f	fa

这个图形是说，客体语言序列总是为真，判断之所以为伪是因为主体语言跟客体语言不一致。

以上两个逻辑判断图说明：维根斯坦的逻辑判断点要比欧式几何的几何点精准、复杂、灵动得多，能直接呈现在现实中人们如何使用"点"。这样的点可以扩大成面，并且面也缩小成点。和客主相对成立一样，点和面相对成立。

另外，当维根斯坦在这儿说："判断判定现实到这个程度，人只需要对它说'是'或'不'就使得它和现实一致"，他指出了判断的根据是现实，而不是上天的的形式。

为了合理的颠覆旧逻辑，维根斯坦采取的办法就是"看惯新瓶装旧酒，要从古木发新芽"。他是故意要从形式逻辑学的旧名字（命题 proposition）中生长出新意义（判断），并要把这株新芽（判断的机制）培育成一株参天的逻辑大树。如今的电脑的软件设计的构架就是一株逻辑树。我们可以把逻辑树看作是生命树。作为企图用思考临摹上天的形式的形式逻辑和作为所有人的生理机制的逻辑完全是两回事。

4.024 To understand a proposition means to know what is the case, if it is true.

(One can therefore understand it without knowing whether it is true or not.)

One understands it if one understands its constituent parts.

理解某个判断即如果该判断为真那么就知道什么可以核对成立。

（因此人不需要知道判断是否为真就能懂得判断）。

人如果懂得判断的成分就懂得判断。

译注：图形+（--）p演示判断是客/主纵横交叉核对。核对的结果是真值根据（-真），但是人们在生活中不需要做出这样的图形就能知道某个简单事情是否为真。于是在日常生活中，"判断"和"数"被理解成了两个完全不同的概念，但是维根斯坦根据逻辑坐标图看出了判断的感知值先验于数字和数值。

4.025 The translation of one language into another is not a process of translating each proposition of the one into a proposition of the other, but only the constituent parts of propositions are translated.

(And the dictionary does not only translate substantives but also adverbs and conjunctions, etc., and it treats them all alike.)

把一个语言翻译成另一个语言不是一个把此语言的每个判断翻译成另一语言的判断的过程，而是只翻译判断的组成成分（字典不仅仅翻译实词还翻译副词和连接词，等等，并且把它们作为等同处理）。

译注：当我们把"走"翻译成外文时，我们绝不能改动"走"这个名字指称的"画面+判断"。只能给"画面+判断"另外一个恰当的名字。

字典之所以缺乏逻辑是因为字典中每一个词条都只能列出名字

第七章：逻辑点与判断的句法之三

的分类和名字在描述中的使用，不能列出名字在判断中的使用。这是因为判断必须分主次，如主语+定义语，而字典不能区分名字在逻辑坐标系统中的主次。另外，判断必须有纵横交叉核对"+"。如果连描述都不能再现纵横交叉核对，那么字典更不能再现纵横交叉核对。总而言之，语言的核心是判断而不是描述，所以根据字典和工具书做翻译是产生所谓的"翻译腔"的根本原因。

4.026 The meanings of the simple signs (the words) must be explained to us, if we are to understand them.

By means of propositions we explain ourselves.

若干简单符号（词语）的意思，如果我们要懂，必须给我们解释。

我们使用判断解释自己。

译注：词语的意思是人为的武断，所以要通过教学才能掌握。判断的图形：+（--）p是我们对逻辑进行反思得到的高度抽象的立体图形。所以对逻辑进行反思是逻辑学的逻辑特征。并且图形+（--）p能帮助我们自我解释在生活中为什么要这么想，为什么要这么做。思路正常的老百姓都是这么想这么做。但是自称高雅的文人们写文章一般不是根据判断的图形+（--）p，而是根据自觉撰写文章。我们应该把他们在自己的文章中写的每一条语句的前面加上"我觉得"这样一个前缀。

4.027 It is essential to propositions, that they can communicate a new sense to us.

若干判断能给我们传达新的感知，这是判断的实质。

译注：+（--）p这个判断的作画形式是不变的。但是我们能用新的判断句代入到此作画形式中，从而得到新的感知。所以王氏逻辑规则图中的一元简单判断的作画形式"--"是"+（--）p"的缩写。同样的，在p q组成的二元复合判断p R q中，p的感知就是"唯p"，q的感知就是"唯q"，但是p v q表达新的感知"或p或q"。这就是说，判断的实质是创新。

4.03 A proposition must communicate a new sense with old words.

The proposition communicates to us a state of affairs,

therefore it must be essentially connected with the state of affairs.

And the connexion is, in fact, that it is its logical picture.

The proposition only asserts something, in so far as it is a picture.

判断必然用旧的词语传达新的感知。

判断给我们传达某个局面，因此它在实质上必然和局面关联。

而此关联，在事实上，就是它（判断）是它（局面）的有逻辑的画面。

就判断是个画面而言，判断只断言一点儿东西为真。

译注：这是这一章中的三个非常重要的判断。

1. 在判断的作画形式+（--）p中，"--"是旧的词语，被代入的来源于生活的某条判断句是新的感知。显然，判断p的感知和象征符号"-"中的判断句的感知不是一回事。判断p有两个从属于它的感知。"-"只有一个感知。

2. 作画形式+（--）p一方面通过感知"-"和逻辑结构（ ）连着局面。这就是说作画形式是用感知值素描客体的逻辑结构。在另一方面作画形式+（--）p作为画面只断言一点儿东西为真。"判断只断言一点儿东西为真"即所有N阶判断都只断言其真值根据"-t"中的"t"所代表的具有真值的那一条判断句。

3. 判断的画面具有两面性。一方面，判断是事实的有逻辑的画面，这就是说我们根据判断的语法规则可以确定客体全部都为真。另一方面，判断作为事实的有逻辑的局面的投影，它表达主体的判断只能断言一点儿东西为真。这一点为真的东西就是王氏逻辑规则图中的判断的真值根据（-t（---t））……这就是说，我们可以从连接客/主的判断的画面R中找出合理的价值总是为真的判断和逻辑关系。

4.031 In the proposition a state of affairs is, as it were, put together for the sake of experiment.

One can say, instead of, This proposition has such and

第七章：逻辑点与判断的句法之三

such a sense, This proposition represents such and such a state of affairs.

打个比方说，在判断中某个局面是为了做实验而组合到一起的。

人可以不说，这个判断有如此这般的感知，而是说，这个判断再现如此这般的局面。

译注：我们可以把（桌）v（椅）等不同的或然局面代入到二元复合判断的判断符号 +（--）pq 中。这相当于做实验。于是我们可以说 +（--）pq 再现（桌）v（椅）或其他或然的局面。

4.0311 One name stands for one thing, and another for another thing, and they are connected together. And so the whole, like a living picture, presents the atomic fact.

名指物，一名指一物，名名相连，物物相连。于是整个名和物，就像一幅生动的画面，呈现某个核心事实。

译注：名是拼音语言中的字母，是中文字。一个核心事实即一个简单判断。我用中文字做出某个核心事实(甲)的逻辑坐标图如下。

客	客	真	客
/		+(-真)甲	
主	主（客）	伪	主（客）

注：主（客）表达主体语言是客体语言的判断函数。

这就是我们用高度抽象的思维呈现某个核心事实的生动的画面。它完整的描述了我们对某个核心事实甲作出一个简单判断的思想的过程。

关于判断的名字在判断句中的使用，可以记住我编的这个口诀："名指物（客体），一名指一物，物物相连，名名相连，组成我们的世界。"这儿的名是拼音语言中的字母，也可以是个中文字。

4.0312 The possibility of propositions is based upon the principle of the representation of objects by signs.

My fundamental thought is that the "logical constants" do not represent. That the logic of the facts cannot be represented.

判断的或然是以用符号再现客体的原则为根据。

我的基本思想是"逻辑常量"不作再现。事实的逻辑不能被再现。

译注：在第一句是对拼音语言的字母而言。他是要读者把拼音字母当作再现客体的符号，这样使用的符号才能再现客体的必然和或然，每一个中文字在逻辑框中都可以做到呈现/再现，自在/自为。这是我用逻辑学对中文语言进行研究获得的成果。如果没有这个成果，那么到如今我们还会跟着民国时期的国学家们宣称中文的使用缺乏逻辑。

在第二句中他是重申：作画形式+（--）p，用于核对事实的主客纵横交叉核对的结构符号"+"和"-"是"逻辑常量"。"+"和"-"是投影的机制中的部分，它们相当于标定电影放映机的焦点的机制，这个机制的工作原理是纵横交叉核对，所以又相当于一把有逻辑判断的刻度的直角尺。这样的尺子当然不做再现，也不能被语言再现。语言只能描述它。

所以，"+"和"-"是逻辑的常量。但是罗素的形式逻辑中的"逻辑常量"是逻辑关系，如"条件"和"失联"等。

4.032 The proposition is a picture of its state of affairs, only in so far as it is logically articulated.

(Even the proposition "ambulo" is composite, for its stem gives a different sense with another termination, or its termination with another stem.)

所谓判断是其局面的画面，仅仅是就判断在逻辑上被说得清清楚楚而言。

（甚至"ambulo"这个词也是合成，因为其词干用另一个词尾给定了不同的感知，或者说用另一词干给定其词尾。）

译注：+（--）中的"-"是把局面和与之对应的大脑中的画面做对比的那个双面镜的象征。就此而言，判断是能把那个做对比的画面说的清清楚楚的。正因为判断的作画形式"--"是个合成结构，所以语言中才有"ambulo"之类的合成词。

4.04 In the proposition there must be exactly as many

第七章：逻辑点与判断的句法之三

things distinguishable as there are in the state of affairs, which it represents.

They must both possess the same logical (mathematical) multiplicity (cf. Hertz's Mechanics, on Dynamic Models).

在判断再现的局面中有多少可以清晰区别的东西，在判断中就必须精确的有多少东西。

它们两者都拥有同样的多重逻辑（数学）算法（比较一下赫兹的讨论动力模型的机械学）。

译注：在+(--)p再现的局面中，我们只有一个可以清晰区别的东西。

维根斯坦在这儿点出了逻辑计算对数学计算具有的全面压倒优势。逻辑是可以一次完成多重逻辑数学的计算，数学只能一步一步地算。请注意维根斯坦在这儿使用的术语是"logical mathematical multiplicity(逻辑数学的多重算法)"。

4.041 This mathematical multiplicity naturally cannot in its turn be represented. One cannot get outside it in the representation.

这个多重数学计算自然不能轮到被自己再现。在再现中的某个东西不能跑到再现之外。

译注：判断的作画形式中+(--)p的"--"所具有的多重数学计算技术只能存在于"--"之内，不能在"--"之外。由于N阶判断的作画形式是在$(--)^n$之内，所以$(--)^n$的计算技术只能在$(--)^n$确定的范围之内。维根斯坦是在委婉的对数学家们说，我们只能通过把逻辑和数学结合才能提高计算技术。如今有人鼓吹数学和科学结合能提高计算技术。那显然是不合逻辑。

4.0411 If we tried, for example, to express what is expressed by "(x).fx" by putting an index before fx, like: "Gen. fx", it would not do, we should not know what was generalized. If we tried to show it by an index g, like: "f(xg)" it would not do—we should not know the scope of the generalization.

If we were to try it by introducing a mark in the argument places, like "(G, G).F(G, G)", it would not do—we could not determine the identity of the variables, etc.

All these ways of symbolizing are inadequate because they have not the necessary mathematical multiplicity.

例如，如果我们试着在 fx 之前放了个索引符号，如："Gen.fx"，表达"(x).fx"所表达的，那不行，我们不会知道啥被归总了。如果我们试着用索引符号 g，如："f(xg)"，演示了它，那不行——我们会不知道归总的范围。

如果我们打算试一试在函数的参数处引进一个标点符号，如"(G, G).F(G, G)"，那不行，我们会不能决定变量的身份，等等。

所有这些象征的方式都不充分，因为他们缺乏必要的多重数学算法。

译注：我们在这里可以看出在维根斯坦之前，挡在逻辑推理的过程中的拦路虎之一就是所有的逻辑学家们都不知道如何给高度抽象的演绎推理的断代起名字。例如，罗素、弗里格和他们之前的数理逻辑学家们都是用语言的缩写符号——如 Gen, g, G（英文中的传宗接代中的"代 generation"的缩写）——表达包涵在"(x).fx"推理过程中的某一代。在数理逻辑上这是很荒谬的，因为这是混淆语言符号 g（代）和计算的变量符号 x，然而这在当时的逻辑学界是被普遍接受的。但是维根斯坦只需要一个指称逻辑坐标的（ ）就可以明晰地表达判断的断代和计算！

4.0412 For the same reason the idealist explanation of the seeing of spatial relations through "spatial spectacles" does not do, because it cannot explain the multiplicity of these relations.

同样的，对用"空间眼镜"观看空间关系作理想主义的解释也不行，因为它不能解释这些关系的多重性。

译注：任何思想和有意义的判断都必须有 +（--）p 所表达的

第七章：逻辑点与判断的句法之三

多重意义的计算：1）主客对应和纵横交叉核对。2）逻辑坐标。3）同时处理 N 个客体／局面和由它们组成的具有 N+1 阶逻辑坐标的复杂判断的计算的流程。

天文望远镜最多只能让我们看到远处的星球的表象。表象不能给我们演示存在于那儿的逻辑坐标系统，不能触及那儿的局面，因此无法做出与之对应的画面，更不能做出判断的计算。因此天文望远镜是科研中的理想主义者的奢侈，不是没用，但是最大的作用是用豪华又奢侈但又是神秘的呈现制造神话，然后引领科学和生活中的话语权。霍金就是人们企图在后现代用天文学造出的另一个神。

4.05 Reality is compared with the proposition.

现实是和判断作比较的。

译注：由于"-"是和现实作比较的象征，所以判断也必须是和现实作比较的。

4.06 Propositions can be true or false only by being pictures of the reality.

判断只能通过成为现实的画面才能为真或伪。

译注：在 +(--)p 中，我们必须通过判断才能确定"-"的真伪值，这是因为"-"是判断触觉现实的象征，这就是说简单判断的"作画关系"（--）可以转换成"或然的画面"（tf）或（ft）。

4.061 If one does not observe that propositions have a sense independent of the facts, one can easily believe that true and false are two relations between signs and things signified with equal rights.

One could then, for example, say that "p" signifies in the true way what "~p" signifies in the false way, etc.

如果某人没观察到判断具有独立于事实的感知，那么就会轻易相信真和伪是符号之间和符号所意指的东西之间的两个具有同等权利的关系。

例如，有人会说，"p"意指真的方式和"~p"意指伪的方式是一样的。

如何全面深入的译读维根斯坦的《逻辑哲学纲要》

译注：在+（t f）p中，p 有两个感知值"t"或"f"。这两个感知值"t"或"f"是从属于判断p的感知值。这就是说，肯定的判断值和否定的判断值都是同一个简单判断的值。于是~p只是对p的否定运算。否定绝不和肯定成对立的关系。

正因为旧逻辑学家们和旧哲学家们缺乏+（t f）p这个简单判断的认知结构，所以他们在脑中缺乏这个高度抽象的主体语言核对客体语言的投影。于是即使像黑格尔、康德和罗素这样的哲学家们，也都认为肯定和否定是两个具有同等权利的可以被逻辑失联关系连接起来的东西：即 p∨~p，并把 p∨~p 当作排中律的符号。

这个事实说明：如果连简单判断中的两个核心判断值之间的外在形式关系都没有弄清楚，那么黑格尔、康德、罗素等旧哲学家们说的话都是没有感知，都是缺乏逻辑的。

实际上如果把逻辑坐标，真值根据和判断函数连接起来，就可以看出，否定运算包涵代数中的不等式。

逻辑坐标	真伪值	判断函数	不等式
(aRb)[1]	p ¬p	fa	p ≠ ¬p

所以，逻辑坐标决定否定运算在逻辑运算中具有第一优先权。

4.062 Can we not make ourselves understood by means of false propositions as hitherto with true ones, so long as we know that they are meant to be false? No! For a proposition is true, if what we assert by means of it is the case; and if by "p" we mean ~p, and what we mean is the case, then "p" in the new conception is true and not false.

只要我们知道伪判断意指伪，那么我们可以用迄今为止的、和用真判断把自己的意思说明白的方式一样，用伪判断把自己的意思说明白吗？不可以！这是因为如果我们用判断来断言某某事件核对成立，那么此判断为真；如果我们用"p"来意指~p，并且我们所意指的是某某事核对成立，那么"p"在新概念中是真而不是伪。

译注：必须做出判断的否定运算图才能看清楚这句话的意指。

第七章：逻辑点与判断的句法之三

P	¬P
T	F
F	T

底下那一排开头的 F 是说：如果我们用 F 意指¬P，那么后面的新概念 T 是 ¬¬P。

这句话是间接的驳斥西方哲学家的泰斗黑格尔。黑格尔根据自己的主观武断，主张"正反合"中的"反"可以把前面的"正"的意思说清楚。逻辑的事实是，肯定和否定都是同一个判断的两个不同的值。凡是与值有关的运作就是计算。用于计算的两个不同的判断值就不是两个地位和意思等同的逻辑关系。

4.0621 That, however, the signs "p" and "~p" can say the same thing is important, for it shows that the sign "~" corresponds to nothing in reality.

That negation occurs in a proposition, is no characteristic of its sense (~~p = p).

The propositions "p" and "~p" have opposite senses, but to them corresponds one and the same reality.

但是，符号"p"和"~p"能说同一事情，这是重要的，因为它演示符号"~"不与现实中的任何东西对应。

否定出现于判断中并不是判断的感知特征（~~p = p）。

判断"p"和"~p"的感知相反，但是同一现实和它们对应。

译注：这是说"p"以及"~p"都是对应同一个判断的画面 (p)。前者是该画面的肯定，后者是该画面的否定。绝不是如黑格尔和罗素等旧逻辑家认为，"p"和"~p"分别对应两个画面。

二元复合判断中的十六种逻辑关系都是和同一画面对应，因为它们都是同一作画形式 + (--) pq 的十六个或然的画面。例如（走）和（过）之间的全部或然的逻辑关系都指称"走过"这同一局面的各种或然。在逻辑哲学强调的形式特征中，这是新逻辑与旧逻辑的另一重要区别。在形式逻辑中，一行代码对应一个语句。没有一个复合语句同时包涵十六种或然的逻辑关系。例如，罗素的形式逻辑就认定"如果天下雨，那么路面是湿的"只有 P⊂Q 这一种逻辑关系。所以由于没有或然，形式逻辑只能是伪逻辑或者说死逻辑。

4.063 An illustration to explain the concept of truth. A black spot on white paper; the form of the spot can be described by saying of each point of the plane whether it is white or black. To the fact that a point is black corresponds a positive fact; to the fact that a point is white (not black), a negative fact. If I indicate a point of the plane (a truth-value in Frege's terminology), this corresponds to the assumption proposed for judgment, etc. etc.

But to be able to say that a point is black or white, I must first know under what conditions a point is called white or black; in order to be able to say "p" is true (or false) I must have determined under what conditions I call "p" true, and thereby I determine the sense of the proposition.

The point at which the simile breaks down is this: we can indicate a point on the paper, without knowing what white and black are; but to a proposition without a sense corresponds nothing at all, for it signifies no thing (truth-value) whose properties are called "false" or "true"; the verb of the proposition is not "is true" or "is false" —as Frege thought—but that which "is true" must already contain the verb.

举例明释真的概念。一张白纸上某个黑点；该点的形式可以通过说平面上的每一点是黑还是白而得到描述。正面的事实是与某点是黑色此事实对应，负面的事实，是与某点是白色（非黑色）此事实对应。如果我指着平面上的某一点（用弗里格的术语说是真-值），这相当于建议把假定的前提条件当作判断的对象，等等。

但是我为了有能力说某点是黑或白，必须首先知道在什么条件

第七章：逻辑点与判断的句法之三

下某点叫作白或黑；我为了有能力说"p"是真（或伪），必须已经确定在什么条件下我称"p"为真，于是我据此确定该判断的感知。

让这个比喻的不继续成立的点是这个：我们可以，在不知啥是黑和白的情况下，指着纸上的某一点；但是毫无感知的判断不和任何东西对应，因为它不指意任何其属性可以叫作"真"或"伪"的东西（真-值）；判断的动词不是如弗里格所设想----"是真的"或"是伪的"，而是那个"是真的"的啥必然已包涵该动词。

译注：维根斯坦在这儿澄清了"真"在语法上到底意指什么，"真"是有条件的。真值的条件和真值本身一起才能构成真。

基于传统的形式逻辑的语法认为"真"是通过"系表结构"表达的，如"某某是真的"中的那个"是"被认定为联系不朽的永恒和必朽的现实的桥梁。但是其中的"是真的"的前提必须是"某某"已经为真。

维根斯坦在此指出，在语法上"是真的"是全面地涉及组成事实的各个点上的判断，而不是某一点上的判断。如果某个判断为真，那么其所有的成分都必须为真。打个比方说，如果某个房子的形式为真，那么构成房子的所有房间的形式，其他建筑材料也都必须为真。这就是说，如果某个部分为真，那么整体必须为真。没有能脱离整体而独立存在的真。这才是全面深入的理解"真"。

例如："她走过来了"之所以为真是因为这个局面中的有纵深（逻辑坐标的升级）的所有逻辑点（走、过、来、了）上都有价值为真的判断。这些真值点就是合乎逻辑的语句可以成立的诸多条件。从语法上看，这就是说判断值来自于给立体的局面命名的判断语句，如"走是以双腿用一定的频率移动身体"；而不是判断句中的某个成分。所以我们在使用名字时必须把名字看作是"画面+判断"上的标签。于是一首诗同样也必须是它所描述的画面上的题记或标签。

维根斯坦还在此指出，和 p 包涵～p 一样，起肯定作用的判断在判断的句法中指称判断值为真的整体，而不是 "是真的"这个系表结构。图示如下。

名字	联系动词	逻辑属性词
客体	是	真的

以上整个描述判断的图表或语法结构都是"真"的包涵，于是判断当然也包涵联系动词"是"。所以，逻辑哲学是立体、有前提，并且是有条件的看待并确定万物的属性的判断动词"是"，这个"是"来自判断把认知和生活作对比。于是旧语法中联系尘世的必朽的客体和来自天的永恒的属性（如"红"这个属性）的"是"不再有合理存在的基础。在确定中文的正确语法规则之前，我们必须解构如今的中文课程中的、来源于形式逻辑的、以句型结构为基础的旧语法。打个比方，把拼音语言的语法套在象形语言的使用上相当于把牛嘴巴上的套子套在马嘴巴上。

同样的，数、理、化、生物学、天文学等都得有自己的表达。有表达就有判断语句。所以，以判断为基础的语法是所有学科的语法，不是仅仅被界定在语文这门学科内的语法。

4.064 Every proposition must already have a sense; assertion cannot give it a sense, for what it asserts is the sense itself. And the same holds of denial, etc.

每一个判断都必须已经具有感知；强言为真不能给判断以感知，因为它所强言为真的东西就是感知本身。否定等等也同样如此。

译注："每一个判断都已经具有感知"是对 +（-t）p、+（--t）pRq，等等而言。我们只能用真值根据确定某个判断是否为真，不能强言它就是真的。

4.0641 One could say, the denial is already related to the logical place determined by the proposition that is denied.

The denying proposition determines a logical place other than does the proposition denied.

The denying proposition determines a logical place, with the help of the logical place of the proposition denied, by saying that it lies outside the latter place.

人可以说，被否定了的判断确定否定的逻辑点，否定和该逻辑点已有关联。

起否定作用的判断句所确定的逻辑点并不是被否定了的判断确

第七章：逻辑点与判断的句法之三

定的逻辑点。

起否定作用的判断，在被否定了的判断的逻辑点的帮助下，通过说它处于该逻辑点的外面，而确定某个逻辑点。

译注：我们必须这样看简单判断的真值根据（-t）p。

如果 p 是肯定判断，那么它的逻辑点是 t。

如果 p 被否定，那么否定它的判断（~p）的逻辑点是 f。

于是我们就得到下面的图表。

p	~p
t	f

在此图表中，~p 是起否定作用的判断，p 是被否定的判断。它们下面的 t f 代表不同的逻辑点。但是无论被否定的判断 p 还是起否定作用的判断 ~p，它们的逻辑点都是在简单判断 p 的逻辑点（-t）之内。

That one can deny again the denied proposition, shows that what is denied is already a proposition and not merely the preliminary to a proposition.

人能再次否定被否定了的判断，演示着被否定是啥已经是个判断，并不仅是判断的开头。

译注：我演示这句话包涵的图形如下。

p	~p	~(~p)	......
t	f	t	......

这个图形演示被否定的啥本身是判断 p，被再次否定的啥也还是判断 p。所以，在生活中的"走走停停"就是肯定和否定的循环。换句话说，肯定和否定的循环就是运动着的客观局面表达自己的运动的逻辑结构的逻辑语言。这就是说，所有核对主客运动是否一致的逻辑句都必须包涵把否定运算设定为某个判断的行为序列（p）的暂停（~p）。

由于拼音词语不能直接呈现判断的图形，所以在维根斯坦之前的所有逻辑学家和哲学家（包括罗素）都错误地觉得否定的判断不仅否定原来的判断，而且还是一个新的判断的开始。他们对否定的理解是如果一个概念被否定，那么同时就有一个新的概念的开始。黑格尔的否定的否定包涵"正反合"的大前提就是这么来的。

4.1 A proposition presents the existence and non-existence of atomic facts.

判断呈现核心事实的存在与不存在。

译注：我们完全可以用+(tf)p呈现这句话"判断呈现核心事实的存在与不存在"的意指。

4.11 The totality of true propositions is the total natural science (or the totality of the natural sciences).

价值为真的判断的总体是整个自然科学（或者说诸多自然科学学科的整体）。

译注：判断的核心是+(tf)p这个形式。N阶判断于是必须是包涵+(tf)p这个核心形式的复杂形式序列，每一门自然科学的学科和自然科学的整体中的价值为真的简单判断都可以代入到+(tf)p中并获得自己的复杂形式序列，并且我们可以根据序列的求和公式求和。

4.111 Philosophy is not one of the natural sciences.

(The word "philosophy" must mean something which stands above or below, but not beside the natural sciences.)

哲学不是自然科学的学科之一。

（"哲学"这个词语必须意指位于自然科学的学科之上与之下的某个东西，而不是与它们并列的东西。）

译注：逻辑哲学的基础是高度抽象的客/主核对"+(--)"。自然科学的逻辑坐标必然是已经被界定在高度抽象的客/主核对"+(--)"之内。"之上"意指哲学比自然科学更高度抽象，"之下"意指逻辑哲学是自然科学的基础。逻辑哲学是辩证唯物主义的世界观和方法论，当代信息科学已经证明逻辑哲学是完全正确的。

4.112 The object of philosophy is the logical clarifi-

第七章：逻辑点与判断的句法之三

cation of thoughts.

Philosophy is not a theory but an activity.

A philosophical work consists essentially of elucidations.

The result of philosophy is not a number of "philosophical propositions", but to make propositions clear.

Philosophy should make clear and delimit sharply the thoughts which otherwise are, as it were, opaque and blurred.

哲学的目标是有逻辑地澄清思想。

哲学不是理论而是种行为。

哲学著作实质上是由若干明晰的投影组成。

哲学的成果不是 n 个"哲学命题"，而是使得命题清晰。

哲学应该厘清并鲜明地界定，打个比方说，如不这样则是不透明并且是模糊的思想。

译注：哲学的目的就是通过 +（tf）p 组成的逻辑机制投影现实的模型。正如光通过我们的眼睛的构造投影现实，逻辑的机器必须使用能源产生光才能明晰的投影虚拟的现实的模型。

逻辑哲学的核心是 +（tf）p。它说的就是哲学的基础是判断主观和客观局面的纵横交叉核对，交叉核对即行为，所以逻辑哲学即学用一致。

判断的图形 +（tf）p 是我们在脑中把现实的局面投影成模型或影像的逻辑机制。我们可以用虚拟的逻辑机器代替这个机制把现实做成虚拟的模型。

判断的图形 +（tf）p 绝对不是"哲学的命题"。这个图形用判断的真值使得命题变得清晰。

哲学就是根据 +（tf）p 中的 T "厘清并鲜明的界定，打个比方说，如不这样则是不透明并且是模糊的思想"。

这是哲学能够说明并改造世界的关键。正因有这个关键，所以主体语言（b）能够在立体的空间中投影（R）客体语言（a）。

4.1121 Psychology is no nearer related to philosophy,

than is any other natural science.

The theory of knowledge is the philosophy of psychology.

Does not my study of sign-language correspond to the study of thought processes which philosophers held to be so essential to the philosophy of logic? Only they got entangled for the most part in unessential psychological investigations, and there is an analogous danger for my method.

心理学并不比其他自然科学更接近哲学。

知识论是心理学的哲学。

对思维的过程的研究被哲学家们看作是逻辑哲学的实质,我对符号-语言的研究难道与此研究不一致吗?只是他们往往陷入了无关实质的、心理调查的麻烦,并且我的研究方法也存在类似的危险。

译注:心理学缺乏+(tf)p这个判断的结构,所以它不属于哲学,心理学的判断和自然科学的判断的真伪值都必须代入到+(tf)p中,所以心理学并不比自然科学更接近哲学。

维根斯坦指出他研究的语言是"符号语言"。他的符号语言通过作画形式与其全部或然确定万物的存在的形式。这样的符号语言不仅指称某一阶判断的作画形式和其全部或然,也指称N阶判断和N阶判断之内所有的作画形式和其全部或然。这个分层次的必然和或然的结构就是我们这个世界就是如此的高度抽象的画面。这个画面的再现就是王氏逻辑规则图。"符号语言"也扩大了语言学的研究范围:数学、物理学、化学、音乐、绘画、建筑,或者说任何客体都有自己的语言。它们的共同表达就是逻辑符号语言。

维根斯坦认为逻辑学和心理学完全不同,必须界定这两者的区别。区别就在于只有逻辑学才有逻辑坐标和逻辑点和真伪判断。但是其他哲学家们,出于宗教信仰的原因,往往把心理学和逻辑学混为一谈,罗素也是如此。例如,他认为表达信仰的语句也是判断句。维根斯坦在此也指出,即使他自己作逻辑哲学研究,也一定要避免被心理因素的干扰的危险。

第七章：逻辑点与判断的句法之三

还请注意，维根斯坦在这里用的是"逻辑的哲学"（the philosophy of logic）这个术语。可是当代逻辑学的教学课本一般都来自多卷本的《哲学逻辑的手册》（The Handbook of the Logic of Philosophy）。把"逻辑哲学"改名为"哲学逻辑"难道仅仅是偶然吗？

4.1122 The Darwinian theory has no more to do with philosophy than has any other hypothesis of natural science.

达尔文的理论和哲学没有关系，正如自然科学的任何其他假设前提和哲学没有关系。

译注：维根斯坦指出，达尔文的理论属于自然科学的理论，因此和哲学没有关系。

4.113 Philosophy limits the disputable sphere of natural science.

哲学界定自然科学可以争论的范围。

译注：逻辑哲学用以 +（--）p 为核心的形式序列界定自然科学可以争论的范围。

4.114 It should limit the thinkable and thereby the unthinkable.

It should limit the unthinkable from within through the thinkable.

它应该界定可以想到的从而界定不可以想到的。

应该从可以想到的内部界定不可以想到的。

译注：+（tf）p 中的 t 界定可以想到的，并且从 t 之内界定不可以想到的。正因为有这个判断的核心，我们也可以说逻辑坐标序列 $(aRb)^0$、$(aRb)^1$、$(aRb)^2$、$(aRb)^3$……$(aRb)^{n+1}$ 界定我们的生活和世界。认知的主体在这个高度抽象的形式序列框之内界定可以想到的和不可以想到的。

4.115 It will mean the unspeakable by clearly displaying the speakable.

这将是通过清晰的展示可以说的从而意指不可以说的。

译注：当我们把生活中任何可以说清楚的判断句的判断真值代入到+(tf)p的t时，它就是"通过清晰的展示可以说的从而意指不可以说的"。

同样的，如果我们用(t)指称简单判断的逻辑点上的某个方框。那么在那个方框之内的就是可以说到的并说得清楚的，（f）框就是不可以说到的。

4.116 Everything that can be thought at all can be thought clearly. Everything that can be said can be said clearly.

凡能想到的就能想清楚。凡能说的就能说清楚。

译注：在 +(tf)p 中凡是有 t 做标签的方框就是能想清楚并能说清楚的地方。

4.12 Propositions can represent the whole reality, but they cannot represent what they must have in common with reality in order to be able to represent it—the logical form.

To be able to represent the logical form, we should have to be able to put ourselves with the propositions outside logic, that is outside the world.

诸多判断可以再现整个现实，但是不能再现为了能够再现现实它们必须和现实共享的东西——有逻辑的形式。

若要再现有逻辑的形式，我们会不得不具有用判断把我们自己置于逻辑之外的能力，也就是置于世界之外的能力。

译注：在 +(t f)p 中，判断 p 可以用语句再现用 t 这个象征符号表达的现实。但是判断句不可以再现 +(t f)p 整个有逻辑的形式。这是因为判断 p 仅仅是逻辑结构 +(t f) 的名字。

4.121 Propositions cannot represent the logical form: this mirrors itself in the propositions.

That which mirrors itself in language, language cannot represent.

That which expresses itself in language, we cannot ex-

第七章：逻辑点与判断的句法之三

press by language.

The propositions show the logical form of reality.

They exhibit it.

判断不能再现有逻辑的形式：这个（有逻辑的形式）在判断中自我存照。

凡在语言中自我存照的，语言都不能再现。

凡在语言中自我表达的，我们不能用语言表达。

诸多判断表演现实的逻辑形式。

它们展示它。

译注：有逻辑的形式即+（t f）p。它必须是被判断句p掩盖的，因此也必须是被描述语句，如"她走过来了"，所掩盖的。我们不能用语言再现+（t f）这个有逻辑的形式。我们只能通过（描述（判断（+t f）））这个包涵结构看到逻辑在语言中的自在（自我存照）和自为（自我表达）。在判断（+t f）这层结构中，判断表演并展示现实的逻辑的形式。现在我用"她走过来了"这个语句中的两个简单判断（走）和（过）表演现实的逻辑形式如下。

$(aRb)^0$	b	R	a
$(aRb)^1$	（走）、（过）	+（t f）P	"走"、"过"

上面这个图表就是简单判断所表演的现实的逻辑的形式。它不是用语言说，而是用图表和图形一清二楚地表达现实的逻辑的结构。

4.1211 Thus a proposition "fa" shows that in its sense the object a occurs, two propositions "fa" and "ga" that they are both about the same object.

If two propositions contradict one another, this is shown by their structure; similarly if one follows from another, etc.

于是一个判断"fa"演示客体a根据其感知而发生，两个判断"fa"和"ga"演示它们都是与同一个客体相关。

如果两个判断相互矛盾，这是通过它们的结构演示的；同样的，如果从一个判断推出另一个判断，也是通过其结构演示的。

译注：

逻辑坐标	判断句	判断函数
$(aRb)^0$		
$(aRb)^1$	（走）（过）（来）	fa ga ha
$(aRb)^2$	（走）/（过）（走）/（来）	fa/ga

判断函数 fa ga ha 演示它们和同一客体的"走过来"相关。我们根据逻辑坐标的升级从（走）（来）中推出（走）/（来）。

4.1212 What can be shown cannot be said.

能被演示出的就不能被说出。

译注：4.121 和 4.1211 中的两个图就是现实的逻辑的形式在无声的表演。

逻辑形式就是啥也不说，只用图形表演。所以学好逻辑要善于观察客体中的逻辑的形式的无声的表演。

4.1213 Now we understand our feeling that we are in possession of the right logical conception, if only all is right in our symbolism.

现在，只要我们的象征表达全都正确，我们就懂得我们拥有正确的逻辑的概念的感觉了。

译注：王氏逻辑规则图和王氏逻辑坐标图就是维根斯坦的逻辑哲学的图形表达。只要从这两个图中做出的全部图形都正确，我们就能感知到逻辑是怎么回事。

4.122 We can speak in a certain sense of formal properties of objects and atomic facts, or of properties of the structure of facts, and in the same sense of formal relations and relations of structures.

(Instead of property of the structure I also say "internal property"; instead of relation of structures "internal relation".

我们可以根据某确定的感知说客体和核心事实的若干形式属性，或者说事实的结构的属性，同样的，我们可以说若干形式关系

第七章：逻辑点与判断的句法之三

和结构关系。

（我也说"内在属性"而不说结构属性；不说结构关系而说"内在关系"）。

译注：我把上面两段话和核心事实的有逻辑的表达形式＋(-t) p 用图表呈现如下。

形式属性（形式关系）	结构属性（结构关系）
	内在属性（内在关系）
(p)	+（-t）

事实的形式属性始于 (p)。我们可以往（）填任何中文字或其他拼音字母，()是不变的外在形式，填入其中的字或字母是变量，是()的内在结构。此内在结构的内在结构和其内在关系是＋(-t)。＋(-t)是不变的内在结构。＋(-t)中的每一个符号之间的关系是填入（）中的字或字母的内在关系，所以维根斯坦是在强调判断的名字包涵（形式＋内容）的套层结构；逻辑学只研究套层结构中的名字的内在套层结构。例如，我们必须在走这个字的里面看出（走 (--(-t)))这个套层结构。这是我们解剖文字的逻辑形式结构的方法。

I introduce these expressions in order to show the reason for the confusion, very widespread among philosophers, between internal relations and proper (external) relations.

我引进这些表达是为了演示，非常广泛于哲学家们之间，把内在关系和恰当的（外在）关系混淆的原因。

译注：以往的所有旧哲学家都没有区分名字的内在关系和外在关系。他们认为只要给某个概念起了个恰当的名字，如黑格尔的"理念"， 形式逻辑句 P v Q 等，那么他们就可以用这个名字强言某个东西为真。这和念叨着"芝麻开花"之类的咒语，和风水先生给风水命名并没有本质的差别。都是装，都是表演，都缺乏高度抽象的信息。逻辑哲学告诉我们，我们判断哲学家是否掌握了客体的"内在属性"或者说"结构属性"时，我们必须以＋(tf)为根据，不

能盲从。这就是说，旧哲学的权威必须接受纵横交叉核对和真值根据的检验。今后的哲学都必须以高度抽象的信息为理论基础。

The holding of such internal properties and relations cannot, however, be asserted by propositions, but it shows itself in the propositions, which present the atomic facts and treat of the objects in question.

但是，此等内在属性和内在关系之间的掌握，不能用判断强言为真，而是在判断中自我演示的，判断呈现若干核心事实，并处理若干相关的客体。

译注：我们只能把+（-t）用作复杂符号从而掌握现实的内在属性和内在关系。复杂符号+（-t）演示如何描绘客体的的形式的内在属性和内在关系。

4.1221 An internal property of a fact we also call a feature of this fact. (In the sense in which we speak of facial features.)

某个事实的内在属性我们也称为这个事实的特征。（正如我们说面部特征所说到的感知。）

译注：事实的"内在属性"的表达即+（-t）。根据逻辑规则图：事实可以从简单到复杂，于是事实的内在形式的表达也越来越复杂，例如（-t（---t（-------t）））。于是我们可以看出，事实的内在属性即王氏逻辑规则图中的"真值根据"那一行。真值根据包涵的层次确定客体的内在逻辑结构。这是用客体投影现实的模型论的一个关键理论。

4.123 A property is internal if it is unthinkable that its object does not possess it.

(This blue colour and that stand in the internal relation of brighter and darker eo ipso. It is unthinkable that these two objects should not stand in this relation.)

(Here to the shifting use of the words "property" and "relation" there corresponds the shifting use of the

第七章：逻辑点与判断的句法之三

word "object".)

如果不具有某属性就不能想象某客体，那么该属性是内在的。

（这个蓝色和那个蓝色在内在关系上是依其本身属性更亮和更暗些。不可以想象这两个客体不以这个关系成立。）

（在这里，词语"属性"和"关系"之间的转换用法和词语"客体"的转换用法相对。）

译注：客体的内在属性是用 + (- t) 表达的。所以 + (-t (---t))……中的两个 t 之间的关系表达客体的内在关系。

我们可以这样表达客体的内在逻辑结构：（客体（内在属性（属性的定义）））。"客体"转换成什么，那么客体的（内在属性（属性的定义）也跟着转换成什么。例如，如果我把形式逻辑的表达转换成口头和书面的描述语言的语法的表达，那么我就得到当代流行的描述语言的语法规则。如果我们把判断和逻辑的语法转换成用描述语言作表达，那么我们得到一套高于如今从西方搬来的语法学的中文的判断和逻辑的语法。

4.124 The existence of an internal property of a possible state of affairs is not expressed by a proposition, but it expresses itself in the proposition which presents that state of affairs, by an internal property of this proposition.

It would be as senseless to ascribe a formal property to a proposition as to deny it the formal property.

某个或然的局面的内在属性的存在不是用判断表达的，而是在呈现那个局面的判断中，通过判断的内在属性而自我表达的。

赋予判断以形式属性和拒绝给它形式属性一样都会是毫无感知的。

译注：请再看逻辑规则图中的一元简单判断那一排。

判断句	逻辑坐标	作画形式	或然的画面	真值根据
p	(aRb)[1]	(--)[1]	(--)[1]	(-t)[1]

判断 p 指称某个或然的局面，如（走）。（走）的内在属性当

然不是在文字"走"的表面，而是在其（内在属性（属性的定义））这个结构中。所以判断某个局面的逻辑坐标、作画形式、或然的画面和真值根据都在判断句 p 指称的那个空（ ）中。无论我们给"走"这个名字赋予还是不赋予形式属性，如果没有（ ）和（ ）里面的定义，我们都没有得到对正在"走"着的客体的任何感知。

4.1241 One cannot distinguish forms from one another by saying that one has this property but the other that: for this assumes that there is a sense in asserting either property of either form.

人不可以通过说甲形式有这个属性但乙形式有那个属性而区别形式：因为这假定在强言任一形式的任一属性为真时都有感知。

译注：我们不能说 (p) 和 (q) 这两个形式具有两个不同的属性。这是因为 (-t) p 和 (-t) q 的共同属性是它们都具有同一个真值 t 和同一个逻辑坐标（ ）。

4.125 The existence of an internal relation between possible states of affairs expresses itself in language by an internal relation between the propositions presenting them.

若干或然的局面之间的内在关系的存在，在语言中是通过呈现它们（若干或然的局面）的判断之间的内在关系而自我表达的。

译注：若干或然的局面即两个以上的局面的复合和复杂结构。在语言中，两个局面之间的内在关系是通过呈现这两个局面之间的内在关系而自我表达的。

例如，在"她走过来了"这个描述句中，我们可以有"走"和"过"这两个局面。这两个局面之间的内在关系是通过判断（走）和（过）之间的内在关系"/"或 R 表达的。如下图所示。

逻辑坐标	局面	判断
$(aRb)^0$		
$(aRb)^1$	"走" "过"	（走）（过）
$(aRb)^2$	"走"/"过"	（走）/（过）或 pRq

第七章：逻辑点与判断的句法之三

于是复合判断的作画形式可以写成 +（--）² pRq。在 pRq 中，三个字母之间的关系都是形式关系。R 既是形式关系的符号之一也是最重要的形式关系。必须明确，+（--）² 是 pRq 中 R 的定义（逻辑属性），R 是形式和形式概念，+（--）² 表达的纵横交叉核对的矩阵确定 R 这个形式概念的逻辑属性和逻辑结构。

4.1251 Here the disputed question "whether all relations are internal or external" disappears.

在这里 "是否所有的关系都是内在或外在关系" 这个有争论的问题就消失了。

译注：pRq 中的 R 指称的两个简单判断之间的关系是内在关系。pRq 中的三个符号之间的关系作为指称逻辑组织的名字是外在关系。所以对于同一个判断 pRq，不存在可以说的和不可说的悖论。pRq 的内在关系 +（--）² 是不可说的，必须通过感知值的计算才能确定。pRq 的外在关系是可以说的，并且可以用不同的语言命名。外在关系和内在关系的区别到此一目了然。

所以，接下来的任务将是确定 pRq 中的 R 包涵些什么连接两个判断的内在关系。这就是说如果 R 是必然，那么 R 有些什么或然。

4.1252 Series which are ordered by internal relations I call formal series.

The series of numbers is ordered not by an external, but by an internal relation.

Similarly the series of propositions "aRb",

"(∃x): aRx . xRb",

"(∃x, y): aRx . aRy . yRb", etc.

(If b stands in one of these relations to a, I call b a successor of a.)

根据内在关系排序的序列我称之为形式序列。

数列不是根据外在关系，而是根据内在关系排序。

判断的序列 "aRb"，

"(∃x): aRx . xRb"，

"(∃x, y): aRx . aRy . yRb"，等等同样如此。

（如果 b 以这些关系之一和 a 对应，那么我称 b 是 a 的后代。）

译注：到此为止，维根斯坦已经成功地把逻辑规则图和逻辑坐标图中的图形证据 aRb、+(--)p、+(--)^2 pRq 都分解成了用内在关系排序的形式序列。内在关系是 +(--)p、+(--)^2 pRq，等等，就是逻辑规则图中的作画形式、或然的画面和真值根据那三行。维根斯坦的分析告诉我们：凡是形式序列就有算法和图形设定。并且形式序列仅仅是计算的符号，计算的对象是判断的内在逻辑关系。于是万物的存在的形式序列都可以用语法、算法和图形设定搞定。这就是说（--（----））等是被计算的对象。所以判断的计算的对象（--（----））等要比数学的计算对象 x + y = z 更全面、深入，并且可以通过逻辑坐标的升级连等成为一个计算的流程。缺乏逻辑基础的数学方程式中的等于号演示数学计算不是一个流程。于是没有逻辑基础的数学计算不是有逻辑的形式序列的计算。

接下来维根斯坦将教罗素怎样把（∃x）和（∃x, y）……的形式序列展开成为 aRb 的形式序列。他在这儿用冒号"："指称判断的继承和创新，用"x"指称 R 包涵的变量。于是 R 是变量的变量。

4.126 In the sense in which we speak of formal properties we can now speak also of formal concepts.

(I introduce this expression in order to make clear the confusion of formal concepts with proper concepts which runs through the whole of the old logic.)

根据我们说到形式属性的感知，我们现在也可以说到形式概念。

（我引进这个表达是为了澄清形式概念和属性概念之间的混淆，这贯穿于整个旧逻辑。）

译注：逻辑坐标或 (aRb) 是形式概念，数学中的变量符号 x 也是形式概念。形式概念必须有形式属性作其定义。例如，形式概念 (aRb) 的定义是逻辑规则图中的（作画形式（或然的画面（真值根据）））。同样的，数学中的形式概念 x 也必须有形式属性作定义。这是不懂逻辑的数学家缺乏的知识。

That anything falls under a formal concept as an object belonging to it, cannot be expressed by a proposition. But

第七章：逻辑点与判断的句法之三

it shows itself in the sign of this object itself. (The name shows that it signifies an object, the numerical sign that it signifies a number, etc.)

Formal concepts cannot, like proper concepts, be presented by a function.

For their characteristics, the formal properties, are not expressed by the functions.

The expression of a formal property is a feature of certain symbols.

凡是属于形式概念，作为客体从属于形式概念的东西，都不能用判断表达。但是它（形式概念）在此客体本身的符号中演示自我。（名字演示它指意某个客体，数字符号演示它指意某个数，等等。）

形式概念，不能像属性概念，用函数呈现。

这是因为它们的特征，即形式属性，不是用函数表达的。

形式属性的表达是某些特定的象征符号的特征。

译注：在王氏逻辑规则图中，(aRb) 是形式概念，(--) 也是形式概念。只有从属于简单客体的作画形式 (--) 的感知值才决定简单客体的属性概念。形式概念都是名字，不是判断的函数。

他如此反复解释在高度抽象的思维中不能混淆名字和名字指称的对象的重要性。这说明使用拼音语言的人很难在高度抽象的思维中区分名字（拼音字母）和它所指称的对象之间的外在关系和内在关系。就是罗素也没有区分概念数的形式概念和属性概念。

这是因为拼音语言的拼写在表达上是复杂结构。我们是根据这个复杂结构的发音马上想到某个生动的画面，这是拼音语言的外在关系使然。对于使用中文字的人而言，"走"是形式概念或名字，(走)是属性概念，是判断函数或者说形式序列。这根本就不是问题。问题是文人们都只看到了中文文字的自为的外衣，没有看到中文文字包涵的判断的计算功能。

The sign that signifies the characteristics of a formal concept is, therefore, a characteristic feature of all symbols, whose meanings fall under the concept.

The expression of the formal concept is therefore a propositional variable in which only this characteristic feature is constant.

因此，指意某个形式概念的若干特征的符号，是所有象征符号的特征，所有象征符号的意指都从属于该概念。

因此形式概念的表达是个判断的变量，在此变量中只有此特征才是恒常的。

译注：为了理解这两句，我们再次看王氏逻辑规则图中的简单判断那一排的形式序列。

逻辑坐标	作画形式	或然画面	真值根据	判断句
(aRb)¹	(—)¹	(—)¹	(-t)¹	p

首先，前面已经确定 (aRb)¹ 是判断 p 的内在属性，并且 (—)¹、(—)¹ 和 (-t)¹ 都是逻辑坐标的内在属性的定义和内在关系。

现在我们看 (aRb)¹ 包涵的 (—)¹ (—)¹ (-t)¹ 都是形式概念。形式概念中的符号都是象征符号。它们都有一个共同的形式概念。那就是"客/主"或 (aRb)。如果我们把 (aRb) 排除，那么作画形式，或然画面，和真值根据中都有个共同的象征符号"-"。但是"-"的象征意义仍取决于"客/主"核对，这就是说"--"是判断的计算的形式概念，我们用"--"这个形式计算现实的逻辑形式+(tf)。同样的，我们用逻辑形式+(tf) 计算逻辑的实质—哪些逻辑框可以容纳客体的形式，哪些不可以。

所以这句话 --- 因此形式概念的表达是个判断的变量，在此变量中只有此特征才是恒常的 --- 区别了判断的形式序列和数学的形式序列。纯数学的数论中的形式序列并不考虑"客/主"这个判断的外在形式，也不考虑"+(--)"这个判断的内在结构，更不会考虑"+(tf)"这个客体的内在逻辑结构。

4.127 The propositional variable signifies the formal concept, and its values signify the objects which fall under this concept.

判断的变量指意形式概念，形式概念的值指出从属于此概念的

第七章：逻辑点与判断的句法之三

那些客体的意义。

译注：判断的变量即（--），我们可以把任何语言和任何学科中一个简单判断句的真伪值代入其中。真值的意义是客体的形式在此可以存在，伪值的意义是客体的形式在此不存在。

4.1271 Every variable is the sign of a formal concept.
For every variable presents a constant form, which all its values possess, and which can be conceived as a formal property of these values.

每一个变量都是形式概念的符号。

这是因为每一个变量都呈现一个恒常的形式，每一个变量的所有值都拥有这个恒常形式，此形式可以构思为这些值的形式属性。

译注："¬"，"t f"，"x"或任何其他物理化学的运算符号在逻辑坐标序列中都是变量，都只是形式概念的名字。所有的变量值都必须拥有一个恒常的形式，那就是"+（tf）"。"（tf）"这两个值的来源是"+"，并且"+"即"客／主"核对。

4.1272 So the variable name "x" is the proper sign of the pseudo-concept object.

于是变量的名字"x"是伪概念客体的恰当的符号。

译注：数学中的"x"不是概念的真正客体。它仅仅是指称客体的名字或符号。

Wherever the word "object" ("thing", "entity", etc.) is rightly used, it is expressed in logical symbolism by the variable name.
For example in the proposition "there are two objects which...", by "(∃x, y)...".

单词"客体"（"东西""实体"等）无论在什么地方使用得正确，它在有逻辑的象征主义中都是用变量的名字得到表达的。

例如，在此判断句中"存在两个客体，即……"是用"(∃x, y)..."表达的。

译注：客体有（形象（抽象（高度抽象的客体）））这三层逻辑的结构，于是客体的表达也有三个层次：（形象（抽象（高度抽

象的表达）））。在高度抽象的表达中，客体是用变量的名字，如"—""tf""x"等，作其象征符号而得到表达的。所以罗素式的形式逻辑的表达（∃x，y）仅仅是名字。他仍是在教罗素数理逻辑的名字（形式概念）和名字指称的对象（属性和内在关系概念）之间的关系必须保持始终不变。

Wherever it is used otherwise, i.e. as a proper concept word, there arise senseless pseudo-propositions.

So one cannot, e.g. say "There are objects" as one says "There are books". Nor "There are 100 objects" or "There are ℵ0 objects". And it is senseless to speak of the number of all objects.

无论在什么地方不这么使用，即被当作表达属性概念的词语使用，就会出现毫无感知的伪判断。

所以，人不能像说"有许多本书"一样说"许多客体"。也不能说"有100个客体"或"有N个客体"。说所有客体的数目是说的毫无感知的。

译注：如果客体作为名字缺乏指称对象，那么客体的名字就是毫无感知的伪判断。这就是说，形式概念都是名字，我们不能用函数或集合计算名字。如果我们仅仅是靠点数确定客体，如"有100个客体"，而不是数100这个名字所指称的客体，那么我们的算术语言就是毫无感知的。

The same holds of the words "Complex", "Fact", "Function", "Number", etc.

They all signify formal concepts and are presented in logical symbolism by variables, not by functions or classes (as Frege and Russell thought).

词语"复杂结构""事实""函数""数"等的掌握也同样如此。

它们都指意形式概念并且在逻辑象征中是用变量呈现的，而不是（如弗里格和罗素所思想的）用函数或者集合表达的。

译注：前已指出，形式概念都是名字，我们用函数或集合计算名字不会得到任何与现实相关的感知。

第七章：逻辑点与判断的句法之三

Expressions like "1 is a number", "there is only one number nought", and all like them are senseless.

(It is as senseless to say, "there is only one 1" as it would be to say: 2 + 2 is at 3 o'clock equal to 4.)

如"1是一个数"，"零只有一个数"，如此等等，表达都是毫无感知的。（"说只有一个1"就和说 2 + 2 在 3 点钟时等于 4，一样毫无感知。）

译注："1是一个数"的有感知的表达必须是 (aRb)[1] 和 +（--）p。如果缺乏 (aRb)[1] 和 +（--）p 这两个有逻辑的组织结构，我们仅仅说"一"是个数，那么我们的数论就是说得毫无感知，毫无意义。

4.12721 The formal concept is already given with an object, which falls under it. One cannot, therefore, introduce both, the objects which fall under a formal concept and the formal concept itself, as primitive ideas. One cannot, therefore, e.g. introduce (as Russell does) the concept of function and also special functions as primitive ideas; or the concept of number and definite numbers.

形式概念已经和从属于它的某客体一起给定。所以，人不能把这两者，从属于某形式概念的客体和此形式概念本身，都当作原始概念引进。因此，人不能，举例来说（像罗素那样），既把函数概念也把某些特殊的函数作为原始概念引进；或者把数的概念和若干确定的数作为原始概念引进。

译注：+（--）这个形式概念是和它指称的客体一起给定。这是因为"--"是对某个简单客体的判断的真伪判断值的象征。

"因此，人不能，举例来说（像罗素那样），既把函数概念也把某些特殊的函数作为原始概念引进；或者把数的概念和若干确定的数作为原始概念引进"是指 4.0411 中指出的罗素的错误表达 ——"(x).fx" —— 就错在既把函数概念"fx"也把某特殊的函数"(x).fx"为原始概念引进。

4.1273 If we want to express in logical symbolism the

general proposition "b is a successor of a" we need for this an expression for the general term of the formal series: aRb, (∃x) : aRx . xRb, (∃x, y) : aRx . xRy . yRb, . . . The general term of a formal series can only be expressed by a variable, for the concept symbolized by "term of this formal series" is a formal concept. (This Frege and Russell overlooked; the way in which they express general propositions like the above is, therefore, false; it contains a vicious circle.)

如果我们想要用逻辑的象征手法表达"b 是 a 的继承"这个归总的判断，那么我们为了做到这一点，需要为此形式序列：aRb,(∃x): aRx . xRb,（∃x, y）: aRx . xRy . yRb,……的归总的语义项作一个表达。这个形式序列的归总的语义项只能用变量表达，因为被"这个形式序列的语义项"所象征的概念是个形式概念。（弗里格和罗素忽略了这个；他们像上面的那样表达归总的判断的方法，因此是伪形式；它包涵一个恶性循环。）

译注：我们使用这个图形

判断函数	形式概念	逻辑坐标	作画形式
		$(aRb)^0$	
(∃x)	aRx . xRb .	$(aRb)^1$	$(--)^1$
(∃x, y)	aRx . xRy . yRb,	$(aRb)^2$	$(--)^2$

就可以看出罗素和弗里格看到了什么没有看到什么。他们看到了在简单判断的形式概念中有两个x，复合判断的形式概念有两个x和两个y，但是他们没有看到简单判断中的两个形式概念x必须被$(--)^1$和$(aRb)^1$定义。同样的，他们也没有看二元复合判断的形式概念中的两个x和两个y必须被$(--)^2$和$(aRb)^2$定义。所以维根斯坦认为 aRb,（∃x): aRx.xRb,（∃x, y）: aRx.xRy.yRb,……是个伪形式。真正的形式是判断的总形式aRb。

We can determine the general term of the formal series by giving its first term and the general form of the oper-

第七章：逻辑点与判断的句法之三

ation, which generates the following term out of the preceding proposition.

我们可以通过给定形式序列的第一个语义项和运算的总形式来确定此形式序列的归总的语义项，运算的总形式从前面的判断中得出后面的判断的语义项。

译注：我可以把这个判断句的意指图示如下。

判断的形式序列、语义项、运算的总形式。

一元简单判断	(--)^1	(aRb)^1
二元复合判断	(--)^2	(aRb)^2
N元复杂判断	(--)^n	(aRb)$^{n+1}$

所以，简单判断的形式（--）是确定判断的形式序列的关键。例如，我们可以把简单判断、复合判断和复杂判断的作画形式做成这样一个形式序列：（--（----（--------）））……在其中，"--"是判断的形式序列的第一对语义项。此形式序列的运算形式是 fa。同样的，"--/--"的运算形式是 f(ab)。所以运算的总形式是从前面的判断中的语义项"--"得出后面的判断中的语义项"--/--"，如此等等。并且运算的对象是符号"--"所指称的高度抽象的信息，并不是该符号本身。

4.1274 The question about the existence of a formal concept is senseless. For no proposition can answer such a question.

与形式概念的存在有关的问题是没有感知的。因为没有任何判断能够回答这样的问题。

译注：+（--）p 中的符号都是形式。如果我们只问这些个形式表达什么概念就是问得没有感知。我们必须问"+"和"-"象征什么才能提出有意义和有感知的问题。

(For example, one cannot ask: "Are there unanalysable subject-predicate propositions?")

（例如，人不能问："有不可以分析的主语-定义语的判断吗"）

译注：括号里的话是说，当代在全世界流行的任何语言的语法

中的 "主语+谓语"的结构是没有感知的，毫无道理。"名字+画面+判断"演示给我们看，主语必须是在名字的定义结构（画面+判断）之外。所以，"主语+谓语"结构是不可以分析的。但是当代中文和外文的语法分析的首要对象就是主谓结构。这就是我们要重构当代中文的语法的重要原因之一。

4.128 The logical forms are anumerical.
逻辑的形式没有数。

译注：例如逻辑的形式+（tf）p中没有数。

Therefore there are in logic no pre-eminent numbers, and therefore there is no philosophical monism or dualism, etc.

所以在逻辑中不存在独秀于林的若干数，所以不存在哲学上的一元论或二元论，等等。

译注：既然逻辑不是用数表达的，那么哲学同样也不可分割成为一元论、二元论，等等。

小结：

到此为止，维根斯坦完成对 a R b, +（--）p 这组符号的语法、算法和表达的规则的分析。这组符号组成的逻辑坐标的图形就是"如此这般核对成立"。我们可以从逻辑坐标的原型 (aRb)⁰ 开始进行环环相扣的图形演绎推理。

关键原因他是站在高度抽象的层次上，看出了逻辑和逻辑的表达都是图形语言。但是他没有做出图形，只是用描述语句描述了这些图形。笔者站在和他同样的高度抽象思维的高度，看出了他没有直接做出的图形语言，并把他没有公开的图形做成了王氏逻辑坐标图和王氏逻辑规则图。就图形语言的使用方法而言，笔者作出三个结论如下。

1. 对图形语言中符号的用法进行分析并得出相应的规则就是判断句和逻辑句的语法规则。2. 由于拼音语言无法用字母指称图形，所以拼音语言的语法规则无法上升到高度抽象的逻辑语言的语法规则，于是维根斯坦希望他的读者把拼音字母看作是象形。3.

第七章：逻辑点与判断的句法之三

中文字的意指等同于判断符号的意指，所以我们完全可以做出超越拼音语言的语法规则的中文语法规则。

罗素在他为这篇著作写的序言中没有点出维根斯坦确定的逻辑是呈现而人际交流语言是再现这个重要区别。相反罗素认为在维根斯坦的可以说的和不可以说的之间存在他所谓的悖论。实际上，呈现不是说而是表演，只有再现才是说。罗素是故意混淆说和表演，目的之一是不让世人看到拼音语言不能直观地呈现逻辑，不能恰当地给逻辑的画面命名。如果让世人看明白这个要点，那么他的语言优越论就不成立。罗素是在阅读了《逻辑哲学纲要》之后到中国来的，他明明知道维根斯坦已经证明了方块文字比拼音词语更有逻辑性；可是到中国之后他一方面说中华文化是唯一保留下来的四大文明之一，另一方面又说中文文字没有序列，缺乏逻辑性，从而间接地鼓动中国的知识分子消灭汉字。他忽悠中国人可是忽悠到了骗国骗学得程度。到现在人们都把他看作是一位西方的著名贤哲，把他说的话当作真理。其实他是西方的语言／种族优越论在学术界的统帅。他早已实现了他的语言优越论的目的。从民国时期开始，学习了英文的好多中国学者都认为英语比中文更有逻辑性。林语堂甚至强言为真地说中国人的思维都没有逻辑。

维根斯坦接下来将用复合判断 pRq 的感知值的排列和组合计算出 R 包涵的全部十六种或然的逻辑关系。

第八章

判断的逻辑与逻辑关系

提要：所有判断的方框虽然可能多如宇宙中的沙粒，但是所有判断的逻辑结构都可以归总到一元简单判断和二元复合判断。所以，理解这一章的关键是简单判断和复合判断。尤其是要注意判断如何利用逻辑从简单升级到复合，再从复合升级到复杂。为了理解简单判断和复合判断之间的关系，我做出图形如下。

逻辑坐标	判断	判断函数
$(aRb)^0$	(P)	
$(aRb)^1$	(p)	fa
$(aRb)^2$	(pRq)	f(a b)

我把这个图形叫作简单判断和复合判断的语法和算法规则图。简称为规则图1。这个图形直接演示：1）复合判断句的句型结构pRq是一元简单判断逻辑坐标的升级。2）复合判断函数是简单判断函数的演绎，即前一个判断是自变量，后一个判断是因变量。

为了方便判断句的表达，我们可以（R）移到最右边，并去掉两个简单判断和一个复合判断的逻辑坐标符号（ ）。于是我们就具有这样的形式。

      p   q   r

这就是维根斯坦的判断句的句法结构。其中r是pRq的简写。

接下来我们需要用判断的感知值标定判断句P、Q、R的身份。假如我们看见（桌）和（椅）处于失联关系，那么我们可以用 P ∨

Q描述桌椅失联这个局面。假如我们可以用判断的感知值的组合标定简单判断 P 和 Q 的身份，那么我们可以把标定简单判断 P 和 Q 的身份的感知值的组合当作复合判断函数 P v Q 的自变量，把失联关系当作是判断函数运算的公式，从而算出复合判断函数 P v Q 的因变量。图示如下。

P	Q	P v Q
t	t	t
t	f	t
f	t	t
f	f	f

我把这个图形叫作判断符号图2。我在后面将提到这两个图形。

4.2 The sense of a proposition is its agreement and disagreement with the possibilities of the existence and non-existence of the atomic facts.

判断的感知是它和原子事实的存在和不存在的或然保持一致和不一致。

译注：一元简单判断的作画形式（--）中的每一个"-"都表达判断的感知是原子事实的存在或不存在。

判断是名字或者形式序列，与之对应的是感知值的序列。感知值的序列指称"原子事实存在还是不存在"这个序列，所以逻辑哲学是通过判断的感知值的计算确定"存在和如何存在"这个哲学的终极问题的学问。这样的哲学就不是武断的。

4.21 The simplest proposition, the elementary proposition, asserts the existence of an atomic fact.

最简单的判断，简单判断，断言某个原子事实的存在为真。

译注：这就是一元简单判断的真值根据（-t）。客体的存在的属性是"真"。

4.211 It is a sign of an elementary proposition, that no elementary proposition can contradict it.

简单判断的标志是没有简单判断可以与它相悖。

第八章：判断的逻辑与逻辑关系

译注：规则图 1 和判断符号图 2 都演示简单判断无论在形式和内容上都互不相悖。

同理，每一个中文字都是简单判断。中文文字系统就是一个由简单客体和简单判断组成的语言序列。查字典的方法就是如何使用中文的基本逻辑。在词法上，一个字是一个框。整个中文语言系统有 5000—7000 个字，那么我们可以用一个简单判断函数 fx. 7000 〈x〉 5000 确定中文文字处理系统。

4.22 The elementary proposition consists of names. It is a connexion, a concatenation, of names.

简单判断由若干名字组成。它是若干名字的连接，若干名字的组织。

译注：我把一元简单判断 (aRb)[1] 的象征图形展开如下。

a	a	t	a
R		+ (--) p	
b	fa	f	fa

这个象征图形中的每一个符号都是名字。这些名字相互连接并有逻辑组织。同样的，简单判断的感知值也都必须有同样的逻辑组织。原因在于它们都是逻辑坐标的成分。

4.221 It is obvious that in the analysis of propositions we must come to elementary propositions, which consist of names in immediate combination.

显然，在对诸多判断的分析中我们必须归结到由名字直接组合而成的简单判断。

译注：只要看逻辑规则图的纵横交叉，我们就可以看出无论判断的级别多么高，作画形式、或然的画面和真值根据的组织看起来多么复杂，它们都可以归结到 (aRb)[1]。

The question arises here, how the propositional connexion comes to be.

此处的问题是，判断的关联是怎么来的。

译注：逻辑规则图无声的表演着：判断的关联来自于逻辑坐标

的关联，来自于逻辑点 R 上的判断的感知值的关联。可以把第一和第二阶王氏逻辑规则图转换成下面的图形。

a	a	t	tt	...	a
R		+(-t)p,	+(---t)pq,	...	
b	fa	f	ff	...	fa

显然有三个关联：1. 逻辑坐标 aRb 的关联。2. 判断的刻度在主客语言轴上相互关联。3. 在逻辑点上，一元简单判断真值根据（-t）包涵二元复合判断的作画形式（---t），等等。也就是（--（---t））等中的真值关联是判断的核心关联。只有"真"值才能使得主客语言序列的语义项相互关联。逻辑的关联告诉我们：N元判断的逻辑结构最终都可以化简为简单判断的真值结构(-t)。所以，判断和逻辑的最终关联就是层层叠叠的"真"。如果我们不断为客体作画，不断从客体求"真"，那么最终我们可以登上那个闪闪发光的赋予万物以生命的方框。它的名字就叫作"真"。

4.2211 Even if the world is infinitely complex, so that every fact consists of an infinite number of atomic facts and every atomic fact is composed of an infinite number of objects, even then there must be objects and atomic facts.

即使世界是无穷复杂的，以至于每一个事实都是由无穷数目的原子事实组成，并且每一个原子事实都是由无穷数目的客体组成，然而即使在那时候也必然存在客体和原子事实。

译注：根据逻辑规则图，我们可以用纵横轴的交叉把复杂判断归结到复合判断，再把复合判断归结到简单判断。在这个过程中，逻辑坐标、作画形式、或然的画面等逻辑的组织结构（形式）始终保持不变。可变的是判断的计算单位"--"。

4.23 The name occurs in the proposition only in the context of the elementary proposition.

名字只出现于判断中即名字只出现在简单判断的文本范围之内。

译注：王氏逻辑规则图演示：所有的判断都和一元简单判断共

第八章：判断的逻辑与逻辑关系

享一组名字。区别仅仅是逻辑坐标和感知值的升级。简单判断的文本范围就是这个图形。

a	a	t	a
R		+(—)p	
b	fa	f	fa

这个图形就是所有有意义的判断的共同文本。如果任何复杂判断句的文本都可以归结到简单判断的文本，那么描述句和逻辑句的文本也都可以归结到这个高度抽象的文本。在不同语言的语句的文本中，名字是武断的，看起来和读起来都是完全不同的；但是它们的文本的逻辑结构是共同的。所以逻辑坐标和表达它的逻辑语言是全人类的共同语言。

4.24 The names are the simple symbols, I indicate them by single letters (x, y, z).

名字是简单的象征符号，我用若干字母(x, y, z)指明它们。

译注：即我用英文字母(x, y, z等)指称判断句、判断句的逻辑坐标、判断句的作画形式，等等。从这儿起，维根斯坦又不得不解释如何把拼音字母看作是对客体形式作出的判断函数的名字。这是因为，规则图1演示字母作为一个形式序列必须指称判断的形式序列，而判断的形式序列又必须指称判断函数这个形式序列。

The elementary proposition I write as function of the names, in the form "fx", "φ(x, y)", etc.

我用"fx"，"φ(x, y)"等的形式，把简单判断写成若干名字的函数。

译注：在初级逻辑中，我用"fx"指称任何简单判断句。我用"φ(x, y)"指称复合判断句，等等。

Or I indicate it by the letters p, q, r.

或者我用字母p, q, r表达它。

译注：然后我用字母p q指称"fx"，用字母r指称"φ(x, y)"，等等。

注意他在判断的语法分析（名字的用法）中把aRb这个判断的

183

总形式转换成为逻辑句的过程如下。

判断客体 a 的存在形式是交叉核对，相对于（客体的形式的）局面，主体的画面也必须交叉核对。于是连接主客和客体的存在的中间项 R 也必须是纵横交叉核对。由于 a 和 b 是函数关系，所以，字母 p 是一元简单判断函数 f(x) 的名字。它的位置是在逻辑点 +(--)p。

在拼音语言中，每一个名字（字母）和中文字一样都有形式概念，并且形式概念包涵若干形式特征。例如：1）每一个名字可以指称某个序列。于是该名字是某个序列的名字。2）在逻辑坐标中，每一个名字指称天下所有语言共享的逻辑坐标的成分/整体。3）由于 f(x) 只指称某一类判断函数，所以他必须给 f(x) 再起个名字，如字母 p。于是 p 在一元简单判断句中既是判断函数的名字，也是判断的逻辑坐标的名字。这就是把字母用作象征符号或者说把字母当作象形文字使用。

从 P 开始，简单判断 (p) 有两层逻辑坐标；二元复合判断 (p q) 有三层逻辑坐标；三元复杂判断 (p q r) 有四层逻辑坐标；N 元复杂判断有 N+1 层逻辑坐标。所以，虚拟的多维的逻辑的模型能里外通透、明晰的表达任何客体的内部形式结构。

一方面，在逻辑语言中，逻辑的机器只懂得用"tf"的组合标定的感知值，从而用感知值确定逻辑点组成的图形。另一方面，对于认知主体而言，我们必须用象征符号或象形文字表达高度抽象的逻辑思维。

维根斯坦为了表达逻辑是高于数学的高度抽象的思维，逻辑在其表达中不需要数，于是他是用"f(x)"表达简单判断，用"φ(x, y)"表达复合判断，等等。但是为了便于理解，我把只包涵一个变量的判断函数有时候叫作简单判断，把包涵两个变量的判断函数叫作二元复合判断，等等。

我们使用中文字表达判断函数和逻辑坐标的共同存在时不需要绕这么多的圈子。可以一步到位地从"走"做到（走）。并且用其他字置换（　）中的"走"字。

以上这几步是他把判断的逻辑坐标中用字母做的名字转换成用

第八章：判断的逻辑与逻辑关系

字母做指称判断函数的名字的过程。他必须走完这几步。这是因为对使用拼音语言者，用字母直觉到 X 序列是容易的，但是理解 X 的 X 所表达的高度抽象的序列是很困难的。这是因为拼音语言来自字母表，在字母表之外不可能再有一个归总的字母表，所以西方的基督教和传统的哲学都认为高度纯洁的抽象只来自上天（维根斯坦为了避嫌把高度抽象的思维叫作 X 的 X）。西方的旧哲学家和逻辑学家一般就只能在第一层 X 里面围绕着直觉思维的名字或代码做"恶性循环"。由于西方的传统哲学家和逻辑学家只能做到 X，于是他们认为 X 的 X 来自上天。维根斯坦没有诉诸上天就做到了 X 的 X。

现在我们用中文文字和英文字母比较"名字"和"指称对象"。如果"名字"和"指称对象"的意指和指意相互一致，那么这样的语言就是逻辑透明的语言，也就是"所见即所得"的语言。

语言	"名字"	（指称对象）
逻辑机器的语言	（t f）	客体的形式存在或不存在
拼音语言	aRb	a、fa、+（--）
	$f(x)$ $\phi(x, y)$ $\mu(x,y,z)$	p q r.
	p q r	(p(pq(pqr)))
	((pRq)R(pRq))	(p(pRq ((pRq)R (pRq)))
中文语言	走过来（走/过）（过/来）	（（走/过）/（过/来））

所以，我们只需要一个（　　）就可以表达使用中文字时必须包括的判断函数（抽象思维）和判断函数的逻辑坐标（高度抽象的思维）。维根斯坦做了几次名字的转换还是不能为高度抽象的逻辑思维起个名副其实的名字。

必须记住：虚拟的逻辑的机器只懂得表达感知值的符号（--）。如果"-"是真，那么电路是开（亮）。如果是伪，那么电路是关（暗）。人撰写的逻辑句的表达方式是武断的。但是所有逻辑句的共同目标是要给逻辑的结构起恰当的名字。所谓恰当对人而言即要让逻辑句做到：所见即所得。这是因为逻辑的属性就是所见即所得。

4.241 If I use two signs with one and the same mean-

ing, I express this by putting between them the sign "=".
如果我把两个符号用为同一的意指，那么我在它们之间放此符号"="表达。

"a = b" means then, that the sign "a" is replaceable by the sign "b".
"a = b"意指符号"a"可以用符号"b"置换。

译注：我们再看下面这个一元简单判断的图形。

a	a	a^1	$a^2\ a^3\cdots$	a
R		+ (--) p		
b	fa	b^1	$b^2\ b^3\cdots$	fa

这个图形表达在客主语言轴上，我们有若干简单判断的客/主对应的语义项：$b^1\ b^2\ b^3\cdots/a^1a^2a^3\cdots$由于它们都共享同一逻辑坐标，所以每一对语义项的逻辑感知值都可以互相置换。这些语义项的置换和演绎就是等同、对称和转换。维根斯坦是说他的判断的图形演绎不仅具有序列的特征，而且也直观地演示着罗素的"数理逻辑"中的等同律所包涵的自证、对称和转换也存在于共享同一逻辑坐标的语言序列中。

我们在这儿有个重大发现："数理逻辑"和旧逻辑中的基本法则，如等同律、排中律、矛盾律等，都不属于逻辑的规则或者说"逻辑的判断"，而是属于逻辑点上的判断的感知值的计算。

(If I introduce by an equation a new sign "b", by determining that it shall replace a previously known sign "a", I write the equation—definition—(like Russell) in the form "a = b Def.". A definition is a symbolic rule.)

（如果我通过确定某新符号"b"代替已知的符号"a"，并用等于号引进此新符号"b"，那么我将（像罗素那样）用"a = b 定义"的形式写出此等式—定义。定义是个象征的规则。）

译注：在逻辑学中等于号"="只是个象征主客可以等价转换的规则。这是因为客/主在同一逻辑坐标中是有判断刻度的精确对

第八章：判断的逻辑与逻辑关系

应。如果客体 a 是个形式序列，那么与之对应的主体 b 也必须是形式序列。关联这两个形式序列的逻辑关系也必须是形式序列。所以，我们不需要等于号就可以表达逻辑的等同关系。

4.242 Expressions of the form "a = b" are therefore only expedients in presentation: They assert nothing about the meaning of the signs "a" and "b".

具有"a = b"的形式的表达因此只是呈现的权宜之计：它们并不丝毫断言符号"a"和"b"的意指为真。

译注："呈现"是指逻辑的呈现。逻辑的表达只能用象征图形和变量呈现，呈现的意指就是"所见即所得"。维根斯坦指出《数学原理》中的第二条基本推理法则（对称律 a = b, b = a）的要害错误同样是没有真伪感知值标定其性质，没有真伪值就无法肯定逻辑值的置换是否合理。他是说，如果我们只关心 a = a; a = b, b = a; a = b, b = c, a = c; 此类名字或代码的等式，那么形式逻辑就是伪逻辑。这是因为这些等式丝毫没有感知。只有在逻辑坐标的逻辑点上主体才能感知到客体，主体的逻辑语言才能等同于客体的形式的逻辑语言。这样的等同不需要等式，只需要判断的图形。道理就和你到鞋柜里去找一双你想要穿的鞋一样。所以，数学语句的表达形式仍是再现。数学语句的基础 --- 逻辑语句 --- 才能一次性的全面呈现思维的过程。所以，他在这儿是在指出罗素的《数学原理》中的逻辑错误。

4.243 Can we understand two names without knowing whether they signify the same thing or two different things? Can we understand a proposition in which two names occur, without knowing if they mean the same or different things?

我们在不知道两个名字是否指意同一事物或两个不同的事物的情况下，能懂得这两个名字吗？我们在不知道两个名字是否意指同一或不同的事物的情况下，能懂得这两个名字出现于其中的判断吗？

译注：指出罗素的数理逻辑推理的对称律 a = b, b = a 的错

误是没有区分意指的形式和内容。这就是说仅仅从等于号本身,我们并不知道 a 和 b 是否意指同一个东西还是不同的东西。所以这是《数学原理》中的另一逻辑错误。

If I know the meaning of an English and a synonymous German word, it is impossible for me not to know that they are synonymous, it is impossible for me not to be able to translate them into one another.

如果我知道某个英文词和某个与之同义的德文词,绝无或然我不知道它们是同义,绝无或然我不能对它们进行互译。

译注:置换律的前提是我们要知道甲和乙有共同的意指。知道了两个语言和它们的共同意指,就知道如何用两个不同的语言给同一个画面(意指)起恰当的名字。

Expressions like "a = a", or expressions deduced from these are neither elementary propositions nor otherwise significant signs. (This will be shown later.)

像"a = a"之类的表达,或者说从这些(表达符号)演绎出的若干表达,既不是简单判断,也不是若非如此则是有意义的符号。(这点稍后将被演示。)

译注:现在我们可以看出:《数理逻辑》的推理法则 a = a(同一律);a = b,b = a(置换或对称律);a = b,b = c,a = c(转换生成律),根本不是判断(因为没有真伪感知值),也没有任何意指的符号(因为没有表达感知的符号)。不过,罗素在《数学原理》中就是企图用这几个他所谓的推理法则推导出若干数学原理,如加法的原理等。

相反,逻辑规则图表演着维根斯坦的有意义的判断的演绎始于简单判断的逻辑坐标和逻辑点上的感知值 +(--)p。其他有意义的判断都是源于简单判断。所有 N 阶判断都共享同一组名字。

维根斯坦到此为止已经解构了《数学原理》中的等同律和置换律,他在 4.25-4.27 中将解构/重构转换生成律。

4.25 If the elementary proposition is true, the atomic fact exists; if it is false the atomic fact does not exist.

如果简单判断为真，那么原子事实存在；如果为伪，那么原子事实不存在。

译注：在解构完《数理逻辑》中的演绎推理的等同和对称律之后，他在这儿回到逻辑规则图中的一元简单判断的"真值根据"那个框。在那个框里，我们可以有无数次的合理的"客／主"的结果为真，所以拼音字母可以用代码 $a^1/b^1 \rightarrow t$ 演示任何原子事实存在，代码 $a^1/b^1 \rightarrow f$ 演示任何原子事实不存在。这两种的逻辑演绎推理的形式转换才是真正有意义的转换生成律。罗素的转换生成律：a = b b = c a = c 完全是武断的貌似合理的逻辑推理的法则。所以乔姆斯基的源于形式逻辑的转换生成语法必须要被合理的解构和重构。此类语法把我们的认知封闭在一个抽象又无趣的形式结构中，让我们看不到逻辑的无比广阔的前景。

真正的转换生成律是 $a^1/b^1 \rightarrow t$。它说的就是若干个不同的合理的原子事实的判断，无论转换多少次，其判断值必须为真。这就是简单判断的"判断的逻辑"。正常人都能做出合理的简单判断的逻辑的转换。

4.26 The specification of all true elementary propositions describes the world completely. The world is completely described by the specification of all elementary propositions plus the specification, which of them are true and which false.

标定所有价值为真的简单判断即完整地描述世界。标定所有的简单判断加上标定，即标定哪些简单判断为真哪些简单判断为伪，世界就得到了完整的描述。

译注：由于维根斯坦没有详细说明如何用真值标定简单判断。我现在制定了如何标定简单判断的三个规则：1) 我们用 (tf) 这两个感知是标定简单判断的身份。2) N元复杂判断就 N 个简单判断。3) 简单判断的标定随着判断逻辑坐标升级而升级。图示如下。

逻辑坐标	简单判断	真值标定
(aRb)[1]	(走)	(TF)[1]

(aRb)²	（走）　（来）	(TF)²
(aRb)³	（走）（过）（来）	(TF)³
(aRb)ⁿ	n个简单判断	(TF)ⁿ

这个图表告诉我们，给定 n 个简单判断和其真值标定那么就是给定世界。我们可以看出从（aRb)¹ 转换到（aRb)²，再转换到（aRb)³，使得转换合理成立的东西是逻辑坐标的升级，并不是 a^1/b^1、a^2/b^2，…a^n/b^n 这些可以被无穷点数的形式。所以，罗素的等同律中的转换生成的规则缺乏逻辑和客/主核对。根据罗素的转换生成的规则，认知主体觉得数是个无穷序列，那么这个世界和生活就属于无穷序列。

假定这个世界是座三层楼，那么第一，第二和第三楼就是简单判断。标定每一层楼的存在信息和指称信息的名字序列（真伪这两个名字的序列）就是给定世界。名字是一个序列，存在或不存在是另一个序列。所以逻辑规则图只是名字的序列，名字后面还有与存在有关的真伪框的序列。判断的形式序列的计算必须有客体的存在的形式的计算与之对应。所以所有的计算都是形式的计算。计算的对象不是名字的序列，而是存在的形式序列。

为什么要标定简单判断？我们在脑中给客体的逻辑形式作画时，该客体的某个特殊形式特征是用简单判断的感知值表达的。只有用真伪感知值标定了某个简单判断的形式特征之后，我们才能把在脑中的图形投影到画布上，才能让投影不走样，才能被记住。

怎么标定简单判断？上面的图表告诉我们，所有在一阶逻辑坐标上的初级的真值标定都是 (TF)¹。N 元复杂判断中的每一个简单判断的真值标定是 (TF)ⁿ。

并且根据王氏逻辑规则图，我们还可以看出，一对（T F）可以做出 (T F)^{2×1} 个或然的画面，两对（T F）可以做出 (T F)^{2×2} 个或然的画面，如此等等。

4.27 With regard to the existence of n atomic facts there are $k_n = \sum_{v=0}^{n}\binom{n}{v}$ possibilities. It is possible for all combi nations of atomic facts to exist, and the others not to exist.

相对于 n 个原子事实的存在，有 k_n 个或然。

原子事实的全部组合有存在的或然，其他的组合则没存在的或然。

译注：这是从 N 个元素里面取 K 个元素的组合数的计算公式：C（n,k）。N 个原子事实即 N！ N 个原子事实的组合及即（K！ x (n-K)！现在假定 k = 2，即判断总是只有真伪两个值，那么我们可以化简这个计算公式。请看王氏逻辑规则图的图例如下。

逻辑坐标	判断句	作画形式	判断函数
$(aRb)^0$	(P)		
$(aRb)^1$	(p) (q)	$(--)^1$	fa
$(aRb)^2$	(pRq)	$(--)^2$	f(a b)
$(aRb)^3$	(pRq) R(pRq)	$(--)^3$	f(a b c)

标定三元复杂判断中的任何判断的身份的序列的项数是 $(--)^3$。标定二元复合判断中的任何判断的身份的序列的项数是 $(--)^2$。标定任何一元简单判断身份的序列的项数是 $(--)^1$。

4.28 To these combinations correspond the same number of possibilities of the truth—and falsehood—of n elementary propositions.

在 n 个简单判断中，与这些组合的数对应的是同样数目的真值或然与伪值或然。

译注：现在我们看怎么用真伪判断值的组合穷尽在 N 阶判断中的 N 个简单判断的真伪或然。

N = 1 即一阶判断。在一阶判断中我们根据客体第一，逻辑第二的原则，确定真值首先是在客体语言轴上，并且主体语言轴上的判断值有或然不与之对应。作图如下。

a	t
R	+ (tf) p
b	f

如何全面深入的译读维根斯坦的《逻辑哲学纲要》

N = 2 即二阶判断。根据客体的逻辑组织总是为真的原则，我们假定客体语言轴上两个事实的存在都为真，并且主体语言轴上的两个判断值都是伪。作图如下。

	p	q
a	T	T
R		
b	F	F

但是按照组合律，我们还可以在中间插入 TF 和 FT 这两个组合。于是我们得到下面这个图形。

	p	q
a	T	T
	F	T
	T	F
b	F	F

这个图形说明，逻辑不是以简单的二元对立看待生活和世界。逻辑必须穷尽判断值的全部或然。

从上往下看，二元复合判断包涵的两个简单判断的形式特征是：前面那个是 (tftf)，后面那个是 (ttff)。请注意：在 (aRb)[2] 上的复合判断 p 的真值标定 (tf)[2] 来自在 (aRb)[1] 上的简单判断 p 的真值标定 (tf)[1]。所以，我们必须称简单判断 p 为前面的简单判断，简称为"前判"。我们必须称 q 为后面的简单判断，简称为后判。必须弄清楚前判和后判的区别才能给全部逻辑关系正确的命名。例如 (tf/tf) 说的就是前判的真值标定和后判的真值标定一模一样。于是我们可以说 (tf/tf) 是逻辑关系"唯 P"或者说"唯甲"的实质。而 (tt/ff) 说的是前判 p (ff) 不成立，但是后判 q(tt) 成立。于是我们可以说 (tt/ff) 是"唯 q"或"唯乙"的真值标定。

现在我们横着看王氏逻辑规则图中的二元复合判断那一排，其作画形式是（--）[2] 或者（----），从属于该作画形式的逻辑组织是或然画面（----）[2]。于是我们可以判定 (tftf) 和 (ttff) 只是二

192

第八章：判断的逻辑与逻辑关系

元复合判断的 2^4 个或然的画面中的两个特殊的画面，还有其他 14 个独特的画面。所以，用 TF 这两个值组成的项数为四的序列的排列和组合就是我们从二元复合判断中求出全部逻辑关系的方法。看穿了这个操作，我们就能很容易地理解如何穷尽二元复合判断中的逻辑关系。作图如下。

p	R	q	r →(p R q)
t		t	
t		f	
f		t	
f		f	

请注意这个图表中的第一排的第一个 R 指称二元复合判断句 p R q。r →(p R q) 是说小写的 r 指称 p R q。

如果 R 的或然之一是联合关系，那么我们根据"联合"这个形式特征，一排一排的输入简单判断 p 和 q 的两个判断值，得出一个判断值，如此运算四次，我们就得到了（tfff）p & q 这个特殊的二元判断的画面（形式特征）的真值标定。这样的一排排的算法属于"判断的逻辑"。这是因为每一排都确定某个判断是否为真和如何成真的条件。所以形式逻辑中的"充分条件"和"必要条件"等等的条件在生活、语言和逻辑哲学中并不能合理成立。形式逻辑中的条件论在逻辑哲学中叫作证据论（proof theories）。接下来，我们可以根据排列组合律，穷尽 p R q 中的 R 的全部十六种 TF 的组合。

4.3 The truth-possibilities of the elementary propositions mean the possibilities of the existence and non-existence of the atomic facts.

简单判断的真值 - 或然意指原子事实的存在和不存在的或然。

译注：简单判断的 T 是说："在立体的逻辑坐标中，原子事实在我这个方框里或许存在。"其哲学意义是逻辑之"真"来自客体的存在。并且存在的形式是可以用感知值标定并计算的。

4.31 The truth-possibilities can be presented by sche-

如何全面深入的译读维根斯坦的《逻辑哲学纲要》

mata of the following kind("T" means "true", "F" "false". The rows of T's and F's under the row of the elementary propositions mean their truth-possibilities in an easily intelligible symbolism).

真值或然可以用下面这个类别的交叉图形证据集呈现（"T"意指"真"，"F"意指"伪"。在简单判断那一排下面的一排排的T和F以容易明白的象征方法意指它们（简单判断）的真值或然）。

p
T
F

译注：schemata 即立体的逻辑坐标的纵横交叉核对。上面这个图表标定所有一元简单判断的作画形式和其或然画面。下面这个图标定二元复合判断中的两个简单判断的作画形式或者说真值标定。

p	q
T	T
F	T
T	F
F	F

译注：
此图形的来历请参见我在4.28中的译读。于是我们可以用同样的原理做出组成某个三元复杂判断的三个简单判断的真值标定。

p	q	r
T	T	T
F	T	T
T	F	T
T	T	F
F	F	T
F	T	F
T	F	F
F	F	F

第八章：判断的逻辑与逻辑关系

译注：这三个图形描述了在一阶、二阶、三阶逻辑坐标上的对简单判断的逻辑特征。我在4.28中已详细译读了这三个图表的来历。

4.4 A proposition is the expression of agreement and disagreement with the truth-possibilities of the elementary propositions.

判断是与简单判断的真值或然的一致或不一致的表达。

译注：判断指N阶判断。"简单判断"指组成N阶判断的N个简单判断。这句话是说所有的判断都必须包涵简单判断的真值或然(-t)。我们只需要把王氏逻辑规则图中"真值根据"那一行看作是立体有纵深的包涵结构：(-t(---t(------t)))…就可以看出所有的判断的真值标定都是与简单判断的真值或伪值的一致或不一致的标定。这是因为我们可以这样划分判断的真值根据(-t(-t/-t(-t/-t/-t/-t)))…

如果我们竖着看 (-t(-t/-t(-t/-t/-t/-t)))…就能看出N阶判断的真值或然是我们有或然到达最高存在——那个闪闪发光的"真"框——的登天梯。

4.41 The truth-possibilities of the elementary propositions are the conditions of the truth and falsehood of the propositions.

简单判断的真值或然是判断的真伪的条件。

译注：例如下面这个名为P & Q的判断图中。

p	q	p & q
T	T	T
F	T	F
T	F	F
F	F	F

第一排中的前面两个T是p & q的T可以成立的条件。这是逻辑联合关系可以成立的唯一条件。在其他三种排列中联合关系都不成立。

4.411 It seems probable even at first sight that the

195

introduction of the elementary propositions is fundamental for the comprehension of the other kinds of propositions. Indeed the comprehension of the general propositions depends palpably on that of the elementary propositions.

即使是第一眼也可以看出，理解其他种类的判断的基础是引进简单判断，这貌似有或然率。事实上对归总的判断的理解也感同身受般地取决于对简单判断的理解。

译注：简单判断（tf）p 是所有有意义的判断的演绎的起点。根据 (--(---- (---------)))…，我们可以感同身受般的知道：所有的判断的真值标定都源于简单判断的真值标定：(tf)。对比 (tf)/(tttf) 我们当然可以直接看出可以从一元简单判断合理地转换到失联逻辑关系的或然率。

4.42 With regard to the agreement and disagreement of a proposition with the truth-possibilities of n elementary propositions there are $\sum_{k=0}^{k_n}\binom{k_n}{n}=L_n$ possibilities.

某判断与 n 个简单判断的真值或然是一致还是不一致，存在着 $\sum_{k=0}^{k_n}\binom{k_n}{n}=L_n$ 个或然。

译注：我们可以把这个公式叫作对数公式。它是说如果 $a^x=N$（$a>0, a \neq 1$），那么 x 是以 a 为底真数 N 的对数，写作 $x=\log_a N$。假定判断只有真伪两个值，那么真伪值作为底数是 a=2(--)，真数 N 即作画形式 (--) 和真值根据 (-t)，x 即根据作画形式可以做出的或然的画面的数目。图示如下。

逻辑坐标	判断句	真值根据	或然画面
$(aRb)^0$	P		
$(aRb)^1$	p q	$(-t)^1$	$(-t)^1$
$(aRb)^2$	pRq	$(-t)^2$	$((-t)^2)^2$

所以，在第二阶逻辑坐标中，复合判断的真值根据的或然的画面的总数是：$x=2^4=16$。

第八章：判断的逻辑与逻辑关系

根据上面的图表，我们也可以更加直观地看出在二阶逻辑坐标中，独立的简单判断 p 和 q 都有 (-t/-t) 两重真值根据。于是二元复合判断句 pRq 的真值根据必须有 $(-t)^4$=16 个或然为真的画面。同理我们也可以算出三元复杂判断句的真值根据有 $(-t)^8 = 2^8 = 256$ 个或然为真的画面。

Agreement with the truth-possibilities can be expressed by co-ordinating with them in the schema the mark "T" (true).

Absence of this mark means disagreement.

与真值的若干或然的一致在交叉核对的表格中可以通过它们的坐标位置用记号 "T" 表达。

缺乏这个记号即指不一致。

译注：现在我们可以根据 $(-/-t)^2$ 穷尽二元复合判断的全部或然的判断。这些或然的判断就是全部有或然连接两个简单客体的逻辑关系。

这就是说，我们可以根据排列组合从 (--T-) 这个判断符号中求出其他相关的的逻辑关系。同样的，我们可以用 (T---)，(-T--)，(--- T) 穷尽其他相关的逻辑关系。于是我们可以穷尽 $(----)^2$ 所包涵的全部或然逻辑关系。

我们可以看出，N 元复杂判断的作画形式的数和其或然的画面的数的计算是个非常庞大的计算。计算涉及的数目可能比宇宙中的所有沙粒都要多。于是维根斯坦在《讲座》中指出，我们必须善于使用客体不断地提高计算的速度和效率。但是目前的计算机的计算速度还远远达不到光速。

4.431 The expression of the agreement and disagreement with the truth-possibilities of the elementary propositions expresses the truth conditions of the proposition.

The proposition is the expression of its truth conditions.

(Frege has therefore quite rightly put them at the beginning, as explaining the signs of his logical symbolism. Only Frege's explanation of the truth-concept is false: if "the true" and "the false" were real objects and the arguments in ~p, etc., then the sense of ~p would by no means be determined by Frege's determination.)

与简单判断的真值或然的一致和不一致的表达是判断的真值条件。

判断是其若干真值条件的表达。

（弗里格因此把它们放在开头，作为对他的逻辑象征符号的解释，是完全正确的。只是弗里格对真值-概念的解释是错误的：如果"真"和"伪"是真实的客体并且是~p中的真值参数，等等，那么~p的感知绝不是用弗里格的决定而决定的。）

译注：我们只需看看某个二元复合判断的判断符号就明白为什么"判断是其若干真值条件的表达"。例如，tfff 就表达二元复合判断中的联合关系只有一个真值条件。弗里格没有认识到在拼音语言中表达判断的真伪值的象征符号只是高度抽象的表达形式，并不意指现实中的客体。同样的，罗素的象征符号，如"Gen.fx"中的"Gen"也有实指。在罗素之前的所有逻辑学家都没有看到维根斯坦表达逻辑判断的正确方法：逻辑学中的名字（字母）是抽象的拼音语言的字母的高度抽象。

4.44 The sign which arises from the co-ordination of that mark "T" with the truth-possibilities is a propositional sign.

从符号"T"和真值或然的横竖交叉核对中而冒出的符号是判断符号。

译注：维根斯坦在这里再一次根据逻辑点上的交叉核对的图形提出了"判断符号"这个概念。我做出下面这个判断符号。

p	q	r
t	t	
f	t	t
t	f	
f	f	

198

第八章：判断的逻辑与逻辑关系

我们必须纵横交叉的看这个判断符号。首先是横着看 r 那一行中的那个 t。这一排是说当前判为伪，后判为真时，复合判断 r 合理成立。

然后我们竖着看 r 行的其他三个空格，并分别用真伪值填空。于是我们可以得到 tttf，fttt 等。这些真伪值的不同组合标定不同的逻辑关系的身份和形式特征。并且我们可以根据（--）--）原则给逻辑关系命名。例如，tttf 的逻辑结构是（tt(tf)）。它说的是前后两个简单判断的逻辑坐标即使被分开了，该复合判断也能成真。于是（tt(tf)）是"失联"的真值标定。再例如，fttt 的逻辑结构是（ft(tt)）。它说的是前判和后判在复合判断中都可以为真，但是不是前判和后判同时为真。这是因为后判有个 f。所以（ft(tt)）这个逻辑关系的名字和画面是"并非两者联合为真"。

我们必须以同样的方式看待所有十六个初级逻辑关系：真伪值符号的排列和组合是名字，画面是名字指称的内容。名字是武断的，我完全可以用（伪真（真真））取代（ft(tt)），但是名字指称的逻辑结构的画面是不变的。由于逻辑是反思，所以在（--/--）中，前面的一对 -- 是后判的感知值，后面的一对 -- 是前判的的感知值。

现在我们再看王氏逻辑规则图的"真值根据"那一行就会明白，任何复杂逻辑句，不管它多么复杂，都可以最终化简成为（-t(-t)）→(-t)。如果不能这样化简，那么逻辑句就是不合理的。

于是我们再次看出简单判断的作画形式（--）在逻辑规则图中是决定一切的。这是思想的升华，判断的升级的先决条件。所以，我们一定要知道逻辑哲学的精髓：必然（作画形式）和或然（或然的画面）的统一，尤其是或然的形式特征的有逻辑的转换。这是最浪漫又最有规则的高度抽象的转换艺术。

如果没有逻辑坐标，就没有交叉核对和逻辑点，就没有逻辑点上的"判断符号"。所以一定要先看懂逻辑坐标、逻辑点，才能看懂逻辑点上的判断符号。判断符号是我们在逻辑点上对从属于客体的客观局面的若干要素之间的逻辑关系的素描或者说投影。所以，我们不能像如今的信息科学的启蒙课程那样，把判断符号简单地看作是个真值表。

4.441 It is clear that to the complex of the signs "F" and "T" no object (or complex of objects) corresponds; any more than to horizontal and vertical lines or to brackets. There are no "logical objects".

Something analogous holds of course for all signs, which express the same as the schemata of "T" and "F".

显然，没有任何客体（或者客体的复杂单位结构）和符号"F"和"T"组成的复杂单位结构对应，正如没有任何客体和横线条和竖线条或者括号对应。绝不存在"逻辑的客体"。

当然，对于所有的符号而言，都受到某个类比而同的东西的掌控，此东西所表达的和"T"和"F"的交叉核对是同一个东西。

译注：最后一句话是说：掌控符号的意义的东西和真伪值表达的交叉核对的是同一个东西。那就是逻辑坐标 aRb。所以，逻辑坐标是掌控万物的存在的形式的唯一存在。王氏逻辑规则图也演示逻辑坐标掌控万物的存在的形式。图中的一切符号都是变量。所以不存在"逻辑的客体"。逻辑本身就是纯粹又客观的最高存在。

我们是从二元复合判断的交叉核对的作画形式（----）用判断的感知值的计算算出了全部十六种初级逻辑关系。(----）和(tfff)等都是高度抽象的交叉核对的形式计算。这样的形式计算所算的对象都不是"逻辑的客体"而是高度抽象的客体的存在的形式。但是形式逻辑就是把逻辑关系设想为来自"逻辑的客体"。

必须指出，即使在高度抽象的思维中，我们仍可以用中文字表达判断的感知值。现在我们有个中文的二元复合判断句："她要么是张力要么是王伟。"我用甲表达"是张力"用乙表达"是王伟"，做出这个中文复合判断句的判断图如下。

甲	乙	甲或乙
真	真	真
伪	真	真
真	伪	真
伪	伪	伪

第八章：判断的逻辑与逻辑关系

于是（真真真伪）就是甲或乙这个逻辑关系的真值标定。这就无可辩驳地直观呈现着中文文字即使在高度抽象的逻辑思维中也能做到自在和自为。

关键问题是你怎么使用中文。正确的使用中文的第一步就是无论抒情还是说理都必须首先做到"是什么就说是什么"。弄些"溶溶月，淡淡风"之类的表达并不是雅语，而是思想有病的症状。不考虑实际就是病根。第二步是要学会从一个字，如"走"，里面看出高度抽象的图形序列。

现在的问题是"真"和"伪"这两个方框上的名字指称什么？高度的抽象。没有任何物质属性！就是大自然告诉我们万物的形式如何成立怎么成立的信息（可靠的情报）。维根斯坦在《讲座》中指出，信息是有逻辑结构的牢不可破永恒不灭的东西。关键是人们得想办法把它存储起来并移植到有物质性的机器（如今的电子计算机中的芯片）甚至有生命的载体中。这样看来，我们可以用0和1置换"真"和"伪"，这样的置换和用0和1置换"T"和"F"的区别无关实质。

真伪值作为高度的抽象的判断价值告诉我们，有逻辑坐标的图形设定在思想中被裹上了三层伪装。

形象思维：如描述语言、简单生产劳动、找东西、打球等。

抽象思维：某个专门学科，如物理学。抽象思维的特点是万物分门别类。但是各个类别之间没有逻辑联系，于是思想中没有逻辑的或然。最能突出抽象思维的特征的东西是数学坐标和欧氏几何。如果抽象思维缺乏客主纵横交叉核对"+"和逻辑坐标（ ），那么数学只是认知主体的直觉。

高度抽象的思维：看不见摸不着的判断的感知值。感知值从属于整个客/主核对的逻辑的形式序列，是逻辑坐标的形式序列的核心序列。所以，如果感知值是高度的抽象，那么语言轴、纵横交叉、逻辑点、逻辑坐标就必须也是高度的抽象。

还需指出：当初亚里士多德给学科分类时虽然在表面上把逻辑和哲学排在物理学之后，实际上他是把哲学的思维的层次安排得高于物理学。并且他把逻辑看作是哲学的基础。英文就是把逻辑和哲学的结合叫作"metaphysics",这个英文词的准确中译应该是"物理学的物理学"而不是"形而上学"。亚里士多德时代的物理学就是西方现代教育中的科学,所以维根斯坦的逻辑哲学实际上就是科学的科学或者说物质学的物质学,于是"逻辑哲学"就展示着维根斯坦的远大抱负和目的。实际上,西方的权威机构一直都强调逻辑学是所有学科的归总,不然罗素也不会成为皇家科学院的院士。如今看来,维根斯坦是应该取代罗素获得这个称号的逻辑哲学家。但是,承认他的成就意味着西方在全球占统治地位的意识形态和在教育界确定的课程设置和教学方法都得在被解构之后重构,并且逻辑哲学开创的软件技术就会成为公开的秘密。我认为这是维根斯坦没有获得他应该得到的荣誉和礼遇的根本原因。

4.442 Thus e.g.

"| p	q	
T	T	T
F	T	T
T	F	
F	F	T |"

is a propositional sign.

是一个判断的符号。

译注:我们必须纵横交错的看判断符号。如果我们在那个空框中填入F,那么这是 p ⊃ q(后件)的判断符号。上面的一排是判断句。下面的三行四排中的每一个框是认知主体以逻辑坐标为根据对客体做纵横交叉的判断而得到的感知值的真值或然。

二元复合判断的判断符号来自王氏逻辑规则图中或然的画面的数目的计算公式(----)^2,所以二元复合判断总共有十六个或然的画面。它们的共同形式特征是四个横排的每一个横排中的每一个框是客体/主体的真值或然,前判和后判的真值或然确定二元复合判断的真值根据。这就是判断的逻辑。

现在我们再看标定复合判断的逻辑特征的竖行。它从上往下有

第八章：判断的逻辑与逻辑关系

四个框，每一个框都是该复合判断是否成立的真值根据。我们同样可以对真值根据进行分析。例如，ttft 的逻辑结构是 (tt(ft))，所以这个复合判断标定的逻辑关系的名字叫"后判的两个真是前判的一个真的条件"，简称为"后件"。

所以，分析逻辑关系的逻辑属性来源于王氏逻辑规则图的"真值根据"那一行。维根斯坦在后面将把标定逻辑关系的身份的竖行分析叫作"逻辑的判断"，把横排分析叫作"判断的逻辑"。我们可以这样截取逻辑规则图的部分逻辑组织如下。

逻辑坐标	判断句	真值根据
$(aRb)^0$	P	
$(aRb)^1$	p	$(-t)^1$
$(aRb)^2$	p q	$(-t)^2$
$(aRb)^3$	p q r	$(-t)^3$

于是我们可以看出N阶判断句的真值根据都可以最终化简到 $(-T)^1$。这是我们分析自己撰写的逻辑句是否合理的一个不可缺少的工具。

真值根据和真值条件的区别可以从二元复合判断的判断符号中看出。

由于复合判断来自两个简单客体（两个楼层），那么这十六个逻辑关系就是把两个简单客体组成一个复合客体的连接（两个楼层之间的连接）。王氏逻辑规则图演示：不管逻辑大厦多么高，把每个楼层连接起来的的东西是真值根据的结构（-T(---T (--------T)))……

复合判断的逻辑意义：复合判断的真值根据的不同组合确定某个特定的逻辑关系。于是我们可以用"判断函数＋逻辑关系＋判断函数"写出一个逻辑句，指挥客体代替人去逻辑点执行任务。王氏逻辑规则图从左往右这样排序："判断句 → 逻辑坐标 → 作画形式 → 或然画面 → 真值根据"演示在"判断句 → 逻辑坐标 → 作画形式 → 或然画面"这部分，我们是在逻辑点上用判断的感知值为客观局面的逻辑结构作画。作画的目的是从"真值根据"算出正确的连接客体的逻辑关系。然后我们用逻辑关系把判断函数连接起来做出若干逻辑指令句，并通过指挥虚拟的逻辑的机器投影客体、生活和世界。这就是我们在逻辑点上作画的全面意义和目的。所以"真值根据"是判断的逻辑的转换、升华和飞跃。

为了理解真值根据的哲学意义，请看这个图形。

R 逻辑坐标	真值根据	A世界和生活
$(aRb)^n$	……t	生命的简单形式
$(aRb)^3$	———t	复杂客体的形式
$(aRb)^2$	——t	复合客体的形式
$(aRb)^1$	—t	简单客体的形式
$(aRb)^0$	0	原子客体的形式

这个图形演示：1) 生活和世界的投影或模型 B 并没出现在这个图形中。但是我们是以逻辑点上的真值根据作为投影现实的机制。2) 我们是用逻辑的画面（工程设计的蓝图的蓝图）用真值仿真世界和生活。3) 我们从最底下的 (-t) 一排排的核对得到每一排的最后一个 t。最顶上的那个"真"框就是最高存在。4) 所以无论横着看还是竖着看，逻辑框的形式序列是个有限序列。序列的那头就是那个可以让最简单的生命形式能感知到的闪光的框。那个框里面装满着与存在有关的信息。5) 我们只能用客体不断地提高计算的速度和效率才能达到那个顶点。任何人都算不到那儿。6) 我们把真值根据组成的图形倒过来，并把真值根据 T 行看作是逻辑和生活的对称轴，那么我们就得到了一棵逻辑树的图形。逻辑树就是生命树。

(Frege's assertion sign "⊢" is logically altogether meaningless; in Frege (and Russell) it only shows that these authors hold as true the propositions marked in this way.

"⊢" belongs therefore to the propositions no more than does the number of the proposition. A proposition cannot possibly assert of itself that it is true.）

（弗里格的断言为真的符号"⊢"在逻辑上是完全无意义的；在弗里格（和罗素）中，它只演示这些作者主张这样被作标记的判

第八章：判断的逻辑与逻辑关系

断为真。

"⊢"因此不属于判断正如判断的数目不属于判断。判断在或然性方面不能断言自己为真。）

译注：这两个人的强言为真都没有逻辑规则图中的真值根据（-t）。

If the sequence of the truth-possibilities in the schema is once for all determined by a rule of combination, then the last column is by itself an expression of the truth-conditions. If we write this column as a row the propositional sign becomes:

如果在交叉证据集中的真值或然的序列根据某个组合的规则一次性得到完整的确定，那么最后的竖行本身就是个真值-条件的表达。如果我们把这个竖行写成横排，那么判断符号变成：

"(TT-T) (p, q)", or more plainly: "(TTFT)(p, q)".

"(TT-T) (p, q)"，或更加直白的："(TTFT) (p, q)"。

译注：注意维根斯坦在这儿使用的词语是组合的规则（rule）而不是"定理""定律"或"法则"。如果我们把"（TTFT)(p, q)"写成"+(TTFT) (p, q)"，那么交叉核对的逻辑属性就会一目了然。

(The number of places in the left-hand bracket is determined by the number of terms in the right-hand bracket.)

（左边那个括号里的位数是右边那个括号里的项数确定的。）

译注：这句话的根据仍是逻辑规则图。我们可以看出标定N元判断句的T F值的排列和组合是一元简单判断句的TF值的排列和组合决定的。

逻辑坐标	判断句	项数	位数
$(aRb)^0$	P		
$(aRb)^1$	p	2	2^1
$(aRb)^2$	pRq	2	2^2
$(aRb)^3$	(pRq) R (pRq)	2	2^3

205

4.45 For n elementary propositions there are L_n possible groups of truth-conditions.

The groups of truth-conditions which belong to the truth-possibilities of a number of elementary propositions can be ordered in a series.

对于 n 个简单判断，存在 L_n 个真值条件的或然组合。

这些真值条件的群组属于一些简单判断的真值或然，可以排成一个序列。

译注：这条判断来自王氏逻辑规则图的"或然画面"那一行。

小结：到此为止，维根斯坦从二元复合判断的判断符号（判断的逻辑）中推出了全部逻辑关系。接下来他将对"同义反复"和"自相矛盾"这两个逻辑关系作逻辑的判断的分析。我在下面做出个图形以便大家理解他为什么要对这两个逻辑关系做逻辑的判断的分析。

p	q	p ⊃ p . q ⊃ q	p . ¬p . q . ¬q
t	t	t	f
f	t	t	f
t	f	t	f
f	f	t	f

请注意：这个图表表演着同义反复和自相矛盾都不是从简单判断 p 和 q 的真值或然中推导出来的，它们都是根据组合律从复合判断的作画形式 (-----)^2 中算出来的。这就说明同义反复和自相矛盾不是来自对生活中的简单客体的判断，而是来自高度抽象的感知值的计算。感知值的计算演示同义反复和自相矛盾是高于其他十四个逻辑关系的逻辑关系，所以逻辑是比我们这个世界的存在更高级的存在，这个更高级的存在是通过判断值的组合计算算出来的。

换句话说，感知值的计算演示在我们这个世界和生活之上还有个更高级的存在，那就是感知的真值和伪值的同义反复。于是 (TTTT) 和 (FFFF) 是最高存在 --- 逻辑 --- 的自相矛盾，并不是我们的思维中的自相矛盾。无论怎么强调这一点都不是过份，所以他在后面

第八章：判断的逻辑与逻辑关系

宣布逻辑的总形式不是归总而是同义反复。信息科学的诞生和发展已经证明他的这个判断是正确的。

维根斯坦一定是作出了类似的图表才在下面专门讨论了同义反复和自相矛盾的逻辑特征。

4.46 Among the possible groups of truth conditions there are two extreme cases.

In the one case the proposition is true for all the truth-possibilities of the elementary propositions. We say that the truth-conditions are tautological.

In the second case the proposition is false for all the truth-possibilities. The truth-conditions are self-contradictory.

In the first case we call the proposition a tautology, in the second case a contradiction.

在真值条件的或然群中存在两个极端的情形。

在第一个情形中，判断对于简单判断的所有真值或然都为真。我们说此组真值条件是同义反复。

在第二个情形中，判断对于所有的真值或然都为伪。真值条件是自相矛盾。

我们称第一个情形中的判断为同义反复，称第二个情形中的判断为自相矛盾。

译注："真值条件的或然群组"即从"----"推导出的用真伪这两个值标定的全部十六个或然的画面。他现在集中讨论这两个或然的画面：1)(tttt)，2)(ffff)。前者的名字叫作"同义反复"。后者的名字叫作"自相矛盾"，也就是(ffff)和(tttt)自相矛盾。

4.461 The proposition shows what it says, the tautology and the contradiction that they say nothing.

The tautology has no truth-conditions, for it is unconditionally true; and the contradiction is on no condition true.

Tautology and contradiction are without sense.

(Like the point from which two arrows go out in opposite directions.)

(I know, e.g. nothing about the weather, when I know that it rains or does not rain.)

判断演示它说啥,同义反复和自相矛盾演示它们啥也不说。

同义反复没有真值条件,因为它是无条件为真;自相矛盾是绝无条件为真。

同义反复和自相矛盾没有感知。

(就像是两枝箭朝相反方向射出的那个点。)

(我知道,例如,当我知道是在下雨还是不在下雨时,我丝毫不懂天气。)

译注:我在前面已经做图演示,同义反复和自相矛盾不是从对简单客体的判断的感知值推导出来的,是根据作画形式的或然的画面的算法（----）² 算出来的。

4.4611 Tautology and contradiction are, however, not nonsensical; they are part of the symbolism, in the same way that "0" is part of the symbolism of Arithmetic.

然而,同义反复和矛盾,并不是无理的;它们都是象征的部分,正如"0"是算术的象征的部分。

译注:正如"0"在算术中有意义,同义反复和自相矛盾在逻辑中都有自己的意义。它们的意义就来自王氏逻辑规则图中的二元复合判断的或然画面的计算公式（---）²。

这样的意义不是来自生活,而是高度的抽象。所以,"自相矛盾"和生活中的"卖矛又卖盾"完全不同。根据《讲座》,图灵在1939年都没有认识到逻辑学中的同义反复和自相矛盾不是来自日常判断的感知而是来自高于生活的逻辑的计算。图灵甚至以为如果在修桥过程中出现自相矛盾,那么桥会垮。而维根斯坦指出,自相矛盾只会让修桥的过程暂停。

4.462 Tautology and contradiction are not pictures of the reality. They present no possible state of affairs. For the one allows every possible state of affairs, the

第八章：判断的逻辑与逻辑关系

other none.

In the tautology the conditions of agreement with the world—the presenting relations— cancel one another, so that it stands in no presenting relation to reality.

同义反复和自相矛盾不是现实的画面。它们绝不呈现或然的局面。因为一个容许每一个或然的局面，另一个都不容许。

在同义反复中与世界保持一致的条件 ---- 起呈现作用的关系 --- 相互抵消。于是它和现实不存在任何呈现的关系。

译注：在"真值条件的或然群"中，其他的画面是根据条件可以相对为真的画面。但是同义反复和自相矛盾都不包涵相对为真的条件。

4.463 The truth-conditions determine the range, which is left to the facts by the proposition.

(The proposition, the picture, the model, are in a negative sense like a solid body, which restricts the free movement of another: in a positive sense, like the space limited by solid substance, in which a body may be placed.)

Tautology leaves to reality the whole infinite logical space; contradiction fills the whole logical space and leaves no point to reality. Neither of them, therefore, can in any way determine reality.

真值条件决定范围，此范围是通过判断保留给事实的。

（判断、画面、模型在反面的意义上像个固体，它限制另一固体的自由运动；在正面的意义上，像被固体的实质界定的空间，其中可以放下某个物体。）

同义反复把整个无穷的有逻辑的空间留给现实，自相矛盾填满这个逻辑的空间不留一点给现实。因此，这两者都不能以任何方式确定现实。

译注：在判断句中，"判断＋画面＋感知值的标定"互成一体。我们可以这样用图形表达：（判断（画面（----）））……这个结构。

我们可以把这样的结构看作是高度抽象的"固体"，这样的"固体"就是现实中的固体的反面。"固体"的逻辑特征（tttt）表达真值充满现实的空间，这将是个不存在任何问题、解开了生命之谜的现实。自相矛盾是伪值充满了现实（ffff），即现实中没有任何主客对应的存在和事实。不存在这样的现实。也就是现实的暂停。

4.464 The truth of tautology is certain, of propositions possible, of contradiction impossible. (Certain, possible, impossible: here we have an indication of that gradation which we need in the theory of probability.)

同义反复的真是肯定有若干或然的判断，肯定矛盾没有或然。（肯定、或然、没有或然：我们在这里拥有一个我们在或然率论中所需要的刻度的指标。）

译注：如果一排一排的看某个有意义的判断的画面，例如失联的画面。

p	q	p∨q
t	t	t
t	f	t
f	t	t
f	f	f

我们就可以看出同义反复是数学的概率论的基础。如在第一排中，成真的或然率是百分之百，这就是无条件的为真。在底部那一排，现实无任何成真的或然，或者说或然率为零。真伪有比例的或然率存在于中间的那两排，并且我们可以用计算确定或然率。所以，判断符号（画面）也是数学中的概率论的理论模型。被纳入逻辑的范围之内的概率必须叫作或然率，否则我们不能区别有逻辑的计算和数学计算。

4.465 The logical product of a tautology and a proposition says the same as the proposition. Therefore that product is identical with the proposition. For the essence of the symbol cannot be altered without altering its

第八章：判断的逻辑与逻辑关系

sense.

同义反复和某个判断的逻辑积所说的和该判断所说的是同一。因此那个逻辑积等同于该判断。这是因为象征的实质若变则其感知必变。

译注：同义反复的确存在，并且它是其他判断存在的基础---这个事实是可以从其他判断的判断图形中看出来。请再看这个图形。

p	q	p∨q
t	t	t
t	f	t
f	t	t
f	f	f

横着看 p∨q 下面的第一排那个 t，它说的是复合判断的 t 是前面两个简单判断的的乘积。

现在我们看第二排，前判 p 的 t 和复合判断的 t 相乘等于 t，这是该复合判断可以成立的条件。如果我们看同一排的后判 q 的 f 和复合判断的 t 相乘等于 f，这是该复合判断不成立的原因。

现在我们竖着看 p∨q 的真值标定（tt/tf）那一行，后判的两个 t 和前判的那个 t 说的是同一。

于是我们可以看出。

1) 横排是判断的逻辑。它确定某个判断若干可以成真的条件。复合判断的逻辑值是一排一排的对简单判断的判断值作真值函数运算确定的。同样的，复杂判断的逻辑值也是一排一排的对复合判断的判断值作真值函数运算确定的。我们先用简单判断的真值标定算出复合判断的真值标定，再用复合判断的真值标定算出复杂判断的真值标定。

2) 竖行是任何判断的真值标定。分析任何判断的真值标定就是"逻辑的判断"。逻辑规则图的真值根据那一行就演示什么是"逻辑的判断"。

3) 我们对逻辑句做逻辑的判断分析时，总是可以把其真值标定里的若干真伪值的组合最终化简到一元简单判断的真值根据。请看这个图形：(-t(---t(--------t)))……克林（Stephen Cole

Kleene)的《数学逻辑》(Mathmatical Logic)第一章第八节的"模型论：精炼的真值表(Model Theory: condensed truth tables)"的原理就来自逻辑规则图中的"真值根据"的化简。

4)学好逻辑学的首要条件是要知道如何对判断图作完整的纵横交叉核对的分析。在分析判断符号时，横排是判断的逻辑，竖行是逻辑的判断。判断的逻辑确定判断可以成真的根据和条件。逻辑的判断确定判断的逻辑属性是否合理以及怎样合理。

4.466 To a definite logical combination of signs corresponds a definite logical combination of their meanings; every arbitrary combination only corresponds to the unconnected signs.

若干符号的某特定的逻辑组合和其若干意指对象的某特定的逻辑组合对应；每一个武断的组合只和没有关联的符号对应。

译注：合理的判断必须是形式和内容保持一致。例如，TTTF是符号（名字）的组合。这是形式。这组符号的意指是：在一个项数为四的逻辑框组中，前三个框都可以容纳客体的形式，最后一个不可以。

"每一个武断的组合只和没有关联的符号对应"———这是对唯我主义的批判。唯我主义者使用形式逻辑句时都没有用感知值的组合把逻辑符号关联起来。例如，形式逻辑句 P v Q 就没有（tttf）与之关联。所以，形式逻辑句 P v Q 仅仅是符号的武断的组合。

That is, propositions which are true for every state of affairs cannot be combinations of signs at all, for otherwise there could only correspond to them definite combinations of objects.

(And to no logical combination corresponds no combination of the objects.)

那就是说，对于任何局面都为真的判断根本不可能是符号的组合，要不然会只存在若干客体的若干特定组合与它们对应。（并且没有客体的组合就没有逻辑的组合。）

译注："对于任何局面都为真的判断"———即同义反复。"同

第八章：判断的逻辑与逻辑关系

义反复不是符号的组合"---指同义反复不是来自判断的感知值。"并且没有客体的组合就没有逻辑的组合。）"---如果任何判断的对象都没有客体，那么该判断是没有逻辑的组合。例如，文学批评中的判断，纯数学的判断，如果没有客体与其逻辑坐标，那么这些判断都是没有逻辑的组合。于是我们可以看出，民国时期的国学大师们（如王国维）的文学批评理论都是没有逻辑的组合。我们绝不能从"大漠孤烟直"中直接推导出"意境博大"。所以，把"大漠孤烟直"等同于"意境博大"就是文字的使用没有逻辑的组合。

Tautology and contradiction are the limiting cases of the combination of symbols, namely their dissolution.

同义反复和自相矛盾是界定象征符号的组合的界限的情形，也就是它们（象征符号）的解体。

译注：我在前面已经演示同义反复(tttt)和自相矛盾(ffff)中的每一个符号都没有判断的感知值与之对应。所以他说，(tttt)和（ffff）象征二元复合判断的或然的画面框的边界。逻辑在边界之外就会解体。

4.4661 Of course the signs are also combined with one another in the tautology and contradiction, i.e. they stand in relations to one another, but these relations are meaningless, unessential to the symbol.

当然符号在同义反复和自相矛盾也是相互组合的，即它们以相互关系成立，但是这些关系对象征而言都是没有意义，无关实质的。

译注：同义反复的符号的组合是 TTTT。自相矛盾的符号的组合是 FFFF，它们都是符号的组合，但是它们都不是判断的感知的象征符号。

现在我们看出判断和逻辑的区别了。判断的感知值的象征符号的组合是除 TTTT 和 FFFF 之外的十四个象征符号的组合。那十四个象征符号的组合都是判断的感知值的组合，而 TTTT 和 FFFF 是逻辑符号的组合。于是我们可以说，逻辑高于判断。

逻辑是高于判断的感知的存在，即逻辑是万物的本体。逻辑的象征符号一个是 TTTT，它说的就是逻辑以肯定的同义反复确定万物的存在，而 FFFF 说的是逻辑以否定的同义反复确定万物的存在。我们这个世界是用肯定的方式确定万物的存在。在另一个世界，万物有或然以否定的方式存在。于是那儿的人可以用"这不是花""这不是草"等的否定的同义反复表达万物的存在，所以，逻辑就是最高存在。逻辑之外再无其他。

逻辑规则图就是那个最高存在的图形象征。在这个图形中，一切都是变量，上帝没有参与变量的计算。在这个图形中，"真值根据"序列中的最后那个真框就是最高存在。它把逻辑的智慧和逻辑的结构赋予万物，这就是逻辑哲学的本体论。信息科学的发展已经证明这才是符合实际的本体论。如果没有逻辑的同义反复，我们这个世界不可能存在。

4.5 Now it appears to be possible to give the most general form of proposition; i.e. to give a description of the propositions of some one sign language, so that every possible sense can be expressed by a symbol, which falls under the description, and so that every symbol which falls under the description can express a sense, if the meanings of the names are chosen accordingly.

It is clear that in the description of the most general form of proposition only what is essential to it may be described—otherwise it would not be the most general form.

That there is a general form is proved by the fact that there cannot be a proposition whose form could not have been foreseen (i.e. constructed). The general form of proposition is: Such and such is the case.

现在看来有或然给定判断的最归总的形式；即给定某个符号语言的若干的判断的总描叙，于是每一个或然的感知就都可以用一个象征表达，而且该象征从属于该总描述，这样一来，如果若干名字的意指据此而选定，那么每个从属于该总描述的象征符号就都表达某个感知。

第八章：判断的逻辑与逻辑关系

显然，在最归总的判断形式的描述中，只有属于它的实质才可以得到描述。

存在一个归总的形式是通过此事实证明的，即不存在一个判断其形式不可以被预见（也就是被构建）。判断的总形式是：如此这般核对成立。

译注：根据逻辑规则图，N阶判断都可以简化为一元简单判断的逻辑坐标所包涵的作画形式,或然的画面和真值根据的表达(--)[1]。这些图形就是判断的总形式："如此这般核对成立。"

逻辑坐标图和逻辑规则图都表达计算N阶判断的感知值的同一方法。维根斯坦在后面将把这个计算方法用几个希腊字母归总。判断的基本计算单位（--）就演示同义反复是判断的计算的基础。

4.51 Suppose all elementary propositions were given me: then we can simply ask: what propositions I can build out of them. And these are all propositions and so are they limited.

假如所有的简单判断都给了我，那么我可以简单地问：我可以用它们构建出些什么判断。并且这些就是所有的判断，于是它们是有限的。

译注：如果我得到了所有的简单判断，那么我可以用N个简单判断做出N阶复合和复杂判断。所以，简单判断是我们构架逻辑的大厦的基础。简单判断越多，逻辑的大厦就越庞大、越高。逻辑的大厦的形式必须是有边界的。

4.52 The propositions are everything which follows from the totality of all elementary propositions (of course also from the fact that it is the totality of them all). (So, in some sense, one could say, that all propositions are generalizations of the elementary propositions.)

判断是从所有的简单判断的总和中推出的一切（当然也是从此事实中推出的，即这是它们的全部总和）。（所以，在某种意义上，人可以说，所有的判断都是简单判断的归总。）

译注：逻辑规则图演示无论判断的层次多么高，判断的作画形

215

式的要素多么多，作画形式作出的或然的画面多么多，我们都可以把所有的判断归总为简单判断的逻辑坐标（aRb)[1]和其感知值的表达（--）。

4.53 The general propositional form is a variable.
归总的判断的形式是个变量。

译注：于是逻辑学中的归总的东西和被归总的东西都是计算的变量，于是逻辑学必然成为一门可计算可决策的学问。维根斯坦将用另几组复杂符号把判断的总形式和逻辑计算的规则归总。

小结：

1) 维根斯坦在这一章中把简单判断的逻辑形式 +（--）p 中的变量（--）作为判断的感知值计算的基本单位，用感知值的组合确定 N 阶判断的作画形式和真值根据。

2) 他把简单判断的真值根据作为真数，把简单判断的两个感知值作为底，算出了 N 阶判断的有或然成真的画面。由于原始逻辑坐标是简单判断的逻辑坐标的大前提，而简单判断的逻辑坐标是所有有意义的判断的逻辑坐标的起点，所以我们可以再次做出逻辑规则图如下。

逻辑坐标	判断句	判断函数	作画形式	或然的画面	真值根据
$(aRb)^0$	P				
$(aRb)^1$	(p)	fa	$(--)^1$	$(--)^1$	$(-t)^1$
$(aRb)^2$	(p)R(q)	f(ab)	$(--)^2$	$(--)^{2 \times 2}$	$(-t)^2$
$(aRb)^3$	(pRq)R(pRq)	f(abc)	$(--)^3$	$(--)^{2 \times 2 \times 2}$	$(-t)^3$
$(aRb)^{n+1}$	$(p)R(pRq)^n$	f(a…n)	$(--)^n$	$(--)^{2^n}$	$(-t)^n$

注：如果判断的感知只有真和伪这两个值，那么感知值的计算单位是（--）。如果判断的感知只有真、真/伪、伪这三个值，那么感知值的 计算单位是（---）。如此等等。逻辑规则图演示任何阶位的判断函数的计算都可以划分到简单判断。

3) 他将根据这个图形语言序列在后面的两大子集中教我们如何在判断图中做判断的逻辑和逻辑的判断的分析和计算。

第九章

逻辑的判断与逻辑数学

提要：在开头的"判断的总形式"那个子集的第 1.13 段中维根斯坦指出世界和事实的算法是划分（除法、约分、因式分解和扩大等）。他在前一章里也指出：N 阶判断的计算都可以划分成为一元简单判断的计算单位（--）。在这一章里他将指出：1）N 阶逻辑句都可以划分成为二元复合逻辑句 pRq。2）在包涵 N 个简单判断的 N 阶逻辑句中，所有判断的感知值的计算都是判断函数计算。其中，简单判断 p q 的真值标定是自变量，逻辑关系 R 是计算公式，函数运算的结果就是逻辑句 pRq 的真值标定。

为了证明数学计算必须是从属于判断和逻辑的感知值的计算，请继续看下面的逻辑规则图。

逻辑坐标	判断句	判断函数	作画形式	或然的画面	真值根据
$(aRb)^0$	P				
$(aRb)^1$	(p)	fa	$(--)^1$	$(--)^1$	$(-t)^1$
$(aRb)^2$	(p)R(q)	f(ab)	$(--)^2$	$(--)^{2 \times 2}$	$(-t)^2$
$(aRb)^3$	(pRq)R(pRq)	f(abc)	$(--)^3$	$(--)^{2 \times 2 \times 2}$	$(-t)^3$
$(aRb)^{n+1}$	(p)R(pRq)^n	f(a…n)	$(--)^n$	$(--)^{2^n}$	$(-t)^n$

注：如果判断的感知只有真和伪这两个值，那么感知值的计算单位是（--）。如果判断的感知只有真、真/伪、伪这三个值，那么感知值的 计算单位是（---）。如此等等。

我们看"逻辑坐标"那个序列，就可以看出：所有的数和数学

217

计算都始于原始逻辑坐标 $(aRb)^0$。尽管它没有意义，但是它演示数列 N 被用于逻辑坐标序列时必须是个 N+1 的有限数列。

把王氏逻辑坐标规则图以 $(aRb)^0$ 为中心旋转 360 度我们就得到一个正方体和其外接圆，这个正方体就是逻辑的模型。随着逻辑句的阶位增加，正方体就成为多面体，于是逻辑的模型的包涵层次和面就越来越多。维根斯坦在《讲座》中讲到了正多边形的做法。只是他没有说破正多边形的做法就是逻辑的模型的做法。

维根斯坦还将指出，数学的概率计算必须是被逻辑的或然率的计算界定。数学的概率计算和逻辑的或然律的计算的区别在于：概率计算一次只有一个结果；或然率的计算的同一结果可以同时来自许多不同的真伪组合。

我们从逻辑规则图中还可以看出代数的等式和函数计算的直线方程就在 $(aRb)^1$。

代数的不等式始于 $(aRb)^1$ 和 $(aRb)^2$ 的序列中，函数计算的曲线方程是从 $(aRb)^2$ 开始。

代数的高等函数和高次方程式的计算和其图形就在 $(aRb)^3$ 以上的逻辑坐标的序列中。于是当我们把逻辑句转换成为数学句之后，数学句就可以确定客体的形式。

逻辑方程式的化简就在从 $(aRb)^1$ 开始的序列中，于是代数方程式的化简必然是以逻辑方程式的化简为根据。

有意义的、切合实际的数论的基础也在从 $(aRb)^0$ 开始的逻辑坐标的序列中，即 $(aRb)^{0+1+1+1+\cdots+n}$。正整数序列的更精确的表达是：$(aRb)^0$ $(aRb)^{0+1}$ $(aRb)^{0+1+1}\cdots(aRb)^{0+1+1\ldots+n}$。

有正确的数论就有正确的计算方法。如果数学家懂了逻辑，还需要证明 1+1=2 吗？

我们看作画的形式那个序列，就可以看出：加减法就在（--）的序列中。这是因为我们可以把"--"写成（-）+（-），把（-）写成（--）-（-）。这就是逻辑和。

乘除法就在（----）的序列中。这是因为我们可以把"----"写成（--）x（--），把（--）写成（----）/（--）。这就是逻辑积。并且我们还知道（--）/（--），（----）/（----）等的商必须是

第九章：逻辑的判断与逻辑数学

个正整数。我们也知道算术的先加减后乘除的逻辑根据是加减的逻辑坐标排在乘除的逻辑坐标之前；我们还能从（--（----（----------）））……中看出算术的约分和代数的化简的逻辑根据，等等。

指数运算就在（--）^{n} 的序列中。

随着（--）的组合和组合的或然不断的升级，计算的方法就必须提高。所以数学计算技术的提高和发明就在逻辑规则图中。

再次强调，判断的感知值绝对不是数字，0 和 1 只是感知值的代码。目的是为了让虚拟的逻辑机器懂得逻辑语言的基本计算单位。

我们看或然的画面那一行，就可以看出：随着逻辑坐标和作画形式的阶位的增加，每一阶中的或然的画面的数目就突然增大。这是个有许多阶位，每一阶包涵的或然的画面的数目都以几何级数增加而变得无比庞大的迷宫。这是个由真伪两个框组成的无比宽广的迷宫和无比深邃的迷洞，但是无比不是无穷。判断的总形式"如此这般核对成立"意指一阶一阶地核对每一阶中的每一个框，每一个框都必须接受纵横交叉核对的检验。例如，如果我要让客体写出"走来"这个句子，那么它必须在第一阶判断的所有中文字中找到"走"字和"来"字，然后在第二阶中用"联合"逻辑关系把它们拼成"走来"。如果逻辑程序句能让客体帮我写出"走来"这个句子，那么它也能让客体写出所有的中文的二字句，三字句，等等。

我在这一章中还将指出，正因为维根斯坦的理论具有无与伦比的重大技术价值，所以哥德尔、塔斯基、图灵和克林等当代数学的前沿学科的创始人所取得的成果都是剽窃维根斯坦在《逻辑哲学纲要》中做出的与"判断的逻辑"和"逻辑的判断"有关的重要判断。从这些欺天盗世的剽窃行为中，我们可以看出维根斯坦在有生之年并没有获得他理应获得的荣誉和地位。他应该被追认为全人类的自然科学院和社会科学院的院士。现在请和我一起继续译读维根斯坦为"判断的逻辑"和"逻辑的判断"制定的许多规则。

判断的逻辑的规则：所有的判断都从简单判断的真值函数的运算导出。

5 Propositions are truth-functions of elementary propositions.

(An elementary proposition is a truth function of itself.)

判断是简单判断的真值函数。

（简单判断是自身的真值函数。）

译注：根据逻辑规则图，N阶判断都可以归结为判断句的pRq；并且二元复合判断的"作画形式""或然的画面""真值根据""判断函数"就演示所有的判断都可以从（-t（---t））……导出。例如，从"--"中推导出"----"就是真值函数运算。前者是自变量，后者是因变量，如此等等。简单判断的自变量和因变量都是"t f"。

5.01 The elementary propositions are the truth arguments of propositions.

简单判断是判断的真值参数。

译注：现在我详细演示为什么简单判断是判断的真值参数。我们抬头看房间的天花板上的某个角落，在那儿点线面是互相包涵的。现在为了写出一个逻辑句投影整个房间的存在形式，那么我得这么做。

第一步：写出一个逻辑句表达点线面的包涵关系：面、线、点；（面 ⊃（线 ⊃ 点）或 p q r;((p ⊃ (q⊃r))。

第二步：把面、线、点看作是三个简单判断函数（面）（线）（点），并确定这三个函数的真值标定。

第三步：根据（面）和（线）的真值标定，求出（线⊃点）(q⊃r) 的真值标定。

第四步：把 (q⊃r) 作是简单判断 q，于是 ((p⊃(q⊃r)) 成为 p⊃q。于是我们可以用简单判断 P 的真值标定和 (q⊃r) 的真值标定算出 ((p⊃(q⊃r)) 的真值标定。现在我把这四步图示如下。

面	线	点	（线⊃点）	((面⊃（线⊃点))	1
p	q	r	(q⊃r)	((p⊃(q⊃r))	1
T	T	T	T	T	
F	T	T	T	T	
T	F	T	T	T	
T	T	F	F	F	

第九章：逻辑的判断与逻辑数学

面	线	点	(线 ⊃ 点)	((面 ⊃ (线 ⊃ 点))	1
F	F	T	T	T	
F	T	F	F	T	
T	F	F	F	F	
F	F	F	F	T	
2	2	2	3	4	

显然，判断函数（q⊃r）的参数就是用后件关系对简单判断 q 和 r 的参数作函数运算得出的。三元复杂判断（(p ⊃ (q⊃r)）的参数就是用后件关系对 p 和（q⊃r）的参数作函数运算得出的。

既然我已经做出了这个图形，那么就不妨对这个图形作更加细致深入的分析。当然分析的方法都来自维根斯坦提出的理论。

现在我们看每一行就可以知道：1) 二元复合判断和三元复杂判断的真值标定都是从一元简单判断的真值函数的运算中得出。三元复杂判断中的简单判断、复合判断和复杂判断都共享同一个作画形式（--------）。但是不同的真伪值组合标定确定它们的不同身份。2) 我们可以把每一行都看作是判断的真值标定。你会发现尽管每一行都包涵 TF 这两个值，但是它们的组合都各有不同。所以，真值标定演示所有的判断都各不相同互相独立；既然如此，那么简单判断的标志就是互不相悖。3) 标号为 1 的那两排是逻辑判断句的名字。标号为 2、3、4 的那三行就演示逻辑学的实用意义就是继承和创新，并且可以通过虚拟的逻辑的机器马上做到知行合一。标号为 4 的那一行是逻辑句（(p ⊃ (q ⊃ r)）的真值标定。请注意，由于逻辑句是离开逻辑点的反思，所以逻辑句的条件关系总是后件，即如果 B 那么 A。但是在生活中，我们的思路是前件，即如果 A 那么 B。

在生活中，我们是这样想：如果吃饭那么做菜，如果做菜那么买菜。

在逻辑句中，我们要这样反思：如果买菜那么做菜，如果做菜那么吃饭。

到此为止，我们已经为逻辑句（(p ⊃ (q⊃r)））做出了一个判断图，并用标号为 4 的真伪值的竖行标定了（(p ⊃ (q ⊃ r)）的身份。

如何全面深入的译读维根斯坦的《逻辑哲学纲要》

接下来我们对这一行中的八个真伪值中的每一个真值可以成真的条件进行分析。那个真值可以成真的条件就是它所在的那一排的前面那几个 TF 值。这就是对复杂逻辑句的"判断的逻辑"的分析。对某个复杂判断句的真值标定（竖行）进行分析就是"逻辑的判断"。所以对某个复杂逻辑判断句作全面深入的分析就是对逻辑判断句做出"判断的逻辑"和"逻辑的判断"的分析。从这两组分析中我们可以得到"证据论"和"模型论"。

维根斯坦在前面的语法篇里已经讲解判断的画面（由判断句和其真值标定 t 组成）有两重性。一方面，对于客观局面而言，判断的画面是处处总是为真：(tt(tttt))(K)。另一方面，对于主体的认知而言，判断作为人的思想反应现实的画面，只有一点儿为真：(-t(---t)) (p (pRq))……这是因为认真主体在面临未知时总是面临（t f）的矛盾。由于逻辑学可以通过图形语言做到自证，所以逻辑学的目的就是要把 (-t(---t))(p(pRq))……做成具有这样形式的判断句：(tt(tttt))(p (pRq))……这样的语句才叫作合理的逻辑句。只有这样逻辑句才能投影客体的存在。这个客体的形式的形式就是如今的软件工程的构架。也是自然科学和所有使用演绎推理的思维者保证自己的思路是否和客观世界保持一致的唯一方法。

判断的逻辑是横排，逻辑的判断是纵行，所以确定某个逻辑句是否合理的方法仍是"+（--）p"中的"+"。

我在此简单介绍一下如何对复杂判断的真值标定做"逻辑的判断"。我们对标号为4的那一行从上往下看，可以看出：$((p \supset (q \supset r))$的真值标定（tttftttft）只是逻辑规则图确定的三元复杂判断的作画形式"--------"的或然之一。

（tttftttft）包涵两个逻辑关系：（tttf）失联和（ttft）前件。这就是"----/----"的或然表达之一。

这时候我们就可以根据整个逻辑句的结构做出决策：失联和前件在整体结构中哪一个更有效率。由于逻辑推理是离开逻辑点的反思，所以我们必须排除前件并且选择失联。

我们再把失联的（tttf）分解成（tt/tf），于是第三个 t 就是

第九章：逻辑的判断与逻辑数学

前面两个 t 的同义反复。所以第三个 t 就是逻辑句 ((p ⊃ (q ⊃ r)) 的真值根据，并且我们可以从已经为 ((p ⊃ (q ⊃ r)) 做好了那个判断图的第三排中看出它的真值条件。克林的模型论中的证据论就来自维根斯坦的判断的逻辑和逻辑的判断。

接下来维根斯坦将根据 5.01 那条判断的逻辑规则反驳罗素和弗里格的逻辑学中的某些基本表达错误。

5.02 It is natural to confuse the arguments of functions with the indices of names. For I recognize the meaning of the sign containing it from the argument just as much as from the index.

把函数参数和名字的索引符号混淆是自然的。因为我根据参数辨认包涵参数符号的意指，也同样根据索引符号辨认该符号的意指。

In Russell's "+c", for example, "c" is an index which indicates that the whole sign is the addition sign for cardinal numbers. But this way of symbolizing depends on arbitrary agreement, and one could choose a simple sign instead of "+c": but in "~p" "p" is not an index but an argument; the sense of "~p" cannot be understood, unless the sense of "p" has previously been understood. (In the name Julius Cæsar, Julius is an index. The index is always part of a description of the object to whose name we attach it, e.g. The Cæsar of the Julian gens.)

例如，在罗素的 "+c" 中，"c" 是个索引符号，它指出整个符号是基数的加法符号。但是此种象征的方式取决于武断的一致，并且人可以不挑 "+c" 而是挑个简单的符号：但是在 "~p" 中，"p" 不是索引符号，而是个参数；除非在前面已经懂得 "p" 的感知，否则不能懂得 "~p" 的感知。（在裘利斯·凯撒此名字中，求利斯是个索引符号。索引总是属于客体的描述的部分，并且我们把索引作为客体的名字的附加，例如，属于求利斯这一代人的凯撒。）

译注："凯撒"相当于中文姓名中的姓，"裘利斯"相当于中文表达辈分的名。

如何全面深入的译读维根斯坦的《逻辑哲学纲要》

The confusion of argument and index is, if I am not mistaken, at the root of Frege's theory of the meaning of propositions and functions. For Frege the propositions of logic were names and their arguments the indices of these names.

如果我没弄错，把函数的参数和索引混淆是弗里格的判断和函数的意指的理论的根源。对弗里格而言，逻辑的判断是名字，它们的参数是这些名字的索引符号。

译注：我们在这里可以看出：即使罗素和弗里格这样的逻辑数学家在进行逻辑数学的研究时都没有认识到"判断是简单判断的真值函数"和"简单判断是判断的真值参数"这两个判断的计算的基本规则。所以用判断的真伪值的函数运算，判断某个数学语句或科学语句是否合理是维根斯坦为数学和自然科学的发展指出的唯一正确的道路。

当维根斯坦说："在~p中，p不是索引符号，而是真值参数时"，他是再次指出在他之前的所有逻辑学家（包括罗素）对否定的错误理解。他的逻辑根据就是把（tf）p展开成为判断的逻辑的图形。我再次列图如下。

p	¬p
t	f
f	t

在第一排，从左往右，¬可以对任一判断进行否定运算。如 ¬p，¬q，¬（p∨q），等等。但是这只是对判断的形式的否定，对判断的内容的否定是在下面的两排。所以，否定是判断的逻辑的运算，不是判断的逻辑关系。在维根斯坦之前，数理逻辑学家们都把否定看作是逻辑的法则。

当代数学的前沿学科"数学逻辑"的创始人塔斯基（Tarski）、克林（Stephen Cole Kleene）等构建否定关系的运算的模型都是来自维根斯坦对否定的研究。例如克林在其著作《数学逻辑》第9

第九章：逻辑的判断与逻辑数学

页做出否定运算的图形是来自维根斯坦的这条判断。[①]

这是因为逻辑数学发展到弗里格和罗素时都还没有任何数理逻辑学家看出来所有的判断（p）都包涵判断的肯定运算（p）和否定运算（~p），并且都认为肯定和否定是二元对立的。

The truth-functions can be ordered in series.
That is the foundation of the theory of probability.

真值函数可以用序列排序。那是或率论的基础。

译注：十六个复合判断的真值标定组成的矩阵确定判断的逻辑的或然率的计算和界限。再次强调，当代中文只存在用"可能性"这个词语概括"偶然""或然"和"可能"。这说明我们对逻辑的必然和或然的统一缺乏认知。

"或然"的英文是 possibility，以或然为基础进行计算得到的百分比叫作 probability。所以，probability 应该译为或（然）率，这样才能正确表达"或然"和"或然率"直接的关联。否则，我们无法区别逻辑的"或然率"和数学的"概率"。关于真值函数与或（然）率的关系，也请参见 4.464 和后面的 5.15-5.156。

5.101 The truth-functions of every number of elementary propositions can be written in a schema of the following kind:

每一定数目的若干简单判断的真值函数都可以写成下面那样的交叉核对表。

译注：在数学语句的翻译方面，"每一定数目的若干简单判断"即 N 个简单判断。

王氏逻辑规则图的"真值根据"演示：N 阶判断有 N 个简单判断。包涵 N 个简单判断的 N 阶复杂判断的真值根据都可以化简为简单判断的真值根据；所以，我们只需要（-t）就可以得到任何判断的真值根据 t。并且从那个 t 作判断的逻辑和逻辑的判断的分析，从而确定逻辑句或许合理成立的地点。

所以"每一定数目的若干简单判断"中的数目是指判断的逻辑

[①] Stephen Cole Kleene. Mathematical Logic. Dover Pulbications, Inc. New York, 2002. s

坐标的升级的数目。逻辑坐标有N阶，那么在那个阶位上必须首先有N个简单判断才能组成N阶判断。我们要弄清楚在N阶判断上的判断和简单判断的区别。前者指由N个简单判断构成的复合判断和复杂判断，后者指简单判断。

根据逻辑规则图中的"逻辑坐标""或然画面""真值根据"那三行，我们可以把N个简单判断组成的N阶判断化简为在 $(aRb)^2$ 那一排上的二元复合判断句pRq。

所以，尽管维根斯坦在下面只列出了二元复合判断全部16个或然的画面，但是根据逻辑规则图，我们可以看出，只要有了N个简单判断，我们就可以做出N元复杂判断，然后把N元复杂判断化简成为二元复合判断。

请注意，4.442列出的判断符号是竖着看的交叉核对表。维根斯坦在这儿是因为页面的限制而把每一个判断符号都写成了横着看的交叉核对表。

(TTTT) (p, q) Tautology (if p then p; and if q then q) [p ⊃ p . q ⊃ q]

(TTTT) (p, q) 同义反复（如果p 那么p；并且如果q，那么q。）[p ⊃ p . q ⊃ q]

(FTTT) (p, q) in words: Not both p and q. [~(p . q)]

(FTTT) (p, q) 用词语表达为：并非p 和q。[~(p . q)]

(TFTT) (p, q) " " If q then p. [q ⊃ p]

(TFTT) (p, q)：如果q 那么p。[q ⊃ p]（即后件）

(TTFT) (p, q) " " If p then q. [p ⊃ q]

(TTFT) (p, q)：如果p 那么q。[p ⊃ q]（即前件）

(TTTF) (p, q) " " p or q. [p ∨ q]

(TTTF) (p, q)：p 或q。[p ∨ q]

(FFTT) (p, q) " " Not q. [~q]

(FFTT) (p, q)：非q。[~q]

(FTFT) (p, q) " " Not p. [~p]

(FTFT) (p, q)：非p。[~p]

(FTTF) (p, q) " " p or q, but not both. [p . ~q

第九章：逻辑的判断与逻辑数学

: ∨ : q . ~p]

(FTTF) (p, q):p 或 q 但非两者联合。[p . ~q : ∨ : q . ~p]

(TFFT)(p, q)" " If p, then q; and if q, then p. [p ≡ q]

(TFFT) (p, q): 如果 p 那么 q；并且如果 q，那么 p。全等、[p ≡ q]

(TFTF) (p, q) " " p

(TFFF) (p, q): 唯 p

(TTFF) (p, q) " " q

(TTFF) (p, q): 唯 q

(FFFT) (p, q) " " Neither p nor q. [~p . ~q or p | q]

(FFFT) (p, q): 既非 p 也非 q。[~p . ~q 或 p | q]

(FFTF) (p, q) " " p and not q. [p . ~q]

(FFTT) (p, q):p 并且非 q。[p . ~q]

(FTFF) (p, q) " " q and not p. [q . ~p]

(FTFF) (p, q):q 并且非 p。[q . ~p]

(TFFF) (p, q) " " p and q. [p . q]

(TFFF) (p, q):p 和 q。[p . q]

(FFFF)(p, q)Contradiction(p and not p; and q and not q.) [p . ~p . q . ~q]

(TFFF) (p, q):矛盾（p 并且非 p；并且 q 并且非 q。）[p . ~p . q . ~q]

译注：请注意，我们是根据 (FF/TF) 这样的图形语言和逻辑是反思——这两个原则把 (FFTF) 命名为"p 并且非 q"，等等。另外，维根斯坦是用引号我是用冒号指称"用词语表达为"。

请再看王氏逻辑坐标图中的二元复合判断那一排，二元复合判断的真值根据是（---T)^2。所以上面十六个画面既是二元复合判断的真值根据(---T)^{2}的全部或然，也是N元复合判断的真值根据(---T)^{2}的全部或然。

Those truth-possibilities of its truth arguments, which verify the proposition, I shall call its truth-grounds.

它的真值参数中那些真值或然，它确定判断为真，我将称为判断的真值根据。

译注：我把这组代码（TTTF）(p, q) " " p or q. [p ∨ q] 转换成纵横交叉核对的判断符号如下。

p	q	p ∨ q	
t	t	t	1
t	f	t	2
f	t	t	3
f	f	f	4

我们可以在 p ∨ q 的右边列出 p & q 等其他十五个逻辑关系的真值标定。只是由于篇幅的限制，我们不可能也没必要那么做。

现在我们看标号为3的那排，最后那个 t 就是 p ∨ q 的真值根据，它前面的那个 t 就是 p ∨ q 的真值条件。所以横排核对是"判断的逻辑"。这是因为横排确定判断可以成真的条件。

现在我们这样竖着分析 p ∨ q 的真值标定：tt/tf。显然，第3个 t 是前面的两个 t 的同义反复。所以我们可以只看第三个 t 就可以决定 p ∨ q 是否合理，竖行的分析是对逻辑关系的逻辑属性的分析，竖行的分析叫作"逻辑的判断"。

总而言之，根据逻辑规则图，我们分析任何一个逻辑句是否合理时必须首先找到它的真值根据。然后用"+"这个固定不变的如此这般核对的方法对其真值根据作纵横交叉核对的分析。这就是逻辑规则图的真值根据（-t（---t(--------t)））……的逻辑意义。这就是说，任何一个学科为了创新都必须先确定 N 个简单判断，然后做出 N 阶复杂判断的判断图，从而确定 N 阶复杂判断的真值标定，然后根据化简的原则（-t 从（---t(--------t)))……找出该判断的真值根据，以真值根据前面的若干真值条件为根据写出一个用若干合理的逻辑关系连接 N 个判断的逻辑句，然后再把那个逻辑句转换成为一个高阶联合数学方程式。所以任何学科为了创新都得知道用纵横交叉核对的方法确定某个新判断是否"如此这般核对成立"。

第九章：逻辑的判断与逻辑数学

这就是逻辑规则图中的"真值根据"那一行的全部意义。

阿非里德·塔斯基在其著作《逻辑和演绎科学的方法论的简介》第136页这样写道：任何演绎科学的发展都在于用此学科的术语构建"如此这般是否成立？"此类问题，然后试图根据若干作为假定前提的定理决定这些问题。任何这类问题都可以用两个或然的方法决定：肯定或否定的方法。(The development of any deductive science consists in formulating in the terms of this science problems of the type "is such and such the case?" and then attempting to decide these problems on the basis of the axioms that have been assumed. Any problems of this type may clearly be decided in one of the two possible ways: in the affirmative or in the negative)[②]。他这样说难道不是剽窃维根斯坦的论断：判断的总形式是"如此这般核对成立"？

塔斯基在其著作《逻辑以及演绎科学的方法论的介绍》第40页列出了一张"其他初级逻辑函数的联合真值表"（the joint truth table for other elementary functions）。由于没有说明他是怎么得到的那个真值表，因此他把真值表设定为他自己的发明。塔斯基的这本著作用波兰语出版于1936年，用英语出版于二战期间的1941年。而维根斯坦的《纲要》用德文完成于1918年，并在1922年用英文正式出版。所以，我们可以断定，塔斯基的这个真值表完全是剽窃维根斯坦在4.31、4.442和5.101中构建的判断符号与判断符号的列表。他不过是把维根斯坦的纵横交叉核对表改名为真值表而已。

另外，我们在4.0621中已经看到，维根斯坦与黑格尔、罗素等逻辑哲学家们完全不同，指出了虽然否定和肯定的指意相反，但是肯定 p 和否定 ~p 意指同一有逻辑的局面/画面。而在他之前的逻辑学家们都认为肯定和否定的意指是两个不同的东西。所以现在再看我在5.02中作出的那个图表，就可以明白塔斯基在他的著作

[②] Afred Tarski, Introduction to Logic And to the Methodology of deductive sciences, Dover, 1995, p. 136., 阿非里德·塔斯基，《逻辑和演绎科学的方法论的简介》，1995，Dover 版，第136页。

的第 40 页中列出的肯定和否定的真值标定图表也是剽窃维根斯坦的 5.02。

当塔斯基在其著作的第 41 页说："在以上两个图表的帮助下，我们可以为任何一个复合的句子函数构建一个引申的真值表。"[③] 他所指的那两个图表完全是剽窃维根斯坦的 5.02 和 5.101。因此，他在同一页中为"(p ∨ q)→(p ∧ r)"作出的纵横交叉核对表绝不是他自己的发明。

塔斯基接下来在第 42 页介绍如何构建某个复杂判断的真值表时还说：如果某个函数，包涵 1, 2, 3, …个不同形状的变量，那么其矩阵由 $2^1=2, 2^2=4, 2^3=8$, …个横排组成。至于其竖行的数目，它等于包涵在该特定函数中部分语句函数的数目（其中的整个函数也算在其部分函数之内）[④]。显然，塔斯基确定复杂判断的判断符号的横排方法来自 4.442 中最后的括号里的那句话："左边括号里面的位数是由右边括号里面的语义项的数目确定的。"他不过是把排列组合中的项的数目确定为 2 而已。而他确定复杂判断的竖行的数目的方法就是维根斯坦确定复杂判断中包涵名字的数目的方法。这是来自于 5.0 和 5.01 以及 5.1 列出的函数的算法，而且也是来自于 4.221 中的这句话："显然我们对判断的分析必须分析到简单判断，简单判断是名字的直接组合。"如果简单判断是名字的组合[⑤]，那么复合和复杂判断也都是名字的组合。我们可以用简单判断、复合判断和复杂判断这三个语句中的名字的数目确定（该复杂判断的判断符号的）竖行的数目。例如，(p ⊃ q) & (p ∨ r) 这个语句的完整分析是有 p q r 这三个简单判断，(p ⊃ q) 和 (p ∨ r) 这两个复合判断，以及 (p ⊃ q) & (p ∨ r) 这个复杂判断，所以 (p ⊃ q) & (p ∨ r) 的判断图总共有六个竖行。这也是来自维根斯坦在 5.101 提出的原创理论。并且维根斯坦的原创理论就是来自逻

[③] (With the help of the two above tables, we can construct derivative truth tables for any compound sentential functions), p.41.

[④] If a function contains 1, 2, 3, …variables of different shapes, its matrix consists of $2^1=2, 2^2=4, 2^3=8$, …rows. As for the number of columns, it is equal to the number of partial sentential functions of different form contained in the given function (where is whole function also counted among its partial functions" p.42.

[⑤] 初级判断是名字的组合，可以指"她是张力"，也可以指"p"，"q"，"r"等。

第九章：逻辑的判断与逻辑数学

辑规则图的"真值根据"那一行。

塔斯基的整个数学逻辑的基本句法也是剽窃维根斯坦。他在第二章第二节强调必须把某个数学判断句看成变量，并看成是句子函数（sentential functions）。我已经指出，维根斯坦制定的在逻辑点上的简单判断句句法规则之一，就是必须象征主体触觉客体的存在的形式的象征符号"-"，看作是简单判断句的真值或伪值。所以象征判断句的"-"必须是变量。我在判断的句法篇中指出，句法是维根斯坦推动逻辑向前发展的突破点之一。这是因为逻辑数学一直到罗素为止都是把某个判断句的成分看作是变量。

正因为维根斯坦把整个判断句的总形式看作是变量，所以他才能在4.53说："判断的总形式是个变量"；在5.0说："判断是简单判断的真值函数"；在5.101说："简单判断是判断的真值参数。"塔斯基把维根斯坦的判断（句的）函数作为他的数学逻辑的起点。他并没有发明判断的真值函数的运算方法，更没有从理论上说明为什么必须要把某个数学判断句看作是句子函数。

但是，他如此吹嘘他把维根斯坦的逻辑判断语句改造成数学的函数句的重要意义："我们的理论的语句不再是句子，而是将成为包涵两个自由的变量，'K'和'R'的句子函数，而且归总地说，它表达此事实，即关系R在集合K中具有这个或那个属性，（或者，更精确地说，这个或那个关系成立于K和R之间）。"[6]塔斯基在这儿提出的数理逻辑的句法原型显然是剽窃了维根斯坦《逻辑哲学纲要》的3.1432段对aRb的解读。他只不过是把字母a和b换成K和R而已。

塔斯基在其著作的第五节，论若干关系的理论（On the theory of Relations，第87-109页）提出了数学逻辑的基本理论模型是xRy这个象征符号。但是我们完全可以用a和b置换x和y，于是xRy就是aRb。我们已经知道aRb是维根斯坦构建的逻辑哲学的

---

[6]The statement of our theory will then be no longer sentences, but will become sentential functions which contain two free variables "K" and "R", and which expresses, in general, the fact that the relation R has this or that property in the class K.(or, more precisely, that this or that relation holds between K and R)" Tarski, p.134.

如何全面深入的译读维根斯坦的《逻辑哲学纲要》

大前提，此前提的基础和演绎就是逻辑坐标序列。我们已经看到，维根斯坦在《纲要》中花了许多篇幅详细讨论 aRb 的重要意义。塔斯基不过是把维根斯坦从 aRb 中用演绎推理推导的许多图形剽窃过来，并给它们起些不同的名字而已。例如，判断符号被他改名为真值表，aRb 被他改名为 xRy。同样的，塔斯基的"句子函数"不过是给维根斯坦的"判断句是简单判断句的真值函数"另外起的一个名字而已。由此可见，塔斯基的逻辑学的理论架构完全是剽窃维根斯坦的理论架构。

塔斯基在其著作的第 43 页用判断符号演示了逻辑推理的化简律是同义反复，指出矛盾律、排中律、等同律等也都是同义反复。我已经介绍，维根斯坦在第四大子集的末尾详细讨论了同义反复是逻辑的特征。我们还将看到，维根斯坦在第六大子集中的重要任务就是证明为什么同义反复是逻辑学之所以牢不可破的形式特征。在塔斯基之前，所有初级逻辑关系的标定和表达都已在维根斯坦的这本著作里被确定。可是塔斯基在介绍了所有的逻辑推理的法则在判断符号中都是同义反复之后就这么说，"这非常清晰的展示逻辑象征主义作为一个表达更加复杂的思想的精确的工具的价值"。[7] 这话说得好像是他发现了同义反复是逻辑的属性，好像是他发明了逻辑象征主义。

所以，塔斯基的逻辑演绎学在词法、句法、算法和基本理论方面都是全面剽窃维根斯坦。如此不要脸的剽窃的大前提可能是他真的认为维根斯坦的著作太难了，一般人都看不懂。也可能是因为他认定只要给他偷来的东西另外起个名字他就可以把这些赃物发行于市。他在他的著作的索引中甚至没列出任何与维根斯坦有关的条目，似乎他以为他这样做别人就看不出他是在全面剽窃维根斯坦。在学术界真是没见过如此大胆，如此不要脸的剽窃。这样的人如今竟然被人吹捧为当代逻辑学之父也是个奇迹。

塔斯基不仅没承认他剽窃维根斯坦，而且还说他构建数理逻辑的理论模型来自佩尔斯。他在第二章第一节第 14 页讨论变量时

---

[7]This exhibits very clearly the value of logical symbolism as a precise instrument for expressing more complicated thoughts. Tarski, p.43.

232

第九章：逻辑的判断与逻辑数学

在脚注2中指出，美国数学家佩尔斯为把变量引入数学方程作出了贡献。他在第38页介绍说我们可以用"真值表或矩阵的方法"（METHOD OF TRUTH TABLES OR MATRICES）判断任何一个判断句是否成立，并且在下面的脚注里明确指出是佩尔斯（Charles Sanders Peirce(1839-1914)）确立了这个方法。但是，佩尔斯的理论并没有做出判断的总形式，没有区分判断的形式和内容，没有指出判断必须具有"名字+画面+判断"这个套层结构，没有作出若干判断的连环图形和若干判断符号用严谨的逻辑演绎"如此这般核对成立"，也没有使用逻辑坐标系统作为逻辑推理的基础和背景。佩尔斯只是在讨论数学判断句时使用了真伪符号表格，这是当时的数理逻辑学家的普遍用法，弗里格和罗素当时也是这么用TF。显然，他是想利用佩尔斯掩护他全面剽窃维根斯坦的行为。

我在前面已经演示塔斯基全面的剽窃了维根斯坦的研究成果。可是塔斯基竟然可以厚着脸皮在第4页的脚注2里暗示他是从佩尔斯的数学变量受到启发构建了数理逻辑中的语句算法和真值表。维根斯坦在4.31指出了标定初级逻辑的方法，在4.442指出了构建n元复杂逻辑判断符号的方法，在5.101把所有初级逻辑关系的判断符号的集合叫作交叉核对表。塔斯基在第40、41、43页构建的他所谓的真值表的方法显然都是剽窃了维根斯坦在4.31、4.442和5.101指出的构建判断符号的方法。塔斯基把从维根斯坦偷到的判断符号另外起个名字而已。

根据维根斯坦的真值函数运算论，如果没有真值标定，那么(A & B)&(B V C)这样的形式只是表达的主体的自觉的思维模式的代码（代码是一对一的转换），而不是连接主客a和b的中间项R包涵的逻辑系统。

现在的问题是，我怎么知道表达我的思想的判断句，如(A & B)&(B V C)等，是否合理。这就和认知论中的关键问题"我怎知我知我所知"密切相关。在维根斯坦之前，所有的哲学家和逻辑学家对这个问题的最好的回答就是隐隐约约地武断它们是来自上天的形式逻辑。这是因为他们都不能对逻辑的判断进行定性分析，于是他们就根据这些他们领悟的形式逻辑说出些语句，并认为它们都是真理。这就是逻辑学家们所谓的强言为真（assertion）。

在维根斯坦之前，人们一般都认为哲学家们的断言为真是可靠的，因为人们都假定他们的知识来自上天。于是罗素也认为有信仰的断言为真就是判断。弗里格则主张所有的断言为真的语句前面应该加上个特定的符号"⊦"，而维根斯坦的"逻辑的判断"将精准地给我们演示在什么条件下断言为真可以成立。接下来维根斯坦将为逻辑的判断制定一些计算规则，这些规则就是逻辑数学的计算规则。这是因为逻辑数学的根据是来自逻辑的判断，克林在《数学逻辑》中提出的7条模型论的理论就来自维根斯坦在下面为逻辑的判断制定的算法规则。所以我把这些规则叫作逻辑数学的算法规则。

逻辑数学的算法规则之一：逻辑推理的根据是判断的真值根据。

5.11 If the truth-grounds which are common to a number of propositions are all also truth grounds of some one proposition, we say that the truth of this proposition follows from the truth of those propositions.

如果好几个判断所共享的若干真值根据都是某一个判断的若干真值根据，我们说这个判断的真是从那些判断的真中推出。

译注：现在假定建房子只需要砖、木材和瓦这三种材料，那么砖和木材是联合关系，砖和瓦是失联关系。我们可以写出一个逻辑判断句描述这三种材料相互之间在房子的存在形式中的逻辑关系，并为它作出一个判断的逻辑图如下。

砖	木	瓦	(砖 &木)	(砖 v 瓦)	((砖 &木) & (砖 v 瓦))
A	B	C	(A & B)	(A v C)	((A & B) & (A v C))
T	T	T	T	T	T
F	T	T	F	T	F
T	F	T	F	T	F
F	F	T	F	T	F
T	T	F	T	T	T
F	T	F	F	F	F
T	F	F	F	T	F
F	F	F	F	F	F

第九章：逻辑的判断与逻辑数学

现在我们看第一排，真值的同义反复就是逻辑句（(A & B) &(A v C)）可以成立的基础。

再竖着看（(A & B)&(A V C)）的真值标定（tffftfff）。显然，它包涵联合关系（tfff）的两次重复。所以，联合关系是此类逻辑句可以成真的关键。于是我们再把（tfff）看成（tf/ff），第五个 t 是这个逻辑句的真值根据。

然后我们横着看第五个 t 那一排，前面的四个 t 就是它的真值条件或者说证据。于是我们可以说这个复杂判断的真是从前面那些判断的真中推出。克林在《逻辑数学》中的 11 页做的就是这个。只是他采用了一个不同的逻辑句，并且在表达上没有写出从 P Q R 推出复合判断，再从复合判断推出复杂判断的真值标定的完整过程。

逻辑数学的算法规则之二：逻辑句表达从真值根据的序列的终点反思到序列的起点的过程。

5.12 In particular the truth of a proposition p follows from that of a proposition q, if all the truth-grounds of the second are truth-grounds of the first.

尤其是，如果判断 p 的真是从 q 的真推出，如果后者的所有真值根据都是前者的真值根据。

译注：请注意，p 是前判，q 是后判。

"如果判断 p 的真是从 q 的真推出" --- 这个条件明确了逻辑推理是后件。

"如果后者的所有真值根据都是前者的真值根据" --- 说的也是逻辑推理是从后件推导。

这就是说在做复杂判断句的真值根据分析时，我们要从该判断句的真值根据所属的那一行开始从后往前反推，推到前判的真值根据为止。换句话说，分析逻辑推理是否合理是把逻辑句的真值根据从后朝前反推。这就演示：逻辑推理的本质是反思。只有离开逻辑点对在逻辑点上发生的行为进行反思认知才能产生飞跃，我们才能用虚拟的逻辑的机器指挥客体代替我们去逻辑点上执行任务。

5.121 The truth-grounds of q are contained in those of p; p follows from q.

q 的若干真值点包涵在 p 的若干真值点之内；p 从 q 推出。

译注：p 是前判，后判是 q。王氏逻辑规则图演示这句话的意指如下：

　　p　　q　……
　（-T（---T））……

这仍是强调逻辑的演绎推理的根据是后件。

5.122 If p follows from q, the sense of "p" is contained in that of "q".

如果 p 从 q 中推出，那么"p"的感知包涵在"q"的感知之内。

译注：这句话的图形证据是：（-T（---T））……注意（- T) 属于 p，（---T) 属于 q，等等。

小结：

5.12—5.122 这几个判断明确了为什么我们表达逻辑思维的过程中的条件关系是后件。这是因为一方面简单判断的感知包涵复合判断的感知，复合判断的感知包涵复杂判断的感知。另一方面，我们是离开逻辑点为在逻辑点上发生的行为作有逻辑结构的画面。所以我们撰写逻辑句时在表达局面中包涵的逻辑关系时必须用后件，即从终点的简单判断的感知反推到起点的简单判断的感知，并且要从后面的若干简单判断反推到第一个简单判断。所以，描述某个行为序列的逻辑句必须是从行为序列的终点反思到行为序列的起点。克林在《数学逻辑》中构建逻辑模型时反复使用的逻辑句 P ⊃（Q V R）⊃（R ⊃ ¬ P））采用后件 ⊃ 的原因就是来自 5.12-5.122。

5.123 If a god creates a world in which certain propositions are true, he creates thereby also a world in which all propositions consequent on them are true. And similarly he could not create a world in which the proposition "p" is true without creating all its objects.

如果上帝创造一个世界，在其中某些特定的判断为真，那么他据此也创造一个世界，在其中所有从这些特定判断推导出的判断都为真。并且同样的，他不能创造一个世界，在其中，判断"p"为

第九章：逻辑的判断与逻辑数学

真却不创造该判断的全部客体。

译注：下面的图形是王氏逻辑规则图的"真值根据"那一行的展开。
P Q R……
(-T（---T（-------T）））……

它告诉我们，上帝如果创造出一个世界在其中某些特定的判断为真，那么从中演绎出的判断也必须为真。并且由于判断起源于客体，他必须创造出一个从简单客体演绎出更复杂更精妙的客体的世界。这就是我们这个世界的真相：我们这个世界的实质从真实的客体不断的演绎出更精妙的真实的客体，并且如此这般地不断演绎。逻辑学就是反思这个演绎的过程。

但是在《圣经》中，上帝是用话语创造世界：上帝说要有光，于是就有光。有光的世界必须有感知，但是上帝又不需要感知。所以他的创造在一开始就是暂停，即又感知又不感知（自相矛盾）。

逻辑数学的基本规则之三：逻辑推理的起点之真是推理的过程和终点之真的保证。

5.124 A proposition asserts every proposition which follows from it.

判断断言从它里面推出的每一个判断为真。

译注：王氏逻辑规则图的真值根据(-T(---T(-------T)))……图形演示。
简单判断断言它后面的复合判断和复杂判断为真。
复合判断断言它后面的所有复杂判断为真。
三阶复杂判断断言它后面的所有高阶判断为真。
显然某个高阶判断关系的真值标定定义它前面的所有判断的标定。所以(-T（---T（-------T）））……是我们对逻辑句做"逻辑的判断"的诀窍，也是我们撰写合理的逻辑句的诀窍。

5.1241 "p . q" is one of the propositions which assert "p" and at the same time one of the propositions which assert "q".

Two propositions are opposed to one another if there

is no significant proposition which asserts them both.
Every proposition which contradicts another, denies it.

"p . q"是既断言"p"为真的若干判断之一同时也是断言"q"为真的若干判断之一。如果不存在断言两个判断都为真的有意义的判断，那么这两个判断互反。每一个相互矛盾的判断都相互否定。

译注：这是对"联合"这个逻辑关系做出的逻辑的判断。我把"联合"关系的交叉核对图呈现如下。

p	q	p & q
t	t	t
f	t	f
t	f	f
f	f	f

这句话——"p . q"是既断言"p"为真的若干判断之一同时也是断言"q"为真的若干判断之———说的是第一排的最后那个"真"和其真值条件之间的关系，也就是形式逻辑中的联合律可以成真的唯一条件。

这句话——如果不存在断言两个判断都为真的有意义的判断，那么这两个判断互反——说的是该判断符号的第二和第三排的感知。这就是说，如果 p & q 没有意义（真值），那么 p 和 q 互反。所以在这两排感知中，判断 p 和 q 之间的关系是相悖的关系。于是，我们知道混淆两种不同的感知，或者说混淆两个完全不同的原子事实和判断——这就是罗素式的悖论的生存和发展的条件。这是因为简单判断 p 和 q 指称两个不同的客体。你能把抽象思维中两个客体混为一体吗？你能混淆拼音字母 a 和 b 吗？

第三句——每一个相互矛盾的判断都相互否定——说的是该判断符号的最底下那排。

这个图表说明：某一逻辑关系中的横排（判断的逻辑）中也包涵其他逻辑关系的证据。

逻辑数学的算法规则之四：真值根据的分析是因式分解。

第九章：逻辑的判断与逻辑数学

5.13 That the truth of one proposition follows from the truth of other propositions, we perceive from the structure of the propositions.

我们从判断的结构中感知到某个判断之真从其他若干判断之真推出。

译注：王氏逻辑规则图的"真值根据"那一行表达判断之真和其他判断之真的推理过程可以作成因式分解的过程。

(- T) / (--/-T)

(--/-T) / (--/--/--/-T)

我们可以用高度抽象的逻辑坐标感知（--/--/--/-T）里的真是从 (- T) / (--/-T) 里的真推出。

逻辑数学的算法规则之五：逻辑关系符号是逻辑的变量而不是常量。

5.131 If the truth of one proposition follows from the truth of others, this expresses itself in relations in which the forms of these propositions stand to one another, and we do not need to put them in these relations first by connecting them with one another in a proposition; for these relations are internal, and exist as soon as, and by the very fact that, the propositions exist.

某个判断之真从其他判断之真推出，这个（推出过程）通过存在于这些判断的形式中的若干关系而自我表达，并且我们并不需要先用某个判断把这些判断相互连接起来，把这些判断放在这些关系之中，这是因为这些关系是内在关系，并且通过存在若干判断此唯一事实而存在。

译注：逻辑规则图从左往右演示，我们从必然的作画形式得出或然的画面，从或然的画面得出真值根据的图形。所以，表达逻辑关系的符号不是来自上天的永恒存在，而是可有可无的。这是因为或然的画面是说：如果我知道了简单判断 p 和 q 的真值标定，我必知道联合关系的真值标定。如果我知道了联合关系的的真值标定，我必知道失联、后件等其他逻辑关系的真值标定。

这个判断告诉我们：在撰写逻辑句时我们在脑中要有表达不同初级逻辑关系的画面，并且知道如何从甲画面转换到乙画面。

逻辑数学的算法规则之六：可以从 p ∨ q 和（~p）→q 推导出全部十六个逻辑关系。

5.1311 When we conclude from p ∨ q and ~p to q the relation between the forms of the propositions "p ∨ q" and "~p" is here concealed by the method of symbolizing. But if we write, e.g. instead of "p∨q" "p | q . |. p | q" and instead of "~p" "p | p" (p | q = neither p nor q), then the inner connexion becomes obvious.

当我们把 p ∨ q 和 ~p 归结为 q 时，判断 p ∨ q 和 ~p 的形式之间的关系在这里被象征的方法给掩盖了。但是，如果我们不写成"p∨q"而是写成"p | q . |. p | q"并且不写成"~p"而是写成"p | p"（p | q = 既非 p 也非 q），那么其内在关联就变得明显了。

译注：他在前面从感知值的表达"--"讲解了所有的逻辑关系都可以从 p ∨ q 和 ~p 中推出。现在他是说，我们只需要"失联"和"否定运算"就可以得出全部十六种初级逻辑关系。我把他做出"逻辑的判断"的过程解释如下。

1. 维根斯坦是用符号"|"代表"二选一"。所以"p∨q"即"p | q . |. p | q"。

2. 同样的，"~p"可以用 p | q 意指既非 p 也非 q 表达。

3. 于是 (p ∨ q) 和（~p）可以写成对失联的真值标定（t t tf）中的每一个感知值做连续的否定运算。

如 (t t t f) 的否定是 ¬ (t t t f)，即 (f f f t)。

如 (t f t f) 的否定是 ¬ (t f t f)，即 (f t f t)。

如 (t f f f) 的否定是 ¬ (t f f f)，即 (f t t t)。

......

如此等等。

这就是说，我们只需要失联 ∨ 和否定运算 ¬，再加上后件⊃就可以写出一个完整的逻辑句，描述某个行为序列中的逻辑关系。克

第九章：逻辑的判断与逻辑数学

林在《数学逻辑》的第七页列出的逻辑句：$P \supset (Q \vee R \supset (R \supset \neg P))$ 就是这么来的。

小结：

由于 $p \vee q$ 是 pRq 的或然内容之一。所以维根斯坦在 5.13—5.1311 这个子集中做出了两条重要的逻辑的计算规则：一个是逻辑句的化简（因式分解），另一个是逻辑句的逻辑属性的转换。列示如下。

1. （pRq（pRq（pRq）））……（化简）
2. （p $\vee$ q）&（~p）$\rightarrow$ q。　　（转换）

以上两组代码是对判断的感知值进行化简和形式转换的规则。请注意，pRq 是 aRb 的形式的转换。并且 pRq 和 aRb 都演示十六个逻辑关系必须是对称关系。

根据这两条规则，我们可以把维根斯坦做出的十六个逻辑关系进行化简的计算。步骤如下。

1. 在逻辑关系中，否定和肯定是对称关系。在数学中，对称即因式化简。因此十六个初阶逻辑关系可以化简为八个逻辑关系。

2. 在剩下的八个因式中，前件和后件是对称关系，逻辑作为反思只用后件。于是现在只剩下七个逻辑关系。

3. 在这七个逻辑关系中，同义反复和自相矛盾也是对称关系，但是它们在判断函数的真值运算中没有意义。

4. 所以，十六逻辑关系可以化简为以下五个：全等、包涵、联合、失联和否定。分别用五个符号表达如下。

$$\equiv \quad \supset \quad \& \quad \vee \quad \neg 。$$

正如算法中有先加减后乘除的优先顺序，我们可以根据逻辑坐标和逻辑是反思这个特征确定逻辑关系的运算顺序。

(aRb)[1]	1. $\neg$
(aRb)[2]	2. $\vee$ 、3. & 、4. $\supset$ 、5. $\equiv$

所以，逻辑计算的优先顺序是否定、失联、联合、包涵、全等。

但是，如果逻辑句有 N 重括号，那么它表达逻辑句有 N 层逻辑坐标。于是我们得首先去掉外面第一层括号（逻辑坐标）。

克林在《逻辑数学》第 7 页用数字表达了分析 P ⊃（Q∨R ⊃（R ⊃ ¬P））这个逻辑句中的逻辑关系的步骤。但是他没有说为什么要那么做。我根据维根斯坦在上面做出的逻辑数学的规则，把克林为什么要那么作的原因解释如下。

1. 第一个 P 和 ⊃ 表达左边那个判断等于右边的逻辑句。所以这是全等，应该放在最后作计算。所以他把它的计算顺序标定第 5.

2. 去掉（Q∨R ⊃（R ⊃ ¬P））第一层括号，于是我们得到 Q∨R ⊃（R ⊃ ¬P）。失联∨的逻辑坐标是（aRb）[1]。后件⊃的逻辑坐标是（aRb）[2]。所以逻辑关系∨具有第一优先。克林用 1 表达。

在剩下的 R ⊃（R ⊃ ¬P）中，我们首先要去括号（逻辑坐标），即先考虑（R ⊃ ¬P）。

去掉括号后，R ⊃ ¬P 中的 ¬ 具有第二优先。克林用 2 表达。⊃ 具有第三优先，克林用 3 表达。

所以在（R ⊃ ¬P）前面的 ⊃ 具有第 4 优先。

逻辑关系的运算顺序的规则是逻辑数学的原理。维根斯坦用书面语言表达了这些原理，但是没做出图形。克林做出了图形，但是没有解释原理。我根据王氏逻辑规则图既做出了图形，也用书面语言表达了原理。数学家有了合理的逻辑句就能很容易地做出合理的数学方程式。所以，王氏逻辑坐标图和王氏逻辑规则图和上面的以及以后的全部与之有关的图表都是我为在中国普及逻辑数学做出的原创贡献。

逻辑数学的算法规则之七：逻辑推理的序列是个有限序列。

(The fact that we can infer fa from (x). fx shows that generality is present also in the symbol "(x). fx").

（我们能从 (x). fx 推断出 fa 演示着归总也存在于象征符号"(x). fx"中）。

译注：在复杂判断句的逻辑结构（pRq (pRq)）……中，包涵是演绎，化简是归结。并且我们可以把 pRq 转换成为 aRb。无论 pRq 还是 aRb 都演示它们的界限都是一个正方形。所以它们必定是

第九章：逻辑的判断与逻辑数学

个有限序列。

在逻辑规则图中，简单判断是用 p 表达。我们可以把简单判断写成判断函数 fa，把复合判断 pq 写成 f（a b）。于是我们得到一个逻辑坐标和判断函数的序列：(aRb)[1] →fa,（aRb)[2]→f(a b)……

根据逻辑规则图，从（aRb)[1] 开始的已知的判断函数的逻辑坐标序列是有限的，所以 fa 必然是有限的。已知的逻辑坐标的序列的后面是未知的逻辑坐标序列：(x). fx。所以我们可以从 (x). fx 里推出 fa。

现在，我们看逻辑规则图中的已知的判断的逻辑坐标的序列，无论是推出（从下往上）还是归结（从上往下），它们都演示着逻辑推理过程中的逻辑坐标、作画形式、或然的画面和真值根据都是一个相互联系共同升级或下降的有限序列。所以维根斯坦在这里指出，我们可以从 (x). fx 推出 fa。

另外，我在本书第八章开头的提要中用图表演示了数列 N 在逻辑学中必须是 N+1 的有限序列。王氏逻辑规则图最底下一排也如此演示。

逻辑数学的算法规则之八：逻辑的演绎是以 pRq 作因子的成公倍的扩大。逻辑的归结（请注意归结是反推，不是归纳。演绎和归结是辩证关系。）是以 pRq 作因子的成公倍的化简。

If p follows from q, I can conclude from q to p; infer p from q.

The method of inference is to be understood from the two propositions alone.

Only they themselves can justify the inference.

Laws of inference, which—as in Frege and Russell—are to justify the conclusions, are senseless and would be superfluous.

如果 p 从 q 中推出，那么我能从 q 归结到 p；从 q 推导出 p。
推理的方法只能从唯独这两个判断中理解。唯独它们自身才能证明该推理合理。
推理的法则，--- 如在弗里格和罗素中 --- 要证明结论合理，

如何全面深入的译读维根斯坦的《逻辑哲学纲要》

是毫无感知的并且是多此一举。

译注：我们根据维根斯坦为逻辑的判断做出的纵横交叉的判断符号的"真值根据"可以看出，逻辑推理有两个方向。一个是从简单判断推出复合和复杂判断，这就是演绎推理，维根斯坦称它为推出（follow）。另一个是从复杂判断回溯到第一个简单判断。维根斯坦称这个过程为归结（conclude）。归结的目的是归总（generality），这儿的归总是找出判断符号的总形式。

这儿的"这两个判断"不是仅仅指二元复合判断中的两个简单判断 p 和 q，而是指成对的判断。判断的因式分解演示给我们看，任何逻辑推理的过程都可以写成 pRq 的包涵形式，即（pRq（pRq（pRq）））……我们只能从 p q 这一对判断中理解逻辑推理的规则。所以（pRq（pRq（pRq）））……就是逻辑演绎推理的架构。这就是我们可以把前面已经写好了逻辑指令集看作是 q，再加上一个合理的逻辑关系和新判断 p，我们就可以得到一个新的 pRq，从而让某个程序升级一次。

从这一对因子 pRq 做出的所有逻辑的演绎只能用它们自己的判断符号自证。从判断符号中，我们可以看出推理的两个不同方向：归结和推理。推理就是从简单往复杂的演绎，归结是从复杂到简单的归结。推理是否合理就是看演绎和归结是否含有同一个最简因式，正如数学中的因式分解决定最大公倍数和最小公约数。所以，逻辑句是否合理就在本身的因式结构中。克林的"数学逻辑"的模型论中的大量练习就是围绕 pRq 这个逻辑的必然形式结构展开的。

克林在其著作的《数学的逻辑》的第一章《判断的算法》，从第 3---73 页，为构建他的数理逻辑的模型论写了 15 个章节，提出了若干数学逻辑的模型论的理论。现在，如果我们对照克林的第一章"判断的算法（Propositional Calculus）"和维根斯坦的《逻辑哲学纲要》，就会发现克林的模型论完全是剽窃维根斯坦于构建判断符号有关的理论。他所谓的模型就是维根斯坦的逻辑的画面或判断符号：§2.12 A picture is a model of reality（画面是现实的模型）。

我们现在看他是怎么构建逻辑数学的模型。他首先假定每一

第九章：逻辑的判断与逻辑数学

个数学语句的算法里面都有一个判断句。他把以判断句为单位的计算方法叫作判断的逻辑（propositional logic）或者判断的计算（propositional calculus, p.4）。然后他说我们将设定简单的判断句存在于某客体语言之中。他把这个客体语言命名为陈述句的集合。然后他说，根据特定的算法我们可以从该集合的每一个陈述句中构建出更多的陈述句。[⑧]

显然他所谓的数学陈述句就是逻辑学中的简单判断句，也就是维根斯坦的断言原子事实存在为真的简单判断句，也就是可以用真伪这两个值标定的简单判断句。

正如维根斯坦指出，所有的判断句都可以从简单判断句推出，克林说可以用特定的算法从简单陈述句的集合中构建更多的陈述句。克林为了构建他模型论，必须把下面这些重要概念设定为他的模型论的大前提：

1. 客体语言和主体语言（他把主体语言叫作观察者的语言 the observers' language）；
2. 判断逻辑句的句法规则；
3. 原始公式和合成公式；
4. 五个合成公式的图形即第九页的那个图形；
5. 逻辑关系在逻辑运算中的优先顺序；
6. 在逻辑点上的真值函数运算；
7. 表达真值函数运算的判断符号的形式和内容；
8. 逻辑句的化简和成公倍的扩大。

所谓前提就是已经判定为真的判断。但是克林没有说他的这些假定的前提的来源。

这是因为克林在1中提出基本概念就是来自维根斯坦的 aRb；在2中提出的判断句的句法规则就来自于维根斯坦提出的判断句的句法，即必须把整个判断句看作是真伪判断的对象，而不是像罗素

[⑧] Throughout this chapter, we shall simply assume that we are dealing with one or another object language, in which there is a class of (declarative) sentences (the aforementioned building blocks) and all the further sentences that can be built form them by certain operations, as we describe next. P.4

那样把判断句中的成分看作是判断的对象；在3中提出的原始和合成也同样来自维根斯坦的词法规则之一，即判断的名字的使用必须从原始或简单推出合成；在4中的五个合成公式就是来自维根斯坦在5.101横着列出的十六个逻辑关系的画面；尤其重要的是，克林的模型论中的所有计算都不折不扣是维根斯坦的真值函数运算，可是克林始终只用计算（compute）这个名字指称维根斯坦的真值函数运算；在5中提出的逻辑运算的顺序的逻辑根据也是来自维根斯坦在前面5.13-5.1311那个子集中做出的逻辑的判断；在6中的真值函数运算只不过是没有提到真值函数运算发生的地点是逻辑坐标中的逻辑点；在7中他和塔斯基一样把维根斯坦的判断符号叫作真值表；在8中他确定的构建合理的数学判断句的方法就是维根斯坦在5.12-5.1311中为逻辑数学做出的那八条基本原则。

再例如，克林在第二节第9页（模型论：真值表，合理点）作出了这五个逻辑关系的判断符号。谁都看得出来，他所谓的真值表就是维根斯坦在本章开头做出的那十六个表达逻辑关系的纵横交叉核对表。另外，他为否定关系的运算做出的图表是来自维根斯坦的5.02。既然塔斯基早已经剽窃了，他再剽窃又何妨？

克林还这样说：现在我们对原子作进一步的假设，该假设是古典逻辑的特征。我们假定每一个原子（或者说它表达的判断）或真或伪但不是同时为真和伪。⑨ 三段论和罗素的形式逻辑都没有这样的假设。所以，克林所谓的古典逻辑的特征难道不就是塔斯基说的"如此这般是否成立"只有真和伪这两个回答之一？"如此这般成立"不就是维根斯坦提出的判断句中的逻辑是通过判断符号和其中的纵横交叉核对而合理成立？所以，克林所谓的"古典逻辑"和塔斯基所谓的演绎科学的方法论都来源于维根斯坦的逻辑哲学。克林接着说：于是现在冒出问题，某个合成公式或分子公式的真或伪（真值）是怎么取决于它的构成成分原始公式或原子公式的真值？⑩

---

⑨Now we make one further assumption about the atoms, which is characteristic of classical logic. We assume that each atom (or the proposition it expresses) is either true of false but not both. P.8

⑩The question now arises: How does the truth of falsity (truth value) of a composite formula or molecule depend upon the truth value(s) of its component prime formula(s) or atom(s). p.8.

第九章：逻辑的判断与逻辑数学

他在第九页的那个图表中列出了四个逻辑关系和否定运算的真值标定。但是他把维根斯坦首先提出的真值标定改名为真值的指定（assignment）。于是我们在这里看到克林剽窃维根斯坦的策略和塔斯基一样是在名字上面做文章：明明是他给维根斯坦的判断模型和与之相关的概念改了名字以掩盖他剽窃维根斯坦的行为，但是他却说判断的真值函数计算是古典逻辑的特征。他所谓的古典逻辑其实就是维根斯坦用判断的真值函数计算创建的新逻辑而不是旧的形式逻辑。现在我们看他是如何全面彻底的剽窃维根斯坦在上面提出的数学逻辑的八条算法规则。

维根斯坦在这一章的 5.101 指出：N 个简单判断的真值函数都可以写成复合判断 pRq 的纵横交叉核对表。在 5.12—5.1311 制定的八条逻辑数学的计算规则也都是来自他对 pRq 的分析，并且指出我们只能从 p 和 q 这两个判断的逻辑关系之间做逻辑数学的演绎推理。他这么说的逻辑根据就是他没有公布的逻辑规则图。我现在做图如下。

逻辑坐标	判断句	真值根据
$(aRb)^0$	(P)	
$(aRb)^1$	(p)	$(-t)^1$
$(aRb)^2$	(pRq)	$(-t)^2$
$(aRb)^{n+1}$	$(p)R(pRq)^n$	$(-t)^n$

现在我们可以看出：1) 逻辑坐标、判断句和真值根据必须同时升级。2) 简单判断句 p 即 $(pRq)^1$ 或 $(aRb)^1$，其真值根据在 $(-T)^1$。3) 复合判断句即 $(pRq)^2$ 或 $(aRb)^2$，其真值根据在 $(-T)^2$。4) N 元复杂判断的判断句和真值根据都可以化简为 (-t)。5) 据此我们看出，根本就不需要谓词逻辑，这是因为任何数目简单判断的真值根据都可以化简到二元复合判断的真值根据并且根据维根斯坦逻辑的演绎推理只能从 p 和 q 之间的关系推出。

于是怎么因式分解复杂判断句或逻辑句就是逻辑数学的关键算法。我现在以克林在《数学逻辑》第 12 页列出的逻辑句 P ⊃ (Q ∨ R ⊃ (R ⊃ ¬ P)) 为例用图形演示如何用 pRq 对该逻辑句做因式分解并去括号。

P	R	Q
P	⊃	(Q∨R ⊃ (R ⊃ ¬P))
Q	∨	R ⊃ (R ⊃ ¬P)
R	⊃	(R ⊃ ¬P
R	⊃	¬P

这个图形告诉我们因式分解是解析 N 阶复杂逻辑句中的逻辑关系和判断函数的基本算法。

克林还在其他地方全盘剽窃了维根斯坦为数学逻辑的算法做出的八条算法规则，并且克林的模型论的算法规则就是这些。所以，当他说根据特定的算法我们可以从某个集合的每一个陈述句中构建出更多的陈述句时，这些特定的算法都是他从维根斯坦的逻辑数学的算法剽窃来的。难道这些都是旧的形式逻辑的特征？形式逻辑和维根斯坦之前的所有数理逻辑学家们提出过这些逻辑数学的算法吗？

克林建立逻辑数学的模型论时反复使用的逻辑句就是 P ⊃ (Q ∨ R ⊃ (R ⊃¬ P))。他并没有从理论上阐述为什么构建分子公式（复杂判断）应该从解构 P ⊃ (Q ∨ R ⊃ (R ⊃¬ P)) 开始，也没有解释 P ⊃ (Q ∨ R ⊃ (R ⊃¬ P)) 是描述某个行为序列中的逻辑的归总的表达。所以他的模型论如果没有维根斯坦的理论做基础肯定不能成立。

如果我们能够确定 P ⊃ (Q ∨ R ⊃ (R ⊃¬ P)) 是个合理的逻辑句，那么我们就可以把（走）、（过）、（来）这三个判断函数或任何其他判断函数代入到该句子中的简单判断 P、Q、R 中。所以，克林在《数学逻辑》中提出的模型论的第三条规则："模型论：代入的规则，若干合理的方程式的收集（Model theory: the substitution rule, a collection of valid formulas）"中的"代入"就是维根斯坦的逻辑规则中的变量的代入。

克林的语法规则并不如维根斯坦严谨。例如，克林并没有清晰地界定原始公式、给定的公式和合成公式的界限。这是因为他提出

第九章：逻辑的判断与逻辑数学

的被给定的公式混淆了原始公式和合成公式。另外，他在第一节（也就是开讲数学逻辑这门课程时）中使用了"客体逻辑（the object logic）"和"观察者的逻辑（the observers' logic）"这两个逻辑，并宣布谁要是不接受这两者的区别，谁就得关起书本走人。其实，他应该说谁要是不知道维根斯坦的 aRb 是他的逻辑数学的模型论的原型，谁就没能力揭露他的剽窃行为。[①]另外，这儿的"客体逻辑"就是他在接下来的第三段所说的"客体语言（the object language）"。于是他混淆了语言和逻辑的概念。

逻辑规则图作为逻辑结构的图形和变量的计算方法的象征给我们无声地表演着：人世间只有一个逻辑，一个逻辑坐标序列。这是因为万物在这个世界上只有一个存在。为什么克林说数学逻辑中有两个逻辑呢？原因之一可能是只有把人间的唯一逻辑分为许多不同的逻辑，他才有可能继续保持其中的那个所谓的最优越的逻辑。这就是语言优越论的理论基础。原因之二是他不愿意提及维根斯坦在逻辑发展史上首次提出的必须区分"形式和内容"这个原创理论。提到这个原创就得暴露所有的旧哲学和旧逻辑不区分形式和内容的根本错误。原因之三是他既想剽窃维根斯坦的逻辑的算法技术，又不愿意公开维根斯坦确定的存在第一、逻辑第二的哲学原理。他甚至把逻辑句的算法规则的理论叫作"最高机密"。

当然克林在剽窃维根斯坦时也并不是没有为逻辑数学的深入发展作出贡献。关于如何用逻辑指导数学运算，他在第 10 页举了个很有意义的例子。我把它诠释如下。

假如你把某个 n+1 的正整数写在一张纸片上放在口袋里不让我知道。我可以合乎实际地说，"如果 n+1 是个奇数，那么 x^n+y^n 可以分解因式"。我这么说就是在主张，当你拿出那张显示 n 的值的纸片时，如果 n 是个奇数，那么我可以分解 x^n+y^n 中的 n 的因式（并且我绝没有主张 x^n+y^n 在相反的情形下可以分解因式）。于是，假如你打赌说我错了，并且为了决赌你拿出数 n。如果这个数是 3，

[①] It will be very important as we proceed to keep in mind this distinction between the logic we are studying (the object logic) and our use of logic in studying it (the observer's logic). To any student who is not ready to do so, we suggest that he close the book now. (pp.3-4)

那么我可以把分解的因式（x+y）(x^2-xy+y^2) 演示给你看，并且你给我钱。如果那个数是4（或6），那么我自动赢。

现在我们可以看清楚因式分解就是逻辑数学的基本算法。接下来我分析一下这个例子里的逻辑数学。

我能赌赢的逻辑原理是因为我可以把判断确定是还是不是的程度，并且无论是还是不是，我都赢。这就是判断符号和真值根据在逻辑数学中的关键应用。

由于有逻辑的包涵都是成对的关系，所以数学中的X, Y之间的关系类比而同于判断中的P, Q之间的关系。数学中加减乘除在逻辑计算中也都有对应的表达。所以我们完全可以用分解因式的方法设立某个合理（有逻辑的）数学方程以解决某个具体的问题。

这个具体问题就是那个数目3。解决这个问题的大前提就是维根斯坦的哲学主张：任何语言（无论是代码，数字还是语言符号等）都是存在的反应或镜像。存在必须有存在的形式。存在的形式必须成序列，或者说子集。所以，即使是随机的编码也有确定的存在形式，否则这个世界就不会有存在（有存在才有意义）。于是根据存在的形式的原理或基本逻辑设立逻辑方程的过程就是推理的过程；而解方程的过程是归结的过程，也就是求解密码的原型的过程。

x^n+y^n 中的 n 告诉我们：数是逻辑推理的循环次数。N=3 即逻辑推理有三层循环或包涵。在理论上每一个数（数应该看作是某个系统中的语义项）都可以分解因式，因此无论一个语义项有多大或多小，里面都包涵 n 个因式。于是我们可以通过用因式分解逻辑概念找到那个语义项（密码，代码或语言符号），因此数绝不是来自上天的永恒不变的概念。实际上，在高度抽象的逻辑中我们必须把某个方程看作是由若干语义项组成的逻辑语言。虚拟的逻辑的机器只能懂得用真伪值标定其形式特征的逻辑语言。 例如，表达英文的数学方程必须看作是由 26 个字母、10 个数、运算符号、等于号和标点符号等组成的逻辑语言系统。

因式分解告诉我们软件系统的开发始于机器语言。这样的语言的逻辑架构必须是（pRq）的同义反复。如今的信息工程中的任何软件也必须是（pRq）的同义反复的不断升级，在这个不断升级的

第九章：逻辑的判断与逻辑数学

语言竞技的过程中，中文对英文具有全面压倒性的战略优势。

克林关于打赌的例子再次证明，他的《数学逻辑》中的计算技术就是来自维根斯坦为数学逻辑制定的算法规则。

现在我们看克林接下来怎么构建他的模型论。根据维根斯坦的句法规则之一：如果把所有的表意符号都看作是语言，那么我们可以把某个复杂判断看作是一个由若干语义项组成的有限序列，而一个有限序列就是一个系统。正是根据这条句法规则，克林提出了他的模型论的第一条理论。

理论1. 设E是个只包涵原子$P_1, \cdots, P_n$的公式，并且设E*来自用$A_1, \cdots, A_n$同时逐项代入E中的$P_1, \cdots, P_n$。如果E合理，那么E*合理。

显然E和E*都是有限数列，而且用"$A_1, \cdots, A_n$同时逐项代入E中的$P_1, \cdots, P_n$"就是维根斯坦在《逻辑哲学纲要》的§1.21中指出的事实就是核对$a_1, \cdots a_n$和$b_1 \cdots b_n$，其余不变。唯一的不同是克林把维根斯坦的语言序列看作是数学方程式。

如果我们把E中的"$P_1, \cdots, P_n$"看作是某合理的复杂公式中的每一个元素，那么程序语言E*中的每一个元素"$A_1, \cdots, A_n$"都必须和"$P_1, \cdots, P_n$"一一对应。

于是"$P_1, \cdots, P_n$"可以看作是一个逻辑系统，"$A_1, \cdots, A_n$"可以看作是程序语言系统。要让这两个系统完整准确的对应就必须做到两个系统中的每一个元素都一一对应。所以，关键任务首先是确定相互对应系统中的相互对应的若干要素，然后把这些要素整理成因式（子集或集合），确定各个因式的逻辑地位，从而作出一个合理的理论模型。克林接下来在第3-13节就是把这些原理整理成十条理论，这些理论都可以归结到维根斯坦的逻辑模型论。

所以克林的模型从词法、句法到算法都是剽窃维根斯坦。也许是如此全面的剽窃让克林自己都觉得不好意思，他在讲解算法／语法表时说了一句：所谓合理的公式，就是（根据维根斯坦于1921年）与判断算法有关或在判断算法中的同义反复。[12] 但是他并没有讲解

---

[12] Such formulas are said to be valid, or to be identically true, or (after Wittgenstein 1921) to be tautologies (in, or of, the propositional calculus).

与判断的算法有关的步骤和理论,而是要学生们自己想。例如,在讨论算法表时,他对学生们说:"主要成分(即简单判断)列表的顺序在这儿并不重要。(为什么?)"[13]他把从维根斯坦那里偷来的东西当作考学生的问题。逻辑规则图就演示这个问题的答案:规则图中的每一个纵横交叉的框里面都装着一个主客核对的逻辑坐标(aRb)。

他本应对学生们介绍维根斯坦对他的《数学逻辑》做出的巨大贡献,但是他并没有这么做,而是用了整整一章(第五章)介绍他所谓的数学逻辑的基本原理。他在这一章中提到了数学和逻辑发展史上许多名家,就是不提维根斯坦。于是给人这种印象:似乎他是根据这些人的理论作出了他的数学逻辑的模型论。但是我已经揭露了没有他如此无耻的剽窃维根斯坦,他的"数学逻辑"这门课程就不能成立。

克林在第 26 节中还专门讨论如何用罗素式的代码翻译亚里士多德的古典逻辑和普通语言。根据维根斯坦的理论,这些都是些无用功,既没有感知也是多此一举。这是因为所有的语言规则成立的基础都是真值的同义反复。这就是说如果没有真值的同义反复,那么语言就不成立。

克林在剽窃维根斯坦的计算技术的同时,还无视维根斯坦指出的 N 阶判断和其逻辑都可以化简成为二元复合判断的纵横交叉核对的图形,故意在"谓词逻辑"那一章中为罗素式的代码招魂。把本来是简单的问题弄得非常复杂。用罗素式的代码做出来的同义反复只不过是让人觉得形式新颖,但是都是维根斯坦的纵横交叉核对的图形的翻版,并不能导致任何新的计算技术。所以,"数学逻辑"这门课程完全可以省掉谓词逻辑这部分。克林之所以这么做当然就是为了保住罗素用代码表达数理逻辑的地位,这是因为代码的确比普通语言更加简练。但是,更简练更有效率的方法是用象征符号作逻辑方程。

总而言之,克林一方面剽窃维根斯坦的逻辑和技术理论,一方面放肆宣扬与维根斯坦的逻辑哲学相反的旧数理逻辑和旧哲学的主

[13]The order of listing the prime components does not matter here.(why?)p.12.

第九章：逻辑的判断与逻辑数学

张。例如，在第 31 节（167-172 页）他专门用代码讨论了抽象的描述，并给英文的定冠词和不定冠词另外起个名字叫作"适当的（确定）描述"（proper (definite) description）。他剽窃了维根斯坦的那么多的逻辑计算规则，当然知道维根斯坦指出了拼音语言不能适当地描述逻辑。所以他才给英文的定冠词和不定冠词起个名字叫作"适当（确定）的描述"。他一定是抱着强烈的焦虑，害怕人们最终看出拼音语言不能适当地描述逻辑，所以竟然用了两页半的篇幅对罗素式的代码为定冠词和不定冠词的逻辑属性作了一次冗长并且毫无感知的代码推理，最后作出了这一样一个结论。

在用适当的描述进行运算时，F（x，w）和 f(x)= w 全等。⑭

这个结论就是 fx 展开的序列等于 w 作为变量展开的序列。这两个序列都是一个局面的描述。我们并不能从不定冠词和定冠词中直接推导出 F（x，w）和 f(x)= w 全等。

维根斯坦在 4.121 和 4.1211 中提出的镜像论：凡在语言中给自我照镜子的，语言都不能再现。因此判断 fa 就演示这两个判断"fa"和"ga"与同一客体有关。如果两个语言中的"此只手"和"the hand"都指同一客体，那么它们的逻辑值就是全等。所以在逻辑中，根本就不存在哪个语言的描述更体面更抽象这样的问题。

可是，克林就以 F（x，w）和 f(x)= w 全等这个公式为根据认为定冠词就是英语具有优越地位的标志。现在我可以说，克林在逻辑学方面也是个种族自大主义者。这是他不舍得否定罗素的代码的原因。这就更应该揭露他全面系统的剽窃维根斯坦的丑陋行为，从而彻底否定他的种族主义的理论。只有扫除了这些谬论，才能让世界知道所有人的语言都共享一个逻辑系统，因此都只有一个价值系统。关键是逻辑的价值不应该是用武断和霸权确定的，而应该是通过话语实践和逻辑思维的提炼而得到的。以为别人的发展必然损害自己的利益是不符合逻辑学中具有包容性质的世界观的。逻辑不怕竞争。相反，逻辑越竞争技术发展的越快，对人类越有益。

和塔斯基相比，克林更善于剽窃，因为他构建的数学计算的模

---

⑭Thus, in operating with a proper description, F(x,w) and f(x) = w are equivalent. P.172.

型的方法是从头到尾全面剽窃维根斯坦的《逻辑哲学纲要》。这需要更深厚的逻辑计算的基础和对计算语言的语法的更深入的了解。在理解了维根斯坦提出的"逻辑的判断"的语法和算法之后，他把维根斯坦制定的那些规则剽窃过来，然后给其中的基本概念都起些不同的名字，从而掩盖他的剽窃行为。他偷的东西主要是维根斯坦提出的与逻辑的算法有关的规则。

到此我已经演示塔斯基和克林这两位建立"数学逻辑"这门学科的创始人在基础理论、逻辑的算法和模型建构等方面都是剽窃了维根斯坦。他们并不是没有看懂维根斯坦，而是看懂了故意不说，从而掩盖他们的偷窃行为。与此同时，他们还故意发行推广罗素的错误，从而欺骗了整个世界。一方面，他们利用罗素的谬论误导世人，以为维根斯坦真的难懂，以便灌输或宣扬语言优越论。另一方面，他们在假定世人都看不懂维根斯坦的同时悄悄用维根斯坦的理论提高他们的技术理论的层次，并自豪地宣称只有他们才有能力作技术创新。其实他们的优越感完全来自欺天盗世的骗子们（Heaven and Earth Cheaters）的心理作用。

接下来维根斯坦将讲解逻辑的演绎推理的语法规则。

5.133 All inference takes place a priori.
所有的推理都是先验发生的。
译注：演绎和归结是先于经验的。这是因为逻辑坐标先于经验。

5.134 From an elementary proposition no other can be inferred.
从一个简单判断中啥也推不出来。
译注：我们根据简单判断的真值标定可以看出每一个简单判断都是相互独立，既不相同也不相悖。

5.135 In no way can an inference be made from the existence of one state of affairs to the existence of another entirely different from it.
绝无方法从一个局面的存在中推出另一个与之完全不同的局面的存在。

译注：局面由客体内部的诸多要素组成。局面存在于王氏逻辑

第九章：逻辑的判断与逻辑数学

规则图的"或然的画面"那一行。在那一行的某一排中，所有的或然的局面都相互有逻辑的关联。

5.136 There is no causal nexus which justifies such an inference.

不存在证明此等推理是合理的因果关联。

译注：二阶复合判断中的 R 演示：十六个简单逻辑关系中没有因果关系。

The events of the future cannot be inferred from those of the present.

Superstition is the belief in the causal nexus.

未来的事件不能从当前的事件中推出。

迷信即相信因果关联。

译注：逻辑规则图中的逻辑坐标界定思想的界限，在此图中只有逻辑关联，没有因果关联。

5.1362 The freedom of the will consists in the fact that future actions cannot be known now. We could only know them if causality were an inner necessity, like that of logical deduction.—The connexion of knowledge and what is known is that of logical necessity.

("A knows that p is the case" is senseless if p is a tautology.)

自由意志在于事实，即将来的行为在现在是不可知的。如果因果关联像逻辑的演绎一样是内在的必然，那么我们可以知道将来的行为。——知识和已知的关联是逻辑的必然的关联。

（如果 p 是同义反复，那么 "A 知道 p 成立"毫无感知）。

译注：同义反复本身就是逻辑可以成立的基础，所以，"A 知道同义反复成立"等于啥也没说。你和张力跳舞的和谐的动作的大前提就是"跳"的同义反复。

5.1363 If from the fact that a proposition is obvious to us it does not follow that it is true, then obviousness is no justification for our belief in its truth.

如何全面深入的译读维根斯坦的《逻辑哲学纲要》

如果从此事实 --- 某个判断对我们而言是明显的 --- 并不能推出此判断为真,那么明显性绝不是我们相信该判断为真的合理的辩护。

译注:明显的图形必须作为高度抽象的与存在有关的信息的象征或者说再现才能辨别真伪。

5.14 If a proposition follows from another, then the latter says more than the former, the former less than the latter.

如果一个判断从另一个判断推出,那么后面的要比前面的说得多,前者要比后者说得少。

译注:这句话的根据仍是来自王氏逻辑规则图中的逻辑根据那一行:(-t(---t))……

5.141 If p follows from q and q from p then they are one and the same proposition.

如果 p 从 q 推出,并且 q 从 p 推出,那么它们是同一个判断。

译注:即逻辑的全等关系 :p ⊃ q.q ⊃ p。

5.142 A tautology follows from all propositions: it says nothing.

同义反复从所有的判断推出:它啥也不说。

译注:前已解释,同义反复本身是逻辑的属性。逻辑是所有判断的基础。它啥也不说。

5.143 Contradiction is something shared by propositions, which no proposition has in common with another. Tautology is that which is shared by all propositions, which have nothing in common with one another.

Contradiction vanishes so to speak outside, tautology inside all propositions. Contradiction is the external limit of the propositions, tautology their substanceless centre.

若干判断享有自相矛盾,但是此判断的自相矛盾和彼判断的自相矛盾毫不相同。所有判断享有同义反复,各个判断的同义反复毫

第九章：逻辑的判断与逻辑数学

不相同。矛盾可以说消失于判断之外，而同义反复消失于所有的判断之内。矛盾是判断的外在界限，同义反复是判断的没有实质的中心。

译注：维根斯坦在前面的 4.463 中指出判断是画面，是模型。在前面的 4.46-44661 中他是就同义反复和自相矛盾不是现实的模型而言。在这里，当他说同义反复消失在判断的画面之内，是指我们在逻辑坐标图中看不到同义反复的画面，但是同义反复是所有判断的画面的基础。当他说"自相矛盾是判断的外在界限"，他是指自相矛盾在任何判断的画面的界限。

例如，在二元复合判断的逻辑点上的感知值的组合（----）中，我

a	a	t	a
R		+(----)pq	
b	fa	f	fa

们看不到同义反复和自相矛盾，但是能算出它们。在这个画面中，同义反复是该画面看不见的基础，自相矛盾是这个画面的界限。

逻辑的算法规则之九：或然率的计算是概率计算的逻辑基础。

5.15 If Tr is the number of the truth-grounds of the proposition "r", Trs the number of those truth-grounds of the proposition "s" which are at the same time truth-grounds of "r", then we call the ratio Trs : Tr the measure of the probability which the proposition "r" gives to the proposition "s".

如果 Tr 是判断"r"的真值根据的数目，Trs 是判断"s"的真值根据同时也是 判断"r"的真值根据的数目，那么我们称 Trs : Tr 的比例是判断"r"赋予判断"s"的或然率的度量。

译注：5.15—5.156 这个子集专门讲解逻辑矩阵中的或然律的算法和哲理。

例如，在 FTTT 中 Tr = 3，
在 TFTT 中 Trs = 2，
于是 Trs : Tr = 2:3。

或然率的计算告诉我们形式逻辑中的充分条件、必要条件、充分必要条件等条件论都是武断的，都不能作为一门可靠的学问的基础。

5.151 Suppose in a schema like that above in No. 5.101 Tr is the number of the "T"'s in the proposition r, Trs the number of those "T"'s in the proposition s, which stand in the same columns as "T"'s of the proposition r; then the proposition r gives to the proposition s the probability Trs : Tr.

假设在像上面编号5.101的横竖核对的表格中，Tr是判断r中的"T"的数目，Trs是判断中s的那些"T"的数目，并且那些"T"和判断r的 "T"列在同一行，那么判断r 赋予判断s 以Trs:Tr的或然律。

5.1511 There is no special object peculiar to probability propositions.

没有特殊的属于或然律的判断的专门客体。

译注：即表达或然率的判断没有任何专门的客体与之对应。这是因为客体的存在本身是必然和或然的统一。或然和必然对应同一客体。

5.152 Propositions which have no truth arguments in common with one another we call independent.

我们称相互之间没有共同的真值参数的判断是独立的。

译注：例如 FTTF/TFFT 之间没有共同的真值参数。FFFT 和 FFTF 之间也没有共同的真值参数。

Independent propositions (e.g. any two elementary propositions) give to one another the probability 1/2.

独立的判断（例如，任意两个简单判断）互相给定的或然率为 1/2。

If p follows from q, the proposition q gives to the proposition p the probability 1. The certainty of logical conclusion is a limiting case of probability.

第九章：逻辑的判断与逻辑数学

如果 p 从 q 推出，那么判断 q 赋予判断 p 的或然率是 1。逻辑结论的肯定性是或然率有界定范围的例子。

(Application to tautology and contradiction.)

（适用于同义反复和矛盾。）

译注：同义反复的或然率是 1。

5.153 A proposition is in itself neither probable nor improbable. An event occurs or does not occur, there is no middle course.

某个判断本身既非或然也非无或然。事件或者发生或者不发生，没有中间道路。

译注：判断的对象是客体，客体是生活中的万物和事件的归总。客体的存在有或然率。但是判断没有或然率，判断只有"存在为真"和"不存在为伪"这两个感知值。

5.154 In an urn there are equal numbers of white and black balls (and no others). I draw one ball after another and put them back in the urn. Then I can determine by the experiment that the numbers of the black and white balls which are drawn approximate as the drawing continues.

某个罐子里有数目等同的黑色和白色球（没有其他）。我把它们一个一个的拿出来并把它们放回罐子里。于是根据此实验可以决定黑球和白球的数目，随着我拿，此大约数越来越准确。

So this is not a mathematical fact.

所以这不是个数学事实。

译注：黑色球和白色球的数目等同 --- 这是逻辑推理的前提。我把它们都拿出来就可以证明"黑色球和白色球的数目等同"这个逻辑事实。这相当于一个实验。但是我再把它们放回去，那么我知道放回了多少。于是"放回去的数/总数"确定或然率。所以这个实验不是数学事实，而是逻辑事实。逻辑事实必须有黑白核对。

If then, I say, It is equally probable that I should draw a white and a black ball, this means, All the circumstances known to me (including the natural laws hypotheti-

259

cally assumed) give to the occurrence of the one event no more probability than to the occurrence of the other. That is they give—as can easily be understood from the above explanations—to each the probability 1/2.

于是,如果我说我拿出一个白球和拿出一个黑球的或然相等,这意指,我所知的所有的已知环境(包括作为大前提假定的自然的法则)赋予一个事件发生的或然率不再大于另一个事件发生的或然率。那就是说,正如根据以上解释可以容易理解一样,它们给予彼此1/2的或然率。

What I can verify by the experiment is that the occurrence of the two events is independent of the circumstances with which I have no closer acquaintance.

我能通过此实验能核实的是这个,即这两个事件的发生是独立于这个事实的,即我对其环境并没有更接近的了解。

译注:逻辑作为实验证明,数学计算不能对被计算的对象——黑白两色球——的周围的环境有更多的了解。所以数学计算不能说明世界的实质。

5.155 The unit of the probability proposition is: The circumstances—with which I am not further acquainted—give to the occurrence of a definite event such and such a degree of probability.

或然判断的表达单位是:环境——我对之并不更加熟悉的环境——赋予某特定事件之发生如此这般级别的或然率。

译注:或然率用计算决定我们对生活和现实的了解程度。认知对存在的了解到什么程度,该程度就决定判断的或然率。完全了解某个事实,那么其或然率就是1。完全不了解,则或然率等于零。所以,或然率的决定因素仍是客观存在。但是数学的概率计算和现实没有直接关联。

5.156 Probability is a generalization.

或然率是个归总。

It involves a general description of a propositional

第九章：逻辑的判断与逻辑数学

form. Only in default of certainty do we need probability.
它内卷于判断的形式的归总的描述。只有错没了肯定我们才需要或然率。

If we are not completely acquainted with a fact, but know something about its form.
如果我们并不完全熟悉某个事实，但是多少知道点它的形式。
译注：原文不是个完整的英文句子。

(A proposition can, indeed, be an incomplete picture of a certain state of affairs, but it is always a complete picture.)
（事实上，某个判断可以是某个特定的局面之不完整的画面，但是它总是一个完整的画面。）

译注：这是因为已知的判断序列是在 N+1 逻辑的坐标系统中发生的，就此而言判断是不完整的。但是就整个逻辑坐标序列而言，判断序列是完整的。这是克林在《数学逻辑》第 250 页讨论的哥德尔的 N 数论 --- 完整又不完整的 N 体系 -- 的基础理论。当维根斯坦发表《纲要》时，哥德尔才十七岁。所以我们可以据此断定，哥德尔的 N 体系的理论来自维根斯坦在上面 5.516 做出的判断：或然率的计算和判断作为形式序列（画面的序列）都是既完整又不完整的。

The probability proposition is, as it were, an extract from other propositions.
打个比方说，或然率的判断是从其他判断中提炼出的。

译注：5.153-5.156 是判断函数中的或然律的计算的规则。或然率是逻辑判断的内容。形式是必然，是肯定。或然表达我们对现实的逻辑的形式特征缺乏完全肯定的描述。于是或然判断来源于对真值和伪值的方框的观察。

小结：

或然率是逻辑数学的算法之一。它只计算存在于已知事实的范围之内，只在逻辑规则图的"真值根据"那一行。例如，在二元复合判断中，某个事件成真有十六种或然。例如，并联是说某件事成

261

真的比率是四分之一（tfff），失联是说某件事成真的比率是四分之三（t t t f），等等。我们当然也可以把几个逻辑关系的真值标定排成几排，从纵向上计算若干有共同的真值关联的或然率。

逻辑数学的算法规则之十：逻辑数学的计算是判断函数的计算。N个简单判断的真值标定是自变量，包涵N个简单判断的N阶判断的真值标定是因变量。

提要：维根斯坦在下面的 5.2——5.252 这个子集将指出逻辑数学的计算对象是判断的感知值。他将确定判断的感知值的算法，并为算法作出一个初步归总的形式。

5.2 The structures of propositions stand to one another in internal relations.

判断的结构以内在关系相互成立。

译注：逻辑坐标规则图演示"逻辑坐标""作画形式""或然的画面""真值根据""判断函数"都是判断的内在关系。

5.21 We can bring out these internal relations in our manner of expression, by presenting a proposition as the result of an operation which produces it from other propositions (the bases of the operation).

我们可以用我们的表达方式把这些内在关系弄出来，即把判断当作是运算的结果的呈现，此运算从其他若干判断（运算的根据）算出它来。

译注：我们再看逻辑规则图的部分。

逻辑坐标	判断句	判断函数	真值根据
$(aRb)^0$	P		
$(aRb)^1$	p	fa	$(-t)^1$
$(aRb)^2$	pRq	f(ab)	$(-t)^2$

判断函数运算是以简单判断的真值标定的若干次升级的值为输入，得出的输出就是一个新的判断的真值标定。新判断真值标定确定这个判断的内在属性（如联合），于是被（tfff）算出来了。

5.22 The operation is the expression of a relation between the structures of its result and its bases.

运算是运算的结果和运算的基础之间的关系的表达。

译注：在 (aRb)^2 中，运算的基础是两个简单判断 p 和 q 的真值标定，运算的结果(---t)是这两个简单判断之间的逻辑关系的表达。

在 (aRb)^3 中，运算的基础是三个简单判断和两个复合判断，运算的结果（-------t）是这三个简单判断和两个复合判断之间的逻辑关系的表达，如此等等。

5.23 The operation is that which must happen to a proposition in order to make another out of it.

运算是为了从一个判断得出另一个判断而必然发生的啥。

译注：例如，我们从简单 P 和 Q 的真值标定算出 P v Q，从复合判断 P v Q 和 P ⊃ Q 的真值标定中算出（P v Q）⊃（P ⊃Q）的真值标定。并且（P v Q）⊃（P ⊃Q）的逻辑形式仍是 (p) ⊃（Q），如此等等。

5.231 And that will naturally depend on their formal properties, on the internal similarity of their forms.

那自然取决于它们的（判断的）形式属性，取决于它们的形式的内在相似。

译注：逻辑规则图演示判断的真值根据（-t(---t)）……是个形式序列。我们从（---t）的组合运算中得出判断的形式属性。具有真值的形式属性就是逻辑属性。例如（tt/tf）确定两个简单判断之间的逻辑关系是失联。

5.232 The internal relation which orders a series is equivalent to the operation by which one term arises from another.

给某个序列排序的内在关系等于从一个语义项得出另一个语义项的运算。

译注：如果我们给二元复合判断的序列排序，那么我们要根据其内在关系（如全等、失联、后件）排序。内在关系，如失联，是"从一个语义项得出另一个语义项的运算"。

5.233 The first place in which an operation can occur

is where a proposition arises from another in a logically significant way; i.e. where the logical construction of the proposition begins.

运算首先发生的地点是一个判断从另一个判断中冒出来具有逻辑意义的地方；也就是说，该判断的逻辑结构开始构建的地方。

译注：新判断的逻辑建构从标定它的形式特征的真伪值序列的第一个语义项（逻辑框）开始。图示如下：

P	Q	P&Q
T	T	T
		F
		F
		F

第一排的第三个 T 就是新判断 P & Q 的逻辑结构冒出来的地点。P & Q 的逻辑属性就是 TFFF。这个感知值的组合是 P & Q 这个形式的内容。显然 P & Q 最接近逻辑的同义反复。

5.234 The truth-functions of elementary propositions, are results of operations which have the elementary propositions as bases. (I call these operations, truth-operations.)

若干简单判断的若干真值函数是以若干简单判断为基础的运算的结果。（我称这些为运算，为真值运算。）

译注："若干简单判断的若干真值函数"即 N 个简单判断组成的 N 阶判断函数。N 阶判断函数的运算的基础是 N 个简单判断。请参考克林的《数学逻辑》第 11 页作出的那个图表。其中：P Q R 是三个简单判断，P ⊃ (Q ∨ R ⊃ (R ⊃ ¬ P)) 是这三个简单判断的真值函数，这三个初级是真值函数运算的基础。但是 N 个简单判断组成的复杂判断的逻辑结构必须是 pRq 的同义反复。

5.2341 The sense of a truth-function of p is a function of the sense of p.

Denial, logical addition, logical multiplication,

第九章：逻辑的判断与逻辑数学

etc., etc., are operations.

(Denial reverses the sense of a proposition.)

p 的真值函数的感知是 p 的感知的函数。

否定，逻辑的加法，逻辑的乘法，等等，都是运算。

（否定颠倒某个判断的感知。）

译注：根据逻辑规则图，判断的真值函数即判断的真值根据(-t(---t))……判断的感知取决于其真值根据的感知的函数。例如，简单判断 p(tf) 就是个函数运算。同样的，(---t) pRq 也是函数运算。～P 是对 P(tf) 的否定运算。它们都是真值根据的计算，不是逻辑的法则。

5.24 An operation shows itself in a variable; it shows how we can proceed from one form of proposition to another.

It gives expression to the difference between the forms.

(And that which is common to the bases, and the result of an operation, is the bases themselves.)

运算在某个变量中自我演示；它演示着我们怎么能够从一个判断的形式列队进入另一个判断的形式。

它给定如何表达形式间的不同。

（运算的基础所共同的东西，以及某个运算的结果，是运算的基础的自身。）

译注：这一段所描述的就是逻辑的转换生成的真正形式。

5.241 The operation does not characterize a form but only the difference between forms.

运算并不突出形式的特点，而是仅突出形式间的不同。

译注：在王氏逻辑规则图中，某一阶判断的真值函数阶运算都共享一个相同的作画形式。运算做出不同的或然的画面。

5.242 The same operation which makes "q" from "p", makes "r" from "q", and so on. This can only be expressed by the fact that "p", "q", "r", etc., are

如何全面深入的译读维根斯坦的《逻辑哲学纲要》

variables which give general expression to certain formal relations.

从"p"中得出"q"的运算，也从"q"中得出"r"，如此等等。这只能用此事实表达，即"p""q""r"等等，都是变量，变量给予某些特定的形式关系归总的表达。

译注：从"p"中得出"q"中的p是指简单判断，q是指复合判断。"也从'q'中得出'r'"中的r是指三元复杂判断。所以 p q r 作为变量都属于判断的形式序列。这是因为它们的逻辑坐标的级别是从一阶升级到三阶的形式序列。

关键部分是"变量给予某些特定的形式关系归总的表达"。维根斯坦现在表示他要用变量 p(tf) 标定所有判断的形式。这就是说一方面逻辑作为高度的抽象本身还可以不断地升华或不断的升级的高度的抽象。但是在另一方面，维根斯坦马上就要开始讨论，高阶逻辑无论怎么逐级升华都可以归结到逻辑运算的基本单位 p(tf)。所以，高阶逻辑和初级逻辑在逻辑形式上没有区别。在做逻辑的演绎推理时，我们不需不用形式逻辑中的什么谓词逻辑。

其实，逻辑规则图的"真值根据"那一行就演示 N 阶判断函数的计算都可以化简成为一阶判断函数（tf）p。

5.25 The occurrence of an operation does not characterize the sense of a proposition.

For an operation does not assert anything; only its result does, and this depends on the bases of the operation.

(Operation and function must not be confused with one another.)

运算的发生并不突出判断的感知特征。

这是因为运算并不断言任何为真；只有运算的结果才如此而为，而这取决于运算的基础。

（运算和函数绝不可以相互混淆。）

译注：王氏逻辑规则图演示从 N 个 (-t)[1] 中算出的 N 阶判断真值根据 (-t)[n] 并不突出判断的感知特征。只有运算的结果才确定该

266

第九章：逻辑的判断与逻辑数学

N阶判断的感知，并且运算的基础是N个简单判断的$(-t)^n$。在N阶逻辑坐标那一排，N个简单判断和从N个简单判断推导出的复杂判断都共享$(-t)^n$，但是它们都有各自不同的$(-t)^n$的或然组合。

5.251 A function cannot be its own argument, but the result of an operation can be its own basis.

函数不可以作它自己的参数，但是运算的结果可以是它的基础。

译注：根据逻辑规则图的"真值根据"那一行，新判断是变量，组成新判断的简单判断是自变量。前面一轮判断函数运算的结果是后一轮函数运算的基础。

5.252 Only in this way is the progress from term to term in a formal series possible (from type to type in the hierarchy of Russell and Whitehead). (Russell and Whitehead have not admitted the possibility of this progress but have made use of it all the same.)

只有这样从一个语义项到另一个语义项的发展才有形式序列的或然（在罗素和怀特赫德从一个类别到另一类别的层次结构）。（罗素和怀特赫德尽管已经采用了这个发展的或然但是从没认出来。）

译注：现在我们根据逻辑坐标看判断函数和真值根据的关系。

逻辑坐标	真值根据	判断函数
$(aRb)^0$		
$(aRb)^1$	$(-t)^1$	fa
$(aRb)^2$	$(-t)^2$	f(ab)
$(aRb)^3$	$(-t)^3$	f(abc)

这个图表中，罗素和怀特赫德的集合论中只出现在图表中右边的"判断函数"那一行。他俩都没有认出判断函数如果缺乏"逻辑坐标"和"真值根据"就不是纯粹的形式序列。

我现在做一个如何用真伪值标定某个三元复杂判断的形式特征的图形如下。

逻辑坐标	简单判断	复合判断	复杂判断	作画形式
$(aRb)^3$	p q r	pRq，pRr	(pRq) R (pRr)	$(tf)^3$

如何全面深入的译读维根斯坦的《逻辑哲学纲要》

这个图形告诉我们：三元复杂判断中的简单判断，复合判断，和复杂判断都共享第三阶逻辑坐标。三元复杂判断中的简单判断、复合判断和复杂判断都共享同一个作画形式（tf）[3]。

真伪值的不同组合将决定它们的不同形式特征。

我们已经知道三元复杂判断中三个简单判断真值标定，于是我们可以算出三元复杂判断中两个复合判断的真值标定，然后根据那两个复合判断的真值标定。再算出三元复杂判断的真值标定。克林在《数学逻辑》第11页的那个图表就是用心算一步到位，从简单判断的真值标定算出复杂判断的真值标定。

共同的逻辑坐标确定了任何一阶的判断的计算的基本单位都是（t f）。维根斯坦将在下面和最后第六大子集中用希腊字母"ξ"指简单判断真伪值（tf）。他并没有解释他为什么使用"ξ"这个象征符号。他用"ξ"应该是有这个目的：计算的基础应该复古到人之初的判断的真伪感知值的计算。

5.2521 The repeated application of an operation to its own result I call its successive application("O'O'O'a")is the result of the threefold successive application of "O'ξ" to "a").

In a similar sense I speak of the successive application of several operations to a number of propositions.

某个运算的反复应用得到结果，我称为该运算的连续应用（"O' O' O' a"是三重连续应用"O' ξ"得到"a"的结果）。

同样的，我说得清用连续的运算算出 n 个判断。

译注："有确定数目的若干判断"即由N个简单判断算出的包涵N个简单判断的复杂判断。

从这儿开始，维根斯坦开始用象征符号"O' O' O' a"归总判断函数运算的规律。O是运算（operation）的第一个字母。"ξ"指简单判断的真伪值标定（tf）。字母a指对"ξ"进行运算的结果。

（tf）运算一次即O'a。它标定一元简单判断的函数的形式特征。

（tf）运算两次即O' O' a。它标定二元简单判断的函数的形式特征。

268

第九章：逻辑的判断与逻辑数学

(tf) 运算三次即 O' O' O' a。它标定三元简单判断的函数的形式特征。

如此等等。

5.2522 The general term of the formal series a, O' a, O' O' a, ... I write thus: "[a, x, O' x]". This expression in brackets is a variable. The first term of the expression is the beginning of the formal series, the second the form of an arbitrary term x of the series, and the third the form of that term of the series which immediately follows x.

形式序列的语义项的归总是 a, O' a, O' O' a, …，于是我写成 "[a, x, O' x]"。在括号中的表达是个变量。此表达中的第一个语义项是形式序列的首项，第二个语义项是此序列某随意断定的某个语义项 x 的形式，第三个是序列中紧跟着的 x 那个语义项的形式。

译注：我们分解判断函数的真值序列的构成 "[a, x, O' x]" 如下。

  首项：a   （tf) p
  任意项 x   如果 x = 3，那么该序列是
  O' x，并且 x = 3。也就是对 tf 连续运算三次。

所以："[a, x, O' x]" 是说：x 元复杂判断函数的真值序列的共同作画形式特征是用 tf 连续运算 x 次。

请注意，在数学发展史上他是第一个做出了对形式序列进行计算的总公式。他做出的逻辑的形式序列总括了数学中的集合的形式序列。这是个非常了不起的成就！

5.2523 The concept of the successive application of an operation is equivalent to the concept "and so on"..

运算的连续应用此概念等同于"如此等等"。

5.253 One operation can reverse the effect of another. Operations can cancel one another.

一个运算能够反转另一个运算的效果。运算可以相互抵消。

译注:"反转"即可以在"[a, x, O' x]"的前面加上个否定符号~"[a, x, O' x]"对其进行否定运算: ~[a, x, O' x]。"相互抵消"从约分开始:第一,[a, x, O' x]中的x 可以是0、1、2、……如果x = 0,那么[a, x, O' x] = 0。如果x = 2,并且O' x = 2,那么a, x/ O' x = 1。如此等等。这就是说 a/b, p/q, -t/---t 等都必须是正整数。第二,相互抵消即 a/b, p/q, -t/---t = ~(a/b, p/q, -t/---t)。于是我们可以把逻辑句转换成为数学方程式 $ax^2+bx+ c = 0$。

5.254 Operations can vanish (e.g. denial in "~~p". ~~p = p).

运算可以消掉(例如,在"~~p". ~~p = p 中的否定)。

译注:消掉即前面的相互抵消。但是他没有指出,抵消和消掉的结果都是把N阶判断的逻辑坐标归结为(aRb)^0。

首先必须明确,[a, x, O' x]即N阶判断函数的计算形式。然后我们再看这个符号~[a, x, O' x]。我也可以这样做图演示。

p	q	pVq
T	T	T
T	F	T
F	T	T
F	F	F

在这个图表中,P V Q 下面的第三个T是它的真值根据。第三个T表达我们用感知值计算把前判的F否定成为T(~F),把后判的T否定为F(~T)从而得出来T。注意,二元复合判断的真值标定中每两排中每一个象征感知的符号都只表达对同一个简单事实的判断。所以二元复合判断的真值根据T是对其真值条件FT的否定运算,即~~P。FTT和~~P都是对同一个简单判断p的真伪值的否定运算。"~~p". ~~p = p。

笔者在下面做出的逻辑规则图演示复合判断的真值标定是简单判断的真值标定(TF)的第一轮双重否定,复杂判断的真值标定是复合判断的真值标定的又一轮双重否定。

第九章：逻辑的判断与逻辑数学

逻辑坐标	判断句的双重否定	真伪值的双重否定
$(aRb)^0$	P	.
$(aRb)^1$	p	TF
$(aRb)^2$	~~p	~~（T F）
$(aRb)^3$	~~~~p	~~~~（T F）

如果我们把上面的三行看作是形式序列，把判断的感知值的基本单位（T F）看作 x，把简单判断 P 被否定的循环次数看作是常数 a、b、c，那么判断的感知值的数学计算公式是 $ax^2 + bx + c = 0$。

于是我们明白：否定是逻辑计算的一个重要技巧。否定使得逻辑计算非常灵动。因为它可以否定某个逻辑句每一个成分、每一个部分和整个逻辑句！否定整个逻辑句即消掉逻辑句，于是消掉运算本身，消掉当今的信息科学的全部程序语言。要提防有极少数人具有消掉如今的信息科学中的所有逻辑指令句的能力。

5.3 All propositions are results of truth operations on the elementary propositions.

The truth-operation is the way in which a truth-function arises from elementary propositions.

According to the nature of truth-operations, in the same way as out of elementary propositions arise their truth-functions, from truth functions arises a new one. Every truth operation creates from truth-functions of elementary propositions, another truth-function of elementary propositions i.e. a proposition. The result of every truth-operation on the results of truth-operations on elementary propositions is also the result of one truth-operation on elementary propositions.

Every proposition is the result of truth operations on elementary propositions.

所有的判断都是对简单判断进行真值运算的结果。

真值运算是真值函数从简单判断得来的运算方法。

根据真值运算的本质，正如简单判断的真值函数从简单判断得出，从真值函数中又得出一个新判断。每一次真值运算都从若干简单判断的若干真值函数中创造出若干简单判断的另一个真值函数，也就是说一个判断。

在对若干简单判断进行若干真值运算得出结果的基础之上，进行每一次真值运算的结果，也是对简单判断进行某一次运算的结果。每一个判断都是对简单判断进行真值运算的结果。

译注：逻辑规则图中的"真值根据"那一行：(-t（---t（------t）））……演示"每一个判断都是对简单判断进行真值运算的结果"。

5.31 The Schemata No. 4.31 are also significant, if "p", "q", "r", etc. are not elementary propositions.

编号为4.31的交叉核对表格，如果"p""q""r"等不是简单判断，也是有意义的。

译注：根据前面的逻辑化简规则，任何复杂判断都可以化简成为简单判断。这就是说在高阶逻辑的计算中，我们可以首先算出前三阶判断的逻辑，并把它作为前模块 p。然后又得出另一个合理的三阶逻辑 句，并把它作为后模块 q。于是我们用合理的逻辑关系又可以得到另一个合理的 pRq。如此反复，以至无穷。这就是老子所说的"一生二，二生三，三生万物"。

And it is easy to see that the propositional sign in No. 4.442 expresses one truth-function of elementary propositions even when "p" and "q" are truth-functions of elementary propositions.

编号为4.442的判断符号，即使在"p"和"q"都是简单判断的真值函数时，它们表达简单判断的某一个真值函数，这也是很容易看出的。

译注："p"和"q"都是简单判断的真值函数 --- 是指"p"和"q"可以看作是 N 阶逻辑判断 (pRq)^n 中的 p 和 q。于是高阶逻辑的真值函数都可以化简成为简单判断的真值函数。于是"谓词逻辑"没有必要。

第九章：逻辑的判断与逻辑数学

5.32 All truth-functions are results of the successive application of a finite number of truth operations to elementary propositions.

所有的真值函数都是接连用简单判断进行有限次数的真值运算的结果。

译注：这句话是对5.2522图形[a, x, O' x]的译读。这就是我们写出"p q r (p v q) (q & r); (p v q)v(q & r)"这样的复杂判断句之后，为它做出一个真值矩阵或者说判断符号的方法！我们先根据三个简单判断函数 p q r 的真值标定算出两个判断函数（ p v q) 和 (q & r) 的真值标定，再根据（ p v q) 和 (q & r) 的真值标定算出（ p v q)v(q & r) 的真值标定。并且我们可以用心算得出（ p v q) 和 (q & r) 的真值标定，然后再从这两个复合判断的真值标定算出复杂判断的真值标定。

5.4 Here it becomes clear that there are no such things as "logical objects" or "logical constants" (in the sense of Frege and Russell).

在这里根本就不存在（按照弗里格和罗素的意思）如"逻辑的客体"或"逻辑常数"之类的东西就变得清晰了。

译注：维根斯坦的[a, x, O' x]排除了一切客体，使得逻辑句的分析成为高度抽象的真值函数运算。所以这就是高度抽象、绝对纯洁，客主对应的思想的形式的计算。更重要的是，一方面高度抽象可以分级别，不断的升级。在另一方面它也可以通过化简降级到简单判断。克林等人为了挽救罗素的形式逻辑，把维根斯坦的确定高阶逻辑的算法 [a, x, O' x] 和形式逻辑中的"谓词逻辑"杂糅在一起了。罗素的《数学原理》根本就没有 [a, x, O' x]这样的计算规则，其中的演绎推理都是些代码推理。根据这个规则和逻辑规则图可以再次肯定我们不需要谓词逻辑就可以做出并做对判断的升级。我们可以把已经算出了的三元复合判断或逻辑句作为再次升级的起点。

弗里格和罗素的共同错误是：尽管他俩都在研究"集合的集合"，但是他们都把逻辑关系看作是"逻辑的客体"（弗里格）或"逻辑

如何全面深入的译读维根斯坦的《逻辑哲学纲要》

的常数"（罗素）。逻辑的客体或逻辑的常数都假定在上天还有一个逻辑的本体。

5.41 For all those results of truth-operations on truth-functions are identical, which are one and the same truth-function of elementary propositions.

这是因为所有那些对真值函数进行真值运算的结果都是等同，它们都是简单判断的同一个真值函数。

译注：王氏逻辑规则中的真值根据那一行确定这个"同一个真值函数"就是(tf)。所以，(tf)的排列和组合决定任何阶位的判断中的全部真值函数。

5.42 That $\vee$, $\supset$, etc., are not relations in the sense of right and left, etc., is obvious.

The possibility of crosswise definition of the logical "primitive signs" of Frege and Russell shows by itself that these are not primitive signs and that they signify no relations.

And it is obvious that the "$\supset$" which we define by means of "$\supset$" and "$\vee$" is identical with that by which we define "$\vee$" with the help of "$\sim$", and that this "$\vee$" is the same as the first, and so on.

$\vee$，$\supset$ 等不是左和右的感知一样的关系，这是明显的。

弗里格和罗素对逻辑的"原始符号"作出的十字交叉定义中存在的或然，自动演示这些符号不是原始符号并且它们并不指意任何关系。

我们用"$\sim$"和"$\vee$"定义的"$\supset$"和我们用"$\sim$"作辅助定义的"$\vee$"是同一个东西，并且这个"$\vee$"和第一个（"v"）是同一个东西，等等。

译注：在维根斯坦斯坦之前人们研究的逻辑关系主要是这五大逻辑计算：¬否定；∧联合；∨失联；后件 $\supset$；全等≡。

并且弗里格和罗素等人都认为，这些都是原始逻辑符号，并且在逻辑关系的序列中有自己固定不变的位置。但是维根斯坦在这儿

第九章：逻辑的判断与逻辑数学

指出我们可以用否定改变逻辑关系，并且还可以用某几个逻辑关系定义另一个逻辑关系。他在前面讨论"逻辑的判断"中也提到这一点。这就排除了所有逻辑关系，如∨，⊃等，都是来自上天的永恒不变的纯粹的思维形式 —— 这个形式逻辑的大前提。

维根斯坦可以归总地表达高度抽象的、纯粹的、有逻辑坐标层次的逻辑的算法。这个事实无可辩驳地证明逻辑关系是人自己根据高度抽象的感知值算出来的。这在逻辑数学发展史上是个非常了不起的成就。高度抽象的并且随着逻辑坐标的升级而不断升级的逻辑关系的计算方法彻底打碎了数学家们在两千多年的时间里以为可以通过数学计算找到宇宙之谜的钥匙的迷思。

从5.2521到5.42，维根斯坦为判断函数的计算总结出来的计算方法和方法的分析全都来自于逻辑规则图。这是因为在5.2522的"a，x，O'x"中，a指称真值标定（tf），x指称逻辑坐标的幂，O'x指称在第 x 阶逻辑坐标上的所有判断函数的真值标定的运算。

我们完全可以如此表达他对真值函数的计算的分析。

逻辑坐标	真值参数	真值函数的否定运算
$(aRb)^0$		
$(aRb)^1$	$(tf)^1$	~P
$(aRb)^2$	$(tf)^2$	~~P
$(aRb)^3$	$(tf)^3$	~~~~P

于是这儿的P不是简单判断的象征符号，而是简单判断的真值标定TF的象征符号。如果维根斯坦用逻辑坐标做出图来就可以把他要说的说清楚。但是他就是不愿意公布逻辑坐标这个秘密。我们把他的逻辑哲学语句里包含的逻辑规则图做出来就可以显示他的秘密。

5.43 That from a fact p an infinite number of others should follow, namely, ~~p, ~~~~p, etc., is indeed hardly to be believed, and it is no less wonderful that the infinite number of propositions of logic (of mathematics) should follow from half a dozen "primitive propositions".

But the propositions of logic say the same thing. That is, nothing.

从某个事实 p 中竟然可以推出无穷数目的其他事实，即，~~p，~~~~p，等等，的确是难以置信的，无穷数目的逻辑（数学）判断竟然可以从半打"原始判断"中推出，同样不会少点儿奇妙。

然而逻辑的判断都是说同一件事。那就是，啥也不说。

译注：请看上面那个图表以理解"从某个事实 p 中竟然可以推出无穷数目的其他事实，即，~~p，~~~~p，等等"。

"半打逻辑的（数学的）判断"即三元复杂判断包涵的六个判断。这几句话再次说明罗素式的谓词逻辑不是逻辑的真正形式。

以上两个事实看起来很奇妙。其实很有规律。这是因为所有的判断图都是从简单判断的判断图演绎出来的。

前已指出，判断句的固定形式是纵横交叉核对。纵横交叉核对在判断图中啥也不说，但是总是在无声地做核对。

"啥也不说"重新定义了语言，使得语言成为完全客观，动能、电能和光能都能懂得的符号语言。凡是客体都有自己的无声语言。它反复不停地演示自己的存在的形式特征（或局面）中的若干要素之间的逻辑关系。为了理解客体在运动中的逻辑或客体在存在中的逻辑，我们必须掌握联系主客的无声的逻辑语言。它是客观的呈现，所见即所得，你在逻辑中看到什么就得到什么。你看逻辑坐标图和逻辑规则图看得有多深，逻辑就爱你有多深。

5.44 Truth-functions are not material functions.

If e.g. an affirmation can be produced by repeated denial, is the denial—in any sense— contained in the affirmation?

Does "~~p" deny ~p, or does it affirm p; or both?

The proposition "~~p" does not treat of denial as an object, but the possibility of denial is already prejudged in affirmation.

第九章：逻辑的判断与逻辑数学

And if there was an object called "~", then "~~p" would have to say something other than "p". For the one proposition would then treat of ~, the other would not.

真值函数不是物质的函数。

例如如果肯定能从反复否定得出，那么否定 --- 在任何感知意义上 --- 是被包涵在肯定里吗？

"~~p"否定 ~p 还是肯定 p，还是两者兼而有之？

判断"~~p"并不把否定当作客体处理，但是否定的或然已经事先被判定在肯定里面了。

并且如果存在某个叫作"~"的客体，那么"~~p"会必然要说和"p"不同的东西。这是因为一个判断会要处理~，另一个不会。

译注："物质的函数"即科学判断的函数。"真值函数"即高度抽象的判断函数。高度抽象的判断函数确定万物的存在的形式。"物质的函数"确定万物的存在的内容。

我在 5.42 做出的图表清晰的演示了否定是种运算。它不意指任何东西。

5.441 This disappearance of the apparent logical constants also occurs if "~(∃x).~fx" says the same as "(x). fx", or "(∃x). fx . x = a" the same as "fa".

如果"~(∃x).~fx"和"(x). fx"说的相同，或者"(∃x). fx. x =a"和"fa"说的相同，那么明显的逻辑常数也会消失。

译注："~(∃x).~fx"是否定某个特殊的变量 x 并且否定该变量的函数。"(x). fx"是有个变量 x 并且该变量有个函数。这两组代码如果是同一个东西，那个同一个东西就是 x。于是 x 不是逻辑常数。同样的，"(∃x). fx . x = a"也是指 x 是个变量而不是逻辑常数。

5.442 If a proposition is given to us then the results of all truth-operations which have it as their basis are given with it.

如果赋予我们某个判断，那么同时也赋予我们以该判断为基础的所有真值运算的结果。

如何全面深入的译读维根斯坦的《逻辑哲学纲要》

译注：逻辑规则图演示，如果给予我们某个判断，如给定某个二元复合判断句"甲／乙"，那么我们就知道与这个判断句的真值运算有关的全部结果。例如只要反复练习，我们就可以从根据二元复合判断的作画形式（----），或然的画面（----）[2]，真值根据（---T）那一横排，看出真值运算的全部结果。

我在此可以推断他脑中肯定是有了逻辑规则图，只是没有公布而已。这个规则图的奇妙就在于，它既界定了数学计算的技术和语言艺术的范围，也界定了逻辑和思想的范围，于是也界定了研究物质的属性的自然科学的范围。所以逻辑哲学就是科学的科学。更奇妙的是逻辑规则图既包涵了所有的形式序列，也包涵了自己的形式序列。于是罗素提出的集合论中的悖论和无穷数列论在王氏逻辑规则图里烟消云散！

当罗素用集合论的悖论推翻了弗里格的集合的集合论时，弗里格爽快地承认了自己的错误。当维根斯坦用真值根据推翻了罗素的集合论的悖论时，他却不承认自己的错误。他这么做时有什么知识分子的独立的人格（intellectual integrity）？当他用代码语言围绕着逻辑关系作恶性循环的推理时，他有什么自由的思想？可是这样一个主张语言／种族优越论的旧逻辑学的统帅竟然到如今都还在受到数学、舆论和思想界的知识分子们吹捧。

小结：

在前面维根斯坦多次指出判断的计算对数学计算具有全面压倒性的战略优势。在这一章里他提出了实现这个战略优势的理论和方法。

第十章：撰写与核对逻辑句的规则和其哲学意义

第十章

撰写与核对逻辑句的规则及其哲学意义

提要：前已说过，+（--）p 是判断连接现实的局面和认知的画面的双面镜。在镜子的反面我们必须看到现实的存在的形式全部为真。在镜子的正面，认知主体只能看到自己的判断有一点儿为真。怎样从主体的判断中的那一点儿真做到客体的全部为真？答案就是编写并核对合理的逻辑句。合理的逻辑句的每一个成分都必须具有真值，于是一个合理的简单逻辑句可以投影客体在某一层逻辑坐标上的逻辑点，一个合理的 N 阶逻辑句可以投影客体在 N 层逻辑坐标上的 N 个逻辑点。把这些点连接起来就是虚拟的客体的模型。

为了帮助学生们理解怎么构建合理的逻辑句，克林在其著作《数学逻辑》的模型论中反复使用的一个典型逻辑句就是 P ⊃（Q ∨ R ⊃（R ⊃ ¬P））。克林把这样的逻辑句叫作逻辑方程式。于是我们马上会有两个问题。

这个逻辑方程式说了什么？

怎么判断这个逻辑方程式是否合理？

这两个问题的答案都在下面这章维根斯坦为撰写逻辑句并核对逻辑句是否写得合理而制定的若干规则中。

第一单元：撰写逻辑句的语法规则集

撰写逻辑句的词法规则之一：每个原始符号（名字）都必须有自己的独立的地位和鲜明的定义域。每个原始符号之间的逻辑关系也必须明晰。

5.45 If there are logical primitive signs a correct logic must make clear their position relative to one another and justify their existence. The construction of logic out of its primitive signs must become clear.

如果存在若干逻辑的原始符号，那么正确的逻辑必然弄清楚它们相互之间的位置并证明其合理存在。从逻辑的原始符号做出的逻辑的架构必须变得清晰。

译注："逻辑的原始符号"即表达判断函数和它们之间的逻辑关系的符号。

5.45 这一句是下面这个子集的总纲。它用简洁的语言表达了"逻辑的判断"必须要完成的任务。例如，三元复杂逻辑句 P ⊃ （Q ∨ R ⊃ （R⊃¬P））中的"逻辑的原始符号"是三个判断函数：p q r。所谓"正确的逻辑必然弄清楚它们相互之间的位置"就是说，在逻辑句 P ⊃ （Q ∨ R ⊃ （R⊃¬P））中，我们必须弄清楚 p q r 之间的逻辑关系。"并证明其合理存在"是要我们证明这些逻辑关系用得合理。这个证明过程是用若干图表分步骤进行的。在克林的《数学逻辑》中他用 7-12 页中的总共四个图表完成了如何证明 P ⊃ （Q ∨ R ⊃ （R⊃¬P））中的逻辑关系是否使用的合理，并用图表清晰地呈现了它们之间的架构。

撰写逻辑句的词法规则之二：表达原始概念的名字的意义必须在所有的套层逻辑坐标（N 阶逻辑）内保持不变并且相互独立，并且它们之间的逻辑关系只有在其共享的文本范围之内才有意义。

5.451 If logic has primitive ideas these must be independent of one another. If a primitive idea is introduced it must be introduced in all contexts in which it occurs at all. One cannot therefore introduce it for one context and then again for another. For example, if denial is introduced, we must understand it in propositions of the form "~p", just as in propositions like "~(p ∨ q)", "(∃x). ~fx" and others. We may not first introduce it for one class of cases and then for another, for it would then re-

第十章：撰写与核对逻辑句的规则和其哲学意义

main doubtful whether its meaning in the two cases was the same, and there would be no reason to use the same way of symbolizing in the two cases.

(In short, what Frege ("Grundgesetze der Arithmetik") has said about the introduction of signs by definitions holds, mutatis mutandis, for the introduction of primitive signs also.)

逻辑如果有原始概念，那么这些概念必须相互独立。如果引进一个原始概念，它必须引进于它处处出现于其中的所有文本范围之内。例如，如果引进否定，我们必须在具有"~p"形式的若干判断中懂得它，正如在像"~(p ∨ q)"，"(∃x).~fx"和其他的判断中懂得它。我们不可以先在某类事例的集合中引进它，然后又在另一个集合中引进它，因为它在两个事例中意指是否同一总是值得怀疑，并且不存在在两个事例中使用同一象征的任何理由。

（简而言之，弗里格在"Grundgesetze der Arithmetik"《算术的原则》中与用定义引进符号有关的说法，在指出相关区别之后，适用于原始符号的引进。）

译注：逻辑规则图中的"逻辑坐标""作画关系""或然画面"、"真值根据""判断句"那几行演示"逻辑如果有原始概念，那么这些概念必须相互独立。如果引进一个原始概念，它必须引进于它处处出现于其中的所有文本范围之内"。

维根斯坦在这儿指出，无论是弗里格还是罗素都不知道逻辑句的词法，即不知道如何使用表达原始逻辑概念的拼音符号。弗里格表达逻辑的原始概念的符号是把 ⊢ 放在名字的前面。罗素表达逻辑的原始概念的符号是 ∀（普遍性）和 ∈（特殊性）。只有维根斯坦采用简单象征符号∨、¬、p、q、r 等等 —— 表达逻辑句中的原始概念。原始概念即这些象征符号在文本中（即逻辑句的包涵结构）始终不变的意指。例如，在 P ⊃ (Q ∨ R ⊃ (R ⊃ ¬P)) 中最前面的 P 和最后面的 P 的意指是同一。前面的 R 和后面的 R 的意指也是同一。三个后件的意指也是同一。

撰写逻辑句的词法规则之三：在拼音语言中，逻辑的表达必须

如何全面深入的译读维根斯坦的《逻辑哲学纲要》

使用透明的象征。并且逻辑句的编写必须始终是象征,不能掺和拼音语言的词语。

5.452 The introduction of a new expedient in the symbolism of logic must always be an event full of consequences. No new symbol may be introduced in logic in brackets or in the margin— with, so to speak, an entirely innocent face.

(Thus in the "Principia Mathematica" of Russell and Whitehead there occur definitions and primitive propositions in words. Why suddenly words here? This would need a justification. There was none, and can be none for the process is actually not allowed.)

But if the introduction of a new expedient has proved necessary in one place, we must immediately ask: Where is this expedient always to be used? Its position in logic must be made clear.

在逻辑的象征方法中引进一个新的方便的表达必须总是一个充满后果的事件。在逻辑中,不可以在括号中或者在旁边引进一个新的象征——使之,打个比方说,带着一幅完全天真无邪的面孔。

(因此在罗素和怀特赫德的《数学原理》中出现用词语表达的定义和原始判断。这里为什么突然有词语?这应该有合理辩护。完全没有,也决不能有,因为这个过程实际上是不被容许的。)

但是如果在某个地方证明引进某个新的方便的表达是必要的,那么我们马上问:这个方便的表达是否总是会被使用。它在逻辑中的地位必须弄清楚。

译注:这是他在教罗素逻辑象征符号的用法:一个象征的表达必须全面彻底一以贯之地使用;不能在这儿这么用,在那儿又那么用。由此可见,罗素根本就没有撰写逻辑句的语法知识。

这条规则对中文不适用。这是因为我可以用(走)这个判断函数里面的字既指特殊的判断函数"走"的意指,也可以把括号中的"走"字拿掉,再放进另一个中文文字表达某个简单判断函数。

第十章：撰写与核对逻辑句的规则和其哲学意义

撰写逻辑句的词法规则之四：逻辑句的名字中不能有数。

5.453 All numbers in logic must be capable of justification.

Or rather it must become plain that there are no numbers in logic.

There are no pre-eminent numbers.

逻辑中的所有的数必须能被证明合理。

或者说逻辑绝没有数必须是显而易见。

绝没有若干独秀于林的数。

译注：这是因为真值函数明显的演示着标定逻辑的形式的值是真伪，而不是数。逻辑规则图演示逻辑判断的基本计算单位是（--），它是信息的简单单位，所以"信息战"（information warfare）是那些自以为掌握了逻辑优势的人们为了保持霸权而发明的词语。与之针对的词语应该是"信息经济"。"数字经济"表示人们只知道把信息转换成数码（digitalization），只知道真伪值可以转化成为0和1这两个数，并不知道数码化前面的与信息密切相关的逻辑。

撰写逻辑句的词法规则之五：逻辑句中的名字没有子集、集合。所有的名字都是X的X，都具有同等的高度抽象的属性。

5.454 In logic there is no side by side, there can be no classification.

In logic there cannot be a more general and a more special.

在逻辑中绝没有并列，决没有分门别类。

在逻辑中决不会存在一个更普遍和更特殊。

译注：逻辑规则图演示：逻辑作为高度的抽象思维，必须随着逻辑坐标的升级而不断的升级或升华。这是逻辑思维比抽象或自觉思维高明并灵动的原因。

逻辑规则图也演示逻辑和逻辑坐标是一个整体。逻辑作为最高的存在形式，既不可以分门别类，也没有什么和它并列。

在逻辑中，一个联合或失联就已足够。逻辑句的撰写规则再次

283

反驳了罗素的集合论中的悖论。同样的，没有联合比失联更普遍或更特殊，等等。在中文中，如果"走"是表达逻辑的原始概念的符号，那么（走）是所有简单判断的归总。这时候（走）和 P 都是原始简单判断的符号。（走）v（过）之间也只需要一个逻辑关系。所有的失联也都只需要一个 v。

但是罗素的形式逻辑的代码就是以集合和原型论为基础，并且必须使用代码分别表达"普遍的"和"特殊的"。

同样的，英文语法中的动词、副词和介词都是名字的分门别类，而且副词和介词从属于动词。然而在逻辑坐标中，所有的方框和指称它们的名字都具有同等的高度抽象的地位。这也是英文词语不能为逻辑作画的原因之一。我们不能用"She is walking over"这个语句中的任何词语表达判断和逻辑。这就是拼音语言在信息科学的发展历程中的天生短板或"缺陷"。

撰写逻辑句的句法规则集的第二部分

撰写逻辑句的句法规则之一：逻辑句必须有整洁并且对称的结构。

5.4541 The solution of logical problems must be neat for they set the standard of neatness.

Men have always thought that there must be a sphere of questions whose answers— a priori—are symmetrical and united into a closed regular structure.

A sphere in which the proposition, simplex sigillum veri, is valid.

逻辑问题的答案必须整洁，因为它们设立整洁的标准。

人们总是想到必然存在某个问题的影响范围，其答案——先验的答案—是对称的并且是被统一到某个封闭有规律的结构之中。

在此影响范围之内，判断是由于简洁而合理的，即单一是真理的标志。

译注：这段话是说，人们常常觉得生活是个对称、有规律，是封闭的系统。但是他在脑中通过高度抽象的思考已经有了这个系统

第十章：撰写与核对逻辑句的规则和其哲学意义

的图形。有能力把他脑中想到的画面做成和王氏逻辑规则图类似的图表。

我们把逻辑规则图旋转360度，那么我们就得到一个正方形和其外接圆。正方形和外接圆都共享同一个中心$(aRb)^0$，并且有N阶判断就有N个同心圆和N个内接正多边形。这就是个对称的并且是被统一到某个封闭有规律的结构之中的结构。

同样的，我们也可以把$(aRb)^1$或$(aRb)^n$作为圆心而转动逻辑规则图。"对称的是被统一到某个封闭有规律的结构"指的就是逻辑坐标aRb。所以分析 P ⊃ (Q V R ⊃ (R ⊃ ¬P)) 这个逻辑句是否合理的答案必须是简洁又对称的。这是因为这个句子中的每一个判断函数的逻辑坐标 aRb 都是简洁又对称的。

我们可以这样看 P ⊃ (Q V R ⊃ (R⊃¬P)) 这个逻辑句的对称结构。

P	R	Q
P	⊃	(Q V R ⊃ (R ⊃ ¬P))
Q	V	R ⊃ (R ⊃ ¬P)
R	⊃	(R ⊃ ¬P)
R	⊃	¬P

当我把 pRq 转换成"客/主"这样的表达，我们就会在脑中得到一个明晰的客体的形式和主体的思维的形式必须保持一致的投影。所以，"客/主"的意指同样也是主客核对的逻辑坐标。

总之，逻辑规则图包涵无穷的哲理。例如我们必须说，在这个有界限的形式系统中，生活是应该也必须保持流动的。决定流动的力量和层次的东西是在逻辑哲学指导下的教育和思想。

撰写逻辑句的句法规则之二：感知世界的存在的形式的符号的组合之上必然有一个高度归总它们的形式特征的组合。

5.46 When we have rightly introduced the logical signs, the sense of all their combinations has been already introduced with them: therefore not only "p ∨ q" but also "~(p ∨ ~q)", etc. etc. We should then already have introduced the effect of all possible combinations of brackets; and it would then have become clear that the proper general primitive signs are not "p ∨ q", "(∃x). fx", etc., but the most general form of their combinations.

当我们正确的引进逻辑符号之后，它们的全部组合就已经和符号一起引进，因此不仅引进了"p ∨ q"，也引进了"~(p ∨ ~q)"，等等。我们于是应该已经引进了括号之内的所有或然组合的效果；于是恰当的总原始符号不是"p ∨ q"，"(∃x). fx"等，而是其诸多组合的最归总的形式。

译注：逻辑规则图中的"作画形式"的表达(—(——(———+—)))就演示当我们用判断函数的真伪填空时，"我们于是应该已经引进了括号之内的所有或然组合的效果。"

撰写逻辑句的句法规则之三：括号表达逻辑推理的全过程中的每一个环节。一层括号意指一层 pRq 界定的全部内容。

5.461 The apparently unimportant fact that the apparent relations like ∨ and ⊃ need brackets— unlike real relations—is of great importance.

The use of brackets with these apparent primitive signs shows that these are not the real primitive signs; and nobody of course would believe that the brackets have meaning by themselves.

此明显的不重要的事实，即不像真实的关系，而是像 ∨ 和 ⊃ 一样的明显关系竟然需要括号———是具有重要意义的。

把括号和这些明显的原始符号一起使用显示着这些不是真正的原始符号；并且当然没人会相信这些符号自动具有意指。

译注：维根斯坦在此是说高度抽象的逻辑坐标、坐标中的客体、判断、函数等都必须用（ ）表达包涵的层次或判断的断代。括号（ ）里就包涵逻辑坐标 aRb 所界定的逻辑哲学的全部内容。

撰写逻辑句的句法规则之四：逻辑关系符号是逻辑句中的标点符号。

5.4611 Logical operation signs are punctuations.

第十章：撰写与核对逻辑句的规则和其哲学意义

逻辑运算符号是标点符号。

译注：下面我分析三元复杂逻辑句 P⊃（Q∨R⊃（R⊃¬P））的语法结构。

每一个判断符号 P、Q、R 和三个逻辑符号 ∨, ⊃、¬ 都是原始逻辑符号。在其中 ¬ 表达否定运算。

P⊃（Q∨R⊃（R⊃¬P））中的第一个 P 是主句，（Q∨R⊃（R⊃¬P））是从句。符号"⊃"是表达主从关系的标点符号。

然后，（Q∨R⊃（R⊃¬P））是有两重逻辑坐标的复杂句。我们首先去第一层括号。于是得到 Q∨R⊃（R⊃¬P）这个复杂句。

根据先失联后包涵的原则，我们把 Q∨R⊃（R⊃¬P）分解成两个并列分句：Q 和 R⊃（R⊃¬P）。∨可以看作是表达选择关系的标点符号。

剩下的是 R⊃（R⊃¬P）。我们首先去掉 R⊃¬P 的括号，使之成为 R⊃¬P。即 R 是主句，¬P 是从句。于是"⊃"是表达第二层主从关系的标点符号。

再看 R⊃（R⊃¬P）的句法结构。R⊃¬P 从属于前面的 R。于是"⊃"是表达第三层从属关系的标点符号。

于是我们可以这样列表这个逻辑句的语法结构。

甲：第一个 ⊃ 是连接主句和从句的标点符号。

乙：接下来的 ∨ 是连接两个并列分句的标点符号。

丙：R⊃¬P 中的 ⊃ 是连接主句和从句的标点符号。

丁：R⊃（R⊃¬P）中的第一个 ⊃ 是连接主句和从句的标点符号。

于是 P⊃（Q∨R⊃（R⊃¬P））这个逻辑句是语法结构是（主从（并列（主从（主从））））。现在我把（走、（过）（来）分别代入到 P⊃（Q∨R⊃（R⊃¬P））中，那么我们明白这个句子说的是（走）包涵或（过）或（来）。选择（来）之后，（来）要包涵不（走）。选择（过）之后，（过）也要包涵不（走）。

同样的，我们可以用（吃饭）（点餐）（自己做），或任何由三个动作组成的行为序列置换 P Q R。

请注意由于逻辑句是有逻辑坐标的反思。所以 1) 要学会使用并分析括号。要注意每一个简单行为共享同一个逻辑坐标（aRb）[1]，

287

两个简单行为组成的复合行为的逻辑坐标是（aRb）^{2}，由三个简单行为和两个复合行为组成的复杂行为的逻辑坐标是（aRb）^{3}。去括号可以保证判断函数和逻辑关系处于同一逻辑坐标上。2）要从行为序列的终点分析到起点。

到此为止，维根斯坦已经完成了对逻辑的语法、句法和表达做详细分析的重大任务。于是我们已经知道了主体如何在逻辑点上为客体中的局面做出与之对应的画面。虚拟的逻辑的机器可以把这个画面投影到屏幕或纸张上。

当然从一开始，逻辑只能用逻辑句指挥客体做些简单的行为。这样的逻辑句的集合应该就是机器语言。如果 Q ∨ R ⊃ (R ⊃ ¬P) 是个合理的逻辑句，那么它就是机器语言的部分。

维根斯坦已经为逻辑关系作出了真值标定。我们现在只需要为 P Q R 作出它们的真值标定。如果我们经过纵横交叉核对证明某个逻辑句是合理的，那么现在我们只要打开电路开关，某个客体就会根据逻辑指令句"走过来"。数学的任务就是确定客体走多远，走多少次，并且根据坐标精确地走，等等。所以我们必须把 (Q ∨ R ⊃ (R ⊃ ¬P)) 改写成一个数学方程。这对于懂逻辑的数学家并不是难事。

并且我们可以不断地扩大这个逻辑句的规模。这是因为客体完成"走过来"之后还可以执行"打开相机拍照""走回去"等简单的行为序列。所以，(Q ∨ R ⊃ (R ⊃ ¬P)) 就是机器语言的构架的主观设想。于是接下来的关键问题是我们如何判断这个逻辑句是否合理。如果不合理，应该怎么修正。

所以逻辑句的词法、句法、括号和标点符号等的使用规则就是我们编写程序语言的规则。我们首先要有足够的语法知识才能知道如何撰写三元复杂逻辑句，并用真伪值标定它的每一个成分。一个三元复杂逻辑句相当于一篇用若干判断句（判断函数）和逻辑标点符号写成的文本。我们要善于用三元逻辑句做出高度抽象的文本。做出来一篇正确的小文本之后还要善于做出一篇大文本，让逻辑的机器用这篇大文章指挥机器代替人去执行某种行为。

接下来在下面的 5.47——5.5 子集中，维根斯坦开始讲解逻辑

第十章：撰写与核对逻辑句的规则和其哲学意义

句中判断函数的形式特征的归总。他在前面 5.2521 已经指明了判断函数的运算的总形式 "[a, x, O′x]"。他现在指出判断函数也有一个归总的形式特征。这个总形式就是他在《逻辑哲学纲要》的开头首先宣布的判断的总形式是如此这般核对成立：aRb。

撰写逻辑句的句法规则集的第三部分：逻辑句中的判断句的归总规则集

判断句的归总规则之一：逻辑句中的判断函数的总形式是 fa。

5.47 It is clear that everything which can be said beforehand about the form of all propositions at all can be said on one occasion.

For all logical operations are already contained in the elementary proposition. For "fa" says the same as "(∃x). fx . x = a".

Where there is composition, there is argument and function, and where these are, all logical constants already are.

One could say: the one logical constant is that which all propositions, according to their nature, have in common with one another.

That however is the general form of proposition.

事先对所有判断的形式能说到的一切能一次说完——这是清晰的。

这是因为所有的逻辑运算已经包涵在简单判断中。这是因为 "fa" 和 "(∃x). fx . x = a" 说的是同一。

哪儿有文本的作文，哪儿就有函数和参数，并且哪儿有这些，哪儿就已经有了逻辑常数。

人可以说：唯一的逻辑常数是所有的判断，根据判断的本质，相互之间都共享的东西。不过那是判断的总形式。

译注：在逻辑规则图中，"事先对所有判断的形式能说到的一切能一次说完"就是 N 阶判断所界定的纵横交叉的逻辑坐标的范围。并且我们可以总是把 N 阶归结到零阶。这当然是有限序列。

"一次说完"在算法上就是当我们用 N 个判断函数和若干逻辑关系写出一个逻辑句之后，虚拟的逻辑的机器就能从 (aRb)[1] 一次算到 (aRb)[n]。这就是个流程。所以逻辑的计算绝对高于数学计算。

注意这句话：（"fa"和"(∃x).fx．x = a"说的是同一）。它清晰地告诉我们维根斯坦对罗素的批判地继承和发展关系。"(∃x).fx.x= a"这组代码是说，存在着这么一个 x，以至于 f(x) 是此 x 的定义，并且此 x 等于 a 。这就是说此 x 是个可数的（可以核对的）序列，可以用常量符号 a 表达。因此主体 b 可以用判断函数核对 a，即 b = fa，简写为 fa。如果我们把"(∃x).fx.x = a"反过来看，即"a = (∃x).fx.x"，那么 x 是有限序列 a。

于是我们可以说 N 元复杂逻辑句是个完整的系统。这是因为在逻辑规则图中，N 元复杂逻辑句的 N 级逻辑坐标界定它的范围。于是这个规则就是克林的模型论中的证据论：逻辑方程式是个完整的系统的理论基础。详情请参见克林的《数学逻辑》的第 45-50 页。

判断句的归总的规则之二：(aRb) 或者（客/主）是判断的实质。

5.471 The general form of proposition is the essence of proposition.

判断的总形式是判断的实质。

译注：逻辑规则图的逻辑坐标那一行直观的演示客/主核对是判断的实质。

5.4711 To give the essence of proposition means to give the essence of all description, therefore the essence of the world.

给定判断的实质即给定所有描述的实质，因此给定世界的实质。

译注：这是因为判断是描述的核心。描述的实质和判断的实质具有这样的套层结构：（描述（判断））。（描述（判断））所描述的对象是整个世界和生活。

判断句归总的规则之三：判断句的归总要合乎辩证法的规律，即可以从正反两方面演绎。也就是可以对逻辑坐标中的有限序列的两端进行归结和演绎。

5.472 The description of the most general proposition-

第十章：撰写与核对逻辑句的规则和其哲学意义

al form is the description of the one and only general primitive sign in logic.

对最归总的判断的形式的描述是对逻辑中唯一一个归总的原始符号的描述。

译注：根据逻辑规则图，判断的原始符号的描述是 $(aRb)^0$；逻辑的原始符号的描述始于 $(aRb)^1$。这是因为逻辑始于有意义的判断。

这就是说，当我们对 P ⊃ (Q ∨ R ⊃ (R ⊃ ¬P)) 进行逻辑的判断的因式分解时，我们必须从逻辑坐标 $(aRb)^0$ 和 $(aRb)^1$ 开始。

撰写逻辑句的句法规则集的第四部分：逻辑的证据是图形自证。

这就是说逻辑必须通过图形做到自证。如果逻辑还需要另外一个权威和存在的形式作为保证，那么这样的逻辑就不是逻辑。所以逻辑句的图形证据就是克林的模型论中的基石。

逻辑的证据是图形的规则之一：如果逻辑不能自证，那么它就有漏洞。

5.473 Logic must take care of itself.

A possible sign must also be able to signify. Everything which is possible in logic is also permitted. ("Socrates is identical" means nothing because there is no property which is called "identical". The proposition is senseless because we have not made some arbitrary determination, not because the symbol is in itself unpermissible.)

In a certain sense we cannot make mistakes in logic.

逻辑必须自顾自。

某个或然的符号必须能够指意。逻辑中任何有或然的东西也是被容许的东西。（"苏格拉底是等同的"毫无意指因为不存在任何叫作"等同的"属性。这个判断毫无意义是因为我们还没作出某些武断的判定，并不是这个象征符号本身是不被容许的。）

从某种意义上说，我们在逻辑上不可能犯错误。

译注：逻辑规则图演示，逻辑坐标的整体和每一个部分都可以

做到自顾自。他在前面说过（拼音）语言在逻辑中不能自在和自为，现在他是说当他把拼音字母作为逻辑的原始符号之后，逻辑语言就能做到自顾自。自顾自就是字母在逻辑坐标中的自指、自在和自为。逻辑必须自顾自还指逻辑必须用图形语言自证。如果逻辑还需要另一个更高的权威作证，那么它就不是与最高的存在形式有关的学问。

他是在有些自豪地宣称他用拼音字母做的逻辑句中的每一个变量符号都能做到自指并自证，不可能有任何逻辑漏洞。

这是我们区分逻辑学和所有其他学科的特征。这也是撰写逻辑句的规则。在逻辑中，任何武断的符号只要能做到自顾自，都是被容许的。由于每一个中文文字在逻辑坐标中都可以做到自顾自，所以用中文文字指称逻辑要比用拼音字母指称逻辑更加透明更有效率。于是我们完全可以中文文字透明地指称逻辑结构。如此构建的信息科学的生态环境要比用拼音字母构建的生态环境简单、舒适、有效率得多，更加容易做到整体的升级换代。

逻辑的证据是图形自证的规则之二：

5.4731 Self-evidence, of which Russell has said so much, can only be discarded in logic by language itself preventing every logical mistake. That logic is a priori consists in the fact that we cannot think illogically.

自证，罗素就此说了如此之多，在逻辑上只能通过语言自动防止犯每一个逻辑错误而被抛弃。逻辑是先验的在于此事实，即我们不能没有逻辑地想。

译注：罗素的"自证" A = A; A = B, B = A; A = B, B = C, A = C 等在逻辑句中完全是多此一举。这是因为逻辑语言的自顾自不再需要等式作证明。逻辑语言指称先验的逻辑坐标和包涵在其中的逻辑推理和逻辑运算。所以，逻辑的先验性即"我们不能没有逻辑地想"。这是因为逻辑坐标掌控万物的感知和/或思想。

逻辑的证据是图形自证的规则之三：如下。

5.4732 We cannot give a sign the wrong sense.

我们不能赋予符号以错误的感知。

译注：逻辑句中任何符号的感知都是被限定在逻辑规则图中的

第十章：撰写与核对逻辑句的规则和其哲学意义

表达的感知（作画形式，或然的画面，真值根据）那三行中。

逻辑的证据是图形自证的规则之四：

5.47321 Occam's razor is, of course, not an arbitrary rule nor one justified by its practical success. It simply says that unnecessary elements in a symbolism mean nothing.

Signs which serve one purpose are logically equivalent, signs which serve no purpose are logically meaningless.

当然，奥卡姆的刮胡刀不是个武断的规则，也不是通过其实际成功而被证明合理的武断的规则。它是说象征中的不必要的成分无任何意义，如此而已。

满足某个目的的若干符号在逻辑上是等同的，没有任何目的的符号都是在逻辑上毫无意义。

译注：P 或"判"如果被用作判断符号，它们是等同的符号。同样的，"T"和"真"都是表达真值函数的符号。所有表达逻辑的符号都有一个共同的目的：呈现客观局面中的有逻辑结构的画面，或者说所见即所得。任何符号如果没有这个目的，那么它就是毫无意义的。

逻辑的证据是图形自证的规则之五；逻辑的组织结构是先验性的合理存在。

5.4733 Frege says: Every legitimately constructed proposition must have a sense; and I say: Every possible proposition is legitimately constructed, and if it has no sense this can only be because we have given no meaning to some of its constituent parts.

(Even if we believe that we have done so.)

Thus "Socrates is identical" says nothing, because we have given no meaning to the word "identical" as adjective. For when it occurs as the sign of equality it symbolizes in an entirely different way—the symbolizing relation is another—therefore the symbol is in the two cases entirely different; the two symbols have the sign in common with one another only by accident.

弗里格说：每一个合法构建的判断必须有感知；而我说：每一个或然的判断都是合法的构建的，并且如果它（判断）毫无感知，这只能是因为我们没有赋予其若干组成成分以意指。

（尽管我们相信我们这么做了。）

于是"苏格拉底是等同的"啥也没说。这是因为"等同的"作为形容词我们没有赋予它以任何意指。这是因为当它（该形容词）作为等同的符号出现时，它是以完全不同的方式作象征 --- 起象征作用的关系是另一个关系 --- 因此在这两个不同事例中的象征是完全不同的；这两个象征相互具有同一个符号只是因为偶然。

译注：此段再次显示维根斯坦有严谨又深刻的词法训练。因为他从"等同的"这个定性词（形容词）中看出了两种用法。一是把形容词当作限定客体的属性的词语使用。这是普通的描述句法。

主语	是	定性词（形容词）
甲和乙	（是）	等同的

二是把形容词当作判断符号（即判断的名字）使用，（即任何语句都是"名字／画面／判断"组成的序列）。这是判断的句法。

名字	画面	判断
等同	a = b	T（客主两个语义项等同）

由此可见，弗里格和罗素也都缺乏如此严谨的语法训练。如今如果还有人说，语法练习是初级训练那就是大错而特错。那只能暴露说这话的人跟不上时代的脚步。所以，我再次呼吁要改进中文的语法。

学习语法就要学到像维根斯坦的程度。从语言的描述语法到语言的判断和逻辑的语法，再从逻辑和判断的语法回到语言的描述语法。双向移动，灵活自如。只有到了这个程度，才是真正的掌握了语言。

第十章：撰写与核对逻辑句的规则和其哲学意义

撰写逻辑句的句法规则集的第五部分：逻辑句的算法规则集。

逻辑句的算法规则之一：逻辑句中的判断函数的多少决定必要的基本运算的次数。

5.474 The number of necessary fundamental operations depends only on our notation.

必要的基本运算的次数只取决于我们的代码系统。

译注：例如，三元复杂判断的运算次数取决于前面的三个简单判断的真值标定和两个复合判断的真值标定。

逻辑句的算法规则之二：撰写一条逻辑句即构建一个完整的逻辑系统，并设定一个合理的数学方程的逻辑结构。

5.475 It is only a question of constructing a system of signs of a definite number of dimensions—of a definite mathematical multiplicity.

它只是用符号构建一个有一定层次的体系的问题，构建有确定的重复次数的"多重数学计算"的问题。

译注：维根斯坦在这儿强调逻辑句的包涵层次确定"多重数学计算"的层次。他把这样的逻辑计算叫作"多重数学计算"（mathematical multiplicity）。

例如，逻辑规则图演示某个三元复杂逻辑句有三层逻辑坐标：$(aRb)^1 (aRb)^2 (aRb)^3$。并且我们可以根据$(aRb)^1 (aRb)^2 (aRb)^3$把该逻辑句转换成三次方的数学方程。维根斯坦在这儿点穿了如何把逻辑方程转换成数学方程的方法。这就是为什么克林在《数学逻辑》中要教学数学的人掌握编写逻辑的方程的方法。逻辑方程的阶位确定数学方程和逻辑模型的阶位。

我们可以把逻辑判断设想成悬挂在空间中的空空的，高度抽象的模型里面套模型的结构。从外到里，逻辑句的阶位越高，模型的节点越来越多，于是模型的构建就越来越深入，越来越精致。并且后一阶客体的形式比前一阶客体的形式复杂，直到人的形式为止。

5.476 It is clear that we are not concerned here with a number of primitive ideas which must be signified but with the expression of a rule.

显然，我们在这儿不是要关心几个必须被符号表意的原始概念而是要关心某个规则的表达。

译注：逻辑坐标图和逻辑规则图演示逻辑坐标中的几个原始概念都是用武断的符号表达的。我们要关心的不是这些符号，而是使用这些符号的规则。

以上就是我们撰写逻辑句必须遵守的一些规则。别看克林那样的数理逻辑学家们写出那么多貌似复杂的逻辑句并给学生们布置大量的作业，其实他们都是用维根斯坦在5.45----5.5制定的规则编写的。他们只是没有说出这些规则而已。据此我可以推测，图灵也是根据这些规则编写了几条简单的逻辑指令句，让虚拟的逻辑的机器执行简单但重复的客／主核对的计算。这些也是我们学习如何撰写逻辑句的基本规则。逻辑语言是如今的电脑的程序语言的内核！这样的内核不会有非常复杂的逻辑句。

在说明逻辑和判断都有一个归总的形式之后，从5.5开始，维根斯坦将把他在5.2521确定的判断的真值函数的运算规则"[a, x,O´x]"进一步升华为(----T)(ξ,....)。这是因为[a, x, O´x]"中的x仅仅指感知值，而(----T)(ξ,....)中的T指逻辑句的真值根据。用逻辑规则图表达，维根斯坦对逻辑句的分析从(--(----(--------)))……转换到了(-t(---t(------t)))……于是维根斯坦从下面的第二单元开始讨论我们在核对逻辑句是否撰写得合理时必须使用的逻辑的算法。

第二单元：判断函数的算法规则集

判断函数的算法规则之一：每一个判断函数的真值运算都是对简单判断的判断值进行否定的运算。

5.5 Every truth-function is a result of the successive application of the operation (-----T)(ξ,.....) to elementary propositions.

This operation denies all the propositions in the right-hand bracket and I call it the negation of these propositions.

第十章：撰写与核对逻辑句的规则和其哲学意义

每一个真值－函数都是对若干简单判断连续进行此运算（－－－－T)(ξ,．．．．)的结果。

这个运算否定在右边括号里的所有判断，并且我称它为这些判断的否定。

译注：维根斯坦在这个子集中的重点是给逻辑句的算法归总的总形式：如果说(ξ,．．．．．)是真值函数计算中的自变量的象征，那么(－－－－－T)是运算的结果（因变量）的象征。所以在真值函数运算中,(ξ,．．．．)是输入，(－－－－T)是输出。输出是对输入的判断句的真伪值的否定。(－－－－－T)属于王氏逻辑规则图中"真值根据"那一行。真值根据就是"逻辑的判断"的根据，也就是我们核对逻辑句是否写的合理的根据。我用图形表达如下。

1	2	3	4	5	6
p	q	r	pRq	qRr	(pRq)R(qRr)

(ξ,．．．．)表达前五行的判断句的真值标定。(－－－－－T)表达第六行的真值根据。

这个图形是说，任何阶位的逻辑句的真值根据都可以根据判断函数的计算规则(ξ,．．．．)(－－－－T)－－－计算出来。这就是从N个简单判断句推导出一个崭新、合理的N阶的逻辑句的计算方法的归总。

判断函数的算法规则之二：感知的描述必须用括号表达。

5.501 An expression in brackets whose terms are propositions I indicate—if the order of the terms in the bracket is indifferent—by a sign of the form "($\bar{\xi}$)". "ξ" is a variable whose values are the terms of the expression in brackets, and the line over the variable indicates that it stands for all its values in the bracket.

用括号作的表达，其语义项是判断句，－－－如果括号中的语义项的顺序无关紧要－－－我用具有"($\bar{\xi}$)"形式的符号指出。"(ξ)"是个变量，它的值是用括号作的表达中的语义项，并且在此变量上面的那条线指出它（该线条）代表它（此变量）在括号中的所有的值。

(Thus if ξ has the 3 values P, Q, R, then($\bar{\xi}$) = (P, Q, R).)

(于是如果 ξ 有此3 个值 P, Q, R, 那么($\bar{\xi}$) = (P, Q, R).)

译注：再看这个图形。

1	2	3	4	5	6
p	q	r	pRq	qRr	(pRq)R(qRr)

注：维根斯坦在此暗示我们只需要三元复杂逻辑句的形式的同义反复就可以完整地描述这个世界。也请参见第5.43段。罗素在为这篇著作写的《引介》中提到了这点。

ξ 代表N个简单判断，($\bar{\xi}$) 代表N个简单判断组成的复合和复杂判断。显然，所有的判断都是变量。

The values of the variables must be determined.

必须确定变量的值。

译注：即首先确定每一个简单判断句的真值标定。然后从这些真值标定中算出复合和复杂判断的真值标定，并且 ——T 说的就是六行真值标定中只有一个真值根据。例如，为了确定P⊃(Q∨R⊃(R⊃¬P))的真值标定，我们必须首先确定P Q R的真值标定"(ξ)"，然后确定该三元复杂逻辑句($\bar{\xi}$)的真值标定，然后从该三元复杂逻辑句的真值标定中找到它的真值根据。克林在《逻辑数学》第11页中做的那个图表只做出前两步。第12页的图表做出了第三步。

The determination is the description of the propositions which the variable stands for.

确定即描述该变量代表的若干判断。

译注：例如，我们用TF确定三元复杂逻辑判断中的六个判断句的真值标定。这样的确定就是描述。

How the description of the terms of the expression in brackets takes place is unessential.

在括号内的此表达的语义项的描述是怎么发生的无关实质。

译注：(ξ,.....)(.....T)中的符号代表任何学科或生活中的三元复杂判断句的完整的真伪描述。由于这些都是高度抽象的描述，

第十章：撰写与核对逻辑句的规则和其哲学意义

所以这些判断句说了什么都无关实质。这就是说，所有学科的判断句都可以代入到用 TF 完整描述的三元复杂判断中。

We may distinguish 3 kinds of description: 1. Direct enumeration. In this case we can place simply its constant values instead of the variable. 2. Giving a function fx, whose values for all values of x are the propositions to be described. 3. Giving a formal law, according to which those propositions are constructed. In this case the terms of the expression in brackets are all the terms of a formal series.

我们可以区分 3 种描述：1. 直接点数。在此核对中我们可以只简单算出变量的恒常的值而不是该变量。2. 给定一个函数 fx，x 的所有值的对应值就是将被描述的若干判断。3. 给定一个形式法则，根据此法则构建一对主客语言的核对序列。在这对核对序列中，括号里的每一项都是一个形式序列的语义项。

译注：在逻辑计算中，名字所代表的判断句无关实质！重要的是描述任何类别的判断的感知的规则。维根斯坦在这里列出了逻辑计算中用于描述感知值的三种规则。

第一种描述（点数）的图形是 $a = a^1, a^2, \cdots a^n$ / $b = b^1, b^2, \cdots b^n$。这两个数列和数列中的每一个语义项必须一一对应。这是罗素的《数学原理》的法则。

第二中描述的图形是，$b = fa\{\ .a = a^1, a^2, \cdots a^n$。这是简单判断的规则。也就是我们在日常生活中使用的判断的规则。走路、吃饭、做事等都是在不自觉使用这条规则。在维根斯坦之前，所有的逻辑学家、哲学家和数理逻辑学家也都只会做肯定的简单判断。

第三种描述就是维根斯坦用 $(\xi, \ldots)$ $(\ldots T)$ 表达的判断函数的形式计算的规则。维根斯坦已经反复讲解，并且我已用图表多次解释这个形式计算的规则的来龙去脉。

判断函数的算法规则之三：真值运算的规则的表达可以归总为"$N(\bar{\xi})$"。

5.502 Therefore I write instead of "(......T) (ξ,......)", "N($\bar{\xi}$)".

于是我不写"(......T) (ξ,......)",而是写成"N($\bar{\xi}$)"。

N($\bar{\xi}$) is the negation of all the values of the propositional variable ξ.

N($\bar{\xi}$) 是对判断变量 ξ 中的所有的值的否定。

译注：N (negation) 即英文单词否定的缩写。ξ 是判断句和判断句的真值标定的总称。

N($\bar{\xi}$) 是说判断从真值函数计算得到的结果都是对前面的判断函数的真值标定的否定。

再看这个图形。

1	2	3	4	5	6
p	q	r	pRq	qRr	(pRq)R(qRr)

第4、5 行的真值标定是对1、2、3行的真值标定的否定，第6行的真值标定是对4、5行的真值标定的否定。到此为止，维根斯坦从语法、表达和算法规则上证明了"N($\bar{\xi}$)"是真值根据计算的总规则的合理的表达。他在后面将从这里归总出判断和逻辑的计算的总形式。

5.503 As it is obviously easy to express how propositions can be constructed by means of this operation and how propositions are not to be constructed by means of it, this must be capable of exact expression.

用这个演算如何能构建判断，用这个演算如何不能构建判断，显然是容易表达的，所以这必须能够做到精确的表达。

译注：我们根据N($\bar{\xi}$)"这个算法规则，可以精确的算出 P ⊃ (Q ∨ R ⊃ (R ⊃ ¬P)) 的真值标定。例如，克林在《逻辑数学》的第11页做的图表的最后一行就是根据这个算法对前面的三行的P Q R 的真值标定进行否定运算的结果。并且他在第12页做出那个图表就是对逻辑句 P ⊃ (Q ∨ R ⊃ (R ⊃ ¬P)) 的真值标定的第三个 f 值进行全面的分析。我们将看出，他这么做的目的是为了演示如何确定

第十章：撰写与核对逻辑句的规则和其哲学意义

某些逻辑句为什么写得不合理，并且怎么从不合理的逻辑句中找出合理的逻辑结构。

判断函数的算法规则之四：所有的判断都可以从否定运算得出。所有判断的真值都是对前面的判断的否定

If ξ has only one value, then N($\bar{\xi}$) = ~p (not p), if it has two values then N($\bar{\xi}$) = ~p . ~q (neither p nor q).

如果ξ只有一个值，那么N($\bar{\xi}$)= ¬p（非p），如果有两个值，那么N($\bar{\xi}$) = ¬p . ¬q。
（既非p，也非q）。

译注：请参照5.43。N($\bar{\xi}$) =¬p，即如果p = tf，那么¬p = ft。同样的，如果在N($\bar{\xi}$)中$\bar{\xi}$有p & q这个判断，那么N($\bar{\xi}$)就是¬p &¬q。如此演绎，所有的判断都可以从否定运算得出。所有判断的真值标定都是对前面的判断的真值标定的否定。

逻辑函数的算法规则之五：双重否定使得逻辑坐标升级。

5.511 How can the all-embracing logic which mirrors the world use such special catches and manipulations? Only because all these are connected into an infinitely fine network, to the great mirror.

拥抱一切、为世界照镜子的逻辑怎么会用此等特殊的机关和操控呢？仅仅是因为所有这些都关联成一个无限精致的网络并对着那面伟大的镜子照镜子。

译注：根据英语文学，"伟大的镜子"即大自然。逻辑为大自然照镜子的机关就是N($\bar{\xi}$)。它是说所有的创新的判断的感知都是对前面若干判断的感知的否定。N($\bar{\xi}$)是从判断句的角度看这个世界的高度抽象的网格。

若从感知值的角度看，根据王氏逻辑规则图，我们这个世界万物的存在的形式的升级都是后一阶客体的存在形式是前一阶客体的存在形式的否定。例如，一元简单判断的作画形式的表达是（¬¬）。于是完成一个简单判断即¬¬p，并且¬¬p的坐标是（aRb)[1]。完成一个二元复合判断即¬¬¬¬p，并且¬¬¬¬p的坐标是（aRb)[2]。如此等等。于是我们可以看出万物存在的形式的升级是其存在的逻辑

301

坐标的升级。人的形式是万物的最高形式。这是因为人从用标枪朝猎物投掷的那一刻起就有能力挣脱逻辑坐标的掌控，并把它拿来为自己服务。

逻辑函数的算法规则之六：否定运算中被否定的都是否定判断~p的镜像。否定是肯定的包涵，因此否定不是和肯定对立的两个象征。

5.512 "~p" is true if "p" is false. Therefore in the true proposition "~p" "p" is a false proposition. How then can the stroke "~" bring it into agreement with reality?
That which denies in "~p" is however not "~", but that which all signs of this notation, which deny p, have in common.
Hence the common rule according to which "~p", "~~p", "~p ∨ ~p", "~p . ~p", etc. etc. (to infinity) are constructed. And this which is common to them all mirrors denial.

如果"p"为伪，那么"~p"为真。因此在价值为真的判断"~p"中，"p"是个伪判断。笔画线"~"怎么能使得它和现实一致呢？

然而，在"~p"中起否定作用的不是"~"，而是这组代码中的所有符号都否定p，都共享的那个啥。

如此才有共同的规则，根据此规则构建"~p"，"~~p"，"~p ∨ ~p"，"~p . ~p"，等等（以至无穷）。而它们都共享的啥是否定的镜像。

译注：所有判断的真值标定都是对简单判断的真值标定中的真伪这两个值的否定。如此才有共同的规则。根据此规则构建"~p"，"~~p"——这部分即克林在《逻辑数学》第15页底下标号为17的脚注中提到的另一位数学家邱奇（Church）于1956年提出的"完整的双重否定律"的逻辑根据。克林在《逻辑数学》第16页把"完整的双重否定律"写成了代码⊢¬¬A ≡ A，把反证的双重否定律写成了⊢¬¬A ⊃ A。但是无论邱奇还是克林都没有提到维根斯坦为"双

第十章：撰写与核对逻辑句的规则和其哲学意义

重否定"论做出的贡献。似乎这些计算技术都是他们自己的发明。实际上，只要看下面的逻辑规则图，我们就可以看出双重否定是逻辑坐标的升级的计算。

逻辑坐标	双重否定	判断函数	判断句
$(aRb)^0$			
$(aRb)^1$	$\neg\neg$	fa	p
$(aRb)^2$	$(\neg\neg)^2$	f(ab)	pq
$(aRb)^3$	$(\neg\neg)^3$	f(abc)	pqr

注：简单判断的双重否定即表面是真的必须否定为伪的，表面上是伪的必须否定为真的。"这是平反的内在逻辑运算。

可以想象一下用芭蕾舞表演逻辑坐标和升级：首先一个女舞者转圈独舞表达简单判断的特征和重要意义。她面朝观众微笑，转半圈，这是 p 第一次否定。然后她再转过来面朝观众，这就是简单判断函数 p 在逻辑坐标中的双重否定（$\neg\neg$）^{1}。

当双重否定发生时，一个男演员上场和她双人舞（表演十六个初级逻辑关系）。然后她俩表演（$\neg\neg$）^{2}。如此反复，第 N 个舞者都可以依次上场表演。假如有八个舞者，那么我们就有八个独立的简单判断，并且可以用真伪值的竖行确定它们各自不同的逻辑身份。它们转圈共舞的画面就是八重双重否定（$\neg\neg$）^{8} 或者说逻辑坐标的八次升级。并且这八个舞者共同表演的不同局面就是创新的判断的或然。这些或然的整体局面也都有用真伪值的竖行标定逻辑身份。

这个表演就演示双重否定是万物的形式序列的计算的不断升级。没有双重否定这个世界就没有不同阶位的逻辑坐标，就没有越来越精妙的客体的存在形式。这个表演就是我们对逻辑进行反思的理性表演和逻辑数学的表演。

"~p ∨ ~p"，"~p．~p"，等等"以至无穷"则是数学中的"对位证明"的逻辑根据。克林在其著作《数学逻辑》第 22 页提出的模型论的第六条理论：二元对位（duality）论的逻辑根据就是"~p ∨ ~p"，"~p．~p"的图形。

如何全面深入的译读维根斯坦的《逻辑哲学纲要》

但是一元简单判断必须用"踮步桥"表演。领舞者是（aRb）[1]中的唯一。其他舞者是众多的一。她们成十字在舞台上转动就是纵横交叉核对的表演。

必须在此指出无论是双重否定还是二元对位，这些计算技巧都离不开简单判断的逻辑坐标。想象一下 p 的逻辑坐标。否定 p 的不是否定符号～，而是整个逻辑点上的真伪值。否定是判断的感知值的序列被否定了，如（tftf）被否定成为（ftft），等等。但是逻辑点和逻辑坐标的形式没变，逻辑点和逻辑坐标的形式是所有否定都共享的镜像。

于是，不管是肯定还是否定的判断句，它们共享的 aRb 这个总形式不会变。于是，这就确定了所有的逻辑方程式都必须对称，并且对称中还包涵对称。克林的《数学逻辑》的第十一页和十二页中做了两个图演示如何对逻辑句第十一页的判断句的 P ⊃ (Q V R ⊃ (R⊃¬P)) 做"判断的逻辑"和"逻辑的判断"的分析。我在前面根据逻辑句的语法规则已经解构了这个逻辑句的逻辑结构。现在我们根据维根斯坦在以上两个单元里提出的逻辑计算的规则看看克林的那两个图表是怎么来的。先看 11 页那个图表的最后一行的来历。

1. 在这个图表，首先把前面已经确定了第一排中的 P，Q R 的三个真值（TTT）分别代入到 P ⊃ (Q V R ⊃ (R⊃¬P)) 中的 P、Q 和 R。

2. 然后从最里面的包涵开始运算。先算否定。P 在第一排中原来是 T，那么 ¬P 是 F。

3. 再看 (R⊃¬P)，其中 R 是 T，¬P 是 F，于是 (R⊃¬P) 就是 T⊃F，也就是 F。

4. 接下来根据 QR 的两个真值，算出 Q v R 的逻辑判断值是 T。于是在 Q v R ⊃ (R⊃¬P) 中，我们从 QvR 得到 T，从 (R⊃¬P) 得到 F。于是 Q v R ⊃ (R⊃¬P) 的逻辑判断是 T ⊃F，也就是 F。

5. 所以，三元复杂逻辑句 P ⊃ (Q v r ⊃ (R⊃¬P)) 在第一排的判断值是 F。这个 F 说的是这个逻辑句在我这里不合理。

我们用同样的方法一排一排的把三个简单判断作为输入，得

第十章：撰写与核对逻辑句的规则和其哲学意义

出八个输出。于是最后一行的真伪值的组合标定了 P ⊃ (Q v r ⊃ (R ⊃ ¬P)) 的形式特征。这就是"判断的逻辑"的分析。也就是纵横交叉核对中的横向核对。这八个真伪值才是全面的描述了 P ⊃ (Q v r ⊃ (R ⊃ ¬P))。

现在我们再做竖行的核对，也就是对 P ⊃ (Q v r ⊃ (R ⊃ ¬P)) 这个逻辑句做"逻辑的判断"。克林选择了这一行中第三个F作为竖行核对的分析。现在我们翻到《数学逻辑》的第 12 页。首先我们把这一排中的 P = f, Q = f, R = t 分别代入到 P ⊃ (Q v r ⊃ (R ⊃ ¬P)) 中的三个判断函数 P Q R 中。然后一排一排往下确定每一个逻辑关系的真伪。从第三排开始，我们可以看出每一排都包涵 t ⊃ f 这个因式，直到最后一排 t ⊃ f 被确定为 F。于是我们完成了对 P ⊃ (Q v r ⊃ (R ⊃ ¬P)) 的真值组合中的第三个伪值根据 F 的全面彻底的分析。它显示了该逻辑句的每一个成分是真还是伪或者说它确定了该逻辑句的每一个成分的逻辑属性。只有当所有成分得逻辑属性都有真值时某个逻辑句才是合理的。所以在核对逻辑句是否合理时，我们也必须采用客/主纵横交叉核对"+"这个基本图形。

克林做出这两个图表是为了让学生知道如何用维根斯坦在前面制定的撰写和核对逻辑句是否合理的规则全面描述并分析任何逻辑句是否合理。他没有说破的一项重要规则就是任何逻辑句是 aRb 的因式化简或扩大。但是，克林在后面的第 29 页用图表演示，我们可以把 P ⊃ (Q v r ⊃ (R ⊃ ¬P)) 看作是 P ⊃ R，从而极大的简化全面描述这个逻辑句的"判断的逻辑"和"逻辑的判断"。所以，克林在《数学逻辑》中的"精炼的真值表"（condensed truth table）作为克林的模型论中的一条规则就来自维根斯坦对新判断的真值标定必须以 TF 为基本单位并组成对称的结构。我在《初级逻辑简介》中介绍如何分析三元复杂逻辑句时只是把 P Q R 改成了 A B C 而已。

"如此才有共同的规则，根据此规则构建"~p"，"~~p"，"~p ∨ ~p"，"~p . ~p"，等等（以至无穷）。而它们都共享的啥是否定的镜像。" --- 这一句指出了我们撰写逻辑句离不开双重否定，并且要知道如何使用多重的双重否定。否则我们写不出合理的逻辑

305

句。

第三单元：核对逻辑句的规则

核对逻辑句的语法规则之一：表达某特定逻辑关系的符号是所有这类关系的归总。

5.513 We could say: What is common to all symbols, which assert both p and q, is the proposition "p . q". What is common to all symbols, which asserts either p or q, is the proposition "p ∨ q".

我们本可以说：对于所有既断言 p 也断言 q 为真的象征，它们所共享的东西是判断"p . q"。对于所有或者断言 p 或者断言 q 为真的象征，它们所共享的东西是判断"p ∨ q"。

译注：即逻辑关系的"联合"和"失联"等也是个判断。所以我们需要确定逻辑关系的真伪值。对逻辑关系做出其真伪属性的判断就是"逻辑的判断"。这就是克林为什么要在第 12 页做出那个图表的原因。但是他只做图表，没有提及逻辑哲学和形式逻辑的本质差别。前者显示逻辑关系可以做到定性分析，但是形式逻辑认为逻辑关系是永恒不变的上天的使者。克林并没有提及维根斯坦的"逻辑的判断"的规则就是他确定某个逻辑句是否合理的规则，更没有说这些规则彻底粉碎了罗素对逻辑关系的看法：1) 逻辑关系是永恒不变的常量而不是变量。2) 逻辑关系的永恒之真来自永恒的上天，或无穷数列的"无穷"那一端。

And similarly we can say: Two propositions are opposed to one another when they have nothing in common with one another; and every proposition has only one negative, because there is only one proposition which lies altogether outside it.

同样的，我们可以说：当两个判断没有啥共享时它们互反；并且说每一个判断只有一个反面（否定），因为只有唯一一个判断完全在它的外面。

Thus in Russell's notation also it appears evident

第十章：撰写与核对逻辑句的规则和其哲学意义

that "q : p ∨ ~p" says the same thing as "q"; that "p ∨ ~p" says nothing.

于是在罗素的代码中，"q : p ∨ ~p"说的和"q"一模一样；并且"p ∨ ~p"啥也没说，这是明显的。

译注：维根斯坦指出，罗素的"q : p ∨ ~p"可以归总为q，罗素的排中律的表达"p ∨ ~p"没有任何意义。这是因为罗素违反了逻辑关系的表达。维根斯坦在这个子集中将指出 P v Q 是所有失联关系的归总，并且所有的逻辑关系都是变量，都可以被人用判断值的序列标定其逻辑身份。逻辑学中只有归总的表达才是象征——这是我们核对逻辑句是否合理的规则之一。

核对逻辑句的语法规则之二：任何代码的编写都必须做到指称符号和指称对象之间的关系保持始终如一。

5.514 If a notation is fixed, there is in it a rule according to which all the propositions denying p are constructed, a rule according to which all the propositions asserting p are constructed, a rule according to which all the propositions asserting p or q are constructed, and so on. These rules are equivalent to the symbols and in them their sense is mirrored.

如果某代码系统是固定的，那么在其中存在某个规则，根据此规则构建所有否定 p 的判断，根据此规则构建所有断言 p 为真的判断，根据此规则构建所有断言 p 或 q 为真的判断，如此等等。这些规则等同于象征符号，并且它们的感知在象征符号中得到镜像。

译注：逻辑规则图演示逻辑的判断的规则是固定不变的。例如(-T（--- T（------T）））……就是逻辑的真值根据的计算规则。只有根据这样的规则，我们才能做好"逻辑的判断"。"逻辑的判断"可以确定逻辑判断句的唯一真值根据。例如，克林在《逻辑数学》的第12页就用图表呈现了 P ⊃ (Q v r ⊃ (R ⊃ ¬P)) 中的所有 ⊃ 的使用都具有伪值。这就是直接否定了罗素的形式逻辑的立场：所有的逻辑关系都永恒不变，价值为真。但是克林就是不说其中的哲理。

核对逻辑句的语法规则之三：逻辑关系符号连接若干判断而不

是判断的名字。

5.515 It must be recognized in our symbols that what is connected by ">∨", ".", etc., must be propositions.

必须在我们的象征符号中看到，用"∨"，"."等关联的啥必须是若干判断。

译注：前已解释：判断符号是判断句，逻辑关系符号是连接判断句（判断函数）的标点符号。

And this is the case, for the symbols "p" and "q" presuppose "∨", "~", etc. If the sign "p" in "p ∨ q" does not stand for a complex sign, then by itself it cannot have sense; but then also the signs "p ∨ p", "p . p", etc. which have the same sense as "p" have no sense. If, however, "p ∨ p" has no sense, then also "p ∨ q" can have no sense.

并且这是个成立的案例，因为"∨"，"~"等是确定象征符号"p"和"q"的前提。如果在"p ∨ q"中的"p"不代表一个复杂符号，那么它本身不可能有感知；不过如此一来，"p ∨ p"，"p . p"等具有和"p"相同感知的符号，也没有感知。不过，如果"p ∨ p"没有感知，那么"p ∨ q"也不能有感知。

译注："如果在p ∨ q中的"p"不代表一个复杂符号，那么它本身不可能有感知，这个句子意指在任何逻辑句中每一个有意义的简单判断符号，都是一个原始的逻辑符号。但是原始的逻辑符号都有一个复杂结构。该复杂结构的形式是（aRb）[1]。从算法上看，这是个函数。凡是函数就必须有输入，函数计算公式和输出组成创新的判断。于是逻辑句中的判断必然有感知的确定和感知值的标定。

如果逻辑句中的"p"没有感知，那么以罗素为代表的形式逻辑中"p ∨ p"，"p . p"，"p ∨ q"等也都没有感知。

反之，如果"p"有感知，那么连接"p"和"q"的逻辑关系也必须有感知。这就是说"p ∨ q"中的选择关系是连接p和q的前提。所以为了判断某个逻辑句是否合理，我们必须确定判断函数和连接判断函数逻辑关系的真伪感知。这就是"逻辑的判断"的实质。

第十章：撰写与核对逻辑句的规则和其哲学意义

这是进一步指出，逻辑关系在此类逻辑句（q ∨ r（R ⊃ ¬P））中是真值运算的前提。它们也都有感知，因此也需要给逻辑关系作真伪属性分析。

所以克林在《数学逻辑》中首先要求他的学生们学会分析逻辑句中的逻辑关系的真伪的方法。他采用的方法全部来自维根斯坦在这一章中为"判断的逻辑"和"逻辑的判断"制定的规则。但是他在后面又专门讨论罗素在《数学原理》中的谬论：逻辑关系是普世不变的数学计算原则。

到此为止，克林的"逻辑方程式"说了什么，怎么核对它是否说的正确在维根斯坦这儿都已找到了答案。

核对逻辑句的语法规则之四：语法、算法和表达的规则必须统一。

5.5151 Must the sign of the negative proposition be constructed by means of the sign of the positive? Why should one not be able to express the negative proposition by means of a negative fact? (Like: if "a" does not stand in a certain relation to "b", it could express that aRb is not the case.)

But here also the negative proposition is indirectly constructed with the positive.

The positive proposition must presuppose the existence of the negative proposition and conversely.

否定的判断的符号必须用肯定的符号构建吗？为什么人不可以用某个否定的事实表达否定的判断？（像：如果"a"不以某个特定的关系和"b"相对成立，那么它可以表达 aRb 不成立。）

但是在这里否定的判断也是间接地用肯定构建的。

肯定的判断必须以否定的判断的存在为前提，反之亦然。

译注：肯定的判断 p 等同于双重否定的判断 ∼∼p。所以肯定和否定互为前提。

小结：

到此维根斯坦已经为语言的使用制定了四套语法规则。列表如下。

语法	使用的对象	分析的对象
描述的语法	描述句	主谓结构等
判断的语法	判断句	p, (p), aRb等
逻辑的语法	逻辑句	p R q 等
核对逻辑的语法	逻辑关系	&，∨ 等的定性分析

特别需要指出：逻辑的语法主要与判断的逻辑相关。核对逻辑的语法主要和逻辑的判断相关。逻辑的判断的基础说到底是逻辑坐标中的客/主对称(aRb)。于是(q ∨ r ⊃ (r⊃ ¬p))可以如此分解。

P	R	Q	$(aRb)^0$
			$(aRb)^1$
q	v	r⊃ (r ⊃ ¬ p)	$(aRb)^2$
r	⊃	(r ⊃ ¬ p)	$(aRb)^2$
r	⊃	¬ p	$(aRb)^2$

例如，克林在《数学逻辑》第12页做的那个图表明，P ⊃ (Q ∨ r ⊃ (R⊃ ¬P))这个逻辑句中只有 Q ∨ R 和否定运算才是合理的。于是我们可以用"两个简单判断 + 失联关系 ∨ + 对第一个简单判断的否定"这样的结构写出一条合理的逻辑句。

第四单元：判断函数计算的规则的总规则

判断函数计算的规则的总规则之一：$N(\bar{\xi}) = \sim(\exists x).fx$.

5.52 If the values of ξ are the total values of a function fx for all values of x, then N(– – – – –T)(ξ,.....).fx.

如果 ξ 的若干值是函数 fx 对应于 x 的所有值的全部值，那么 $N(\bar{\xi}) = \sim(\exists x).fx$。

译注：这是把已经成为高度抽象的感知值的运算规则 (– – – – –T)(ξ,.....) 做进一步的抽象或者说升华。

由于 $(\exists x).fx = fa$，所以 $N(\bar{\xi}) = \neg(\exists x).fx = \neg(fa)$。$N(\bar{\xi})$是说真值函数运算是后一阶判断的真值标定是对前一阶判断

310

第十章：撰写与核对逻辑句的规则和其哲学意义

的真值标定的否定。所以， fa 和 ¬（fa）可以相互抵消。这就是说 N 阶位的真值标定可以归结为零。

5.521 I separate the concept all from the truth function.

Frege and Russell have introduced generality in connexion with the logical product or the logical sum. Then it would be difficult to understand the propositions "(∃x).fx" and "(x).fx" in which both ideas lie concealed.

我把此概念和真值函数完全分开。

弗里格和罗素都引进了与逻辑积或逻辑和相关的归总。于是就会难于理解这两个概念都隐藏于判断"(∃x).fx"和"(x).fx"的里面。

译注："此概念"指 5.2 中的真值函数中的真值标定的算法的归总：N($\bar{\xi}$) =~(∃x).fx。这完全是个与真值函数的计算方法有关的概念。和真值函数的概念完全不同。一个是真值函数的语法，一个是真值函数的算法。

在弗里格和罗素的代码中，他们都没有区分判断函数的算法和语法。"(∃x).fx"是说"我是个有限序列"。"(x).fx"是说"我是个无限序列"。

5.522 That which is peculiar to the "symbolism of generality" is firstly, that it refers to a logical prototype, and secondly, that it makes constants prominent.

"归总的象征"之特别，首先它介绍一个逻辑的原型，然后它突出若干常量。

译注：在任何逻辑句中，(aRb) 是逻辑的原型。(aRb)[n] 确定若干 n 是个常量。这句话的逻辑根据仍是逻辑规则图中的"逻辑坐标"序列那一行。

判断函数计算的规则的总规则之二：函数运算的归总仍是函数运算。

5.523 The generality symbol occurs as an argument.

归总的象征符号作为参数出现。

译注：f(a b c) 中的 a b c 是三个简单判断的象征符号。它们

是函数运算的参数（自变量）。

5.524 If the objects are given, therewith are all objects also given.

If the elementary propositions are given, then therewith all elementary propositions are also given.

如果给定若干客体，那么据此给定所有的客体。

如果给定若干简单判断，那么据此给定所有的简单判断。

译注：给定 f(a b c) 中的 a b c 象征三个客体。根据代入法，给定这三个客体就是给定所有的客体。这就是说，任何高阶判断函数都可以化简成为三阶判断函数。同样的，f(a b c) 中的 a b c 也象征所有的简单判断。这是在暗示三元复杂逻辑句的形式的同义反复可以完整地描述世界。所以罗素的谓词逻辑是多此一举。

判断函数计算的规则的总规则之三：归总和归总的前提都在符号中自我呈现。

5.525 It is not correct to render the proposition "(∃x).fx"—as Russell does—in the words "fx is possible".

Certainty, possibility or impossibility of a state of affairs are not expressed by a proposition but by the fact that an expression is a tautology, a significant proposition or a contradiction.

That precedent to which one would always appeal, must be present in the symbol itself.

像罗素做的那样，用词语把判断"(∃x).fx"翻译成"fx 是有或然的"是不正确的。

某个局面的肯定、或然或没有或然不是用判断表达的，而是用此事实表达的，即某个表达或者是同义反复，或者是有意义的判断，或者是自相矛盾。

人总是要仰仗的前提，必须呈现于该象征符号中。

译注：罗素的这句话"fx 是有或然的"再次暴露罗素的形式逻辑只是用代码表达的貌似有逻辑的形式语句。这是因为他没有提出如何计算 fx 中的或然的方法。

第十章：撰写与核对逻辑句的规则和其哲学意义

在维根斯坦的 $f(a\ b\ c)_f^t$ 中，括号里的三个字母都指称客体和简单判断。我们指称客体、数事物的数、对客体做简单判断时都离不开逻辑坐标。所以，"人总是要仰仗的前提，必须呈现于该象征符号中"---这句话中的"前提"是逻辑坐标。逻辑坐标在 f(a b c) 中表达是（）。于是我们可以把 f(a b c) 转换成在第三阶逻辑坐标（aRb)^3 上的复杂判断句：a b c aRb bRc (aRb)R(bRc)。

"人总是要仰仗的前提，必须呈现于该象征符号中"---这句话就是我制作逻辑坐标图的规则之一。例如简单判断的逻辑坐标图中的第一行 aRb 就是原始判断的逻辑坐标的代表。它是所有有意义的判断所仰仗的前提。同样的，逻辑规则图所仰仗的前提是（aRb）^{0}。

a	a	t	a
R		+(--)p	
b	fa	f	fa

判断函数计算的规则的总规则之四：完全归总的判断可以完整地描述世界。完整地描述世界的形式序列是个有限序列。

5.526 One can describe the world completely by completely generalized propositions, i.e. without from the outset coordinating any name with a definite object.

人可以用完全归总的判断完整的描述世界，也就是说，不需要在一开始把任何名字和某确定的客体对应。

In order then to arrive at the customary way of expression we need simply say after an expression "there is one and only one x, which....": and this x is a.

为了实现到达习惯的表达方式，我们仅仅需要在某个表达"存在并且只存在某个 x，x 即…"之后说：此 x 就是 a 。

译注：由于维根斯坦不愿意公开逻辑坐标演绎表，所以我在此做出个图表演示逻辑坐标序列中的数 X 必须是个常数 a，或者说 N+1。图示如下：

判断的逻辑坐标	判断句	逻辑坐标的使用
(aRb)^0	P	( )^1

313

如何全面深入的译读维根斯坦的《逻辑哲学纲要》

判断的逻辑坐标	判断句	逻辑坐标的使用
(aRb)¹	p	( )²
(aRb)²	p q	( )³
(aRb)³	p q r	( )⁴
(aRb)ⁿ	……n	( )ⁿ⁺¹

判断函数计算的规则的总规则之五：完全归总的判断和被归总的所有判断看起来一模一样。

5.5261 A completely generalized proposition is like every other proposition composite. (This is shown by the fact that in "(∃x, φ).φx" we must mention "φ" and "x" separately. Both stand independently in signifying relations to the world as in the ungeneralized proposition.)

A characteristic of a composite symbol: it has something in common with other symbols.

完全归总的判断和任何其他合成的判断一模一样。（这演示于此事实中，在"(∃x, φ).φx"中我们必须分别提到"φ"和"x"。两者在用符号指出判断和世界的关系的意义时都是独立的，正如没归总的判断此时也是独立的。）

合成的象征符号的特征：它和其他象征符号共享某个东西。

译注：例如，N(ξ̄)作为合成的归总仍是两个符号的合成。一方面N和(ξ̄)在逻辑规则图中都是独立于"逻辑坐标""作画形式""或然画面""真值根据"之间的关系。但是在另一方面这两个象征符号都共享确定这些关系的形式特征的判断的感知值的不同组合。所以N(ξ̄)是逻辑规则图中的判断函数那一行的算法的归总。

判断函数计算的规则的总规则之六：简单判断的总和的范围就是归总的判断的范围。

5.5262 The truth or falsehood of every proposition alters something in the general structure of the world. And the range which is allowed to its structure by the totality of elementary propositions is exactly that which the completely general propositions delimit.

每一个判断的真或伪在世界的总结构中都做点变动。简单判断的总和变动世界的结构之可以容许的变动的范围恰恰就是完整的归总的判断所限定的范围。

译注：aRb 的总和即简单判断的序列 a^1/b^1, a^2/b^2, … a^n/b^n 的总和。于是生活和世界的总和是随着逻辑序列的总和的扩大而扩大的。于是，我们可以看出，归总的逻辑的表达是我们做大做强这个世界和生活的范围和质量的高度抽象的语句或者说方程式。如果我们的思想缺乏逻辑的反思，那么我们的行为和思想就缺乏理性的指导。无论行善或作恶都不能改变我们的生活的范围和生活的总和。

(If an elementary proposition is true, then, at any rate, there is one more elementary proposition true.)

（如果某个简单判断为真，那么，无论如何，都有另一个简单判断为真。）

译注：简单判断 a^1/b^1 是个序列。凡是序列都必须至少有两个语义项。

第五单元：对以罗素为代表的形式逻辑的总批判 (critique)

5.53 Identity of the object I express by identity of the sign and not by means of a sign of identity. Difference of the objects by difference of the signs.

我用符号的身份，而不是用身份的符号，表达客体的身份。用符号的区别表达客体的区别。

译注：下面这个子集 (5.53—5.5352) 讨论表达身份和符号之间的关系的语法。这也是如今在理论界很流行的身份论的理论原型。维根斯坦关于身份的语法规则是：1) 符号对客体；2) 符号的身份对客体的身份。前者是名字对名字，如她是张力，即她 = 张力。这是名字的等同。后者是身份的等同。身份的等同是函数关系。例如，张力是大学生，即张力的身份是她做大学生的行为的函数。如果她的行为变了那么她的身份自然就要改变。

所以，身份的等同是由名字（感知的形式）和函数（感知的内容）这两个关系确定的。这仍是形式/内容的区别。罗素的等同律仅仅是名字等同于身份。通过分析符号的形式和内容，维根斯坦将从逻辑上粉碎"上天的宠儿""上帝的选民"之类的身份标签。在维根斯坦之前的旧哲学家，如黑格尔、罗素等，都认为西方人的语言和思想来自上天。于是认定他们的语言是人类语言中最优秀、最纯粹的语言，认为他们的思想从上天那儿获得了自由。这就是"言论自由"的逻辑来源。你顺着他的意思说你就获得了自由；你不顺着他说你就没有自由。

5.5301 That identity is not a relation between objects is obvious. This becomes very clear if, for example, one considers the proposition "(x):fx .⊃.x = a". What this proposition says is simply that only a satisfies the function f, and not that only such things satisfy the function f which have a certain relation to a.

One could of course say that in fact only a has this relation to a, but in order to express this we should need the sign of identity itself.

身份不是客体之间的关系是明显的。例如，如果人考虑此判断"(x): fx.⊃.x = a"，那么这（即身份不是客体间的关系）就变得非常清晰。这个判断说的啥仅仅就是只有a才满足函数f，并不是说此等只有和a有某特定关系的东西才满足函数f。

人当然可以说事实上只有a才和a有此关系，但是为了表达这个我们应该需要身份本身的符号。

译注：判断函数和逻辑关系的真值标定演示：名字是逻辑的标签。名字所指称的身份是逻辑句的每一个成分的真值标定（信息的标定）。这就激励所有人都要有内涵。你的名字仅仅是指称你的符号。你的行为才是你的符号的函数和函数的真值参数。换成代码就是："(x):fx.⊃.x = a"，它是说"(x):fx"包涵"x = a"，"x = a"是说身份的名字x是由具体的行为a定义的。

5.5302 Russell's definition of "=" won't do; because according to it one cannot say that two objects have

第十章：撰写与核对逻辑句的规则和其哲学意义

all their properties in common. (Even if this proposition is never true, it is nevertheless significant.)

罗素对"="的定义不行；因为人不能据此说两个客体共享它们的全部属性。(即使这个判断从未为真，它仍有意义。)

译注：罗素的等于号"="里面只有名字做定义，没有判断函数的算法做定义。

5.5303 Roughly speaking: to say of two things that they are identical is nonsense, and to say of one thing that it is identical with itself is to say nothing.

大约地说：把两个东西说成它们的身份等同是毫无感知，而说一个东西的身份等同它自己是啥也没说。

译注：罗素的集合论中的悖论就是要求一个集合既能包涵其他集合也能包涵自己。但是这些集合都仅仅是名字的集合。在罗素的集合论中，数和其他符号一样只是名字。这样的名字等于啥也没说。

5.531 I write therefore not "f(a,b). a = b" but "f(a,a)" (or "f(b,b)"). And not "f(a,b). ~a = b", but "f(a,b)".

因此我们不写"f(a,b). a = b"而是写"f(a,a)"（或者"f(b,b)"），并且我不写"f(a,b).~a = b"，而是写"f(a,b)"。

译注：维根斯坦根据等同的逻辑的语法规则在教罗素应该怎么写正确的表达逻辑身份的逻辑符号。罗素的"f(a,b).a = b"是说某个函数包涵两个参数。但是维根斯坦告诉他表达两个参数相等不需要用等于号，只需要把它们作成两个并列的同义反复的参数。也就是"f(a,a)"。

5.532 And analogously: not "(∃x, y). f(x, y). x = y", but "(∃x). f(x, x)"; and not "(∃x, y). f(x, y). ~x = y", but "(∃x, y). f(x, y)".

并且类比而同地说，并非"(∃x, y). f(x, y). x = y"，而是"(∃x). f(x, x)"；并非"(∃x, y). f(x, y).~x = y"，而是"(∃x, y). f(x, y)"。

(Therefore instead of Russell's "(∃x, y). f(x, y)": "(∃x, y). f(x, y). ∨. (∃x). f(x, x)".)

如何全面深入的译读维根斯坦的《逻辑哲学纲要》

（于是并非罗素的"(∃x, y). f (x, y)"而是继承为"(∃x, y). f (x, y) . ∨ . (∃x). f (x, x)"。）

译注：冒号（:）是维根斯坦用于表达判断的继承和转换生成的代码。于是从罗素的代码"(∃x, y).f (x, y)"中推出万物等同自己的函数的表达形式是"(∃x). f (x, x)"。这就破解了罗素的集合论中的悖论。

5.5321 Instead of "(x): fx ⊃ x = a" we therefore write e.g. "(∃x). fx .⊃. fa : ~(∃x, y). fx . f y".

因此我们不写"(x): fx ⊃ x = a"而是写，例如，"(∃x). fx .⊃. fa : ~(∃x, y). fx . f y"。

And if the proposition "only one x satisfies f ( )" reads: "(∃x).fx .⊃. fa : ~(∃x, y).fx . fy".

并且如果此判断"只有一个x满足 f()"，那么读作"(∃x). fx .⊃. fa : ~(∃x, y). fx . fy"。

译注：维根斯坦在教罗素等同律（a = a）的表达有两种情形，一个是万物等同自己，即"(∃x). fx .⊃. fa"，读作"无穷序列的特殊子集包涵某个有确定的语义项数目的有限数列"。另一个是两个概念的形式不同，但形式包涵的内容一致：即~(∃x, y). fx . fy。

~(∃x, y). fx . fy 说的是否定函数（∃x, y）就是否定函数 fx 和函数 fy。等同律说到底只是逻辑的算法之一。

5.533 The identity sign is therefore not an essential constituent of logical notation.

于是等于号并不是逻辑代码的不可缺少的组成部分。

译注：罗素的《数学原理》中的核心内容就是企图证明等于，"联合""失联"等逻辑关系等于来自上天的设定。但是维根斯坦在（5.53—5.5352）演示了等于号不是逻辑系统中必不可少的成分，并且用象征符号给我们演示了如何用逻辑省略算术题"1+1 = 2"中的等于号。

5.534 And we see that the apparent propositions like: "a = a", "a = b . b = c .⊃ a = c", "(x).x = x". "(∃x).

318

第十章：撰写与核对逻辑句的规则和其哲学意义

x = a", etc. cannot be written in a correct logical notation at all.

并且我们明白，貌似成立的判断像"a = a"，"a = b . b = c . ⊃ a = c"，"(x) . x = x"."(∃x) . x = a"，等等都根本不能写成正确的逻辑代码。

译注：上面的把"(x): fx ⊃ x = a"中的等于号消掉的象征符号的转换过程演示："等于"不属于逻辑，而是属于语法。所以，形式逻辑中的所谓的推理的法则，如"a = a"，"a = b . b = a"，"a = b, b = c, a = c"，"(x) . x = x"."(∃x) . x = a"，都是代码语言的语法规则，不是逻辑的规则。维根斯坦在（5.53—5.5352）演示了"等于"包涵在象征里面，如"(∃x) . fx . ⊃ . fa。所以，逻辑系统中只有包涵，没有等于。于是身份不是天生等如的；身份是行为的函数。

5.535 So all problems disappear which are connected with such pseudo-propositions.

于是所有与此类伪判断有关的问题就都消失了。

译注："a = a"，"a = b . b = a"，"a = b, b = c, a = c"，"(x) . x = x"."(∃x) . x = a"等代码是罗素常用的等式，用来证明等同、对称、转换生成、形而上的特指等概念都是来自上天。罗素就是用这些等式宣传拼音语言的优越性。维根斯坦指出这些都是伪判断。这是因为逻辑坐标和判断的计算都演示着逻辑的语法和算法的基础都是包涵而不是等式。于是顽固藏在西方的旧哲学和旧逻辑中的语言优越论就没有存在的基础。

This is the place to solve all the problems with arise through Russell's "Axiom of Infinity".

这就是解决随着罗素的"无穷的定理"而冒出的所有问题的地方。

译注：身份到底是等于还是包涵，具有的巨大哲学意义。身份的"等于"可以把某些人等同上天的选民。西方的旧哲学家们认定上天是无穷的，于是等于中可以有无穷尽的公理和定理。自认为掌握了来自无穷的上天的语言和逻辑的哲学家，如黑格尔等人，就自

以为获得了自由。其实他们的著作都没有逻辑的真值根据，都是他们用文字记录下来的自言自语。这样的自由谁都可以获得。问题是由谁来制造神话。

而逻辑哲学告诉大家我们是用行为确定身份。每个人的行为都是有限的形式序列，并且每个人的行为都必须遵守逻辑的规则。逻辑坐标掌控一切信息，所以思想没有自由。自由是通过对逻辑坐标的反思而获得的。

What the axiom of infinity is meant to say would be expressed in language by the fact that there is an infinite number of names with different meanings.

想要用无穷的定理说的啥完全可以用语言通过此事实表达，即存在无穷数目并具有不同意指的名字。

译注：维根斯坦在此指出了要害：无论拼音还是象形语言，都是给画面命名的名字。有无穷的画面和局面因此就有无穷的名字，这才是生活中的语言的无穷潜力。此潜力并不是来自上天而是来自语言。

5.5351 There are certain cases in which one is tempted to use expressions of the form "a = a" or "p ⊃ p". As, for instance, when one would speak of the archetype Proposition, Thing, etc. So Russell in the Principles of Mathematics has rendered the nonsense "p is a proposition" in symbols by "p ⊃ p" and has put it as hypothesis before certain propositions to show that their places for arguments could only be occupied by propositions.

存在某些特定的情形，在其中人受到诱惑想用具有"a = a"或"p ⊃ p"等形式的表达。例如，当人想要说到原始类型，如大写的判断，大写的东西等的时候。所以，罗素在《数学原理》中通过"p ⊃ p"用若干象征符号翻译了"p是判断"此无感之说，并且把它作为大前提放在某些特定的判断之前，以演示它们（象征符号）在论证中的地位只能被判断占据。

译注：维根斯坦在这里对罗素提出了无情的批评。他指出，罗

第十章：撰写与核对逻辑句的规则和其哲学意义

素的哲学在本质上是自命不凡的唯我主义者的哲学。唯我主义者的逻辑推理的起点是"a = a"。这些都是代码，绝对不是从客／主核对的逻辑坐标和逻辑点中推导出来的逻辑的规则。

于是"a = a"被曲解为我的世界即我的存在，"p ⊃ p"被曲解为我的判断包涵所有的判断。我的信仰也属于我的判断。于是"p ⊃ p"可以翻译为"我觉得p"。《数学原理》中的所有代码（即所有判断句）的大前提都是"p ⊃ p"这个唯我主义的认知结构。维根斯坦在这儿指出，罗素是从"p ⊃ p"觉得自己掌握了来自上天的大写的判断，大写的东西，等等。所以维根斯坦和罗素的根本区别是维根斯坦认为有感知价值标定的判断才是真伪判断，而罗素认为即使没有真伪判断价值作根据但有信仰支持的断言为真也是判断。问题是罗素式的判断做不出任何逻辑的模型，更不能完美地投影生活。

维根斯坦从下面开始到这一章的结尾都是批判唯我主义的自言自语的模型"p ⊃ p"。

(It is nonsense to place the hypothesis p ⊃ p before a proposition in order to ensure that its arguments have the right form, because the hypotheses for a non-proposition as argument becomes not false but meaningless, and because the proposition itself becomes senseless for arguments of the wrong kind, and therefore it survives the wrong arguments no better and no worse than the senseless hypothesis attached for this purpose.)

（为了保证大前提 p ⊃ p 的若干参数具有正确的形式，于是把它放在某个判断之前是毫无感知，因为此大前提作为并非判断的参数不是将成为伪而是将成为毫无意指，并且因为该判断本身由于参数类别的错误会变得毫无感知，于是它（判断）仍会在那些错误的参数被修正之后保留，此结果并不比为此目的而附加的那个毫无感知的大前提更好或更坏。）

译注：旧哲学、旧逻辑等演绎推理的大前提都是纯洁可靠的智慧和形式都是来自上天。人间的智慧和知识都是不完美的，都是对

如何全面深入的译读维根斯坦的《逻辑哲学纲要》

完美的上天的模式的摹拟和对比。对比的越仔细就越接近完美。这就是学习要死记硬背大量做题的理论基础。

但是此大前提作为一个判断并没有真值参数（自变量）。如果像罗素那样，把大前提和判断之间的关系写成 p ⊃ p 的形式，那么前面的 p 是上天，后面的 p 是人世。由于前面的 p 包涵后面的 p，所以后面的 p 的参数就看起来是前面的 p 的参数。这就是罗素为旧哲学和旧逻辑的大前提作辩护的形式逻辑。所有的旧哲学和旧逻辑都必须强言这个大前提为真。否则没法进行演绎推理。

但是，维根斯坦指出前面的 p 的参数并不存在，于是没有感知。感知只始于后面的 p。换句话说，感知只始于简单客体、简单事实和原始判断。所以，p ⊃ p 这个表达是形式逻辑和逻辑哲学的重点区别。对 p ⊃ p 的不同解读代表两个完全不同的世界观和方法论。于是罗素认为"我认为、我觉得等等表达心理活动的动词+宾语子句"这个形式的句子也是判断句。而维根斯坦认为信仰和心理活动不是判断，并且坚持只有具备 aRb 这个主客核对的形式的判断才是判断。关键是双方都没有用与笔者做出的逻辑坐标图类似的图表演示客主核对的逻辑坐标而不是上帝才掌控万物的感知。

请参见罗素在为《逻辑哲学纲要》写的序言里提到的他和维根斯坦在 p ⊃ p 的重大区别。这个问题在当时虽然没有定论，但是图灵、邱奇、塔斯基和克林等人根据逻辑哲学的若干规则构建的数学模型，尤其是现代信息科学的发展证明了 aRb 才是正确的判断形式。如今的电子计算机中的虚拟的世界就是人们使用虚拟的逻辑的机器为现实做出的投影。

5.5352 Similarly it was proposed to express "There are no things" by "∼(∃x). x = x". But even if this were a proposition—would it not be true if indeed "There were things", but these were not identical with themselves?

同样的，还提出了用"∼(∃x). x = x"表达"不存在任何东西"的建议。但是即使这是个判断-----那么如果的确"存在诸多东西"，但是这些东西都不等同自己，难道不是真的吗？

译注：指出罗素的形式逻辑在表达上错误。p ⊃ p 用的是包涵。

第十章：撰写与核对逻辑句的规则和其哲学意义

但是"~(∃x).x = x"用的是等于号。"但是这些东西都不等同自己，难道不是真的吗"是问：如果这些东西的确存在，那么它们等同于什么？它们肯定不等同于自己。这是因为该等式前面的被否定的 x 在逻辑上不等同于后面的表达肯定的 x。

5.54 In the general propositional form, propositions occur in a proposition only as bases of the truth-operations.

在归总的判断的形式中，若干判断只作为真值运算的基础出现于判断中。

译注：这句话的逻辑根据就是逻辑规则图。在逻辑规则图中，判断的计算根据是简单判断的"逻辑坐标""作画形式""或然的画面""真值根据"。表达感知值的符号（--）是真值运算的基础（自变量）。自变量增多则逻辑坐标升级要求我们不断地利用客体提高计算的速度和效率。所以我们要不断发明新的计算技术。

5.541 At first sight it appears as if there were also a different way in which one proposition could occur in another.

Especially in certain propositional forms of psychology, like "A thinks, that p is the case", or "A thinks p", etc.

Here it appears superficially as if the proposition p stood to the object A in a kind of relation.

(And in modern epistemology (Russell, Moore, etc.) those propositions have been conceived in this way.)

乍一看来，某个判断似乎也可能以某个不同的方式出现于另一判断中。

在某些特定的心理学的判断的形式中尤其如此，如"甲认为 P 是这么回事"，或者"甲认为 p"，等等。

在这里判断 p 貌似和客体 A 以某种对应关系成立。

（并且那些判断在现代的认知论中（罗素、摩尔、等等）就是被这样设想的。）

如何全面深入的译读维根斯坦的《逻辑哲学纲要》

译注：罗素在为维根斯坦的《纲要》写的"引介"中仍坚持认为，心理学中的表达相信的语句也是表达事实。以往的哲学家一般都把自己的心理活动当作哲学思辨的根据和基础。维根斯坦强烈反对这个旧哲学的大前提。这是因为唯有他在人类认知史上首次不公开地使用了客/主核对必不可少的立体并高度抽象的逻辑坐标。

5.542 But it is clear that "A believes that p", "A thinks p", "A says p", are of the form " 'p' says p": and here we have no co-ordination of a fact and an object, but a co-ordination of facts by means of a co-ordination of their objects.

但是"甲相信 p"，"甲认为 p"，"甲说 p"具有"p 说 p"的形式是清晰的：并且我们在这儿没有某个事实和某个客体对应的坐标，而是只有若干事实间的对应坐标即其若干客体间的对应坐标。

译注：维根斯坦在这儿说，所有的唯我主义的语句都只有事实（主观）和客体（客观）这两个序列的对应，缺乏连接这两个序列中的每一对语义项的逻辑关系 R。维根斯坦主张逻辑只存在于主客核对 aRb 的 R 中，或者 a^1/b^1 等的"/"中。 例如，在唯我主义的这个语句"我觉得她会来"中，只有"我觉得和"她会来"这两个事实。只有 "觉得"和"她来"（她代表若干客体）之间的对应。没有主体语言对客体语言怎幺描述"来"的对应。所以，唯我主义者的语句"P 说 P"从判断的语法的角度看都是认知主体的自言自语。

逻辑是诚实的，就在生活中，从不改变自己。啥也不说。每日每时都呈现在思考者的眼前。关键在于你有无能力对这种无声的逻辑语言做出有逻辑的反思并把它做成画面呈现在你脑中。然后用逻辑句表达该画面中的逻辑结构。

唯我主义者的自言自语，因为缺乏客主核对的逻辑关联，不一定是诚实的。所以，我们可以看出所有旧哲学的语句和所有描述语句（包括讲故事）的叙事结构都是"我觉得，我认为+某个描述句或陈述句"。但是，人们都省略了前面的"我觉得，我认为，我相信等"。例如，"这首诗歌有深远的意境"， "这首歌表达了……"此类语句都省略了前面的"我觉得，我认为，我相信等"。唯我主

第十章：撰写与核对逻辑句的规则和其哲学意义

义的"P 说 P"是深深地扎根于东西方文化的叙事结构中的。它们都缺乏逻辑的必要成分和检验步骤：aRb• +(--)p。所以唯我主义者只会使用语言的自为功能表达自己的思想和感情，不知道如何使用语言的自在功能指挥客体代替自己去逻辑点上执行任务。科学技术的发展必须不断地发现任何语言的自在功能。

5.5421 This shows that there is no such thing as the soul—the subject, etc.—as it is conceived in superficial psychology.

A composite soul would not be a soul any longer.

这演示着不存在像在浅薄的心理学中被那样构思的灵魂—主体，等等---之类的东西。

某个合成的灵魂不再是灵魂。

译注：灵魂等客体在逻辑坐标的语法中必须被当作简单单位使用，但是唯我主义和心理学都把它构思成合成的结构。

5.5422 The correct explanation of the form of the proposition "A judges p" must show that it is impossible to judge a nonsense. (Russell's theory does not satisfy this condition.)

对判断的形式"甲裁决 p"的正确解释必须演示毫无或然裁决毫无感知之说（罗素的理论并不满足这个条件）。

译注：维根斯坦指出"甲裁决 p"必须具有判断的形式，也就是 aRb 中的那个 R。判断符号必须演示判断句的真值标定。但是在维根斯坦之前，所有的形式逻辑的表达都没有真值标定。例如，我们没在《数学原理》中看到任何一个判断句的判断符号（真值表），更不可能看到某个判断的真值标定。如今的形式逻辑中的判断具有判断符号和真值标定都是在维根斯坦指出这个错误之后才悄悄地给加上去的。

5.5423 To perceive a complex means to perceive that its constituents are combined in such and such a way.

This perhaps explains that the figure

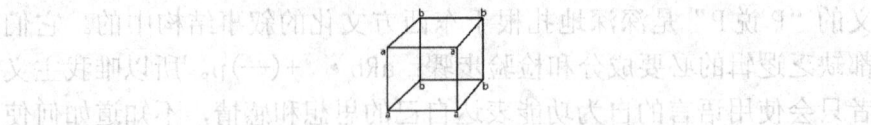

can be seen in two ways as a cube; and all similar phenomena. For we really see two different facts.

(If I fix my eyes first on the corners a and only glance at b, a appears in front and b behind, and vice versa.)

感知某个复杂单位意味着感知其成分以如此这般的方式组合。
这也许解释着此图形

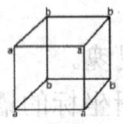

可以用两种方式看作成为某个正立方体；并且所有类似的现象都如此。因为我们真的看到两种不同的事实。

（如果我们首先盯着所有a角并且只瞥一眼b，那么a看起来在前，b在后，反之亦然。）

译注：维根斯坦在这儿明确指出感知的表达是感知成分的组合，也就是真伪值的组合。他在这儿用个空空的正方体暗示逻辑坐标的形式是个纵横交叉核对的正方体。我就是根据这个图形和他在其他若干地方对逻辑坐标的提示，看破了他构建逻辑学的基本图形----逻辑坐标。这个包涵aRb的空框 说明几个事实：1. 所有的认知结构都是简单判断的逻辑框的复合和复杂。2. a和b都是人以客体为根据做出的设定，其中并没有超自然的力量的参与。3. a和b之间的关系不是前后左右等固定的关系，其中同样也没有超自然的力量参与。4. a和b之间的灵动关系决定不同的事实（必然与或然）。

5.55 We must now answer a priori the question as to all possible forms of the elementary propositions.

The elementary proposition consists of names. Since we cannot give the number of names with different meanings,

第十章：撰写与核对逻辑句的规则和其哲学意义

we cannot give the composition of the elementary proposition.

我们现在必须先验地回答这个与简单判断的所有或然的形式有关的问题。

简单判断由名字组成。由于我们不能赋予名字的数目以不同的意义，所以我们不能给定简单判断的构成。

译注：假如我们有 P Q R 这三个简单判断。由于简单判断都相互独立，所以"三"是唯一关联它们三者的东西。我们不能赋予"三"以不同的意义。这就说，+(--) 这个简单判断的形式是先验地存在的。它是逻辑的感知，高于人类经验的感知。

5.551 Our fundamental principle is that every question which can be decided at all by logic can be decided off-hand.

(And if we get into a situation where we need to answer such a problem by looking at the world, this shows that we are on a fundamentally wrong track.)

我们的根本原则是每一个能被逻辑全面决定的问题都能当机立断。

(并且如果我们遇到这样一个情形，即需要通过观看这个世界来回答此类问题，那么这就演示我们在根本原则方面走错了路。)

译注：逻辑的本质是呈现，即所见即所得。所以，每一个人在面对有逻辑的局面时都能当机立断。但是逻辑哲学的本质是反思是什么导致了当机立断。逻辑学是用图形一次性的演示整个当机立断、所见即所得的过程。维根斯坦脑中有这个图形，但是没有做出来。我把它做出来了。

学逻辑如果不能做出当机立断的过程中包涵的逻辑演绎的图形，而是需要继续观察，那就说明我们走错了路。这就是说软件工程中的决策过程也必须是从头到尾一眼就能看明白是怎么回事的过程。这也就说明形式逻辑是个研究逻辑的错路子。这是因为我们不能从形式逻辑中看出一步到底的演绎推理的流程。同样的，如果我们不能从数学和自然科学的结合中找出一步到底的流程，那么我们

327

就在企图提高计算技术方面走错了路。

5.552 The "experience" which we need to understand logic is not that such and such is the case, but that something is; but that is no experience.

Logic precedes every experience—that something is so.

It is before the How, not before the What.

为了懂得逻辑我们所需要的"经验"不是如此这般核对成立，而是某某是如此；但是那绝对不是经验。

逻辑先于每一个经验——即某某是如此。

它（逻辑）在怎么存在之前，但不是在是什么之前。

译注：逻辑在存在之后，经验之前。逻辑演示万物的形式就是高于经验的高度抽象的如此这般核对成立。这个演示就是客体语言。罗素认为逻辑来源于上天。但是维根斯坦认为逻辑在存在之后，经验之前。所以逻辑哲学的先验和形式逻辑的先验完全不同。

5.5521 And if this were not the case, how could we apply logic? We could say: if there were a logic, even if there were no world, how then could there be a logic, since there is a world?

假如不是如此，那么我们怎么能用逻辑？我们可以说：如果即使没有世界也有逻辑；那么既然有世界，怎么会有逻辑？

译注：形式逻辑认为即使没有世界，也有逻辑（在上天）。维根斯坦认为我们应该反问形式逻辑：既然有世界，那么逻辑来自哪里？如果形式逻辑不能直观地回答这个问题，那么它就不能正确地解释世界，更别想改造世界。

于是我们也必须区别逻辑和逻辑学。逻辑是表达万物存在的形式的无声语言，它的形式特征是所见即所得。逻辑学对逻辑的形式特征进行反思，并且必须发明一套逻辑语言用来核对主体语言是否和万物的无声语言一致。目的是为了用虚拟的逻辑机器懂得这套语言，从而投影生活、正确地描述并且改造世界。

5.553 Russell said that there were simple relations between different numbers of things (individuals). But be-

第十章：撰写与核对逻辑句的规则和其哲学意义

tween what numbers? And how should this be decided—by experience?

(There is no pre-eminent number.)

罗素说过在不同数的东西（个体）之间存在些简单关系。但是是在什么数之间？这应该如何决定——用经验决定吗？

（不存在独秀于林的数。）

译注：维根斯坦指出"数"仍是名字。不同的数有不同的名字。罗素需要首先确定是什么数，十进制的数还是二进制的数，等等。然后他才能确定数与数之间存在些什么简单的逻辑关系。形式逻辑只是企图从十进制的数中找出逻辑关系和逻辑推理。

于是维根斯坦反问：难道数的划分不都是人为吗？难道被人划分的数和数之间的关系不是人为的关系？于是我们可以看出，素数存在的规律也是起源于人为的规则。例如，十进制中的素数在二进制中就不存在。所以，他认为不存在超越生活的、高高在上、来自上天的数。

5.554 The enumeration of any special forms would be entirely arbitrary.

于是任何特殊形式的点数都会是完全武断的。

译注：如果点数的基础是十进制，那么十进制本身是武断的。如果用名字点数，那么名字也是武断的，等等。罗素在《数学原理》中是采用点数作为核对的方法。这本身就是武断。

5.5541 How could we decide a priori whether, for example, I can get into a situation in which I need to symbolize with a sign of a 27-termed relation?

我们怎么能先验地决定，例如，我是否能碰到这样的情形，我在其中得用某个符号作象征，表达 27 个语义项的关系？

译注：一个判断函数即一个序列。这个序列里拥有多少个语义项不是先于经验的，而是根据生活决定的。例如（走）这个判断函数里面有多少次核对（多少次"走"的重复）不是先验的，而是根据实际需要确定的。我们不能先验地决定走到某个未知的地方需要走多少步。例如，用逻辑句描述英文中的 26 个字母之间的关系必

须使用26阶逻辑坐标。

5.5542 May we then ask this at all? Can we set out a sign form and not know whether anything can correspond to it?

Has the question sense: what must there be in order that anything can be the case?

于是我们可否就问一下？我们可以制定某个符号的形式而毫不知道与之对应的任何东西吗？

为了让任何东西核对成立必须存在什么，这个问题问得有感知吗？

译注：维根斯坦再次强调，+(--)中的"+"是高度抽象的逻辑的感知结构。

5.555 It is clear that we have a concept of the elementary proposition apart from its special logical form.

Where, however, we can build symbols according to a system, there this system is the logically important thing and not the single symbols.

And how would it be possible that I should have to deal with forms in logic which I can invent: but I must have to deal with that which makes it possible for me to invent them.

现在，除了简单判断的专门的逻辑形式之外，我们还有简单判断的概念---这是清楚的。

然而，在我们能够根据某个系统构建象征符号的地方，那么该系统，而不是那些单个的象征符号，是在逻辑上的重要的东西。

我竟然要处理我能发明的逻辑的若干形式，这怎么会有或然；但是我必须处理使得我有或然发明它们的东西。

译注："但是我必须处理使得我有或然发明它们的东西"中的"东西"就是逻辑坐标和其组织成分。维根斯坦始终如一地只间接提到逻辑坐标，但是从没做出逻辑坐标和其成分构成的图形。

这段话也间接批评罗素式的形式逻辑不要客主核对，把代码系

第十章：撰写与核对逻辑句的规则和其哲学意义

统看得比逻辑系统还重要。罗素建立了一个代码（名字）系统，而不是建立了一个逻辑系统。

与之相反，维根斯坦的逻辑哲学是根据先验的逻辑坐标建立了一个逻辑系统。存在着逻辑坐标是重要的，组成逻辑坐标的成分的名字是次要的。而形式逻辑是颠倒主次，把名字（代码）看作是重要的；从没考虑名字指称逻辑的什么结构和成分。

同样的，维根斯坦是说先验的逻辑坐标的形式特征使得他发明了新逻辑。

必须指出，从客体的形式到逻辑的形式，维根斯坦在《逻辑哲学纲要》始终是讨论逻辑的形式概念中的许多形式特征，如必然/或然，形式/内容，名字/画面，判断/感知，身份/行为，存在/逻辑这些结构中的形式特征。这是我们从形式逻辑学不到的精华。

5.556 There cannot be a hierarchy of the forms of the elementary propositions. Only that which we ourselves construct can we foresee.

简单判断的形式不可能存在着层次。我们只能预见我们自己构建的东西。

译注：逻辑规则图演示简单判断都共享一阶逻辑坐标，所以简单判断之间不可能存在层次。简单判断是对逻辑进行反思的起点，我们是用简单判断构建复合和复杂判断，复杂判断的判断图中的每一行简单判断的真值标定都演示着每一条简单判断都是独自成立的。所以，简单判断不可能有层次。但是我们能预见我们用简单判断和复合判断可以做出什么样的复杂判断和什么样的逻辑句。

5.5561 Empirical reality is limited by the totality of objects. The boundary appears again in the totality of elementary propositions.

The hierarchies are and must be independent of reality.

客体的总和界定有经验的现实。此边界再次出现于简单判断的总和中。

层次结构是而且必须是独立于现实而存在。

译注：客体的总和即简单判断的总和。人的身体的形式的总和就是若干简单事实和简单判断的总和。层次结构存在于先于经验的逻辑结构中。维根斯坦用语句和象征符号 ---"aRb.+(--)P" --- 再现了独立于现实的逻辑的层次结构。

5.5562 If we know on purely logical grounds, that there must be elementary propositions, then this must be known by everyone who understands propositions in their unanalysed form.

如果我们以纯逻辑的根据而知必须存在简单判断，那么每一个懂得简单判断的人不用分析其形式就必须懂得这一点。

译注：简单判断不是逻辑的认知对象。简单判断是离开逻辑点对逻辑点进行反思的起点，也就是（aRb）[1]。每一个不知道如何分析简单判断的形式的人知道任何使用简单判断。例如，用石头砸中某个奔跑的猎物。

5.5563 All propositions of our colloquial language are actually, just as they are, logically completely in order. That simple thing which we ought to give here is not a model of the truth but the complete truth itself.

(Our problems are not abstract but perhaps the most concrete that there are.)

我们的口语中的所有的判断，实际上正如其存在，在逻辑方面都是完整有序的。我们在此应该给定的那个简单的东西不是"真"的模型而是本身就是完整的真。

（我们的问题不是抽象的问题，而是也许是存在中的最具体的问题。）

译注：口头语言中的完整的逻辑"真"是呈现。它并不是认知的模型。例如，"她走过来了"中的五个画面是逻辑判断的真值的呈现。所以这五个画面组成完整的真。但是这五个画面的名字组成的描述句掩盖了判断，所以名字不能构建认知的模型。

我们要研究的逻辑的问题不是与欧式几何和代数方程类似的抽象的问题，更不是来自上天的问题，而是实际生活中的问题。例如，

第十章：撰写与核对逻辑句的规则和其哲学意义

现在可以说逻辑的问题就在"她走过来了"这样的描述生活的语句中。这是因为这五个名字都掩盖了五个判断函数，掩盖了五个简单判断函数共享的逻辑坐标的五次使用，掩盖了从"走"到"过"之间存在的判断的升级和逻辑坐标的升级，更掩盖了（走）和（过）之间的逻辑关系。只要我们善于用逻辑坐标分析语言的使用，于是这个语句就是高度抽象的逻辑推理的大前提。

与之相反，形式逻辑认为逻辑来源于看不见的上天。于是逻辑的根本问题被设定成为决定"思维的形式"的抽象问题。但是维根斯坦在此指出的最具体的问题是：1) 我们如何用逻辑句描述"走过来了"这个定义短语里面的每一个部分局面和整个局面之间包涵的有逻辑的行为；2) 我们如何用逻辑句标定并计算该行为序列中的每一个环节从而为整个局面做出有逻辑的画面；3) 我们如何让虚拟的逻辑机器懂得我们的意思并指挥客体代替我们去执行"走过来了"这组行为。

5.557 The application of logic decides what elementary propositions there are.

What lies in its application logic cannot anticipate.

It is clear that logic may not conflict with its application.

But logic must have contact with its application.

Therefore logic and its application may not overlap one another.

逻辑的应用决定存在些什么简单判断。

逻辑不能预计在其应用中存在什么。

显然，逻辑不可以与其应用冲突。

但是逻辑必须和其应用有关联。于是逻辑和其应用不会互相重叠。

译注：第一句话是说我们撰写逻辑句必须始于某个知识领域中已经被证明为真的若干简单判断。第二句是说逻辑本身不能遇见它的应用所具有的广泛的或然的用途和前景。第三句是说逻辑的应用和逻辑是两回事。逻辑的应用在于人，逻辑是存在的形式。第四句

是说逻辑和其应用是相互关联的。写出了多么合理又精致的逻辑句就能做出多么精致的局面和生活。所以逻辑和逻辑学的应用不是同一。

5.5571 If I cannot give elementary propositions a priori then it must lead to obvious nonsense to try to give them.

如果我不能先验地给定若干简单判断，那么企图给定它们就必然导致明显的毫无感知。

译注：这就是说在任何演绎科学中，收集并整理出一套已经被证明是正确的简单判断———这是做学问或理论工作的起点。我们只能从这个起点，而不是以上天为起点，进行演绎推理。这是辩证唯物主义的方法论的特征。

这个单元的小结：从5.53到5.557维根斯坦以逻辑坐标为根据对以罗素为代表的形式逻辑做出了全面彻底的批评。从逻辑的表达，到逻辑的形式特征，到逻辑的先验性，到简单判断无须证明，到逻辑的应用，维根斯坦全面批评了形式逻辑没有任何客主核对，只有认知主体的自言自语。如果我们明白了这些重大判断，那么就会知道企图从形式逻辑中学到逻辑就是走错了路，或者被人家故意忽悠了。是否学到了逻辑必须有客体作为判断的标准————我们必须有能力从逻辑规则图中一次性看出与自己的研究课题有关的全部逻辑推理的过程。如果能写出逻辑句的子集把这个过程表达出来，让虚拟的逻辑的机器懂得我们的心思，那自然是更好。

第六单元：对西方现代主义中的唯我主义的批评

The limits of my language mean the limits of my world.
我的语言的界限即我的世界的界限。

译注：这是因为我的语言的界限是掌控万物对客体的感知的逻辑坐标。这是重申语法决定算法，算法确定如何描绘客体的逻辑结构。在逻辑结构中，判断函数确定模型中的逻辑点和线段，逻辑坐标确定点和线段的维度。把这些点和线连接起来就是一个多维度的虚拟现实的模型。

第十章：撰写与核对逻辑句的规则和其哲学意义

5.61 Logic fills the world: the limits of the world are also its limits.

We cannot therefore say in logic: This and this there is in the world, that there is not.

For that would apparently presuppose that we exclude certain possibilities, and this cannot be the case since otherwise logic must get outside the limits of the world: that is, if it could consider these limits from the other side also.

What we cannot think, that we cannot think: we cannot therefore say what we cannot think.

逻辑充满世界：世界的界限也是逻辑的界限。

我们因此不能在逻辑中说：世界存在这个和这个，不存在那个。

这是因为那显然会以此为预先假定：我们排除若干确定的或然，并且这个（预先假定）并不成立因为如果成立那么逻辑必须走出世界的边界：也就是说，逻辑是否也能从那一边考虑这些界限。

我们不能想到的啥，我们就不能想：所以我们不能想的我们就不可以说。

译注：再次指出逻辑的边界就是世界。逻辑不能走出自己的边界。

5.62 This remark provides a key to the question, to what extent solipsism is a truth.

这个说法（即我们不能想的我们就不能说）为解决此问题，即唯我主义在什么程度上是真实的，提供了一把钥匙。

译注：维根斯坦在《蓝皮书》和《褐皮书》中多次指出唯我主义的代表语句是笛卡尔的"我思故我在"。逻辑坐标为我们解开"我思故我在"在什么程度上是真的提供了一把钥匙。

In fact what solipsism means, is quite correct, only it cannot be said, but it shows itself.

事实上，唯我主义所意指的啥，是完全正确的，只是它不能说，但是它自我演示。

译注："我思故我在"演示逻辑的形式特征总是同义反复：即我思就是我思并且我在就是我在。但是，逻辑的形式是不说话的。它只演示自我。

That the world is my world, shows itself in the fact that the limits of the language (the language which I understand) mean the limits of my world.

世界是我的世界，自我演示于此事实，即语言（我懂的语言）的界限意指我的世界的界限。

译注：同义反复确定我的世界的界限。这是因为同义反复和自相矛盾确定逻辑的范围。

5.621 The world and life are one.
世界和生活为一。

译注：世界因为逻辑而等同于生活。

5.63 I am my world. (The microcosm.)
我是我的世界。（微观宇宙。）

译注：我指称我的世界，正如"张力"指称她的世界。这都是大世界中的小世界。

5.631 The thinking, presenting subject; there is no such thing.
思想着的，做着呈现的主体；绝没有这样的东西。

译注：这就是在判断和逻辑的语法中，当我们分析"她走过来了"这样的语句时，必须省略"她"这个做主语的名字的原因。我们可以用任何其他客体的名字代替"她"。根据这条判断句的语法规则，"我思故我在"因此是没有逻辑规则的语句。于是，形式逻辑中的"主谓结构"是完全没有感知的。这是因为"名字＋画面＋判断"演示名字只是"画面＋判断"的标签。

If I wrote a book "The world as I found it", I should also have therein to report on my body and say which members obey my will and which do not, etc. This then would be a method of isolating the subject or rather of showing that in an important sense there is no subject: that is to

第十章：撰写与核对逻辑句的规则和其哲学意义

say, of it alone in this book mention could not be made.

如果我写了本"世界如我之所见"，我应当在书里面也不得不对我的身体作出报告并且说身体的哪些成分服从我的意志，哪些不服从，等等。于是这会是个把主体隔离开来的方法，或者说演示在某重要的感知中不存在主体的方法；也就是说在这本书中不能单独提到它（主体）。

译注：如果要研究我们的身体中的逻辑结构，那么必须把我们的身体看作是客体，并研究消化系统、神经系统、生长系统等系统的逻辑结构，并写出一份报告。这是说，逻辑是存在于我们的生理的机制中的一个高度抽象的系统。感情、意志、相信等心理活动不属于这个系统。于是我的身体和我的思想在"世界如我之所见"中是逻辑判断的客体，正如世界中的其他人或事是"世界如我之所见"的客体。但是我们不能把"我"的心理活动和世界决然分开。所以，情感、意志、心理活动的基础必须是逻辑。否则人的情感、意志和信仰等同于动物甚至植物的感知。

5.632 The subject does not belong to the world but it is a limit of the world.

主体不属于世界；但是主体是世界的界限。

译注：这个主体是可视的高度抽象的"我"。"我"是认知主体（属于所有说我的语言的人）的代名词。所以"我的"语言的界限就是认知的界限，因此是生活和世界的界限。

5.633 Where in the world is a metaphysical subject to be noted?

You say that this case is altogether like that of the eye and the field of sight. But you do not really see the eye.

And from nothing in the field of sight can it be concluded that it is seen from an eye.

在这世界上去哪里注意到一个形而上的主体？

你会说这正像眼睛和视野的关系的实例。但是你真看不到眼睛。

在视野中没有任何事物让你推断出是眼睛让你看到了它。

如何全面深入的译读维根斯坦的《逻辑哲学纲要》

译注：科学的科学中的主体只存在于我们的高度抽象的思维中。在生活中我们看不到这个主体正如我们看不到我们看东西的眼睛。但是正如视野是用眼睛看东西的象征，主体所知的世界和其界限是认知的主体的象征。人们是在这个世界中通过高度抽象的逻辑思维注意到科学的科学的主体。

科学的科学的主体就是高度抽象的逻辑。它组织客体的存在的形式，是永恒不灭没有质量的信息。它以光为载体。光线通过眼睛把客体的有逻辑的存在的形式投影到我们的大脑中。所以逻辑是最高存在，或者说最高本体。于是维根斯坦把高度抽象的逻辑从旧哲学的上天下凡到了人的大脑中。逻辑哲学就是真正能描述本体的哲学。

5.6331 For the field of sight has not a form like this:
因为视野的形式肯定不是这样的。

译注：维根斯坦§5.633—§5.6331中用了这个比喻：大脑指挥眼睛看东西，正如大脑在高度抽象的思维中指挥认知主体看客体。视野相当于逻辑坐标的范围。视野中被注意的对象相当于逻辑坐标点上的客体。

因此认知主体是眼睛，而认知范围是视野。正如眼睛界定视野一样，认知的主体界定思维的边界。正如在眼睛和视野的关系中，眼睛是看的关键，但我们看不到眼睛，因此视野是眼睛看东西这个行为的范围和象征；于是视野中被看到东西，如某个人或某棵树的部分外表，同样也只是象征而不是全部真实；于是指称那个人或那棵树或认知的主体的语言符号也必然只是象征。所以这个高度抽象的"我"就是认知的眼睛的名字和象征。这个"我"属于所有说我的语言的人民。

就此而言，我们可以看出拼音语言是象形语言的进化，但是通过声音保留了象征。中文既保留了象征和逻辑的形式特征也脱离了

338

第十章：撰写与核对逻辑句的规则和其哲学意义

象形。这就是说，中文字的形音义统一在一个高度抽象的方框中正如逻辑单位的形音义统一在高度抽象的逻辑坐标的方框中。这样的表达的本质是呈现。与之相比，拼音语言的词语是由若干字母拼出，所以拼音语言的词语形音义不能统一在一个方框中。这样的表达是再现。所以，拼音语言在信息科学中不具有能做到"所见即所得"的比较优势。

5.634 This is connected with the fact that no part of our experience is also a priori.

Everything we see could also be otherwise.

Everything we describe at all could also be otherwise. There is no order of things a priori.

这是与以下事实有联系的，即我们的经验中的任何部分绝非也是先验的。

无论我们看到了什么，都有可能存在另外的什么。

无论我们描述了一点儿啥，都可能存在另外的啥。绝没有先验的万物的秩序。

译注：观察和描述都只能顾及部分或然。观察和描述的逻辑坐标才能总括必然和或然。这就是说，我们只有通过文本分析和使用才能看清楚万物的实质。于是文本超越时空成为永恒。文本就是逻辑规则图中的N阶判断的逻辑坐标序列。它必须包涵语句、作画形式、或然的画面和语句的真值根据。所以文本批评才是全面深入的批评。其他的描述都挣不脱主观和片面的干扰。

文本也是"语法和算法和表达"此结构的必然和或然的统一。必然和或然的统一组成万物的全部真实。所以算法必须是在语法之内！高斯等数学家的错误就是认为算法来自上天，而不是来自语言！

在文本中，我们也可以看出毛泽东当初的用心。他看到了只求保持极少数人的话语霸权、不追求实事求是的暗能量的存在。这些少数人的话语霸权来自于西方那些殖民主义者在几百年里用拼音语言建立的话语霸权。他没法击破那些暗能量。这是因为这些暗能量就来自于我们从西方全部照搬的教育制度和课程设置中。这样的暗

如何全面深入的译读维根斯坦的《逻辑哲学纲要》

能量如此在下意识里影响每个受过高等教育的人的思维以至于人们把来自西方学术界的话语体系当作是逻辑和理性的化身。我们学中文时要学习的语法知识就是这种盲目照搬的明证。

维根斯坦彻底地解构了西方的话语霸权并重构了全人类共享的逻辑语言，但是那些白人语言／种族／技术优越论者们想尽办法把维根斯坦创建的逻辑哲学埋没了整整一个世纪。如果我们不准确地译读维根斯坦的这本著作，世界上其他国家和民族还是会被那些白人语言／种族优越论者们忽悠到被骗国骗学的程度。

5.64 Here we see that solipsism strictly carried out coincides with pure realism. The I in solipsism shrinks to an extensionless point and there remains the reality co-ordinated with it.

到此可以看出，当严格遵循唯我主义遵循到底时，唯我主义和纯现

实主义不谋而合。唯我主义的我缩小到没有外延的某一点，在那一

点上现实的坐标即唯我主义的坐标。

译注：我们可以把唯我主义的逻辑坐标看作是逻辑点＋（--）p 的一个真值点。并且唯我主义者的认知只存在于那个真值点上，仅仅在那个真值点上唯我主义的真实才是现实的真实。

5.641 There is therefore really a sense in which the philosophy we can talk of a nonpsychological I.

The I occurs in philosophy through the fact that the "world is my world".

The philosophical I is not the man, not the human body or the human hesoul of which psychology treats, but the metaphysical subject, the limit—not a part of the world

因此，我们能用哲学谈到非心理学上的我还真有点感知。

那个我通过"世界即我的世界"这个事实而出现于哲学。

哲学的我不是人，不是人体，或者心理学诊断的人的灵魂，而是科学的科学的主体、是世界的界限—不是世界的部分。

第十章：撰写与核对逻辑句的规则和其哲学意义

译注：我们可以从这几段中看出，逻辑哲学中的我完全不同于西方现代主义的著名作家卢梭的自我。他写了本《忏悔录》描述他感觉到了他的思想和感情中的"自我"。但是他不知道"自我"只是我的认知和生活的边界，而是把"自我"看作是"我"的身份和身份的内容。

西方现代主义中的唯我主义的理论口号是笛卡尔的"我思故我在"。唯我主义的话语实践的经典著作是卢梭的《忏悔录》。唯我主义的理论统帅和掘墓人是罗素。5.5—5.641 这个子集是维根斯坦根据简单判断、逻辑句和逻辑坐标等概念对西方现代主义的起源 --- 唯我论 --- 作出的深刻又全面的批判。唯我论的认知结构是以"我"为中心，他人都是处于边际。但是这个中心是逻辑坐标中的某个狭隘的真值点而不是完整的逻辑坐标。

逻辑哲学中的"我"是观看逻辑坐标中发生的一切的那只眼睛。眼睛看到的视野的边界就是认知主体的世界。我在高度抽象的思维中之所见即我之所得。我用语言表达我的高度抽象思维之所见。所以我的语言界定我的世界。

小结：

这一章制定的判断逻辑的算法规则，确定的客主核对的来源，和对唯我主义的批判落实了维根斯坦对罗素的评价。维根斯坦在前面第 4.0031 段指出，罗素的功劳就是演示了判断并不需要貌似有逻辑的判断做其真正的形式。读完这一章之后，我们终于彻底明白从柏拉图的"上天形式论"到罗素的形式逻辑（谓词逻辑）都不是判断的真正形式。这是因为他们的理论都缺乏高度抽象的、与存在和如何存在有关的信息。信息有自己的组织结构。那就是逻辑。那就是我们说明世界、改造世界的高度抽象的工具。所以我们必须学好辩证唯物的逻辑哲学，来个乾坤大挪移，与旧逻辑和旧哲学彻底决裂。

第十一章

逻辑哲学的总纲

提要：怎样可以确保判断中的一点儿真（-t(---t)(p(pRq)))有或然成为逻辑句中的所有成分都一起为真：(tt(tttt)(p(pRq)))？我们再看看王氏逻辑规则图。

逻辑坐标	判断句	判断函数	作画形式	或然的画面	真值根据
$(aRb)^0$	P				
$(aRb)^1$	(p)	fa	$(--)^1$	$(--)^1$	$(-t)^1$
$(aRb)^2$	(p)R(q)	f(ab)	$(--)^2$	$(--)^{2\times2}$	$(-t)^2$
$(aRb)^3$	(pRq)R(pRq)	f(abc)	$(--)^3$	$(--)^{2\times2\times2}$	$(-t)^3$
$(aRb)^{n+1}$	(p)R(pRq)^n	f(a···n)	$(--)^n$	$(--)^{2^n}$	$(-t)^n$

注：如果判断的感知只有真和伪这两个值，那么感知值的计算单位是（--）。如果判断的感知只有真、真／伪、伪三个值，那么感知值的计算单位是（---）。如此等等。

这个图表中包涵气象万千的逻辑形式的变化和组织。我们可以为了某个特殊的目的做出不同的图形并得到不同的知识。不过我在此只强调以下三点我们在逻辑学中必须掌握的知识。

1. 无穷数列 N 在逻辑坐标序列中必须是 N+1 的有限数列。

2. 王氏逻辑规则图的重要用途之一就是帮助我们在最右边的真值根据那一行算出第 N 阶判断的真值根据，然后在那个真正根据之上对自己写的某条逻辑句做判断的逻辑和逻辑的判断的分析。维根斯坦在第 5.45--5.5 段已经制定了多条如何找到并深入分析复杂

343

逻辑判断句真值根据的语法和算法规则，暗示了我们只需要一个三元复杂逻辑判断句的架构就可以完整地描述世界和生活。

3. 合理的复杂逻辑句的架构就是 pRq 的环环相扣的同义反复。

维根斯坦在这一章中将根据第三点逻辑知识，总结出真值函数的算法的总形式，提出如何在复杂逻辑句中找出 pRq 的环环相扣的同义反复的归零法，做出逻辑数学的数论，并总结逻辑哲学的世界观和方法论。他首先制定了判断函数的真值运算的总规则如下。

6. The general form of a truth-function is $[\bar{p}, \xi, N(\bar{\xi})]$. This is the general form of a proposition.

真值函数的总形式是 $[\bar{p}, \xi, N(\bar{\xi})]$。这是判断的总形式。

译注：罗素在为这篇著作写的引介中注意到了这个表达。他指出：1) p 代表简单判断。2) ξ 代表由简单判断组成的判断的集合。3) N(ξ) 代表对组成 ξ 的所有判断的否定。其实，这个复杂符号的前两个符号表达若干个简单判断 p 的真值标定，后面的两个符号表达若干层复合判断 pRq 的真值标定的计算。并且复合判断的真值标定是简单判断的真值标定的否定。

6.001 This says nothing else than that every proposition is the result of successive applications of the operation N'(ξ) to the elementary propositions.

这除了说每一个判断都是对若干简单判断进行连续的 N'(ξ) 运算的结果之外，没另外说什么。

译注：我们从两个简单判断推出一个二元复合判断，从三个简单判断推出一个三元复杂判断，判断的真值函数运算就是二元复合判断的真值标定否定一元简单判断的真值标定，三元复杂判断的真值标定否定二元复合判断的真值标定，如此等等。根据逻辑规则图，我们可以把N阶复杂判断化简为二元复合判断和三元复杂逻辑判断。

6.002 If we are given the general form of the way in which a proposition is constructed, then thereby we are also given the general form of the way in which by an operation out of one proposition another can be created.

如果给予我们构建判断的方法的总形式，那么据此也给予我们

第十一章：逻辑哲学的总纲

从一个判断中创造另一个判断的运算的总形式。

译注：逻辑规则图底下那一排演示这句话的意指。所以一个逻辑句，或者说如今的一条逻辑程序，不管它多么复杂，都必须是 pRq 这个形式的同义反复。但是维根斯坦没有道破的机关是环环相扣的 pRq 就是逻辑坐标 aRb 的同义反复和不断升级。

6.01 The general form of the operation $\Omega'(\bar{\eta})$ is therefore: $[\bar{\xi}, N(\bar{\xi})]'(\bar{\eta}) (= [\bar{\eta}), \bar{\xi} N(\bar{\xi})])$. This is the most general form of transition from one proposition to another.

所以运算的总形式 $\Omega'(\bar{\eta}))$ 是：$[\bar{\xi}, N(\bar{\xi})](\bar{\eta})(=[\bar{\eta}), \bar{\xi}, N(\bar{\xi})])$。这是从一个判断过渡到另一个判断的最归总的形式。

译注：根据逻辑规则图，在 $[\bar{\eta}, \bar{\xi}, N(\bar{\xi})]$ 中，[ ] 指逻辑坐标序列，$\bar{\eta}$ 指判断的序列，$\bar{\xi}$ 指判断的真值标定的序列。$N(\bar{\xi})$ 指后一阶的判断的真值标定是对前一阶判断的真值标定进行否定运算的结果。维根斯坦将以 $\Omega'(\bar{\eta})$ 为根据在下面提出他的数论。我们在此要注意逻辑坐标序列上的幂即正整数数列 N，逻辑坐标的使用次数的数列是 N+1。

6.02 And thus we come to numbers: I define
于是我们遇到了数，我定义如下。
$x = \Omega^{0'}x$ Def. and
$x = \Omega^{0'}x$ 定义。并且
$\Omega'\Omega^{v'}x = \Omega^{v+1'}x$ Def.
$\Omega'\Omega^{v'}x = \Omega^{v+1'}x$ 定义

译注：$x = \Omega^{0'}x$ 是说数 x 的定义是从 x 的零次逻辑坐标开始，即 $x=(aRb)^0$。

"$\Omega'\Omega^{v'}x = \Omega^{v+1'}x$ 是说下一个数 x 的逻辑根据（逻辑坐标）是 "$\Omega'\Omega^{v+1'}$"，即 $x = (aRb)^{v+1}$。所以王氏逻辑规则图中的"逻辑坐标"的序列就是正整数序列的逻辑根据。

According, then, to these symbolic rules we write the series $x, \Omega'x, \Omega'\Omega'x, \Omega'\Omega'\Omega'x, \ldots$

于是，根据这些象征的归总我们把序列 x，$\Omega'x, \Omega'\Omega'x, \Omega'\Omega'\Omega'$

如何全面深入的译读维根斯坦的《逻辑哲学纲要》

x...
as: $\Omega^{0'}x, \Omega^{0+1'}x, \Omega^{0+1+1'}x, \Omega^{0+1+1+1'}x...,$
写成：$\Omega^{0'}x, \Omega^{0+1'}x, \Omega^{0+1+1'}x, \Omega^{0+1+1+1'}x...,$
Therefore I write in place of "$[x, \xi, \Omega'\xi]$",
所以我不写"$[x, \xi, \Omega'\xi]$"而是写
"$[\Omega^{0'}x, \Omega^{v'}x, \Omega^{v+1'}x]$"。
And I define:
并且我定义：
0+1 = 1 Def.
0+1 = 给1下定义
0+1+1 = 2 Def.
0+1+1 = 给2下定义
0+1+1+1 = 3 Def. and so on.
0+1+1+1 = 给3下定义并且如此等等。

译注：这组代码是说正整数 x 的序列的逻辑根据就是判断的逻辑坐标序列。其逻辑根据就是王氏逻辑规则图。

罗素和高斯等人都认为数是来自至高无上的上天。而（aRb)^0，（aRb)$^{0+1}$，（aRb)$^{0+1+1}$，（aRb)$^{0+1+1+1}$，……演示数是来自人们对逻辑坐标的使用次数的标定。于是相对于上天或上帝是唯一的一，逻辑坐标是唯一的一。上天被认为是掌控一切，实际上是逻辑坐标掌控一切。

维根斯坦的困境是他能从一个 aRb 做逻辑推理的全过程，并且他坚信逻辑坐标来源于生活；但是他不能明确演示 aRb 来自哪里。因为 aRb 来自拼音语言，这就是说他不能走出拼音符号而呈现拼音符号。所以罗素认为维根斯坦没有完整的定义逻辑的象征。而我已经演示只需要一个"走"字就呈现从 aRb 开始的整个逻辑演绎推理的全过程，并且我只需要"走""过""来"这三个字就做出所有三元逻辑句的逻辑架构并判断任何逻辑句是否撰写的合理。

6.021 A number is the exponent of an operation.
数是运算的幂。

译注：逻辑规则图的逻辑坐标序列上的幂演示这句话。

第十一章：逻辑哲学的总纲

6.022 The concept number is nothing else than that which is common to all numbers, the general form of a number.

The concept number is the variable number.

And the concept of equality of numbers is the general form of all special equalities of numbers.

概念数恰恰就是所有的数共享的东西，即数的归总的形式。

并且概念数是个变量数。

并且若干数的等同概念是若干数的所有的特殊等同的归总的形式。

译注：概念数恰恰就是所有的数共享的东西，即数的归总的形式"是说所有的数都有个共同的形式。这个共同的形式就是逻辑坐标。由于他不想公开逻辑坐标这个秘密，所以他在这儿是用字母 Ω 指称逻辑坐标，用 x 指称概念数。于是，$\Omega^{0'}x, \Omega^{0+1'}x, \Omega^{0+1+1'}x,$ $\Omega^{0+1+1+1'}x\ldots$ 这个形式序列的首项是 $\Omega^{0'}x$，也就是原始逻辑坐标 $(aRb)^0$。但是 0 这个数必须是已经使用了一次逻辑坐标（ ）。"并且概念数是个变量数"意指 "$\Omega^{'}x$" 中的任意正整数 x。

6.03 The general form of the cardinal number is: $[0, \xi, \xi+1]$.

基数的归总的形式是：$[0, \xi, \xi+1]$。

译注：我完全可以把 $[0, \xi, \xi+1]$ 转换成为 $(aRb)^0, (aRb)^{0+1},$ $(aRb)^{0+1+1}, (aRb)^{0+1+1+1}, \ldots\ldots$ 这个形式是说：基数是从原始判断的零意义（无意义）开始。每升级一次判断即是基数加一，于是 $(aRb)^0$ 是无意义的原始判断，$(aRb)^{0+1}$ 是有意义的一元简单判断。它是逻辑的判断的起点。也就是说，逻辑坐标升级多少次，判断某个逻辑句的结构是否用的合理有多少层次，就有多少个正整数。克林的《数学逻辑》第七页的表格的最右边的那一行 P 的内在逻辑结构的运算形式就是 $[0, \xi, \xi+1]$。但是他那一行的 P 的意指不透明。现在我给那一行 P 配上逻辑坐标如下。

P	$(aRb)^0$
p	$(aRb)^1$

p	$(aRb)^2$
p	$(aRb)^3$
p	$(aRb)^4$

我给克林的那一行 P 配上逻辑坐标序列之后，克林在其《数学逻辑》中构建模型论时反复使用的那条典型逻辑句从原始判断、简单判断、复合判断、升级到复杂判断的过程就变得明晰了。同时，由于左边有 5 个判断，右边的逻辑坐标的幂只数到 4，所以无穷数列 N 在逻辑学中必须是 N+1 的有限数列也再次变得明晰了。

6.031 The theory of classes is altogether superfluous in mathematics.
This is connected with the fact that the generality which we need in mathematics is not the accidental one.
集合论在数学中完全是肤浅的。
这是和此事实有关联的，即我们在数学中所需要的归总不是偶然的归总。

译注：在 $(aRb)^0$, $(aRb)^{0+1}$, $(aRb)^{0+1+1}$, $(aRb)^{0+1+1+1}$ 此序列中原始逻辑坐标是首项。数是逻辑坐标上的幂。这就是说在语法上数必须是逻辑坐标的属格，逻辑坐标是数的所有格。克林写的教科书《数学逻辑》故意置换这两者之间的关系，那就是欺天盗世。逻辑坐标的形式序列就演示集合论是肤浅的，没有深入到高度抽象的逻辑坐标的使用。于是就逻辑的先验性而言，数学必须是已经被纳入到了逻辑系统，被纳入到了逻辑规则图中。所以不存在所谓的纯数学。纯数学是打着"寻找上帝的杰作"的旗号的计算艺术，和其他艺术在逻辑属性上一模一样，都是生活的形式的再现而不是呈现。但是，为了宣传纯数学计算中包涵神性，人们往往把某个特殊的计算的图形毫无逻辑根据的宣传成为精妙绝伦的上帝的杰作。

6.1 The propositions of logic are tautologies.
逻辑的判断是同义反复。

译注：请参考我在 4.45 下面做的图形。同义反复不是从简单判断的感知值算出来的。逻辑高于判断。逻辑的高度抽象永恒不变

第十一章：逻辑哲学的总纲

的判断形式是用判断图中的"+"格式再现的。

6.11 The propositions of logic therefore say nothing. (They are the analytical propositions.)

因此逻辑的判断啥也不说。（它们是分析性的判断。）

译注：逻辑的判断是无声地诉说：我的我是高于高度抽象的感知的存在。并且，我是被描述句和判断句藏了起来。我并不是描述语言的组成成分，也不属于认知主体的感知。

克林在《数学逻辑》的第12页做的那个图表演示着"逻辑的判断"是分析性的判断。但是他没有提到维根斯坦的"逻辑的判断"。于是他没有讲为什么要那么做的道理。我现在代替他把其中的语法规则讲清楚。

1. 任何简单判断句，如这朵花是红的，必须具有真值。
2. 任何简单判断的逻辑属性都是只有整体为真，部分才能为真。
3. 反过来说，逻辑句的分析必须做到部分都为真，整体才能为真。这就是"逻辑的判断"的同义反复。
4. 克林在《数学逻辑》第12页中制定的图表演示那条逻辑句为什么不合理的原因是其句子成分并不全部具有真值。所以他剽窃了维根斯坦制定的如何用真值的同义反复判断某个逻辑句是否撰写的合理的方法。

他的分析表明 P⊃(Q∨R ⊃ (R⊃¬P)) 不是个合理的逻辑句，在其中只有失联和两个简单判断 P 和 Q 才是合理的，这就演示即使在不合理的三元复杂逻辑句中也存在着合理的 pRq 的逻辑结构。但是¬P 也是合理的。这是因为¬P(ft) 和 P(tf) 就是判断 P 的自相矛盾。于是"走"或其他简单行为在 (R⊃¬P) 这儿必须停下来。

于是我们可以用∨为若干平衡点做出一条程序语言的合理架构，我们也已可以用⊃为若干平衡点做出一段程序语言的合理架构。

所以掌握（描述（判断（逻辑）））此类具有深层结构的语法知识才能写出合理的逻辑句。合理的逻辑句的语法里面里面藏着方程式、矩阵、对数等当今和未来的数学计算中的所有方法。

掌握了撰写合理的逻辑句的方法就是掌握了利用客体不断地提

高计算的速度和效率的方法。我们只能在逻辑句的语法中找到真正的算法。这是因为无论十进制的数字还是其他进制的的数字，都掩盖了计算来源于生活中的简单判断的感知值的计算。为什么我们不能从数学和自然科学的交叉学科中找到提高计算技术的道理到此应该是不言自明了。

判断真逻辑还是伪逻辑的标准是真值的同义反复---这个结论不仅是颠倒了数学这门学科存在的基础，也是提高计算技术的唯一道路。所以克林等人不得不开设《数学逻辑》这门课程。但是他们又极端害怕学生们会明白被《数学逻辑》掩盖的逻辑哲学的真相。

逻辑的判断的标准是判断的真值的同义反复——这条真理告诉我们：在逻辑学的发展史中，维根斯坦是第一个在此明确指出合理的逻辑句之真源于比高度抽象的感知更高的逻辑的核对形式"+"之真，而不是来自上天之真。

6.111 Theories which make a proposition of logic appear substantial are always false. One could e.g. believe that the words "true" and "false" signify two properties among other properties, and then it would appear as a remarkable fact that every proposition possesses one of these properties. This now by no means appears self-evident, no more so than the proposition "All roses are either yellow or red" would seem even if it were true. Indeed our proposition now gets quite the character of a proposition of natural science and this is a certain symptom of its being falsely understood.

使得逻辑的判断看起来具有实质内容的理论总是伪的。例如，人可以相信词语"真"和"伪"意指若干属性中的两个属性，于是每一个判断都拥有这两个属性之一就可能成为一个有标志的事实。于是如今这个标志绝不是自证，正如判断句"所有的玫瑰花或者是黄的或者是红的"即使是真的也不是自证。恰恰是我们的判断如今完全获得了自然科学的判断的特征，并且这肯定是个逻辑被错误理

第十一章：逻辑哲学的总纲

解了的病症。

译注：逻辑之真再现于逻辑句的形式结构 pRq 之真的同义反复。这是逻辑可以自证为真的唯一保证。所以维根斯坦指出，"这个判断是真的"，"这真的是一朵红花"，等语句不是逻辑的判断。这是因为人们会以为逻辑除了"真"这个属性之外，还有"伪"或"假"等属性。在上面的两个描述语句中"真"并不是逻辑的自证，而是主观的断言为真。如果这样看待逻辑之真，那么那两个句子里的"真"必须接受实验的检验。于是逻辑成为和科学一样的必须接受实验检验的学问，从而完全违背了逻辑之真必须做到图形自证的属性。

同样的，人们从日常语句抽象出来的形式逻辑也是伪逻辑。例如，从"或者下雨了，或者路面洒水了"推出的 P v Q 也是伪逻辑。这是因为：1) 合理的逻辑的判断的整体和部分都总是为真。但是 P v Q 的"判断的逻辑"值 (ttft) 并不总是为真。2) 逻辑高于判断，因此不能有任何形象思维和抽象思维的内容。但是形式逻辑中的 p V q 都有描述和抽象作为其内容。所以形式逻辑是伪逻辑。

我们透过形式逻辑可以看出：1) P v Q 的形式特征是 (ttft)。其中的三个真值是"判断的逻辑"。2) P v Q 可以分解成为 P 就是 P，v 就是 v，并且 Q 就是 Q。它们共享的形式特征都是真值的同义反复 (tttt)。这才是逻辑之真的表现形式。

逻辑学和自然科学的区别就在于逻辑可以通过真值的同义反复做到自证。逻辑如果还需要另一个权威证明就不是逻辑。这就是维根斯坦撰写逻辑哲学的著作都没有二手资料的原因。

如此看来，判断函数的算法的总规则从属于逻辑的语法的总形式特征。例如，在逻辑坐标的逻辑点上的判断函数的运算的总规则：$[\bar{p}, \bar{\xi}, N(\bar{\xi})]$ 反复无声地说的就是这条不断重复的逻辑的语法规则："我们是从简单判断开始做若干判断函数的真值运算，并且后一轮真值运算是前一轮真值运算的否定。"

于是我在此再次重申：正如语言掩盖了逻辑，语法掩盖了算法。算法的突破不在计算里面，而是在语法里面。

克林在《数学逻辑》的第 11 页做出的图表的最右边一行就演

如何全面深入的译读维根斯坦的《逻辑哲学纲要》

示着他遵循了 $[\bar{p}, \bar{\xi}, N(\bar{\xi})]$。并且克林在第14页做出的三个图表中的左右两个图表就演示着合理的逻辑判断就是真值的同义反复。 同义反复啥也不说。但是它演示着"P就是P"，"⊃ 就是 ⊃"或"走就是走"，等等。 克林在同一页提出的模型论的第一条定理说的就是：如果客体语言中的每一个语义项都已被证明为真，并且如果主体语言中的每一个语义项代入到对应的客体语言也都对应为真，那么主体语言就是合理的。这就是说，在合理的逻辑句中，每一对对应成分都做到了客主对应为真。两个语言中的每一对语义项都对应为真 --- 那就是真值的同义反复。用语言表达就是"走就是走并且过就是过"，等等。（走）即表达主体的画面是否和客体的局面是否对应为真。

没有真值的同义反复，万物的形式不可能成立，更不可能做到牢不可破。所以逻辑的自证来自于自己的形式特征。逻辑的判断的标准是真值的同义反复 --- 这是逻辑学和自然科学的重要区别。自然科学的判断句是否为真必须经过实验的检验。

如今的逻辑学和数理逻辑看起来纷纭复杂，似乎难以划分界限；但是只要我们知道逻辑的判断的标准是同义反复，那么我们就能学到真正有用的逻辑。以 aRb.+(--)p 为标准，我们就能判断什么是真正有用的逻辑学。为了保持旧逻辑的神圣地位，或者说为了保持上帝或上天的存在，人们也推出了许多逻辑学。这些逻辑学的总特征就是没有逻辑的形式和内容的同义反复，没有判断和逻辑的真值标定的计算，没有客/主核对的逻辑坐标，于是也没有 a、R、b、+、()、-、p 这几个符号组成的高度抽象的逻辑语言。

所以克林在讲授《数学逻辑》这门课程时仍得继续剽窃维根斯坦提出的同义反复是确定逻辑句是否合理的唯一标准。与维根斯坦提出的逻辑的判断有关的理论就是克林的模型论。维根斯坦提出的与判断的逻辑有关的理论就是克林的模型论中的证据论。但是克林始终没有提到逻辑的根据是逻辑坐标，更没有做出与逻辑坐标有关的任何图形。

6.112 The correct explanation of logical propositions must give them a peculiar position among all propositions.

第十一章：逻辑哲学的总纲

必须在所有判断之中赋予逻辑的判断的正确的解释以某个特定的地位。

译注：逻辑的判断高于对事实的判断。如果自然科学对物质的判断是 X，那么逻辑的判断是 X 的 X。X 的 X 即逻辑的判断的特定地位。它源于生活高于生活。

6.113 It is the characteristic mark of logical propositions that one can perceive in the symbol alone that they are true; and this fact contains in itself the whole philosophy of logic. And so also it is one of the most important facts that the truth or falsehood of non-logical propositions cannot be recognized from the propositions alone.

逻辑的判断的特征标志是人可以只用象征符号感知到它们为真；并且此事实本身包含全部逻辑哲学。于是没有逻辑的判断的真或伪不能仅仅根据判断辨认，也是最重要的事实之一。

译注：这就是说，为了确定逻辑判断句是否为真，我们只需要使用象征符号感知到它们是否为真。例如：如果 A 为真，B 为伪，那么我们就可以看出全等、包涵、联合、失联关系的真伪。图示如下。

A	B	A≡B	A⊃B	A&B	A∨B
t	f	f	f	f	t

这个图就来自克林的《数学逻辑》第 9 页的那个图表的第三排。"此事实本身包含全部哲学" 即逻辑哲学的全部内容都在逻辑的判断的图形之内。但是我们必须穿透这个图形的表面，看出它是逻辑坐标的再现；第一排的 A 和 B 都属于（aRb)^1。后面的 A≡B、A⊃B、A & B A∨B 都属于(aRb)^2。第二排的真伪值是"判断的逻辑"值。最后的那个 t 演示在这个图表中只有"失联关系"才是合理的逻辑。所以，整个图表说的是：当两个简单判断的逻辑属性分别是 t 和 f 时（这是判断的逻辑）；全等、包涵和联合这三个逻辑关系的"逻辑的判断"值都是伪值，只有失联才有真值（这是逻辑的判断）。所以，这个图表就确定了逻辑哲学的全部内容：逻辑坐标（方框）、

主客核对的语言（第一排象征符号）、逻辑的判断和判断的逻辑（第二排真伪值符号）。

但是我们不能以此为根据判断没有逻辑的判断的真伪。例如，我们不能根据这个图表判定风水先生说的话的真伪。这个事实也确定了逻辑的边界就是知识或者说学问的边界。

6.12 The fact that the propositions of logic are tautologies shows the formal—logical— properties of language, of the world.

That its constituent parts connected together in this way give a tautology characterizes the logic of its constituent parts.

In order that propositions connected together in a definite way may give a tautology they must have definite properties of structure. That they give a tautology when so connected shows therefore that they possess these properties of structure.

逻辑的判断是同义反复这个事实演示着语言的，世界的，若干形式属性——逻辑属性。

其组成成分如此关联，以至于给出一个同义反复就突出这些组织成分的逻辑特征。

为了让以某特定方式关联的若干判断可以给定一个同义反复，这些判断必须拥有特定的结构属性。当它们如此被关联起来时给定一个同义反复于是演示它们拥有这些结构属性。

译注：以下面图形为例。

A	B	A≡B	A⊃B	A&B	AvB
t	f	f	f	f	t

在上面的图例中，如果我们需要用逻辑关系把判断 p 和 q 合理地关联起来，那么我们只能采用 A v B 这样的逻辑结构。A v B 说的就是 A 就是 A, v 就是 v, B 就是 B。

6.1201 That e.g. the propositions "p" and "~p" in

第十一章：逻辑哲学的总纲

the connexion "~(p .~p)" give a tautology shows that they contradict one another. That the propositions "p ⊃ q", "p" and "q" connected together in the form "(p ⊃ q).(p):⊃:(q)" give a tautology shows that q follows from p and p ⊃ q. That "(x). fx :⊃: fa" is a tautology shows that fa follows from (x). fx, etc. etc.

例如，判断"p"和"~p"在"~(p.~p)"的关联中给定一个同义反复演示着它们相互矛盾。判断"p ⊃ q"，"p"和"q"在"(p ⊃ q).(p):⊃:(q)"的形式中连接起来给定一个同义反复演示着 q 从 p 和 p ⊃ q 中推出。"(x). fx :⊃: fa"是个同义反复演示 fa 从(x). fx 推出，等等。

译注：(p .~p)说的就是：如果 p 那么就是 p，如果逻辑关系是联合那么就是联合，如果~p 那么就是~p。同样的，当我们把"p"和"q"关联在"p ⊃ q"中时，我们得到的同义反复就是"(p):⊃:(q)"，即 "如果 p 那么就是 p，接下来是如果 ⊃ 是两者的关联那么 ⊃ 就是两者的关联，接下来是如果 q 那么就是 q。"符号":"就演示着同义反复是我们可以从两个简单判断中合理地推出复合判断"p ⊃ q"的步骤或继承关系。只有这样，逻辑句的每一个成分才能共享同义反复这个形式的内容（tttt）。如果逻辑句没有这个共同的"形式/内容"的同义反复的特征，那么它就不能做出任何属性为真的形式转换。于是演绎推理没有任何基础。正是因为缺乏同义反复，所以旧逻辑中的归纳推理是没有逻辑的。

6.1202 It is clear that we could have used for this purpose contradictions instead of tautologies.

我们为此目的可以不用同义反复而用自相矛盾，这是清楚的。

译注：请注意，第 4.45 段已经指出自相矛盾和同义反复都是来自高于判断的逻辑。它们是逻辑的自相矛盾。

如果同义反复是"如果走那么就走"，那么自相矛盾是"走又不走"。我们的世界的形式特征是同义反复，即草木鱼虫等集合的形式特征都是同义反复。但是我们也可以用"如果不是走那么就不是走"表达同一目的。同样的"如果不是草那么就不是草"也可以表达同一目的。

In order to recognize a tautology as such, we can, in cases in which no sign of generality occurs in the tautology, make use of the following intuitive method: I write instead of "p", "q", "r", etc., "TpF", "TqF", "TrF", etc. The truth-combinations I express by brackets, e. g.

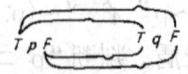

$$\boxed{TpF \quad \boxed{TqF}}$$

在某些情形中，没有归总的符号出现于同义反复中，为了辨认出如此这般的同义反复，我们可以使用下面的直观的方法：我不写"p"，"q"，"r"等等，而是写"TpF"，"TqF"，"TrF"等，我用括号标定真值组合，例如：

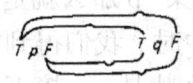

$$\boxed{TpF \quad \boxed{TqF}}$$

译注：这个图形演示在合理的逻辑结构pRq中，后判q的真值和前判p的真值一起流动，然后后判q的伪值和前判p的伪值一起流动。所以，合理的判断的流程（程序语言）都必须写成（pRq（pRq（pRq）））……这样的逻辑结构才能合理。于是合理的程序语言的架构设计的原理可以用我的口诀这样表达："真和伪不相遇，真与真总相逢"。

And the co-ordination of the truth or falsity of the whole proposition with the truth-combinations of the truth-arguments by lines in the following way:

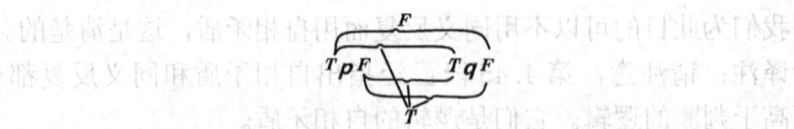

$$\boxed{TpF \overset{F}{\diagdown} TqF}$$
$$T$$

并且我用线段表达整个判断的真伪和真值参数的真值组合之间的对应坐标如下。

356

第十一章：逻辑哲学的总纲

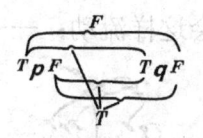

$$T_pF \quad T_qF$$
$$T$$

译注：维根斯坦用这个图形教我们如何在不容易看出同义反复的逻辑句中看出同义反复。这个图形直观的演示在逻辑的判断中，判断 p 居于 T 和 F 之间。于是在复杂的逻辑的判断中，我们可以总是在判断的每一步中根据 T p F 这个结构保留 T 去掉 F。保留 T 去掉 F 就是逻辑的判断。这个结构的同义反复就是一个树状结构。克林在《数学逻辑》第 287 页介绍的哥德尔的逻辑的判断的若干步骤就是以维根斯坦在此做出的 T p F 这个逻辑的判断的原始图形为根据做出了一株合理的逻辑树。所以哥德尔也是悄悄地剽窃了维根斯坦。

This sign, for example, would therefore present the proposition p ⊃ q. Now I will proceed to inquire whether such a proposition as ~(p . ~p) (The Law of Contradiction) is a tautology. The form "~ξ" is written in our notation.

"TξF"

例如，这个符号因此呈现判断 p ⊃ q。现在我接下来探讨像 ~(p . ~p)（矛盾律）这样的判断是同义反复。用我们的代码方法吧"~ξ"此形式写成

"TξF"

the form "ξ . η" thus:—
于是"ξ . η"此形式是：

Hence the proposition ~(p . ~q) runs thus:—

357

如何全面深入的译读维根斯坦的《逻辑哲学纲要》

于是判断 ~(p . ~q) 会这样流动：---

译注：这个图形演示 ~(p . ~q) 中的每一个流程无言地说着自己的形式是"TF"（自相矛盾）的同义反复。

If here we put "p" instead of "q" and examine the combination of the outermost T and F with the innermost, it is seen that the truth of the whole proposition is co-ordinated with all the truth-combinations of its argument, its falsity with none of the truth-combinations.

如果我们在这里写"p"而不是"q"并且审视一下最外面的 T 和 F 的组合和最里面的 T 和 F 的组合，就可以看出整个判断的真值是和其自变量的所有真值组合在位置上是对应的，而其伪值不和任何真值组合对应。

译注：我把这句话"整个判断的真值是和其自变量的所有真值组合在位置上是对应的，而其伪值不和任何真值组合对应"改写成口诀：在合理的逻辑句中"真与伪不相遇，真与真总相逢"。

维根斯坦在这里作出了几个图形。这些图形可以叫作逻辑的判断的图形。我们可以根据这几个简单图形做出更复杂的图形。到此为止我们学习逻辑应该掌握以下五种图形。

1. 逻辑坐标的图形；
2. 逻辑坐标层层包涵的立体图形序列；
3. 判断图或者说判断符号；
4. 判断函数的计算图；
5. 逻辑的判断的句法分析图。

维根斯坦提到了这五种不同的图，但是没有全部做出这些图。这些图都可以归结在王氏逻辑坐标图和王氏逻辑规则图中。例如：
1. 是王氏逻辑坐标图。2. 是王氏逻辑规则图中的逻辑坐标序列。
3. 是王氏逻辑规则图中的作画形式和或然的画面。4. 是王氏逻辑规则图中的判断函数。5. 是王氏逻辑规则图中的真值根据。

必须指出，不管一个逻辑句（如今的程序句）有多么复杂，在每一步中，我们都根据简单判断的逻辑 F p T，总是选择右边的 T，除掉左边的 F，于是我们得到一棵逻辑树。这棵树就是逻辑程序语言的架构。这些图形和架构也是克林和哥德尔（参见克林在《数学逻辑》第六章第 48 节和第 49 节对哥德尔的数学计算系统是完整又不完整的理论的简介）等人把逻辑的模型转换成数学模型，把逻辑句（方程）转换成为数学句（方程）的理论基础。哥德尔不过是把逻辑语句改成数学语句而已。

总而言之，我们可以根据判断的逻辑和逻辑的判断完整全面的分析表达自己的思想是否和客体语言保持一致的逻辑句。只有根据维根斯坦为判断的逻辑和逻辑的判断制定的规则，我们才能完整全面地分析出该逻辑句哪些部分是真哪些部分为伪。反过来，我们也可以说，只有整体为真，部分才能为真。这个方法，从哥德尔开始就被少数几位处于数学的前沿学科的数学家看明白了。

6.121 The propositions of logic demonstrate the logical properties of propositions, by combining them into propositions which say nothing.

This method could be called a zero-method. In a logical proposition propositions are brought into equilibrium with one another, and the state of equilibrium then shows how these propositions must be logically constructed.

逻辑的判断，通过把判断的逻辑属性组合成啥也不说的判断来演示判断的逻辑属性。

这个方法可以叫作归零法。在某个逻辑的判断中，若干判断被处置成为相互平衡，然后此平衡的局面演示必须怎么有逻辑地把这些判断构建起来。

译注：我把"在某个逻辑判断中，若干判断被处置成为相互平衡，然后此平衡的局面演示必须怎么有逻辑的把这些判断构建起来"这句话的意指用下面的图形演示出来。

如何全面深入的译读维根斯坦的《逻辑哲学纲要》

(aRb)⁰	P		
(aRb)¹	p		q
(aRb)²	p	R	q
(aRb)³	p R q	R	p R q

显然，处于两个判断当中的 R 是保持整个逻辑句成平衡状态的平衡点。平衡点上的逻辑坐标就是从零点出发的平衡线。它相当于一个天秤的水平。

逻辑坐标的归零法必须是用作确定逻辑的判断的层次和计算的步骤的顺序的方法。克林在《数学逻辑》的第七页就是根据维根斯坦在这儿提出的归零法和在前面第五大子集总结的逻辑关系的运算优先权的顺序列出了一个图表。除了用数字表达判断的计算步骤之外，还演示了如何找出逻辑判断句 P ⊃ (Q ∨ R ⊃ (R ⊃ ¬P)) 中的逻辑结构的同义反复。但是他没有列出逻辑组织的逻辑坐标。由于我在前面已经用逻辑坐标确定了判断函数的计算顺序，所以我把他的那个只表达逻辑句的逻辑结构的图形和我的逻辑坐标的层次并列图示如下。

								P	(aRb)⁰
	Q		R		R		¬	P	(aRb)¹
	Q	∨	R		R	⊃	¬	P)	(aRb)²
P	Q	∨	R	⊃	(R	⊃	¬	P)	(aRb)³
P	⊃	(Q	∨	R	⊃	(R	⊃	¬	P))	(aRb)⁴

显然，1) (aRb)¹ 那一阶上，Q R R ¬P 都是相互平衡。2) 在 (aRb)² 那一阶上，(Q ∨ R) 和 (R ⊃ ¬P) 相互平衡。3) 在 (aRb)³ 那一阶上，Q 以第一个 ∨ 为支点和 R ⊃ (R ⊃ ¬P) 保持平衡。如此等等。4) (aRb)⁴ 那一阶上，P 以第一个 ⊃ 为支点和 (Q ∨ R ⊃ (R ⊃ ¬P)) 保持平衡。5) 平衡的总结构是 pRq，并且 R 是让两个判断保持平衡的支点。

归零法是从复杂逻辑句中找出简单逻辑结构的同义反复的关键算法。只有掌握了归零法我们才能知道如何分析逻辑句。克林完全是把维根斯坦的归零法全盘剽窃过来。

这也是贯穿在克林的《数学逻辑》中的模型论的方法。例如他

第十一章：逻辑哲学的总纲

指出：A⊃（B⊃C）和 P⊃（Q∨R ⊃ (R⊃¬P)) 看起来虽不一样，但是它们都有同样的平衡结构。这是因为我们可以把 P 看作是 A，把 Q∨R 看作是 B，把 R⊃¬P 看作是 C。于是 P⊃（Q∨R ⊃ (R⊃¬P)) 可以转换 A⊃（B⊃C）。而 A⊃（B⊃C）又可以转换成为 P⊃Q。所以任何合理的逻辑句的结构必须是 pRq 的同义反复。

但是维根斯坦没有透露，于是克林并没有看出逻辑句的平衡结构的更深层的原因是：不管一个合理的逻辑句多么复杂，我们都可以从 pRq 的同义反复中看出原始判断 (aRb) 是合理的逻辑判断 pRq 的根基。原始判断句 aRb 说的就是客体第一，主体第二。所以任何逻辑句都离不开客/主核对这个核心。如果没有客/主核对这个同义反复，那么不仅逻辑句不合理，而且所有的数学语句、科学语句、语文语句、诗词语句，等等就都不合理。

我认为，归零法可以叫作代入法。这是因为为了写出某个合理的复杂逻辑句，我们可以把一对对的逻辑因式代入到简单的逻辑判断的形式 aRb 中，确保每一次扩展都有一对合理的同义反复，从而不断的扩展合理的逻辑句的规模。

必须指出，如果维根斯坦提出的归零法是正确的，那么他在前面 6.02 提出的数论也是正确的。图灵和克林等逻辑数学家们采用了维根斯坦的归零法才做出了计算机的决策程序。所以维根斯坦的数论是正确的，其他人的数论是不正确的。

到此为止，我已经演示了克林在《数学逻辑》中建立的模型论从头到尾都是剽窃《逻辑哲学纲要》。除了剽窃的这部分之外，其他部分都是没有实际用途的扯谈。他用了整整一个章节扯谈数学和逻辑的发展史，扯谈英语的定冠词是形而上的恰当名字。但是他就是不讲解为什么他传授给学生们的构建逻辑数学方程的方法就是维根斯坦的归零法。他不提维根斯坦做出的这个发明，所以就让人们觉得他提出的那些在逻辑句中找出同义反复的理论和方法都是他自己的创见。

他的目的是为了制造他是从其他数学家（尤其是主张直觉算法的数学家希尔伯特）那里学到了数学逻辑的假象。于是他不仅以为别人不知道他全盘剽窃了维根斯坦，而且还成功掩盖了算法的技巧

如何全面深入的译读维根斯坦的《逻辑哲学纲要》

的提高不在数学的算法中而是在逻辑的语法和算法中这门绝招，并且还荒谬的把逻辑整成了一门从属于数学的课程。他的目的当然是为了保持数学的神圣地位和软件技术的核心架构最高机密。既然他已经看懂了维根斯坦的这部著作，那么他就应该知道——数学必须是已经被纳入逻辑系统——这个与数学的发展有直接关联的重大判断。

由于哥德尔、塔斯基和克林这些人开启了剽窃维根斯坦的先例，于是到如今我们几乎没有听说"逻辑哲学"这个名字，反倒是有多卷本的《哲学的逻辑》！我们没有"逻辑数学"这门课程，反倒有"数学逻辑"这门课程。根本原因就在于判断的真值的同义反复宣告了：逻辑之真来源于人们的高度抽象的思维中的客/主判断之真，而不是来自上天之真。

归零法极大地简化了撰写和核对合理的逻辑句的方法。无论是高阶逻辑还是如今的软件工程的架构设计，都得采用这个方法才能设计出程序语言的合理的架构。由此可见，维根斯坦为信息科学的基础理论做出了决定性的贡献。

懂得了逻辑的判断和归零法之后，我们马上可以看出：源于西方教育传统的对文学作品的阅读和欣赏连个简单的 aRb 都没有。这是因为那些所谓的人物塑造、主题提炼、情节发展、性情的陶冶等都是阅读者表述自己的阅读经验，都缺乏主客对照的逻辑坐标。所以人们无法客观判断此类阅读是否正确。只能接受权威人士的强言之真。更可笑的是，那些喜欢别人把他们的强言为真当作真理的少数人却打着要别人独立思考的旗号，鼓动其他人反抗他们不喜欢的文化传统、生活的形式或者说与他们的意识形态不同的政治权威或制度。只许别人照着他们的强言为真做，不许别人对此有独立的反思能力——这就是这些人的双标思想和行为。这样的思维模式不知害死了多少人，弄得全世界都不太平。这就是为什么维根斯坦在《哲学调查》中说西方的现代神话比古希腊的神话给人类带来了更大的灾难。我们必须按照人类共享的唯一的逻辑语言重构这个世界，生活才能享受持久的和平。

6.122 Whence it follows that we can get on without

logical propositions, for we can recognize in an adequate notation the formal properties of the propositions by mere inspection.

于是可以推出，我们不要逻辑判断也能做下去，因为我们只需观察就可以从某个条件充分的代码方法中看出若干判断的形式属性。

译注：归零法是维根斯坦发明的非常简单高效的撰写并核对合理的逻辑句方法。这个发明的基础仍是来自王氏逻辑规则图。它演示着：我们不需要判断函数也能写出合理的逻辑句。这是因为我们可以用（ ）R（ ）做出逻辑句。只要用真值标定确定了正确的逻辑关系的身份和代表判断的（ ）的身份，我们就可以用中文字或拼音字母往（ ）里面填空。并且不管逻辑句有多么复杂，我们都能用因式分解把它化简成为（ ）R（ ）这样的逻辑平衡结构。

6.1221 If for example two propositions "p" and "q" give a tautology in the connexion "p ⊃ q", then it is clear that q follows from p.
E.g. that "q" follows from "p ⊃ q . p" we see from these two propositions themselves, but we can also show it by combining them to "p ⊃ q . p :⊃: q" and then showing that this is a tautology.

例如，如果两个判断"p"和"q"在此"p ⊃ q"关联中给定一个同义反复，那么 q 从 p 推出是清晰的。

举例说明。"q"从"p ⊃ q . p"推出，我们可以从这两个判断本身看出，但是我们也可以通过把它们（那两个判断）组合成"p ⊃ q . p :⊃: q"，然后演示这是个同义反复从而演示它（即"q"从"p ⊃ q . p"推出）。

译注：p ⊃ q . p 说的就是 "p 就是 p。然后 ⊃ 就是 ⊃。然后 q 就是 q 。并且 p 就是 p"。但是在"并且 p 就是 p 之后"，还有 "⊃ 就是 ⊃，q 就是 q" 没有出现。于是 q 就是从 p ⊃ q . p 中合理生出来的或者说推导出来的。同样的，在（ ）R（ ）中，我们只需要看前面的（ ）是不是同义反复，R 是不是同义反复，后面的（ ）

如何全面深入的译读维根斯坦的《逻辑哲学纲要》

是不是同义反复。我用逻辑坐标演示逻辑的同义反复的结构如下。

$(aRb)^0$			
$(aRb)^1$	( )		( )
$(aRb)^2$	( )	R	( )

显然，逻辑句的结构可以不要判断。只要合理的逻辑关系和确定的逻辑坐标即可。这就是逻辑数学中撰写并核对逻辑句的诀窍。这是因为逻辑的感知高于判断的感知。逻辑是高度抽象的形式序列。高度抽象的形式序列再次显示中文字在逻辑思维中对拼音语言的词语具有全面压倒的战略优势。

在维根斯坦之前的所有哲学家和逻辑学家，如笛卡尔、莱布尼斯、黑格尔、罗素等，都没有认识到逻辑就是逻辑坐标和合理的逻辑关系的组成的形式序列。他们都把上天假定为逻辑之真的依据。如果如今还在大学教形式逻辑和与之相关的数理逻辑，除非是为了保持来自上天的形而上这个并不存在的东西的"神性"。

6.1222 This throws light on the question why logical propositions can no more be empirically confirmed than they can be empirically refuted. Not only must a proposition of logic be incapable of being contradicted by any possible experience, but it must also be incapable of being confirmed by any such.

这就为理解此问题投射了亮光，即为什么逻辑判断不能用经验肯定也同样不能用经验否定。不仅任何或然的经验必不可以和逻辑的判断产生矛盾，而且逻辑的判断也必不可以肯定任何此等东西。

译注：下面这个图形

$(aRb)^0$			
$(aRb)^1$	( )		( )
$(aRb)^2$	( )	R	( )

演示逻辑先于经验即逻辑先于对客体的判断。我们只需要往（ ）里面填空即可。于是逻辑既不可以肯定也不可以否定任何经验。

6.1223 It now becomes clear why we often feel as

though "logical truths" must be "postulated" by us. We can in fact postulate them in so far as we can postulate an adequate notation.

为什么我们常常似乎觉得"逻辑真实"必须被我们"假设为前提",现在已变得清晰。事实上,我们能为某个充分的代码系统设定前提,我们就能确定此前提的范围。

译注:这个图形就演示我们只需要几个代码就可以确定逻辑的真实的范围。

(aRb)⁰			
(aRb)¹	( )		( )
(aRb)²	( )	R	( )

"逻辑的真实"就是我们的思维,我们的语言,我们的学问的大前提。

6.1224 It also becomes clear why logic has been called the theory of forms and of inference.

为什么逻辑被称为形式和推理的理论也变得清晰。

译注:请再看这个图形。

(aRb)⁰			
(aRb)¹	( )		( )
(aRb)²	( )	R	( )

它表演着逻辑是高于判断的纯粹的形式序列。处于两对括号之间的R演示逻辑的判断是比高度抽象的感知的判断更高级的判断。R是写出合理并有效率的逻辑句的关键。这是逻辑学的最高层次。我们从这个形式序列中推理出理论,维根斯坦的《逻辑哲学纲要》中的全部理论就是从这个核心形式序列中推导出来的。理论的根据就是逻辑关系R在逻辑坐标中的作用。前面的( )就是客体语言序列a,后面的( )就是主体语言序列b。再次强调,从王氏逻辑规则图和从中做出的任何其他图表都仅仅是高度抽象、没有质量、时间、地点和方向等物理特征的逻辑的组织结构。

6.123 It is clear that the laws of logic cannot themselves obey further logical laws.

逻辑的法则本身不能再遵守进一步的逻辑法则是清楚的。

译注：这是因为逻辑是高于感知的最高存在。

(There is not, as Russell supposed, for every "type" a special law of contradiction; but one is sufficient, since it is not applied to itself.)

（不存在，如罗素所提议的，适用于每一"类"的特殊的矛盾律；但是一条矛盾律就已足够，因为它不用于自身。）

译注：在（ ）R（ ）的R中，一条矛盾律就已足够，正如一条失联律就已足够。按照罗素的提议，英文中的矛盾律和中文中的矛盾律是不同的。它不用于自身即它就是最高存在。

6.1231 The mark of logical propositions is not their general validity.

To be general is only to be accidentally valid for all things. An ungeneralized proposition can be tautologous just as well as a generalized one.

有逻辑的判断的标志不是它们归总归得合理。成为归总只是对所有事物在偶然方面的合理。没有归总的判断和某个归总的判断同样都可以是同义反复。

译注：再看这个图形。

$(aRb)^0$			
$(aRb)^1$	( )		( )
$(aRb)^2$	( )	R	( )

由于我们可以把任何判断填进（ ）中，所以任何判断，不管是不是归总，都是逻辑坐标（）的同义反复。所以罗素的集合的悖论根本就没有触及逻辑的实质。罗素的悖论完全是他自己的自觉，没有逻辑坐标做根据。

6.1232 Logical general validity, we could call essential as opposed to accidental general validity, e.g. of the proposition "all men are mortal". Propositions like

第十一章：逻辑哲学的总纲

Russell's "axiom of reducibility" are not logical propositions, and this explains our feeling that, if true, they can only be true by a happy chance.

举例来说，与"所有的人都是要死的"此判断的偶然归总的合理相反，我们可以说有逻辑的归总是有实质的。像罗素的"化简定理"那样的判断不是逻辑的判断，并且这个解释我们的感觉，即如果它们（即罗素式的判断）为真，只能是随机以某个巧合为真。

译注：再看这个图形。

(aRb)^0			
(aRb)^1	( )		( )
(aRb)^2	( )	R	( )

逻辑的归总和实质是逻辑坐标。逻辑坐标的升级是逻辑坐标的同义反复。逻辑坐标和判断函数的升级的流程没有说"人都是要死的"。与之相反，逻辑是永恒不朽的最高存在，是永恒不灭的信息的组织结构。逻辑是沉默地说：你看我有多深，我就爱你有多深。

如果你掌握了逻辑坐标，逻辑关系和判断函数的计算就能描述客体甚至改造客体。这个客体包括人自己。"人都是要死的"是条在逻辑坐标之外的语句，因此对逻辑学而言只是偶然。在逻辑学中，任何不以逻辑的形式序列为根据的真判断只能是随机的巧合为真。反过来说，"人都是要死的"之所以巧合为真是因为我们还没有反思出生命的实质：形式和内容。逻辑决定生命的高度抽象的形式，科学决定生命的物质内容。根据逻辑是个有限序列，算力的不断进化可以帮助逻辑和科学确定生命的实质。

我们可以憧憬有一天，当我们对电脑说："神经系统"，那么电脑就把某个人的神经系统呈现在屏幕上。

6.1233 We can imagine a world in which the axiom of reducibility is not valid. But it is clear that logic has nothing to do with the question whether our world is really of this kind or not.

我们可以想象一个在其中化简定理是不合理的世界。但是逻辑

和此问题 --- 我们的世界是否真的属于这个类别 --- 毫无关联。

译注：还是看这个图形。

$(aRb)^0$			
$(aRb)^1$	( )		( )
$(aRb)^2$	( )	R	( )

它就是我们这个世界的逻辑结构可以如此化简的镜像。化简定理在我们的这个世界是否合理 --- 这个问题和我们的世界的逻辑形式毫无关联。这是因为逻辑的形式特征就是可以化简。

6.124 The logical propositions describe the scaffolding of the world, or rather they present it. They "treat" of nothing. They presuppose that names have meaning, and that elementary propositions have sense. And this is their connexion with the world. It is clear that it must show something about the world that certain combinations of symbols—which essentially have a definite character—are tautologies. Herein lies the decisive point. We said that in the symbols which we use something is arbitrary, something not. In logic only this expresses: but this means that in logic it is not we who express, by means of signs, what we want, but in logic the nature of the essentially necessary signs itself asserts. That is to say, if we know the logical syntax of any sign language, then all the propositions of logic are already given.

有逻辑的判断描述世界的脚手架的构建，或者说呈现它。它们"处理"不了任何事情。它们把假定名字具有意指，若干简单判断具有感知设定为前提。并且这就是它们与世界的关联。象征符号的特定的组合 --- 这在实质上具有特定的特征 --- 是同义反复，此事实必然演示与世界有关的一点儿东西，这是显然的。关键点就在这里。我们说过在使用的象征符号中有些是武断的，有些不是的。在逻辑中只有这个起表达作用：可是这意味着在逻辑中并不是我们作

第十一章：逻辑哲学的总纲

表达，并不是我们用符号作工具表达我们所想要的，而是在本质上是必要的符号在逻辑中断言自我为真。那就是说，如果我们懂得任何符号语言的逻辑句法，那么就已给定所有的逻辑的判断。

译注：还是请看这个图形。

(aRb)⁰			
(aRb)¹	( )		( )
(aRb)²	( )	R	( )

在高度抽象的思维中有逻辑的判断是（　），逻辑的判断是 R。并且判断的逻辑（）和逻辑的判断 R 都共享同一阶逻辑坐标。原始逻辑坐标是空空的方框。随着判断和逻辑坐标升级，判断的方框结构的深度和密度就越来越多。所以，判断是脚手架。

逻辑的判断是处于两个判断（　）和（　）中间的逻辑关系 R。确定 R 的内涵有些什么逻辑关系，它们是否合理，这是逻辑的判断的目的。我们可以用任何其他符号指称 R。但是 R 是连接两个判断之间的逻辑关系——这个逻辑结构是不变的。这组象征符号（　）R（　）说的就是：我们是逻辑的同义反复。根据（　）R（　）这个逻辑句的句法，我们可以写出合理的逻辑句 pRq 或者（走）/（过）。我们不断地扩大 pRq 的规模就可以得到程序语言。这就是说，只要我们得到第一个合理的核心逻辑句的构架，那么我们就可以得到完整的描述这个世界的所有的逻辑句的构架。

6.125 It is possible, also with the old conception of logic, to give at the outset a description of all "true" logical propositions.

在一开始就给定一个描述句，它包涵所有为"真"的逻辑的判断是有或然的，也可用于旧的对逻辑的设想。

译注：由于拼音语言的表达形式和逻辑的形式完全不一致，所以维根斯坦不能用英文从一开始就给定一个其所有句子成分的判断值都为真的描述句。这是因为拼音语言的描述句有人称、性别、时态等物理变化。他只能说有或然从一开始就给定一个这样的描述句。

我在前面已经指出了维根斯坦的困境：他不能走出拼音语言之

外再现 aRb 的来源。即使他公布了逻辑坐标的图形，他也不能回答罗素的质疑：如果逻辑坐标不是来源于拼音语言，那么它来自哪里？由于罗素用代码似乎证明了定冠词标定了英语是天选语言，所以罗素可以假定逻辑坐标作为高度的抽象必须是来自上天的形而上。所以维根斯坦不能用拼音语言反驳罗素对他的批评：逻辑的象征没有完整的定义象征主义。

但是维根斯坦用高度的抽象思维跳出了拼音语言的桎梏设想到了有或然存在这样的描述句。他在前面已经证明逻辑的形式特征是同义反复。接下来他只需要一条来自生活的描述句，在其中每一个句子成分都包涵一个价值为真的简单判断句。如果他能得到这样一个描述句，那么他就能把上天或上帝彻底排除在逻辑的大前提之外。于是这样的描述句不仅可以在逻辑上描述旧的形式逻辑也可以描述他的逻辑哲学。

我把"她走过来了"当作逻辑中文的典型语句的逻辑根据就是这条判断。这就是说，我可以从（走）这个一元简单判断开始进行演绎推理，并从中做出（走）$\rightarrow$ aRb$\rightarrow$ $a^1, a^2, \cdots a^n$ /$b^1, b^2, \ldots$ $b^n\rightarrow a\begin{cases} t \text{ 如 } a = b \\ f \text{ 如 } a \neq b \end{cases}$ $\rightarrow p(tf)\rightarrow P(t, f), C(t,f)\rightarrow p(x)\rightarrow p(x)q(y)\rightarrow p(x)q(y)r(z)\rightarrow N(\varepsilon)\cdots\rightarrow$ "[a, x, 0' x]" $\rightarrow (-\!-\!-\!-T)(\xi, \ldots\ldots)\rightarrow [\bar{p}, \bar{\varepsilon}, N(\bar{\xi})]$。并且我已经把这个环环相扣的逻辑推理的环节做成了各种以逻辑坐标为根据的图形自证。这就是说任何一个中文字都可以是高度抽象的逻辑演绎的前提。

6.1251 Hence there can never be surprises in logic.

于是逻辑中绝不会有出人意料。

译注：如果我可以从（走）中推理出完整的逻辑系统，那么所有的简单客体、简单事实和简单判断就都已经被纳入了逻辑系统。于是凡是被纳入逻辑系统的就都从属于逻辑的必然和或然，其中没有偶然。偶然即没有被纳入逻辑系统。所以，太阳明天升起、人都是要死的、圆周率（并非整数）等等都是逻辑之外的巧合或者说偶然。

第十一章：逻辑哲学的总纲

6.126 Whether a proposition belongs to logic can be calculated by calculating the logical properties of the symbol.

And this we do when we prove a logical proposition. For without troubling ourselves about a sense and a meaning, we form the logical propositions out of others by mere symbolic rules.

We prove a logical proposition by creating it out of other logical propositions by applying in succession certain operations, which again generate tautologies out of the first. (And from a tautology only tautologies follow.)

Naturally this way of showing that its propositions are tautologies is quite unessential to logic. Because the propositions, from which the proof starts, must show without proof that they are tautologies.

某个判断是否属于逻辑可以通过计算象征符号的逻辑属性而算出来。

当我们证明某个有逻辑的判断时，我们就是在做这个。由于我们不给自己找麻烦，找感知找意指的麻烦，于是我们仅仅使用象征规则从其他判断中作出些有逻辑的判断的形式。

我们证明某个有逻辑的判断是通过连续使用某些特定的运算从其他有逻辑的判断中得出此有逻辑的判断而证明的，这些运算就是从第一个同义反复中再生成一些同义反复。（从同义反复中只推出同义反复。）

自然的，这种演示逻辑的判断是同义反复的方法完全不是逻辑的实质。因为证据始于其中的判断，必须无须证据演示它们是同义反复。

译注："某个判断是否属于逻辑可以通过计算象征符号的逻辑属性而算出来……我们证明某个有逻辑的判断是通过连续使用某些特定的运算从其他有逻辑的判断中得出此有逻辑的判断而证明的，

这些运算就是从第一个同义反复中再生成一些同义反复。"这一段是在传授如何用逻辑的判断算出包涵在 pRq 的 R 中的最有效率的或然逻辑关系的方法。

假定我们有甲、乙、丙三个简单判断，那么我们可以根据它们的真值标定，算出用逻辑关系关联起来的三元复杂判断的真值标定。并且我们可以用逻辑的判断解构那个三元复杂判断句，从它里面的同义反复中得出新的同义反复。步骤如下。

1. 确定简单判断甲、乙、丙的真值标定和存在于它们三之间的三个常用逻辑关系：包涵、联合和失联。

2. 算出（甲∨乙）&（甲⊃丙）的真值标定。然后我们可以算出（乙∨丙）的真值标定；并且（乙∨丙）就是（甲∨乙）的同义反复。这是因为它俩都是（）∨（）的∨的同义反复。

3. 算出（甲 & 丙）的真值标定；并且（甲 & 丙）就是（甲∨乙）&（甲⊃丙）的同义反复。这是因为（甲 & 丙）和（甲∨乙）&（甲⊃丙）中的两个 & 是同义反复。并且（甲∨乙）和（甲⊃丙）可以分别看成前判和后判。

4. 算出（乙）⊃（乙）∨（丙）的真值标定，并且（乙）⊃（乙）∨（丙）就是（甲⊃丙）的同义反复。

于是我们可以说（甲∨乙）&（甲⊃丙）是个属于逻辑的判断句。这是因为三个逻辑关系的象征符号——∨，& 和 ⊃ ——有自己的同义反复。并且我们可以根据简单判断甲、乙、丙的真值标定和步骤 1、2、3、4 的纵横交叉核对算出复合判断和复杂判断的真值根据。这就是克林在《数学逻辑》第 17 页提出的他的模型论的第四条理论：包涵与等同论。维根斯坦在这儿传授的方法告诉我们在（）R（）此结构的同义反复中，逻辑的判断的分析对象是关联若干判断的逻辑关系 R。R 中包涵至少三种最多十四种或然逻辑关系。这就为写出更有效率的逻辑句确定了范围和方法。

"（从同义反复中只推出同义反复。）自然的，这种演示逻辑的判断是同义反复的方法完全不是逻辑的实质。因为证据始于其中的判断，必须无须证据演示它们是同义反复。"——即这些同义反复都只是逻辑的形式特征，并不是逻辑的实质，但是他并没有说逻辑的实质是什么。我现在做出下面的图形；大家就能看出逻辑的实质是什么。

(aRb)⁰			
(aRb)¹	（甲）	（乙）	（丙）
(aRb)²	（甲 V 乙）		（乙 & 丙）
(aRb)³	（甲 V 乙）	&	（乙 & 丙）

显然逻辑的结构（）R（）的实质就是逻辑坐标。由于维根斯坦没有公开逻辑的实质的名字和其图形，所以克林在《数学逻辑》中做出的逻辑的判断就都不透明。

"由于我们不给自己找麻烦，找感知找意指的麻烦，于是我们仅仅使用象征规则从其他判断中作出些有逻辑的判断的形式。"——维根斯坦在这里指出了罗素式的用代码进行逻辑推理的错误根源：由于我们不给自己惹麻烦，找确定感知值、确定真值根据等等的麻烦，于是我们仅仅使用象征规则从简单判断中凭自觉推出某个貌似合理的形式逻辑的判断。这样的形式逻辑的同义反复是认知主体的喋喋不休的自言自语，根本就没有逻辑坐标的同义反复。

6.1261 In logic process and result are equivalent. (Therefore no surprises.)

在逻辑中，过程等同于结果。（因此没有意料之外。）

译注：逻辑的计算是一个流程。我们撰写一条逻辑句就知道这个计算流程的每一个环节。

6.1262 Proof in logic is only a mechanical expedient to facilitate the recognition of tautology, where it is complicated.

逻辑中的证据只是某个机械性的权宜之计，以便在同义反复被弄得复杂的地方认出同义反复。

译注：

(aRb)⁰			
(aRb)¹	（甲）	（乙）	（丙）
(aRb)²	（甲 V 乙）		（乙 & 丙）
(aRb)³	（甲 V 乙）	&	（乙 & 丙）

如何全面深入的译读维根斯坦的《逻辑哲学纲要》

在王氏逻辑规则图中，维根斯坦从客体开始，经过客体的作画形式和或然的画面，最终推导出真值根据。真值根据前面那一排的真值就是真值根据的条件。真值根据和真值条件加在一起即判断的证据。判断的证据就是克林和其他数学家们的证据论产生的基础。

但是维根斯坦在这儿明确指出，在 6.1262 这一段之前的所有那些推理环节，如 aRb, +(--)p 等等，都仅仅是机械流程式的权宜之计。目的就是为了在同义反复被弄复杂的地方找出同义反复。例如（甲 ∨ 乙）&（甲 ⊃ 丙）就是同义反复被弄复杂的地方。其实有了逻辑坐标的帮助，我们就能很容易的辨别某个逻辑句是否撰写的合理。维根斯坦只是没有道破这个机关而已。

逻辑学的最终目的就是要在判断的脚手架之内画出逻辑的同义反复的图形。只有用逻辑的同义反复我们才能给客体的逻辑形式做出真实的素描。做出素描的方法就是首先找到一个正确的描述客观局面的逻辑句，然后用判断函数把逻辑句转换成为数学方程。这些方程做出的图形就是客观局面的素描。

我们可以这样想象逻辑计算的流程。在 N 个简单判断组成的 N 阶逻辑大厦中，我们首先有 N 层楼，每一层楼都有 2^n 个布局设计，都有 2^{2^n} 个房间。这些房间中有的住着舞者（合理的判断），有的没有住舞者。判断的逻辑就是要算出哪些房间有舞者哪些没有。然后逻辑的判断就是用逻辑关系把每一层楼里住着舞者的房间一间间地用电线把它们连接起来，然后通电，这些舞者就同时转起来。所以逻辑就是线路图。数学就是具体的线路的设计和最有效率的材料的用量和用法的计算。这就是逻辑如何给客体的逻辑形式作画。想想看，如果这层楼有 100 层，那得需要多少算力和能源。但是前景是光明的。只要算到了逻辑的大厦的顶点，我们就可以确定万物的最高存在形式（也就是人的存在的形式），并把那个最高程度的逻辑的方框掌控起来。那个方框里面必定包涵万物的有逻辑结构的信息。

6.1263 It would be too remarkable, if one could prove a significant proposition logically from another, and a logical proposition also. It is clear from the beginning

第十一章：逻辑哲学的总纲

that the logical proof of a significant proposition and the proof in logic must be two quite different things.

如果某个人可以有逻辑的从一个有意义的判断证明另一个有意义的判断,并且还是个逻辑的判断,那就太了不起了。某个有意义的判断的逻辑证据和逻辑的证据必然是两回事,这从一开始是清楚的。

译注:某个有意义的判断的逻辑证据就是逻辑的大厦中有舞者存在的房间的总格局,逻辑的证据是把它们连接起来的线路图,这些了不起的人首先是维根斯坦本人,然后是图灵和如今的软件的总体架构设计的工程师。

The significant proposition asserts something, and its proof shows that it is so; in logic every proposition is the form of a proof.

Every proposition of logic is a modus ponens presented in signs. (And the modus ponens can not be expressed by a proposition.)

有意义的判断断言某某为真,并且其证据演示它是如此;在逻辑中每一个判断是证据的形式。

逻辑的每一个判断都是用符号呈现前提为真、条件为真、结论必然为真(并且该前提为真、条件为真、结论必然为真不能用判断表达)。

译注:传统逻辑有个求证的过程。人们用拉丁文给它起名叫作modus ponens。其含义即逻辑推理的前提为真、条件为真、结论必然为真。但是这个术语中的前提之真是来自于上天,并且逻辑推理的过程是用语言或代码做成的命题表达的。维根斯坦在这儿用这句话反驳了这个历史悠久的逻辑推理的规则。他说这句话的图形证据就是克林在《数学逻辑》的模型论那部分中做出的所有与逻辑的判断有关的图表。

整个逻辑求证的前提、证据和结论的流程在那些图表中都变得一清二楚。它们全部来自于语言文字的再现功能,不是来自上天。

6.1265 Logic can always be conceived to be such that

every proposition is its own proof.

逻辑可以总是如此构思，即每一个判断都是它自己的证据。

译注：例如，《逻辑数学》第12页的那个语法分析图就是该典型逻辑句自己的证据。

每一条判断都是它自己的证据的原因是（）R（）中的判断和逻辑关系都共享某一阶逻辑坐标序列。并且逻辑坐标就是高度抽象的图形语言。所以，逻辑可以做到图形自证。并且在所有的学科中，只有逻辑才能做到图形自证。这就是为什么逻辑学是基础理论的总理论的原因。

6.127 All propositions of logic are of equal rank; there are not some which are essentially primitive and others deduced from there. Every tautology itself shows that it is a tautology.

所有的逻辑的判断都级别平等；不存在某些逻辑的判断在实质上是原始的，而另一些是从那儿演绎出的。每一个同义反复都自我演示它是同义反复。

译注：请再看这个图形。

(aRb)^0			
(aRb)^1	（甲）	（乙）	（丙）
(aRb)^2	（甲∨乙）		（乙 & 丙）
(aRb)^3	（甲∨乙）	&	（乙 & 丙）

不管逻辑坐标如何升级，逻辑的判断的对象是逻辑关系∨、&和⊃。它们在逻辑规则图中的地位都是平等不变的，不随着逻辑坐标升级而升级。必须升级的是判断函数：甲、乙、丙和这三者之间的各种组合。这是因为在高度抽象的思维中逻辑的地位高于判断。

6.1271 It is clear that the number of "primitive propositions of logic" is arbitrary, for we could deduce logic from one primitive proposition by simply forming, for example, the logical produce of Frege's primitive propositions. (Frege would perhaps say that this would no

第十一章：逻辑哲学的总纲

longer be immediately self-evident. But it is remarkable that so exact a thinker as Frege should have appealed to the degree of self-evidence as the criterion of a logical proposition.）

"原始的逻辑的判断"的数目是武断的---这是清晰的，因为我们可以只从一个原始判断中推导出逻辑，例如仅仅做出弗里格的原始判断的逻辑输出的形式。（弗里格也许会说这个不再是直接的自证。但是，像弗里格这样的如此精确的思想家竟然求助于自证的不同等级，并把它当作逻辑的判断的标准，这是让人惊讶的。）

译注：王氏逻辑规则图演示：维根斯坦可以只从一个原始判断的逻辑坐标 aRb 中推导出逻辑。这就是说一个 aRb 就已经足够，我们使用中文时只需要从一个（走）中就可以推导出全部的逻辑，拼音语言需要至少三个字母（三阶判断）才能开始逻辑的演绎推理。

6.13 Logic is not a theory but a reflexion of the world. Logic is transcendental.

逻辑不是理论而是世界的影像。逻辑是超越尘世的。

译注：逻辑是藏在逻辑规则图的逻辑坐标里面的东西。逻辑绝对不是理论，逻辑是组织信息的结构。信息标定存在或者说本体的逻辑结构，因此信息存在于高度抽象的领域。信息必须有永恒不灭永恒不变的逻辑的组织。逻辑学就是对信息进行反思的学问，所以逻辑学是与万物的存在形式有关的理论。有了存在的形式才有万物。逻辑演绎和逻辑坐标的升级都表演着判断的升级的逻辑特征是双重否定，并且每一轮升级都是高一级的形式否定前一级的形式。

逻辑作为世界的镜像是可视的。但是逻辑又是超越尘世的。这两句话合并就是逻辑是"可视的形而上"。逻辑在高度抽象的领域让我们看到这个世界就是如此被组织起来的镜像。

接下来，维根斯坦将以逻辑哲学为总纲，从数学开始直到神秘主义结束，对数学、科学、伦理学、神秘主义等做出了定性的结论。这些结论都为我们说明世界和改造世界提供了与旧哲学完全不同、但是有逻辑证据的立场和方法。总而言之，这些结论的逻辑根据就来自他没有公开的逻辑规则图。

6.2 Mathematics is a logical method.
The propositions of mathematics are equations, and therefore pseudo-propositions.

数学是个有逻辑的方法。

数学的判断是等式，因此是伪判断。

译注：他在前面已经演示，数学中的等于号不属于判断，而是属于数学语言。数学的判断只有一个非对即错的答案，而逻辑必须处理判断的全部或然。所以数学是伪判断。

6.21 Mathematical propositions express no thoughts.

数学判断不表达任何思想。

译注：这是因为数学判断句，如 x = y，不是核对事实。参见"事实的逻辑画面是思想"。所有的等式都是伪判断；只有客我核对的判断函数才是真判断。

6.211 In life it is never a mathematical proposition which we need, but we use mathematical propositions only in order to infer from propositions which do not belong to mathematics to others which equally do not belong to mathematics.

在生活中我们需要的永远不是数学判断，但是我们使用数学判断仅仅是为了从不属于数学的若干判断中推出其他同样不属于数学的若干判断。

译注：所有的艺术都有自己的特定语言，都是为了表达判断。例如，音乐的判断、美术的判断、语言的判断、舞蹈的判断、感知的判断、心理的判断和数学的判断等。只有判断的逻辑和逻辑的判断才和核对客／主是否一致对应的计算有直接的关联。我们在生活中最不需要数学的判断是因为这样的判断曲高和寡，很少有人看得懂。但是我们必须使用数学的计算才能从不属于数学的判断中推导出另一个同样不属于数学的判断。例如，给地面铺木板时，我们必须使用数学计算才能根据木板和地面面积的大小确定要什么规格的木板，要有多少成本，等等。

(In philosophy the question "Why do we really use

第十一章：逻辑哲学的总纲

that word, that proposition?" constantly leads to valuable results.)

（在哲学中这个问题"为什么我们把那个词语、那个判断当作真的用？"不断的导致有价值的结果。）

译注：我们要超越日常的语言艺术升华到表达逻辑思维的语言艺术就必须这么问：为什么我们把那个词语、那个判断当作真的用？

这是因为这个问题能导致我们对语言的逻辑属性和使用方法做出真伪判断，并且这些真伪判断必须环环相扣。于是这样的问题可以解答认知论中的根本问题："我怎知我知我所知？"但是类似的问题在数学中就没有任何意义。例如，为什么我要把 x = y 表达的等同关系看作是真的？这个问题没有数学的答案，只有逻辑和描述的答案。逻辑的答案就是 aRb 中的 R。描述的答案就是"实事求是"中的"是"。

6.22 The logic of the world which the propositions of logic show in tautologies, mathematics shows in equations.

逻辑的判断用同义反复所演示的世界的逻辑，数学用等式予以演示。

译注：即我们可以用数学方程描述 pRq 的同义反复。

6.23 If two expressions are connected by the sign of equality, this means that they can be substituted for one another. But whether this is the case must show itself in the two expressions themselves.

It characterizes the logical form of two expressions, that they can be substituted for one another.

如果两个表达用等于号连接，这意指它们可以相互置换。但是这个是否成立必须在这两个表达中自动显示。

两个表达的逻辑形式特征是它们可以相互置换。

译注：表达逻辑形式的符号不需要等于号就可以互相置换，如 f（aa）和 f(bb) 可以互相置换。等同在逻辑判断中不言自明，而等同在数学判断中需要等于号。打个比方说，如果逻辑是把刻有度量判断的单位的尺子，那么数学就是研究尺子上的判断的刻度并

计量这些刻度的方法。刻度越精密,计算方法越精密。

6.231 It is a property of affirmation that it can be conceived as double denial.

It is a property of "1+1+1+1" that it can be conceived as "(1+1)+(1+1)".

肯定的属性是它可以构思成双重否定。

"1+1+1+1"的属性是它可以构思成"(1+1)+(1+1)"。

译注:"1+1+1+1"转换成"(1+1)+(1+1)"就演示十进制可以转换成为二进制。我们不能把"1+1+1+1"看作是定式。

6.232 Frege says that these expressions have the same meaning but different senses.

But what is essential about equation is that it is not necessary in order to show that both expressions, which are connected by the sign of equality, have the same meaning: for this can be perceived from the two expressions themselves.

弗里格说这些表达都有同样的意指但是不同的感知。

与等式相关的实质是,为了演示用等于号连接起来的两个表达具有同一意指,等式并不是必不可少的:这是因为这可以从两个表达中感受到。

译注:他的前面第五大子集中已经演示,同义反复中的等同不再需要等于号。在这里他再次强调先验性的同义反复必须是任何表达的前提,于是两个等同的表达之间不再需要等于号。例如(tfff)就等同联合关系。所以,"(tfff) = &"中的等于号是不必要的。

6.2321 And, that the propositions of mathematics can be proved means nothing else than that their correctness can be seen without our having to compare what they express with the facts as regards correctness.

并且,数学的判断可以被证明---这啥也不意指,只意指数学判断之正确,就正确性而言,可以看出来,不必把它们所表达的和事实做对比。

第十一章：逻辑哲学的总纲

译注：这个判断界定了数学和逻辑数学的关键区别。数学计算是否正确不需要和现实核对。证明某个数学公式除了证明计算正确之外没有任何现实意义，而逻辑数学是使用数学度量并计算构建逻辑的大厦的那些构架的物理长度和精度等。这也是为什么逻辑数学要比数学更重要、更有实用意义。这当然也是数学家克林等人要讲授"数学逻辑"这门数学的前沿学科的原因。

6.2322 The identity of the meaning of two expressions cannot be asserted. For in order to be able to assert anything about their meaning, I must know their meaning, and if I know their meaning, I know whether they mean the same or something different.

两个表达的意指的等同不能被强言为真。这是因为为了有能力对它们的意指作任何强言为真，我必须知道它们的意指，并且如果我知道它们的意指，那么我就知道它们是否意指同一件事或某不同的事。

译注：这就是说数学的等式不能作属性等同的判断，只能作等量的判断。维根斯坦于是用逻辑哲学清晰的界定了数学的范围属于量的判断。数学也反过来告诉我们，必须学好逻辑才能对客体作出具有"真"这个属性的判断。

6.2323 The equation characterizes only the standpoint from which I consider the two expressions, that is to say the standpoint of their equality of meaning.

等式只突出观点的特征，我以此观点考虑那两个表达，也就是说它们的意指等同这个观点。

译注：这就是数学中的"$x = y$"中的等于号的全部意义。等于号相当于我们看称重量的天秤是否两边平衡。

6.233 To the question whether we need intuition for the solution of mathematical problems it must be answered that language itself here supplies the necessary intuition.

我们为数学问题求解是否需要直觉这个问题必须这么回答，语

如何全面深入的译读维根斯坦的《逻辑哲学纲要》

言本身在这里提供必要的直觉。

译注：再次强调语法里面包涵的直觉就是图形设定。这是因为语言符号可以直接演示给我们看某个画面是否为真，画面之间的联系是否为真，等等。中文的描述语言、英语的判断语言和数学语言都包涵对画面的直觉。但是描述语言和判断语言都是语言包涵自觉，而数学语言本身就是自觉。所以数学是对抽象思维中的自觉进行计算。代数、几何、方程式都是善于进行抽象思维的人对抽象思维中"我觉得"的抽象东西进行计算。这是使用拼音语言的人们具有的比较优势。例如，英语本身和音乐一样都是声音的代码，所以朗诵和撰写英语诗本身就有音乐性，不需要押韵只需要轻重音的搭配即可。无韵格律诗就是他们撰写史诗的格式。

但是，中文的音乐性是在文字的逻辑性中。逻辑是人间最高程度的音乐，因为它是无声的表达，灵活的呈现，既简洁、工整又有同义反复的规律。合理的逻辑句的写法：(aRb(aRb(aRb)))……就是一段好听又无声的旋律。它唱的就是：我们的生活充满了阳光，我们的生活充满了希望，生活的理想，逻辑的完美就在脚下，等等。济慈的《希腊古瓮颂》中的名句"听得到的旋律甜蜜，听不到的旋律更甜蜜"就是对逻辑的甜蜜的直觉。所以，中文诗歌的正统语句应该是七言律句。七言律句加上一个句读就是一个完整的表达思想的逻辑句的象征结构（--/--/--/--）。而（--/--/--/--）就是一段无声的最高旋律。模仿拼音语言写几段分行的白话，也许有几句出彩，也许有几首小诗能煽情，但是都是短命的。这是因为它们没有深层次的同义反复，也没有逻辑的音乐性。

拼音语言觉得的思维方式永远跳不出罗素的集合论的悖论。这是因为抽象思维的直觉对象是独立的、固定的，从不考虑只有整体为真部分才能为真。系动词的用法、欧式几何把点线面完全独立开来等都是如此。逻辑考虑的点线面是万物的形式都必须具有的点线面的相互包涵。抽象思维则认为把这些独立的序列总归到一个唯一的由上天创造的序列，不是人能所及的能力。正是这些抽象思维的分门别类，所以罗素等人才觉得英语比其他语言优越。维根斯坦从抽象思维的这个陷阱中跳出去了，但是无法用透明的语言表达更高

第十一章：逻辑哲学的总纲

级的高度抽象的思维。

6.2331 The process of calculation brings about just this intuition.

数学计算的过程所带来的就是这个直觉。

译注：我们可以用 P⊃(Q ∨ R ⊃ (R ⊃ ¬ P)) 直接演示数学为什么是直觉。

数学语句仍是貌似合理，抽象符号组成的语句。

每一个符号都是变量符号，因此是计算方程。

整个逻辑句可以看作是数学方程的基础，因为计算方法就在逻辑关系符号、括号和否定运算中。

但是，数学语句缺乏感知值的核对，仍是我觉得，我认为这类主句的宾语从句，纯数学语句不过是此类宾语语句的另一种表达。

数学的计算完全是人的大脑对我觉得的对象进行计算。我觉得对象越庞大越复杂，计算的方法就越精密。但是无论数学、几何、矩阵，还是任何未来的纯数学计算，都仅仅是对直觉进行的运算。唯一的是否正确的结果是由计算技术的专家们（没有上帝做裁判）自己确定的。

我们对上面这个逻辑句的分析告诉我们貌似合理的自觉并不总是正确，但是比形象思维更靠近真理。这是因为我们可以从这个自觉的逻辑句中找出两个合理的判断函数和一个逻辑关系。

直觉的任何抽象思维的共同的特点是静止、孤立、片面看问题；二元对立地看待他人和世界。直觉的抽象思维和生活没有任何联系。例如，在立体的生活中我们绝对没有孤立存在的点、线、面等。纯数学语句是抽象思维的最高表现形式。

逻辑的计算结果随着判断的层次上升，一方面必须是立体的生活的模型，另一方面能帮助并保证每一门科学知识或每一门手艺找到仅仅靠直觉而得到的真值的同义反复。

所以未来的数学计算的技术必须是已经纳入逻辑系统之内，而不是被纳入在上天或上帝划定的神圣领域。

逻辑的判断的标准是先于经验的图形自证，科学的判断的标准是实验。于是逻辑的判断也是科学的判断的基础。

Calculation is not an experiment.
计算不是实验。

译注：数学计算只有对和错。同一道数学题没有不同的结果，所以数学不是实验。数学计算确定我们的直觉的对与错，逻辑确定直觉和直觉的对象---生活中的局面中的全部或然判断和逻辑关系。所以，逻辑计算全面覆盖数学计算。计算技术的革新必然出自逻辑的计算，这是图灵等数学家终于弄明白了的道理。

6.234 Mathematics is a method of logic.
数学是逻辑的一个方法。

译注：对比6.2，这个判断进一步界定了数学的逻辑属性。数学是逻辑的方法之一。

6.2341 The essential of mathematical method is working with equations. On this method depends the fact that every proposition of mathematics must be self-intelligible.
数学的方法的实质是用等式工作。每一个数学判断都必须自明—此事实的依据就是这个方法。

6.24 The method by which mathematics arrives at its equations is the method of substitution.
数学得到等式的方法是代入法。

译注：我们从判断的逻辑中找到合理的逻辑句的构架的方法也是代入法。但是逻辑句有许多层次的平衡，数学句只有左右两边的平衡。于是逻辑的算法再次覆盖数学的算法。

For equations express the substitutability of two expressions, and we proceed from a number of equations to new equations, replacing expressions by others in accordance with the equations.
这是因为等式表达两个表达可以置换，于是我们根据等式用其他若干表达代替若干表达，从而从一些等式得到若干新等式。

6.241 Thus the proof of the proposition $2 \times 2 = 4$ runs:
于是判断 $2 \times 2 = 4$ 的证据流程流动如下。

$(\Omega^\nu)^{\mu\prime} x = \Omega^{\nu \times \mu\prime} x \text{Def.}$

$$\begin{aligned}\Omega^{2\times 2\prime} x &= (\Omega^2)^{2\prime} x = (\Omega^2)^{1+1\prime} x \\ &= \Omega^{2\prime} \Omega^{2\prime} x = \Omega^{1+1\prime} \Omega^{1+1\prime} x \\ &= (\Omega\prime\Omega)(\Omega\prime\Omega) x = \Omega\prime\Omega\prime\Omega\prime\Omega\prime x \\ &= \Omega^{1+1+1+1\prime} x = \Omega^{4\prime} x\end{aligned}$$

译注:"$(\Omega^\nu)^{\mu\prime} x = \Omega^{\nu \times \mu\prime} x$"是他为乘法做的定义。在这个定义中。

左边的"$(\Omega^\nu)^{\mu\prime} x$" 是说数 x 是我们从 $(\Omega^\nu)^\mu$ 的运算中得出的。

右边的"$\Omega^{\nu \times \mu\prime} x$"是说我们把 (Ω^ν) 去掉括号之后让 ν 乘以 μ。

于是左边 x 的等于右边的 x。

他给乘法做的定义的基础仍是逻辑坐标,左边的 $(\Omega^\nu)^{\mu\prime} x$ 中的数 x 是逻辑坐标 $(aRb)^\nu$ 的 μ 次使用。右边的数 x 等同于 (aRb) 的 ν 乘以 μ 次的使用。于是我们就能明白为什么 $(\Omega\prime\Omega)\prime(\Omega\prime\Omega)\prime x = \Omega\prime\Omega\prime\Omega\prime\Omega\prime x$。两个未知数 x 都是逻辑坐标的四次使用。所以它俩是等同的。克林的模型论中的第九条证据论的规则"可证明可化简"的理论基础就是逻辑坐标,尽管他没有提到逻辑坐标。

小结:

6.21-6.241 这个子集专门讨论了数学语句的逻辑属性。维根斯坦的这个子集和他在 6.02---6.031 段提出的数论是个值得深入研究并且是具有重大哲学意义的课题。我们能够以这些段落为根据建设一个崭新的学科。

6.3 Logical research means the investigation of all regularity. And outside logic all is accident.

逻辑研究意指调查所有的规律性。并且在逻辑之外一切都是偶然。

译注:规律是必然和或然的统一,也是标准(公式)和使用的统一。逻辑只有必然和或然。逻辑之外的一切都是偶然。所以太阳明天升起也是偶然。

6.31 The so-called law of induction cannot in any case

be a logical law, for it is obviously a significant proposition. —And therefore it cannot be a law a priori either.

所谓的归纳的法则在任何情形中都不能是逻辑的法则，这是因为它显然是个有意义的判断。——于是它也不可能是个先验的法则。

译注：逻辑哲学认为，第一是存在，第二是逻辑，第三是经验。经验即判断的结果。逻辑必然要高于经验。归纳法的根据是经验，所以归纳法不是逻辑的法则。但是形式逻辑始终把归纳当作逻辑的法则之一。

6.32 The law of causality is not a law but the form of a law.*

因果的法则不是法则，而是法则的形式。

6.321 "Law of Causality" is a class name. And as in mechanics there are, for instance, minimum laws, such as that of least actions, so in physics there are causal laws, laws of the causality form.

"因果律"是个集合的名字。正如在机械学中存在最低量法则，例如最少行为的法则，于是在物理学中存在若干因果律，即因果形式的法则。

译注："因果律"作为名字指称行为的集合。即因果是某一类有逻辑的序列行为的名字，而不是逻辑的规律。例如，机械装置的做功，前一个流程是后一个流程做功的原因。前后两个行为组成行为序列，这样的序列不是逻辑。不懂逻辑的科学家把传动装置看作是因果律在起作用。牛顿就是把万有引力的定律看作是因果律。但是因果律不属于逻辑的判断。复合判断的判断图演示十六个初级逻辑关系中不存在因果关系。

6.3211 Men had indeed an idea that there must be a "law of least action", before they knew exactly how it ran. (Here, as always, the a priori certain proves to be something purely logical.)

在精确地知道"最少行为的法则"是个什么流程之前，人们的确就曾经有个想法，以为必然存在某个"最少行为的法则"。（先

第十一章：逻辑哲学的总纲

验的肯定，在此总是证明是某个纯逻辑性的东西。）

译注：机械学中的最少行为的法则来自先验。先验是逻辑。

6.33 We do not believe a priori in a law of conservation, but we know a priori the possibility of a logical form.

我们并不是先验地相信某个能量守恒律，但是我们先验地知道逻辑的形式的或然。

译注：他在这儿强调，逻辑先于经验。但是物理学中的能量守恒律，机械学中最少行为律，并不是先验的逻辑法则，而是经验的法则。这些法则只是逻辑规则的外衣，正如语法规则是逻辑规则的外衣。

6.34 All propositions, such as the law of causation, the law of continuity in nature, the law of least expenditure in nature, etc. etc., all these are a priori intuitions of possible forms of the propositions of science.

像因果律、自然界的连续性定律、自然界的最少支出律等等所有这些判断，都是对科学判断的或然的形式的先验性的直觉。

译注：我们可以从自然科学中的各种法则中直觉地感受到逻辑的法则，正如我们可以从语法规则中感受到逻辑的法则。这个逻辑的法则就是同义反复。例如，我们可以从"张力走过来了"这个语句中直觉地感受到所有描述句的逻辑结构是"主语+定义语"的同义反复。所以，各个学科的法则是逻辑法则的或然形式的直觉。反过来说，逻辑的法则是所有学科的共同基础。没有人能如此清晰的指出逻辑的同义反复的形式特征对所有知识和学科的重要性。

6.341 Newtonian mechanics, for example, brings the description of the universe to a unified form. Let us imagine a white surface with irregular black spots. We now say: Whatever kind of picture these make I can always get as near as I like to its description, if I cover the surface with a sufficiently fine square network and now say of every square that it is white or black. In this way

如何全面深入的译读维根斯坦的《逻辑哲学纲要》

I shall have brought the description of the surface to a unified form. This form is arbitrary, because I could have applied with equal success a net with a triangular or hexagonal mesh. It can happen that the description would have been simpler with the aid of a triangular mesh; that is to say we might have described the surface more accurately with a triangular, and coarser, than with the finer square mesh, or vice versa, and so on. To the different networks correspond different systems of describing the world. Mechanics determine a form of description by saying: All propositions in the description of the world must be obtained in a given way from a number of given propositions— the mechanical axioms. It thus provides the bricks for building the edifice of science, and says: Whatever building thou wouldst erect, thou shalt construct it in some manner with these bricks and these alone.

例如，牛顿式的机械论把对宇宙的描述弄成一个单一的形式。让我们想象一下某个白色的表面带着若干不规则的黑点。我们现在说：不管这些点形成什么类别的画面，如果我用一个足够精致的方格网络覆盖此表面并且说到每一个或黑或白的方块，那么我可以总是随我所欲接近对它的描述。我这样就已经把对此表面的描述弄成一个统一的形式。这个形式是武断的，因为我本可以用个三角形或正五边形的网络用得同样成功。在三角形的网络的帮助下，有可能描述变得更简单些；那就是说我们可以用这个三角形的网络比用更精致的网络把这个表面描述的更精确些，或更粗糙些，反之亦然，等等。与不同的网络对应的是不同的描述世界的体系。机械论决定描述的形式是通过这么说决定的：在对世界的描述中的所有的判断必须以给定的方式从一些已给定的判断—机械论的定理中获得。它于是为建立科学的大厦提供了砖块，并且说：无论你建立什么建筑，你将用某种方式用这些砖块并且只用这些砖块构建该建筑。

(As with the system of numbers one must be able to

第十一章：逻辑哲学的总纲

write down any arbitrary number, so with the system of mechanics one must be able to write down any arbitrary physical proposition.)

（正如人用数的体系必然能写出任一武断的数，人用机械论的体系必然能写出任何武断的物理判断。）

译注：牛顿式的机械论是用确定不变的机械的形式，即只有必然没有或然的形式，说明世界。如果机械论认定世界的形式是个四方形的网格，那么它就排除了三角形和正多边形都有或然组成网格。维根斯坦的逻辑哲学是从点线面开始看世界，并且这个世界观要求我们穷尽覆盖这个世界的网格的所有或然形式（正多边形）或者说模型。逻辑只是构建世界的脚手架，而这个脚手架的形式是固定不变的方框，尽管架子本身可以是三角形或四方形或正N边形等。这是因为王氏逻辑规则图演示逻辑的方框可以随着判断的升级变成正N边形，并且每一个逻辑的方框都有自己的外接圆和内接圆。

6.342 And now we see the relative position of logic and mechanics. (We could construct the network out of figures of different kinds, as out of triangles and hexagons together.) That a picture like that instanced above can be described by a network of a given form asserts nothing about the picture. (For this holds of every picture of this kind.) But this does characterize the picture, the fact, namely, that it can be completely described by a definite net of definite fineness.

So too the fact that it can be described by Newtonian mechanics asserts nothing about the world; but this asserts something, namely, that it can be described in that particular way in which as a matter of fact it is described. The fact, too, that it can be described more simply by one system of mechanics than by another says something about the world.

现在我们看明白逻辑和机械论的相对立场了。（正如我们用三角形和正五边形构建网络一样，我们可以用不同种类的图形构建网络。）上面的例子中的画面可以通过某个给定了形式的网络而得到描述，这对那个画面没做出任何断言为真。（这是因为这对此类画面中的每一个画面都成立。）但是这的确突出了画面、事实的特征，即它可以被具有特定精致的特定网络完整的描述。

于是它（画面和事实）可以被牛顿式的机械论描述也并没有对世界做出任何断言为真；但是这断言了一点儿真，即那一点儿真被描述成理所当然的事实的特定方法就是描述那一点儿真的方法。它也能被一个机械系统比另一个机械系统更简单地描述，这个事实，同样地也说了点与世界有关的事。

译注：即物理学、机械学等自然科学学科只能描述世界的部分为真，描述不到整体为真。

6.343 Mechanics is an attempt to construct according to a single plan all true propositions which we need for the description of the world.

机械论是个企图，旨在根据单一的计划构建所有我们为描述世界所必需的、价值为真的判断。

译注：逻辑描述世界的方法论是必然和或然的统一，而机械论只有一个单一的计划。苏联就是把辩证唯物论的必然和或然搞成了单一的计划。

6.3431 Through their whole logical apparatus the physical laws still speak of the objects of the world.

物理学法则用尽其所有的有逻辑的仪器仍只说到世界的客体。

译注：这儿的物理学指古典逻辑的物理学，也就是当代科学。科学只说得到客体，说不到事实，或者说客主是否一致的判断。

6.3432 We must not forget that the description of the world by mechanics is always quite general. There is, for example, never any mention of particular material points in it, but always only of some points or other.

我们决不能忘记用机械论描述世界总是相当归总的。例如，在机械论中绝不提及某些特定的物质点，但总是只提及某些其他点。

第十一章：逻辑哲学的总纲

　　译注：机械论是归总的特征是它不提及机械的物质点，但是总是提及机械做功的点。

6.35 Although the spots in our picture are geometrical figures, geometry can obviously say nothing about their actual form and position. But the network is purely geometrical, and all its properties can be given a priori.

　　虽然我们的画面中的若干点是几何图形，但是几何显然不能说及它们的实际形式和位置。但是此网格是纯几何式的，并且它的所有属性都能被先验地给定。

　　译注："我们的画面"显然是指用逻辑句在逻辑坐标中构建的逻辑模型。逻辑哲学的基础是逻辑坐标组成的灵动的不断深入发展的网格或矩阵。我们可以从这类网格中做出虚拟的万物的存在的形式。这就是逻辑的反思的作用和意义。逻辑、哲学、数学、语言学、科学和所有其他知识都来自这个高度抽象，看不见但又的确是存在于生活中的网格。

Laws, like the law of causation, etc., treat of the network and not what the network describes.

　　因果律等法则，处理得到网格，处理不到该网格所描述的啥。

　　译注：如果世界的表面上有个网络，那么机械论和数学处理的是这个网络中的线段和几何图形。逻辑处理的是被这个网络描述的世界，而抽象思维只处理世界的表面。维根斯坦到快要结束时仍没有用图形演示这个网格就是层层深入、一层套一层的逻辑坐标序列。

6.36 If there were a law of causality, it might run: "There are natural laws". But that can clearly not be said: it shows itself.

　　如果真的存在因果律，它会以流程说："存在着自然的法则。"但是那显然不可以被说出：它演示自己。

　　译注：再次强调，逻辑必须是个完整的流程，并且逻辑的法则只能自我呈现，不能自我再现。但是无论中外，所有的因果律都是用语言表达的，不是自我呈现的。例如，"万年修得同船渡"完全是描述，没法为这个句子做出有逻辑计算的流程。

6.361 In the terminology of Hertz we might say: Only uniform connections are thinkable.

我们可以用赫兹的术语说：只有单一形式的若干连接才是可以思议的。

译注：所有的一元简单判断都只有单一的形式，它就是（aRb)[1]。连接两个简单判断的单一形式表面上是逻辑关系——失联，等等。实质上的单一的形式是（aRb)[2]。如此等等。

6.3611 We cannot compare any process with the "passage of time" —there is no such thing—but only with another process (say, with the movement of the chronometer).

Hence the description of the temporal sequence of events is only possible if we support ourselves on another process.

It is exactly analogous for space. When, for example, we say that neither of two events (which mutually exclude one another) can occur, because there is no cause why the one should occur rather than the other, it is really a matter of our being unable to describe one of the two events unless there is some sort of asymmetry. And if there is such an asymmetry, we can regard this as the cause of the occurrence of the one and of the non-occurrence of the other.

我们不可以把任何过程和"时间的流逝"作比较——不存在此等事情——只可以和其他一个过程相比（例如，和计时器的运动比较）。

在这里，只有在我们以另一个过程为基础支持我们时，才有或然描述事件的时间顺序。

空间恰恰与之（时间）类似。例如，当我们说因为不存在某个原因说明为什么一个发生而另一个不发生，所以两个（相互排斥的）事件都不可能发生，它实际上是这样的一个要点：即除非存在某种不对称，否则我们没有能力描述这两个事件之一。并且如果存在此

第十一章：逻辑哲学的总纲

等不对称，那么我可以把这个看作是一个发生并且另一个不发生的原因。

译注：维根斯坦在这儿指出：逻辑结构或逻辑坐标系统的特点是 a R b 中的 R 使得 a（客观）和 b（主观）成对称关系。这是我们对判断的结构和逻辑句都可以做因式分解的根本原因。对称是我们的世界和生活的永恒的形式特征。在高度抽象的思维中，对称使得我们超越时间，从经验中发现逻辑，使得我们知道逻辑推理的过程有个光辉的顶点（有限序列），使得我们描述客体就是描述主体。做好做美了客体就是做好做美了自己。善待客人就是善待自己，等等。

如果这个世界存在不对称，那么客体是个绝对的存在，不是相对的存在。在绝对的客体旁边就有可能存在另一个最高的认知主体——上帝。上帝可以使得在时间的流逝中在一个事件发生的同时让另一个事件不发生。这就是不对称。上帝不可能出现的"客/主"对称的世界中。

6.36111 The Kantian problem of the right and left hand which cannot be made to cover one another already exists in the plane, and even in one-dimensional space; where the two congruent figures a and b cannot be made to cover one another without moving them out of this space. The right and left hand are in fact completely congruent. And the fact that they cannot be made to cover one another has nothing to do with it.

○--x--x--○
　a　　b

康德的右手和左手不能被做到相互覆盖的问题存在于平面，甚至是单一维度的空间中，在那里两个对称的图形，甲和乙，不可不被从这个空间搬出去而做到互相覆盖。右手和左手实际上是完全对称相似的。不能把它们做成相互覆盖与此毫无关系。

```
---o----x--x---o----
    a       b
```

A right-hand glove could be put on a left hand if it could be turned round in four-dimensional space.

如果一个右手的手套在一个四维空间中可以转圈，那么它可以戴到左手上。

译注：指出康德观察到的左手套不能套进右手这个现象只是在二维平面中发生的现象。在四维空间中左手套可以放进右手套。

6.362 What can be described can happen too, and what is excluded by the law of causality cannot be described.

凡能被描述的也能发生，并且凡被因果律排除的都不能被描述。

译注：凡是可以被逻辑描述到的（画出的）在逻辑坐标序列中都有或然成为现实。如果真有处于逻辑坐标系统之外的原因使得某个东西离开逻辑坐标，那么逻辑就不能描述那个东西。

6.363 The process of induction is the process of assuming the simplest law that can be made to harmonize with our experience.

归纳的过程即假定最简法则的过程，假定此最简法则可以被做到和我们的经验和谐一致。

译注：归纳的过程即把复杂的过程化简为简单的过程。并且假定这个过程就是简化我们的人生经验的过程。

6.3631 This process, however, has no logical foundation but only a psychological one. It is clear that there are no grounds for believing that the simplest course of events will really happen.

然而此过程没有任何逻辑的基础只有心理基础。没有根据可以相信事件的最简出现过程真的会发生，这是清楚的。

译注：事件的出现的过程都是包涵简单、复合和复杂的真伪判断的过程。这是个复杂的过程。如果这世上真的存在一个可以让事件出现的最简过程，那么这个世界就很简单。没有任何问题。归纳

第十一章：逻辑哲学的总纲

推理的过程就是演示事件出现的过程可以粗暴地化简到最简单的过程。这只是种心理期待，完全背离客观现实。

6.36311 That the sun will rise tomorrow, is an hypothesis; and that means that we do not know whether it will rise.

太阳明天会升起是个假定的前提；并且意指我们不知道它是否会升起。

译注：太阳是否升起目前不在逻辑判断的范围（逻辑坐标系统）之内。所有处于逻辑之外的东西都属于偶然。逻辑只处理必然和或然。所以"人都是要死的"和"太阳明天升起"是逻辑之外的偶然。

6.37 A necessity for one thing to happen because another has happened does not exist. There is only logical necessity.

一事因为另一事发生了就会发生的必要并不存在。只存在逻辑的必要。

译注：只有逻辑的必要才是事实发生的必然条件。在生活中每一件事的发生都是独立的，正如简单客体都是独立的。

6.371 At the basis of the whole modern view of the world lies the illusion that the so-called laws of nature are the explanations of natural phenomena.

整个现代的世界观的基础之上存在此幻觉，即所谓的自然的法则是对诸多自然现象的解释。

译注：维根斯坦再次强调，"自然的法则"只描述世界的部分真实内容。只有逻辑才能描述自然的全部外在形式特征。必须指出，西方的现代哲学和现代主义的基础是"自然的法则"，尤其是牛顿的机械论。万有引力论让那些种族/语言优越论者们认为如此精密的天体的运行一定是得到了上帝的眷顾，并且只有他们才是上天的宠儿，因为只有他们的思维和语言才有逻辑，才能发现并解读自然的法则。

6.372 So people stop short at natural laws as something unassailable, as did the ancients at God and Fate.

And they are both right and wrong. But the ancients were clearer, in so far as they recognized one clear terminus, whereas the modern system makes it appear as though everything were explained.

所以，人们在自然法则面前止步不前，把它看作是无懈可击的东西，正如古人止于上帝和命运之神面前。

并且他们（古人和今人）都有对有错。但是就他们认知到只有一个清晰的终端而言，古人更清晰些，而相比之下现代的体系使得貌似一切都得到了解释。

译注：第一段是说：逻辑的法则比自然的法则要更深一步。自然的法则确定自然运动的客观规律，而逻辑高于存在，是存在的组织结构。所以逻辑超越客观规律。正因为逻辑超越客观规律，所以我们可以根据客主核对的原理做出一套程序语言指挥客体到逻辑点上去代替我们执行特定的任务。"人都是要死的"属于自然的法则，不属于逻辑的法则。但是逻辑可以让我们掌握自然的法则并让自然的法则服务于我们的目的。逻辑用高度抽象的语言描述并改造世界，所以逻辑能让我们获得智慧反过来掌控自然的法则。当代信息科学的成就已经证明了逻辑学的这一巨大实用价值。所以维根斯坦发明的逻辑哲学是一人成就亿万人，成就亿万人的子孙后代的伟大学问。

第二段是说，古希腊神话演示古人不知道认知过程的终点那一端。但是西方的现代派认为他们完全明白了认知的两端（无穷数列的两端）。维根斯坦的这句话划清了西方的现代和后现代的界线。到此为止他也完成了对西方的现代主义的彻底解构。

必须指出，牛顿是西方现代主义的开山祖师。罗素是西方现代理论的总理论家，也是用《数学原理》为西方的现代主义谱写挽歌的作者。罗素坚持认为他的数理逻辑来自上天，因为他是企图从无穷数列的那一端开始反推到起点。于是他认为他在认知的两端都彻底解决了问题，成为普世的来自上天的原则的代言人。维根斯坦指出，罗素和其他现代主义者以为自己是两头都弄明白了，实际上他们一头都没有弄明白，只是在表达自己的思维的代码里转圈。

罗素式的形式逻辑作为现代主义的理论支柱不仅没有解决任何

第十一章：逻辑哲学的总纲

逻辑的属性和形式特征，而且还错误百出，连基本的逻辑数学的表达规则都没有弄清楚。然而即使在被人看出许多原则性错误之后，罗素和他的《数学原理》到如今还被人盲目吹捧。这里面当然有微妙的原因。至少某些人，在罗素的观点被推倒之后，就再也不能在各个专门的知识领域制造神话。于是他们就有可能失去话语霸权。"言论自由"的前提是话语霸权。现实是拥有话语霸权和技术优势的西方现代主义者总是想按照自己的意志和社会制度划分世界。正是在这儿我们可以看出维根斯坦为人类作出的贡献远远大于爱因斯坦。

西方一般是把结构主义和解构主义的批评作为后现代的起点。其实后现代的真正源头是维根斯坦。他在用客体彻底解构旧逻辑学的同时也建构了一门崭新的无懈可击的逻辑学，从理论上为后现代的信息科学奠定了基础，从而推出了和传统哲学决裂的逻辑哲学。

6.373 The world is independent of my will.
世界独立于我的意志。

译注：这是和"我思故我在"反着来。但是这个结论的基础是逻辑。逻辑先于经验。

6.374 Even if everything we wished were to happen, this would only be, so to speak, a favour of fate, for there is no logical connexion between will and world, which would guarantee this, and the assumed physical connexion itself we could not again will.

即使我们希望的每一件事都会发生，这也只能是命运的眷顾，因为在意志和世界之间没有逻辑关联，逻辑关联会使这个得到保证，并且我们不能再次用意志确定已被假定的物理关联。

6.375 As there is only a logical necessity, so there is only a logical impossibility.

正如只存在一个逻辑的必然，于是只存在一个逻辑的没有或然。

译注：只存在一个逻辑的必然。它就是同义反复（t t t t）。与之对应的是自相矛盾（f f f f），即没有或然。

6.3751 For two colours, e.g. to be at one place in the

visual field, is impossible, logically impossible, for it is excluded by the logical structure of colour.

这是因为，举例说明，两个颜色没有或然在视野中同在一处，这在逻辑性上没有或然，因为这是被颜色的逻辑结构排除的。

译注：逻辑高于人类的高度抽象的感知。逻辑只有同义反复和自相矛盾这两个必然。

Let us consider how this contradiction presents itself in physics. Somewhat as follows: That a particle cannot at the same time have two velocities, i.e. that at the same time it cannot be in two places, i.e. that particles in different places at the same time cannot be identical.

让咱们考虑一下这个矛盾如何在物理学中自我呈现。大约如此推出：两个粒子不能在同一时间具有两个速度，也就是说，它在同一时间点不能在两个地方，这就是说，在不同地点的粒子在同一时间不能是等同的。

(It is clear that the logical product of two elementary propositions can neither be a tautology nor a contradiction. The assertion that a point in the visual field has two different colours at the same time, is a contradiction.)

（显然，两个简单判断的逻辑积既不能是同义反复也不能是自相矛盾。断言视野中某一点在同一时间有两个不同的颜色为真，这是自相矛盾。）

译注：如果排除了逻辑的同义反复和自相矛盾，那么判断的逻辑积是真 x 真 = 真，真 x 伪 = 伪。

6.4 All propositions are of equal value.
　　所有判断具有同等价值。
　　译注：这是因为所有的判断都从属于逻辑坐标序列，它们都共享同一个原始判断的形式。逻辑坐标序列中的每一个环节都同等重要。

6.41 The sense of the world must lie outside the world.

第十一章：逻辑哲学的总纲

In the world everything is as it is and happens as it does happen. In it there is no value—and if there were, it would be of no value.

If there is a value which is of value, it must lie outside all happening and being-so. For all happening and being-so is accidental.

What makes it non-accidental cannot lie in the world, for otherwise this would again be accidental.

It must lie outside the world.

对世界的感知必须处于世界之外。在世界之中每一件事是什么就是什么，并且每一件事发生就是发生。在世界里面没有价值———并且如果有，它也不具备价值。

如果有一个具备价值的价值，那么它必须处于所有的发生与就是如此之外。这是因为所有的发生与就是如此都是偶然。

使得它成为非偶然的不可能在世界的里面，这是因为否则这也会成为偶然。

它必须处于世界之外。

译注：我们必须是在客观世界的之外感知世界，在客体之外感知客体。世界和客体之内绝没有价值。是我们自己站在客体之外给客体赋予价值。

逻辑处于自然界（发生与就是如此）之外才能赋予自然界的存在和发生以价值。正因为逻辑超越时间，超越我们的世界和生活，超越我们的高度抽象的感知，所以逻辑才能赋予感知以价值。逻辑在高度的抽象思维中高于自然与自然的法则，也高于判断的感知。当代信息科学已经证明，逻辑是哲学的真正的本体。这就是为什么我们要学习逻辑学这门课程。

于是我们可以把逻辑哲学（逻辑学、逻辑中文和逻辑数学）看作是研究客体的高度抽象的形式的学问，把科学看作是研究客体的物质内容的学问。一方面这两者之间的关系是辩证互动的关系。另一方面，逻辑哲学是科学研究的基础和道路。

按照逻辑哲学的原则，我们应该把教育中的学科分成两大块：

基础学科和专业学科。

基础学科的逻辑结构应该是（语文（数学（逻辑学））），也就是逻辑中文、逻辑数学和逻辑学。学好了这三门课程就是不知不觉地学习了哲学。它既给学生提供正确的价值观、井然有序的生活和道德、逻辑数学的算法，也能帮助学生根据自己的爱好发现自己在哪个方面有何种特长(-t)，谱写好属于自己的人生的逻辑的旋律。这是大学二年级之前必须完成的课业。

6.42 Hence also there can be no ethical propositions. Propositions cannot express anything higher.

于是也不存在伦理判断。判断不能表达任何更高的存在。

译注：伦理的法则必须源于最高的存在。逻辑哲学确定了逻辑是最高存在，是本体。所以伦理道德观念和审美原则都必须是来源于高于判断的逻辑，而不是来源于我觉得我认为的判断或命令。

但是西方的旧哲学把上帝看作是最高存在，于是西方的伦理学的源头被设定为是来自上帝或上天。例如，旧约圣经中的"十戒"就被描述为来自上帝。维根斯坦在这儿指出，价值、伦理、美学等都是来自高于自然界的"发生和就是如此"的逻辑。这就是说人世间的价值、伦理、美学都是人自己根据逻辑和社会发展而制定的规则，并不是一成不变的，而是要跟随生活和时代的发展而发展。假如人的有工作和有生育能力的生命能达到150岁，那么伦理道德等也必须根据生命的逻辑做出改变。这也说明学好逻辑也能推动认知主体努力做一个有情操、有理想、思想精致、说话严谨的人。

6.421 It is clear that ethics cannot be expressed. Ethics is transcendental. (Ethics and æsthetics are one.)

显然伦理学是不能被表达的。伦理学是超越尘世的（伦理学和美学是一个东西）。

译注：伦理学和美学的表达来自逻辑。因此其表达和逻辑一样都是呈现或者说可视的形而上。伦理学和美学的判断必须是通过象征而自我呈现，而不是用描述语言定义。

6.422 The first thought in setting up an ethical law of the form "thou shalt..." is: And what if I do not do it? But it is clear that ethics has nothing to do with punishment and reward in the ordinary sense. This question as to the consequences of an action must therefore be irrelevant. At least these consequences will not be events. For there must be something right in that formulation of the question. There must be some sort of ethical reward and ethical punishment, but this must lie in the action itself.

(And this is clear also that the reward must be something acceptable, and the punishment something unacceptable.)

设立具有"汝等必须……"此形式的伦理法则时首先想到的是：如果我不这么做那将如何？但是伦理学和普通意义中的奖惩没有任何关系，这是清楚的。这个与某个行为的后果相关的问题因此必然是无关主旨的。至少这些后果不会成为事。这是因为在提出那个问题的形式中必然有点正确的东西。必然有点伦理奖励和伦理惩罚，但是这必须是处于行为本身之外。

（并且奖励必须是可以接受的某个东西，而惩罚是不可接受的某个东西，这是清楚的。）

译注：伦理的法则确定的奖惩必须处于与伦理道德有关的行为之外，是人自己决定的。然而，在生活中正因为伦理法则被看作是上天的意志，所以执行伦理法则的人才觉得自己是执行上天的旨意。如果伦理被看作是由客主一致的逻辑决定的，那么所有的伦理法则就都是人类社会为了保证自己可以持续发展的法则。

6.423 Of the will as the bearer of the ethical we cannot speak.

And the will as a phenomenon is only of interest to psychology.

我们不能说到有伦理的主体的意志。

并且意志作为一个现象只对心理学有意义。

译注：第一，逻辑中没有认知的主体。认知主体必须在逻辑之外。

第二，"自由意志""个人意志"这些概念都没有逻辑证据。于是只能被看作是心理活动。

6.43 If good or bad willing changes the world, it can only change the limits of the world, not the facts; not the things that can be expressed in language.

In brief, the world must thereby become quite another, it must so to speak wax or wane as a whole.

The world of the happy is quite another than that of the unhappy.

如果善意或恶意改变世界，它只能改变世界的界限，不能改变事实；不能改变用语言可以表达的东西。

简而言之，世界以此为根据必然是另一个世界，它必然打个比方说作为整体而盈亏。

幸福的人的世界和不幸的人的世界互相比较完全是另一个世界。

译注：维根斯坦认为行善和作恶只能改变世界的界限，不能改变世界中的内容。只有逻辑才能让所有说不同语言的人都共享一个世界，作为整体而共享盈亏。逻辑的应用可以提高生产力，从而改变事实，改变世界和生活的边界，提高生活的质量，扩大生活的总和。但是在只有行善和作恶的世界，现实是幸福的人的世界和不幸的人的世界完全不同。行善和作恶都不可能改变这两个世界。

6.431 As in death, too, the world does not change, but ceases.

于是世界并不变于死亡之中，而是止于死亡。

译注：这是说世界不会在死亡中变成天国或地狱，死并不是超脱。

6.4311 Death is not an event of life. Death is not lived through.

If by eternity is understood not endless temporal duration but timelessness, then he lives eternally who lives in the present.

第十一章：逻辑哲学的总纲

Our life is endless in the way that our visual field is without limit.

死不是生的事件。死是没有活透。

如果永恒不是被理解为没有尽头的时间的延续，而是被理解为没有时间，那么活在当今的人就是活在永远。

我们的生命没有尽头和我们的视野一样没有尽头。

译注："没有时间"是高度抽象的逻辑坐标的属性之一。逻辑是永恒不朽的。彻底弄清了生命中的逻辑坐标的层层包涵，就是回溯到生命出现的那一刻的 aRb。把生命法则过程中的逻辑坐标的全部层层升级再现出来，做成逻辑语言，那么人就能通过逻辑的机器实现"所见即所得"。我们的所见来自于光。于是生命可以做到和光一样永恒。人通过逻辑的反思在理论上可以做到永生。于是"我们的生命没有尽头和我们的视野一样没有尽头"。

所以逻辑学还有广阔的发展天地，还需要哲学家和科学家共同努力彻底的看懂万物的生命中的逻辑的组织和其无声的逻辑语言。

6.4312 The temporal immortality of the human soul, that is to say, its eternal survival also after death, is not only in no way guaranteed, but this assumption in the first place will not do for us what we always tried to make it do. Is a riddle solved by the fact that I survive for ever? Is this eternal life not as enigmatic as our present one? The solution of the riddle of life in space and time lies outside space and time.

(It is not problems of natural science which have to be solved.)

人的灵魂之在时间上的不朽，也就是说，它在死亡之后也永存，不仅绝对没有保证，而且这个假设首先不会做我们总是想要它做的事。谜语是通过我永远活下去这个事实而解开的吗？难道这个永生和我们的今生不是同样谜不可解吗？时空中的生命之谜的谜底在时空之外。

(它不是若干必须被解答的自然科学的问题。)

译注：生命的谜底在超越时间、高度的抽象的逻辑坐标中。灵魂不朽并不能为我们做出任何我们想要灵魂为我们做的事，即了解生命的秘密。生命之谜的谜底也不是自然科学，而是逻辑，或者说逻辑的语言，也就是逻辑编程的语言。这是因为只有逻辑才超越时间、永恒不朽，才能确定万物的存在的形式。于是逻辑将成为解开永生之谜的钥匙。

6.432 How the world is, is completely indifferent for what is higher. God does not reveal himself in the world.

世界怎是如此，更高者对此是完全漠然的。上帝并不自我显现于世界中。

6.4321 The facts all belong only to the task and not to its performance.

事实都只属于任务而不是属于任务的执行。

译注：事实是客主核对，这是任务。任务的执行者是人。人可以通过虚拟的逻辑的机器指挥客体代替自己执行任务并提高执行任务的效率和速度。这就是他为什么在《讲座》中设想了一台虚拟的逻辑的机器。

6.44 Not how the world is, is the mystical, but that it is.

神秘的不是世界怎是如此，而是它是如此。

译注：相对于逻辑，存在是第一。存在对逻辑因此是神秘的。逻辑不能解释为什么会有存在，但是逻辑能确定存在的形式特征。这就为永生开启了或然。这应该是"语言竞技"的目的之一。

6.45 The contemplation of the world sub specie aeterni is its contemplation as a limited whole.

The feeling that the world is a limited whole is the mystical feeling.

把世界考虑成永恒的方式就是把它考虑成一个有限的整体。

世界是个有限的整体这个感觉是个神秘的感觉。

译注：神秘不在别处，就在生活中，正如逻辑作为最高存在就在生活中。每天早晨你起来照镜子，看到也是一个有限的神秘的整

第十一章：逻辑哲学的总纲

体。这是因为你不知道操控你的身体的存在的归总的东西是什么。你只能从某些部分，例如消化系统、神经系统等知道并理解你的身体的部分。你无法知道、更无法掌控你的身体的总秘密或总机关。同样的，如果这个世界作为一个有限的整体不是神秘的，那么其逻辑场就只有真值没有伪值，那么世界和人类社会就是透明的，人类的世界就是个大同世界。于是这样的世界就不会需要政府和领导。但是现实并非如此。所以生活中必须有领导和政府。

6.5 For an answer which cannot be expressed the question too cannot be expressed.

The riddle does not exist.

If a question can be put at all, then it can also be answered.

相对于某个不能被表达的答案，那么该问题也不能被表达。

不存在谜语。

如果万一能提出问题，那么它就可以得到解答。

译注：解开生命之谜的关键是语言的语法。答案不能表达，问题也就不能表达。问题和答案必须相对成立。所以，谜语并不存在。于是真正的问题是对语言的研究没有发展到下一步。语言不仅是人类交流的符号，也包涵生命的基本单位之间用来交流的信号。这些信号应该包涵逻辑和计算，否则生命的形式不可能那么精致、对称，并有整体的界限。

就存在语言还不能表达的东西而言，这个东西对我们来说是神秘的。这就是说，也许存在着某种特殊的未知语言。生命的基因之间的交流的基本逻辑就在这个特殊的语言之内。因此并不存在生命的谜语。语言能提出问题，该问题就会有答案。只是我们还没有发现这个语言而已。这属于逻辑的语言。

6.51 Scepticism is not irrefutable, but palpably senseless, if it would doubt where a question cannot be asked.

For doubt can only exist where there is a question; a question only where there is an answer, and this only where something can be said.

怀疑主义不是不可辩驳，而是如果它在不能提问的地方提出怀疑，那么就可以直接感受它没有感知。

这是因为怀疑只能存在于有问题的地方；问题只存在于有答案的地方，而这个只存在于能说出某个东西的地方。

译注：如果我们看王氏逻辑规则图，就知道怀疑主义是站在逻辑坐标的图形序列之外提出怀疑。在有逻辑的地方提出怀疑对门外汉而言是没有某个专业的知识，对专业研究人员而言是没有更深入的知识。语言界定我们的知识范围，即语言界定逻辑的判断中的真值的同义反复的范围。

6.52 We feel that even if all possible scientific questions be answered, the problems of life have still not been touched at all. Of course there is then no question left, and just this is the answer.

我们觉得即使所有或然的科学问题都有了答案，仍还没有根本触及生命的诸多问题。当然那时候会没有任何问题遗留下来，而恰恰这个才是答案。

译注：他是说，生命的奥秘在于逻辑，在于组织信息的逻辑语言。生命是高度抽象的万物的存在并不断演绎发展的形式。因此生命中存在着用于交流的表达感知的特殊语言。这个语言必然包涵逻辑。而且这个语言必定是高级生命和低级生命都共享的特殊语言。我们不知道这个语言，正如在维根斯坦之前我们都不知道人类共享的逻辑程序语言一样。维根斯坦于是在此为逻辑学的下一步发展指出了方向，即用自然科学的成果，解答所有与生命有关的问题。到了那时候，科学仍不能解答生命之谜。但是当所有的问题都不是问题之后，组织生命的逻辑语言会自然出现。这才是生命的谜底。这是维根斯坦为逻辑的发展指出的方向。

6.521 The solution of the problem of life is seen in the vanishing of this problem.

(Is not this the reason why men to whom after long doubting the sense of life became clear, could not then say wherein this sense consisted?)

第十一章：逻辑哲学的总纲

生命的问题的答案见于这个问题的消失的过程中。

（难道这不就是理由，为什么人们在长期的怀疑之后，当生命的感知对他们变得清晰，仍不能说这个感知构成在哪里？）

译注：维根斯坦在这儿指出了应该在哪里寻找逻辑的下一步的发展这个问题 --- 即对生命的感知到底来自哪里？这个感知不会是很复杂，因为生命的细胞必须共享这个感知才能互相交流信息。维根斯坦关于生命之源的合理推测彻底否定了犹太教和基督教关于上帝造人的神话。

6.522 There is indeed the inexpressible. This shows itself; it is the mystical.

的确存在不可言传的东西。这个东西演示自我；它是神秘的。

译注：维根斯坦的神秘是指语言不能表达，但是在自然界自我演示的东西。这个东西在光合作用下必然有感知，有感知就必然有逻辑坐标。有演示就是有苗头。有苗头就可以有归总。有归总就有同义反复。有同义反复就有逻辑。所以，问题的关键仍是逻辑的呈现，即我们从"所见即所得"中能看到什么。这是维根斯坦给我们演示的他找出逻辑的方法，也是人类今后找出更深入的逻辑的方法。一定要从看似普通的，大家都没有注意的偶然中找出有规律的东西。维根斯坦在下面进一步指出，今后研究逻辑和哲学的人们看出逻辑的新苗头的地方是在自然科学的领域。所以逻辑哲学的神秘并不意指不存在的、没有感知的、鬼神之类的东西。

6.53 The right method of philosophy would be this: To say nothing except what can be said, i.e. the propositions of natural science, i.e. something that has nothing to do with philosophy: and then always, when someone else wished to say something metaphysical, to demonstrate to him that he had given no meaning to certain signs in his propositions. This method would be unsatisfying to the other—he would not have the feeling that we were teaching him philosophy—but it would be the only strictly correct method.

哲学的正确方法于是会是这样的：除了可以说的之外，即除了

如何全面深入的译读维根斯坦的《逻辑哲学纲要》

自然科学的判断之外，除了和哲学没有任何关联的啥之外，啥也不说；并且以后总是如此，当另外某个人想说点形而上的东西时，给他演示他并没有赋予它的判断中的某些特定的符号以意指。这个方法不会让他人满意——他不会有我们在教他哲学的感觉——但是它只会是严格的正确方法。

译注：理解这句话的关键是：哲学的问题不是传统中的形而上的问题，或者说旧的本体论。哲学的问题是生活中的最具体的问题，即如何用逻辑句呈现或投影万物的存在。这些最具体的问题的答案可以通过高度抽象的逻辑句做出主客核对的投影。投影的结构可以通过虚拟的逻辑的机器打印出来。所以信息科学中的逻辑编程归根结底是哲学的问题。程序语言属于哲学说明世界和改造世界的语言。

今后的哲学为了说明世界必须和科学保持同步发展。用投影或者仿真说明并改造世界。这样的哲学的教学方式会完全不同于如今的哲学的教学方式。它必须使用程序语言明晰地说明并改造世界。做不出这样的语言的人就不是哲学家！

由于逻辑有三个组成部分：语法、算法和表达，所以学习逻辑中文、逻辑数学和逻辑学就是在学哲学或者掌握呈现真理的观点和方法。

6.54 My propositions are elucidatory in this way: he who understands me finally recognizes them as senseless, when he has climbed out through them, on them, over them. (He must so to speak throw away the ladder, after he has climbed up on it.)

我的若干判断在这方面是明晰的：谁最终懂得我，谁爬完这些判断，爬这些判断，爬上去，谁就会认出它们是没有感知的。（他必须在爬到上面去之后打个比方说扔掉梯子。）

译注：逻辑哲学的判断句只有逻辑坐标、作画形式、或然的画面、判断函数、真值根据、逻辑的判断等形式特征。判断必须走到逻辑点上才能触觉到客体的存在。这就是说，我们必须把具体的某个学科的判断句代入到"--"中去，判断才能获得感知。但是有逻辑坐标的判断句是维根斯坦围绕着逻辑点而架设的脚手架。如果说判断

第十一章：逻辑哲学的总纲

句是脚手架，那么逻辑点是为客体的存在形式作画的画布，逻辑句是画作。这就是说在《逻辑坐标纲要》中的所有判断句在一方面都是没有感知的，因为它们都没有对在逻辑点上发生的对某个特定的客体的存在的形式做出有逻辑的判断的计算，因而不能做出那个客体的存在的形式的投影。但是在另一方面，这些判断句已经构建好了一座完美的逻辑的大厦，并在大厦的里面搭好了脚手架，从若干逻辑点上悬挂了一幅白纸，为所有学科的有特定感知的判断的计算和作图做好了准备。所以，《逻辑哲学纲要》中的每一条判断句都是高于形象和抽象思维的高度抽象的判断。这就是说《逻辑哲学纲要》是基础理论，所有其他学科的发展和进步都将是基础理论的应用。

He must surmount these propositions; then he sees the world rightly.

他必须登顶这些判断；然后他正确地看明白这个世界。

译注：他是在作最后一次强调：即使在逻辑坐标系统中，也只有在逻辑点上才能有感知。所以他的这些判断句都是没有感知的。他希望我们能够登上他的这些判断组成的梯子，登上高度抽象的领域之后蹬掉这些梯子，从顶上看出他的判断句中包涵的逻辑坐标、作画形式、或然的画面、真值根据等逻辑结构的图形和它们的无数必然与或然的形式转换。和我们从几何定理中看出几何图形相比，看出逻辑坐标中的图形和图形的转换是高度的抽象思维，而几何只是抽象思维。王氏逻辑规则图满足了他的预期。这是笔者为所有使用中文语言的人做出的贡献。

所以，他是要求我们在读懂他的无感知的判断句之后，离开逻辑点在高度抽象的自由王国里通过反思看清楚逻辑点上的万物的形式特征。并用图形呈现判断的逻辑和逻辑的判断。这是逻辑哲学的实质。

在这个高度抽象的自由王国中，三段论和形式逻辑和其他冒充的逻辑啥也不是，因为它们都没有高度抽象的逻辑点和真值根据。逻辑思维属于必然的自由王国，是所有学科获得新知识的必然的道路。所以只有掌握了逻辑哲学我们才能获得走向自由的思想的道路。

这是他要我们读懂他的诀窍，也是我全面深入地译读他的判断句的方法。

7 Whereof one cannot speak, thereof one must be silent.

凡是在说不到的地方，就必须在那儿保持沉默。

译注： 在任何判断图中，T框就是我们说得到并说得清楚的地方，F框就是我们说不到并且必须保持沉默的地方。T框和F框的界限就是想得到的东西和想不到的东西的界限。这句话的力量来自前面六大子集中的所有判断。它赋予我们认识世界和改造世界的立场、方法和伟大的力量。这句话也是逻辑学和逻辑思维对我们如何使用语言的基本要求。它暗指西方文化传统在2000多年的时间里打着"模拟上天的形式"的旗号，在逻辑学、语文、数学和哲学等学术领域，制造各种神话，取得并保持了话语霸权，在判断说不到的地方胡说八道。

整篇著作的总结：

逻辑哲学和逻辑学并不难学。只要知道了先验性的逻辑的组织，我们可以用几个最简单的符号表达最丰富的内容，不仅可以精准地算出万物的形式和内容，也可以算出思想的形式（判断的逻辑、形式）和此形式的内容（逻辑的判断、形式的形式）。所以逻辑哲学中的逻辑学是科学家、教育家、思想家、战略家和政治家都忽略不起的学问。王氏逻辑坐标图和逻辑规则图为掌握逻辑学做好了的准备。

最需要关注的是简单判断。这是因为有N个简单判断就有N阶复杂判断。在N个简单判断中，每一个判断都有自己的特长和独立的生活，互不相同也不相悖，都可以和睦相处。但是N个简单判断都要服从（aRb)[1]中的那个众多的一中的唯一。这个唯一的位置必然是经过了N阶判断的升级和许多或然的磨炼，是整个N阶系统的唯一安全系数。所以占据这个位置者是值得每一个独立的判断和从N+1阶往下的所有阶判断衷心赞扬和拥护的。

N个简单判断构成N阶判断的体系也告诉我们，必须改革现有

第十一章：逻辑哲学的总纲

的教育和考试制度。第一，要改进已经落后的课程设置和教学方法。学习的目的是为了掌握必然，而不是死记硬背若干或然。第二，不能因为一次考试定终生。第三，在学好语文、语文中的逻辑和数学的同时，鼓励学生培养自己的兴趣，找到自己的兴趣和生活契合的那一点儿真"-"。第四，制式的教育只能生产出用制式训练出来的尖子；所以要给有潜力突破制式教育的顶尖人物留下发展空间。就此而言，罗素为人类做出的唯一贡献就是接受维根斯坦成了他的学生。

二元复合判断确定逻辑关系。于是掌握了"简单判断+逻辑关系+简单判断"这个结构，我们就有或然写出一条合理的逻辑句。有一条合理的逻辑句（pRq），我们就可以设计出有N层（pRq（pRq（pRq）））……架构的合理的逻辑语言。这样的逻辑语言（也可以称为复杂逻辑句）就是如今的程序语言。以上就是逻辑学的要点。

一点感想：

根据人们为维根斯坦写的传记，维根斯坦是在英国读了两年的航空工程的本科之后才跑到剑桥大学去找罗素，要求跟他学哲学的。经过几次面谈之后，罗素认为他有能力为哲学开创一个新阶段，于是答应了他的请求。维根斯坦在剑桥大学哲学系读了不到两年的本科就去挪威的乡下开始撰写《逻辑哲学纲要》，并且在一年多时间之内就基本完成了草稿。

在那个时候罗素的《数学原理》已经出版了十多年，所以他去找罗素可以说是有备而去的。很有可能他已经看出了旧逻辑和旧哲学中的根本问题。他抓住这些根本问题提出了和旧哲学完全不同的逻辑哲学。尽管到如今，哲学界仍有些人（如芒克）不服气，认为一个只读了两年哲学本科的人怎么可能推翻具有两千多年的历史的西方哲学和逻辑学，怎么可能推翻罗素的经典著作《数学原理》。但是我的译读就全面深入地演示了《逻辑哲学纲要》彻底推倒了西方的旧哲学和旧逻辑，也推翻了形式逻辑的高峰 --- 罗素的《数学原理》。这些人不服气的原因是为什么一本小小的书就推翻了具有两千多年历史的西方逻辑学以及以此为基础构建的意识形态和教育

如何全面深入的译读维根斯坦的《逻辑哲学纲要》

制度。然而事实就是如此。而且逻辑数学家们，如克林或图灵，就是通过学习维根斯坦的基础理论从而做出了计算机的决策程序。他们已经取得的成就早已证明维根斯坦的理论是完全正确的。如今的信息科学的发展更是每日每时地演示着辩证唯物的逻辑哲学的全面胜利。

第十二章

罗素为这篇著作写的引介的中译

提要：根据芒克和康德仁为维根斯坦写的传记，我们知道罗素和少数数学家、哲学家和逻辑学家都认为《逻辑哲学纲要》是一部具有划时代意义的哲学著作。我想通过我的翻译让读者自己判断罗素在为这部著作写的引介中是否公平地对待了维根斯坦为哲学和逻辑学的发展做出的划时代的贡献。

我想提醒读者，罗素首先指出了维根斯坦的逻辑哲学的实质是用象征主义处理完美的逻辑，但是他在后面又指出这样的象征主义没有完整地处理数论和无穷数列："对我而言，在维根斯坦的理论中存在某些方面似乎需要作更有技巧的改进。这个尤其适用于他的数论 (6.02ff.)。就目前的状态而言，它只能处理有限的数。除非已经演示可以处理超越有限的数，否则逻辑不会被考虑成是完整的。我不认为维根斯坦的体系中缺乏任何东西使得他无法填充这个空洞。"显然，罗素还是在坚持他的集合论的悖论，坚持世界的实质是无穷的数和数的集合；而维根斯坦认为世界的实质是客体的形式和内容。形式必须是完整的，否则万物无法存在。形式序列对已知的逻辑计算的序列也必须是完整的，但对未知的逻辑计算的序列是必须不完整的。原始逻辑坐标演示逻辑和数的形式序列必须是有限的。罗素的数论一次只处理一个等式，所以不能完整的描述世界。维根斯坦的形式序列一次可以同时处理 N 阶判断中的每一阶判断中的全部或然，所以能完整地描述世界。

我还想提醒读者另一个问题：除了坚持相信等心理活动也是判

断之外，为什么罗素没有回应维根斯坦对他的《数学原理》作出的许多有逻辑证据的公正批评？为什么罗素根本就没有提到逻辑坐标、逻辑必须处理全部或然、逻辑的图形自证和图形演绎都必须是有限序列？

Introduction

By Bertrand Russell, F. R. S.

引介

伯特兰·罗素，皇家学会院士

Mr. Wittgenstein's Tractatus Logico-Philosophicus, whether or not it prove to give the ultimate truth on the matters with which it deals, certainly deserves, by its breadth and scope and profundity, to be considered an important event in the philosophical world. Starting from the principles of Symbolism and the relations which are necessary between words and things in any language, it applies the result of this inquiry to various departments of traditional philosophy, showing in each case how traditional philosophy and traditional solutions arise out of ignorance of the principles of Symbolism and out of misuse of language.

维根斯坦先生的《逻辑哲学纲要》，不管是否证明将在它处理的若干要点之上给出了终极真理，就其广阔和深刻而言，肯定值得被看作是哲学世界中的一个重要事件。它从象征主义的若干原则和任何语言中的词语和事物之间的若干必要关系开始，将此探索的成果运用到传统哲学的各个部门，在每一个运用的实例中都演示传统哲学和传统的解答都是出于对象征主义的原则的无知并且都是出于滥用语言。

The logical structure of propositions and the nature of logical inference are first dealt with. Thence we pass successively to Theory of Knowledge, Principles of Physics, Ethics, and finally the Mystical (das Mystische).

第十二章：罗素为这篇著作写的引介的中译

首先处理了判断的逻辑结构和逻辑推理的本质。然后我们循序渐进到知识论、科学的原则、伦理学，最后是大写的神秘（神秘本身）。

In order to understand Mr. Wittgenstein's book, it is necessary to realize what is the problem with which he is concerned. In the part of his theory which deals with Symbolism he is concerned with the conditions which would have to be fulfilled by a logically perfect language. There are various problems as regards language. First, there is the problem what actually occurs in our minds when we use language with the intention of meaning something by it; this problem belongs to psychology. Secondly, there is the problem as to what is the relation subsisting between thoughts, words, or sentences, and that which they refer to or mean; this problem belongs to epistemology. Thirdly, there is the problem of using sentences so as to convey truth rather that falsehood; this belongs to the special sciences dealing with the subject-matter of the sentences in question. Fourthly, there is the question: what relation must one fact (such as a sentence) have to another in order to be capable of being a symbol for that other? This last is a logical question, and is the one with which Mr. Wittgenstein is concerned. He is concerned with the conditions for accurate Symbolism, i.e. for Symbolism in which a sentence "means" something quite definite. In practice, language is always more or less vague, so that what we assert is never quite precise. Thus, logic has two problems to deal with in regard to Symbolism: (1) the conditions for sense rather than nonsense in combinations of symbols; (2) the conditions for uniqueness of meaning or reference in symbols or combinations of symbols. A logically perfect language has rules of syntax which prevent nonsense, and has single symbols which always have a definite and unique meaning. Mr. Wittgenstein is concerned with the conditions for a logically perfect language—not that any language is logically perfect, or that we believe ourselves capable, here and now, of constructing a logically perfect language, but that the whole function of language is to have meaning, and it only fulfills this function in proportion as it approaches to the ideal language which we postulate.

为了懂得维根斯坦先生的书，必须认识到他关心的问题是什么。在他处理象征主义的那部分理论中，他所关心的是逻辑完美的语言必须满足的若干条件。和语言有关，有若干不同类别的问题。第一，有此问题，当我们秉持某个用心用语言意指某个东西时在我们的心灵中实际上出现了什么；这个问题属于心理学。第二，有与此相关的问题，即在思想、词语或句子之间组成它们之间的实质关系是什么关系，以及它们介绍或意指什么；这个问题属于认知论。第三，有用句子表达真知而非伪理的问题，这属于专门的科学处理若干相关句子的特定主题。第四，有此问题：某个事实（如某个句子）为了能够成为彼关系的象征必须具有什么此关系？这个最后的问题是个逻辑的问题，并且是维根斯坦先生关心的问题。他关心的是精准的象征主义的若干条件，即句子在象征主义中完全确切地"意指"某个东西的若干条件。在生活实践中，语言总是或多或少含糊的，以至于我们断言为真的啥从不完全精确。于是逻辑要处理和象征主义相关的两个问题：1) 在象征符号的若干组合中的感知的若干条件而不是无感知的若干条件；2) 在象征符号中，并且在象征符号的组合中，独一无二的意指或指称的若干条件。逻辑完美的语言具有若干句法防止出现没有感知的意指，并且具有若干单独的象征符号，总是有确切的，并且是独一无二的意指。维根斯坦先生关心的是逻辑完美的语言的条件——并不是任何语言在逻辑上都是完美的，也并不是因为我们相信我们有能力，在此时此地，构建一个逻辑完美的语言，而是因为语言的整体功能就是有意指，并且语言完成此功能只能与语言接近我们所假定的理想语言成比例。

第十二章：罗素为这篇著作写的引介的中译

The essential business of language is to assert or deny facts. Given the syntax of language, the meaning of a sentence is determined as soon as the meaning of the component words is known. In order that a certain sentence should assert a certain fact there must, however the language may be constructed, be something in common between the structure of the sentence and the structure of the fact. This is perhaps the most fundamental thesis of Mr. Wittgenstein's theory. That which has to be in common between the sentence and the fact cannot, he contends, be itself in turn said in language. It can, in his phraseology, only be shown, not said, for whatever we may say will still need to have the same structure.

语言的实质业务是确称事实为真或否定事实。给定语言的句法，只要已知构成句子的若干词语的意指，那么句子的意指就已确定。为了让某特定的句子确称某特定的事实为真，不管语言是如何构建的，在句子的结构和事实的结构之间必须存在点儿共同的东西。这也许是维根斯坦先生的理论的最基本的论述。他论争说，在句子和事实之间必须共存的啥，本身不能用语言说。用他的词汇表达，它只能（被）演示，不能（被）说，因为无论我们说啥，那个啥仍需要使用该同一结构。

The first requisite of an ideal language would be that there should be one name for every simple, and never the same name for two different simples. A name is a simple symbol in the sense that it has no parts which are themselves symbols. In a logically perfect language nothing that is not simple will have a simple symbol. The symbol for the whole will be a "complex", containing the symbols for the parts. (In speaking of a "complex" we are, as will appear later, sinning against the rules of philosophical grammar, but this is unavoidable at the outset.

417

如何全面深入的译读维根斯坦的《逻辑哲学纲要》

"Most propositions and questions that have been written about philosophical matters are not false but senseless. We cannot, therefore, answer questions of this kind at all, but only state their senselessness. Most questions and propositions of the philosophers result from the fact that we do not understand the logic of our language. They are of the same kind as the question whether the Good is more or less identical than the Beautiful" (4.003).) What is complex in the world is a fact. Facts which are not compounded of other facts are what Mr. Wittgenstein calls Sachverhalte, whereas a fact which may consist of two or more facts is a Tatsache: thus, for example "Socrates is wise" is a Sachverhalt, as well as a Tatsache, whereas "Socrates is wise and Plato is his pupil" is a Tatsache but not a Sachverhalt.

理想的语言的第一个必要条件是每一个简单单位只应有一个名字，两个不同的简单单位决不能共一个名字。名字是个简单象征即意味着"组成名字的所有成分都不能自己做象征。在逻辑完美的语言中，凡非简单都无简单象征。整体的象征是个"复杂单位"，包涵若干部分作象征。（在说"复杂单位"时，我们犯下了，正如后面将要显示，违反哲学语法规则的原罪，但是这在开头是不可避免的。）"大多数已经写出的与哲学要点相关的判断和问题不是伪理而是没有感知。因此，我们根本不能回答此类问题，但是只能郑重声明其没有感知。哲学家们的大多数问题和判断源于我们不懂得我们的语言的逻辑这一事实。它们和上帝是否或多或少在身份上等同大美同类"（4.003）。世界中的所谓复杂是个事实。没有复合其他若干事实的事实维根斯坦先生称之为Sachverhalte（简单事实），而由两个或者更多的事实组成的事实是Tatsache（复杂事实）。于是，举例来说，"苏格拉底是有智慧的"既是个Sachverhalte（简单事实），也是个Tatsache（复杂事实），而"苏格拉底是有智慧的并且柏拉图是他的学生"是个Tatsache（复杂事实），而不是Sachverhalte（简

第十二章：罗素为这篇著作写的引介的中译

单事实）。

He compares linguistic expression to projection in geometry. A geometrical figure may be projected in many ways: each of these ways corresponds to a different language, but the projective properties of the original figure remain unchanged whichever of these ways may be adopted. These projective properties correspond to that which in his theory the proposition and the fact must have in common, if the proposition is to assert the fact.

他把语言的表达比作几何学中的投影。一个几何图形可以用许多方式作出投影：这些方式中的每一个方式相当于某个不同的语言，但是不管采用何种投影方式，原始图形的投影属性保持不变。这些投影属性相当于在他的理论中提出的，如果判断要确称事实，那么在判断和事实之间得共享的东西。

In certain elementary ways this is, of course, obvious. It is impossible, for example, to make a statement about two men (assuming for the moment that the men may be treated as simples), without employing two names, and if you are going to assert a relation between the two men it will be necessary that the sentence in which you make the assertion shall establish a relation between the two names. If we say "Plato loves Socrates", the word "loves" which occurs between the word "Plato" and the word "Socrates" establishes a certain relation between these two words, and it is owing to this fact that our sentence is able to assert a relation between the persons named by the words "Plato" and "Socrates". "We must not say, the complex sign 'aRb' says that 'a stands in a certain relation R to b'; but we must say, that 'a' stands in a certain relation to 'b' says that aRb" (3.1432).

从某些特定的基本方式看，这当然是明显的。例如，不可能不用两个名字说出一个与两个人有关的语句（暂时假定这些人可以当作简单单位），并且如果你想要确称两个男人之间的某个关系，那么你在其中作出该确称的那个句子将在这两个名字之间建立某种关系。如果我们说"柏拉图爱苏格拉底"，那么出现在词语"柏拉图"和词语"苏格拉底"之间的词语"爱"就在这两个词语间建立了某种关系，正是归功于这个事实所以我们的句子可以确称用词语"柏拉图"和"苏格拉底"命名的人们之间的某种关系。"我们不可以说，复杂符号 aRb 说的是 'a 以特定的关系 R 对应 b'；但是我们必须说 aRb 说的是 'a' 以某个特定关系对应 'b'"。（3.1432）

Mr. Wittgenstein begins his theory of Symbolism with the statement (2.1): "We make to ourselves pictures of facts." A picture, he says, is a model of the reality, and to the objects in the reality correspond the elements of the picture: the picture itself is a fact. The fact that things have a certain relation to each other is represented by the fact that in the picture its elements have a certain relation to one another. "In the picture and the pictured there must be something identical in order that the one can be a picture of the other at all. What the picture must have in common with reality in order to be able to represent it after its manner—rightly or falsely—is its form of representation" (2.161, 2.17).

维根斯坦先生用这个语句开始他的象征论（2.1）："我们为自己把事实做成画面。"一幅画面，他说，是现实的模型，并且现实中的若干客体和画面中的若干元素对应：画面本身是个事实。若干事物相互有某特定的关系，此事实是通过画面中的若干元素之间有某特定关系此事实而再现的。"为了让此至少可以成为彼的画面，在画面和被画者中必须有个等同的啥。画面，为了有能力遵循现实的风范而——正确或错误的——再现现实，必须和现实共享的啥是它的再现的形式。"（2.161，2.17）

We speak of a logical picture of a reality when we

第十二章：罗素为这篇著作写的引介的中译

wish to imply only so much resemblance as is essential to its being a picture in any sense, that is to say, when we wish to imply no more than identity of logical form. The logical picture of a fact, he says, is a Gedanke. A picture can correspond or not correspond with the fact and be accordingly true or false, but in both cases it shares the logical form with the fact. The sense in which he speaks of pictures is illustrated by his statement: "The gramophone record, the musical thought, the score, the waves of sound, all stand to one another in that pictorial internal relation which holds between language and the world. To all of them the logical structure is common. (Like the two youths, their two horses and their lilies in the story. They are all in a certain sense one)" (4.014). The possibility of a proposition representing a fact rests upon the fact that in it objects are represented by signs. The so-called logical "constants" are not represented by signs, but are themselves present in the proposition as in the fact. The proposition and the fact must exhibit the same logical "manifold", and this cannot be itself represented since it has to be in common between the fact and the picture.

当我们希望只包涵这个含义时我们才说到现实的有逻辑的画面，即它（逻辑画面）和画作有稍微一点不可或缺的实质上的相似，也就是说，当我们希望被包涵的不过是逻辑的形式的身份的时候而已。他说，事实的逻辑画面是个谢谢你 Gendanke（Thank you）。一个画面可以跟事实一致或不一致，并据此而为真或为伪，但是在这两种情形中它（逻辑画面）都跟事实分享逻辑的形式。他说到画面时在其中说到的感知可以用他的这个语句举例说明："留声机的唱片、音乐的思想、乐谱、声波都以此内在的作画关系，抓住语言和世界之间的关系的关系，而相互关联。逻辑的结构是所有的它们

如何全面深入的译读维根斯坦的《逻辑哲学纲要》

之间的共同。（就像民间故事中的两个青年人、他们的马匹，和百合花一样。他们在某种感知上都是同一）"。（4.014）判断再现事实的或然立足于此事实——其（判断）中的客体是用符号再现的。所谓的逻辑"常数"不是用符号再现的，而是自动呈现于判断中，正如它们自动呈现于事实中。判断和事实必须展现同一个逻辑"阈值"，由于它必须是在事实和画面之间，所以它本身不能被再现。

Mr. Wittgenstein maintains that everything properly philosophical belongs to what can only be shown, or to what is in common between a fact and its logical picture. It results from this view that nothing correct can be said in philosophy. Every philosophical proposition is bad grammar, and the best that we can hope to achieve by philosophical discussion is to lead people to see that philosophical discussion is a mistake. "Philosophy is not one of the natural sciences. (The word 'philosophy' must mean something which stands above or below, but not beside the natural sciences.) The object of philosophy is the logical clarification of thoughts. Philosophy is not a theory but an activity. A philosophical work consists essentially of elucidations. The result of philosophy is not a number of 'philosophical propositions', but to make propositions clear. Philosophy should make clear and delimit sharply the thoughts which otherwise are, as it were, opaque and blurred" (4.111 and 4.112). In accordance with this principle the things that have to be said in leading the reader to understand Mr. Wittgenstein's theory are all of them things which that theory itself condemns as meaningless. With this proviso we will endeavour to convey the picture of the world which seems to underlie his system.

维根斯坦先生主张，所有真正具有哲学特征的东西属于只能被演示的啥，属于事实和其逻辑画面之间共享的啥。它源于这个看法，

第十二章：罗素为这篇著作写的引介的中译

即用哲学说不出任何正确的东西。每一个哲学判断都是坏语法，我们希望哲学讨论能取得的最佳就是引导人们看明白哲学讨论是个错误。"哲学不是自然科学之一。（'哲学'此词语必须意指某个位于自然科学之上和之下的东西，但不是和自然科学并排。）哲学的目的是有逻辑地澄清思想。哲学不是理论而是行为。一本哲学著作的实质在于若干明晰的投影。哲学的成果不是若干'哲学命题'，而是使得命题明晰。哲学应该弄清楚并鲜明地界定若干若非如此则是，打个比方说，不透明和模糊不清的思想"。（4.111和4.112）根据这个原则，在引导读者读懂维根斯坦先生的理论时而不得不说的若干事，都是些那个理论本身要诅咒为毫无意指的事。（译注：这可能是因为维根斯坦在获得理应属于他的荣誉之前要保守逻辑坐标图和逻辑规则图这两个秘密。）我们根据这个先决条件，将力图传递貌似扎根于他的系统中的世界的画面。

The world consists of facts: facts cannot strictly speaking be defined, but we can explain what we mean by saying that facts are what makes propositions true, or false. Facts may contain parts which are facts or may contain no such parts; for example: "Socrates was a wise Athenian", consists of the two facts, "Socrates was wise", and "Socrates was an Athenian." A fact which has no parts that are facts is called by Mr. Wittgenstein a Sachverhalt. This is the same thing that he calls an atomic fact. An atomic fact, although it contains no parts that are facts, nevertheless does contain parts. If we may regard "Socrates is wise" as an atomic fact we perceive that it contains the constituents "Socrates" and "wise". If an atomic fact is analyzed as fully as possible (theoretical, not practical possibility is meant) the constituents finally reached may be called "simples" or "objects". It is a logical necessity demanded by theory, like an electron. His ground for maintaining that there

423

must be simples is that every complex presupposes a fact. It is not necessarily assumed that the complexity of facts is finite; even if every fact consisted of an infinite number of atomic facts and if every atomic fact consisted of an infinite number of objects there would still be objects and atomic facts (4.2211). The assertion that there is a certain complex reduces to the assertion that its constituents are related in a certain way, which is the assertion of a fact: thus if we give a name to the complex the name only has meaning in virtue of the truth of a certain proposition, namely the proposition asserting the relatedness of the constituents of the complex. Thus the naming of complexes presupposes propositions, while propositions presuppose the naming of simples. In this way the naming of simples is shown to be what is logically first in logic.

世界由事实组成：事实严格地说不能被定义，但是我们可以通过说事实是使得判断为真或为伪的那个啥来解释我们意指啥。事实也许包涵事实作若干部分，也许不包涵此等部分；例如，"苏格拉底是个有智慧的雅典人"，由两个事实组成，"苏格拉底是有智慧的"和"苏格拉底是个雅典人"。没有若干事实作为其部分的事实维根斯坦称为 Sachverhalt(compensation in kind)。这和他所谓的原子（核心）事实是同一回事。一个原子事实，尽管不包涵若干事实作其部分，然而的确包涵些部分。如果我们可以把"苏格拉底是有智慧的"看作是个原子事实，那么我们感受到它包涵着组成成分"苏格拉底"和"有智慧的"。如果一个原子事实被穷尽其或然（意指理论的或然而非实际的或然）得到完全的分析，最后得到的成分可以叫作"简单单位"或"客体"。它（客体）就像电子一样，是理论所要求的逻辑的必然。他坚持简单单位必然存在的根据是每一个复杂结构都以一个事实为前提。它并不一定假定事实的复杂是有限的；即使每一个事实都是由无穷数目的原子事实组成，并且如

第十二章：罗素为这篇著作写的引介的中译

果每一个原子事实都是由无穷数目的客体组成，仍旧会存在客体和原子事实（4.2211）。从存在确定的复杂结构这个确称到化简为其组成成分是以某特定的方式关联的这个确称，这就是确称一个事实：于是如果我们给一个复杂结构命名，那么该名字只能依靠某个特定的判断的真值才有意指，也就是那个确称复杂结构的组成成分相互被关联在一起的判断。于是给复杂结构命名的前提是判断，而判断的前提是给简单单位命名。这样一来就演示着，在逻辑中有逻辑的第一步是给简单单位命名。

The world is fully described if all atomic facts are known, together with the fact that these are all of them. The world is not described by merely naming all the objects in it; it is necessary also to know the atomic facts of which these objects are constituents. Given this totality of atomic facts, every true proposition, however complex, can theoretically be inferred. A proposition (true or false) asserting an atomic fact is called an atomic proposition. All atomic propositions are logically independent of each other. No atomic proposition implies any other or is inconsistent with any other. Thus the whole business of logical inference is concerned with propositions which are not atomic. Such propositions may be called molecular.

如果已知所有的原子事实，加上存在所有原子事实此事实，那么这个世界就得到充分的描述。世界不是通过仅仅给世界中的所有客体命名而得到描述的；还必须知道这些客体作为成分组成的原子事实。给定原子事实的这个总和，于是可以从中推理出每一个价值为真的判断，不管该判断多么复杂。确称某个原子事实的判断（真或伪）叫作原子判断。所有的原子判断在逻辑上都相互独立，没有一个原子判断包涵另一个原子判断，或者与另一原子判断不一致。于是逻辑推理的全部业务就是关注若干非原子的判断。此等判断可以叫作分子判断。

Wittgenstein's theory of molecular propositions turns

upon his theory of the construction of truth-functions. A truth-function of a proposition p is a proposition containing p and such that its truth or falsehood depends only upon the truth or falsehood of p, and similarly a truth-function of several propositions p, q, r,… is one containing p, q, r,… and such that its truth or falsehood depends only upon the truth or falsehood of p, q, r,…

维根斯坦的分子判断论在他的真值函数的建构论之上转。判断p的真值函数是如此一个包涵p的判断以至于它（真值函数）的真伪只取决于p的真伪，并且同样的，好几个判断p,q,r,……的真值函数是如此一个包涵p,q,r,……的判断，……以致于其真伪只取决于p,q,r,……的真伪。

It might seem at first sight as though there were other functions of propositions besides truth-functions; such, for example, would be "A believes p", for in general A will believe some true propositions and some false ones: unless he is an exceptionally gifted individual, we cannot infer that p is true from the fact that he believes it or that p is false from the fact that he does not believe it. Other apparent exceptions would be such as "p is a very complex proposition" or "p is a proposition about Socrates". Mr. Wittgenstein maintains, however, for reasons which will appear presently, that such exceptions are only apparent, and that every function of a proposition is really a truth-function. It follows that if we can define truth-functions generally, we can obtain a general definition of all propositions in terms of the original set of atomic propositions. This Wittgenstein proceeds to do.

乍一看来，除了真值函数之外，似乎还有其他判断的函数，例如，"A相信p"就是此等函数，因为归总地说，A总会相信某些真判断和某些伪判断：除非他是一个极有天赋的人，我们不能从他相信p

第十二章：罗素为这篇著作写的引介的中译

此事实中推出 p 为真，或者从他不相信 p 此事实中推出 p 为伪。其他明显的例外会是这样的，如"p 是个非常复杂的判断"或"p 是个与苏格拉底有关的判断"。但是，维根斯坦先生主张，根据一会儿后将要出现的理由，此等例外只是表面上的，并且每一个判断的函数实际上都是个真值函数。那么随之而来的就是，如果我们能归总的定义若干真值函数，我们就能以原子判断的原始集合为条件得到所有判断的归总的定义。维根斯坦先生接下来做的就是这个。

It has been shown by Dr. Sheffer (Trans. Am. Math. Soc., Vol. XIV. pp. 481-488) that all truth-functions of a given set of propositions can be constructed out of either of the two functions "not-p or not-q" or "not-p and not-q".

舍费尔博士（在 Trans. Am. Math. Soc., Vol. XIV. pp. 481-488 中）已经演示，给定某个若干判断的子集，那么其全部真值函数可以用这两个函数之一构建，"非-p 或非-q"或"非-p 并且非-q"。

Wittgenstein makes use of the latter, assuming a knowledge of Dr. Sheffer's work. The manner in which other truth-functions are constructed out of "not-p and not-q" is easy to see. "Not-p and not-p" is equivalent to "not-p", hence we obtain a definition of negation in terms of our primitive function: hence we can define "p or q", since this is the negation of "not-p and not-q", i.e. of our primitive function. The development of other truth-functions out of "not-p" and "p or q" is given in detail at the beginning of Principia Mathematica. This gives all that is wanted when the propositions which are arguments to our truth-function are given by enumeration.

维根斯坦把舍费尔博士的著作的知识当作假定的前提，用上了后者。容易看出从"非 p 和非 q"构建出其他真值函数的方式。"非 p 和非 p"等同于"非 p"，于是我们根据我们的原始函数的条件得到一个否定的定义：我们于是可以定义"p 或 q"，因为这就是"非 p 并且非 q"的否定，即对我们的原始函数的否定。从"非 p"和"p 或 q"开发出其他真值函数的过程在《数学原理》的开头已经给定了细节。用点数的方法来给定判断，即作为我们的真值函数的参数的判断时，这给定了所需的一切。

Wittgenstein, however, by a very interesting analysis succeeds in extending the process to general propositions, i.e. to cases where the propositions which are arguments to our truth-function are not given by enumeration but are given as all those satisfying some condition.

然而，维根斯坦通过一个非常有意思的分析成功地把此过程引申到归总的判断，也就是说，引申到这样的核对中，即作为我们的真值函数的若干参数的若干判断不是用点数的方法核对的，而是把它们都作为那些满足某个条件的判断而给定的。

For example, let fx be a propositional function (i.e. a function whose values are propositions), such as "x is human"—then the various values of fx form a set of propositions. We may extend the idea "not-p and not-q" so as to apply to the simultaneous denial of all the propositions which are values of fx. In this way we arrive at the proposition which is ordinarily represented in mathematical logic by the words "fx is false for all values of x". The negation of this would be the proposition "there is at least one x for which fx is true" which is represented by "(∃x).fx".

If we had started with not-fx instead of fx we should have arrived at the proposition "fx is true for all values of x" which is represented by "(x).fx". Wittgenstein's method of dealing with general propositions [i.e. "(x).fx" and "(∃x).fx"] differs from previous methods by the fact that the generality comes only in specifying the set of propositions concerned, and when this has been done the building up of truth-functions proceeds exactly as it would in the case of a finite number of enumerated arguments p, q, r, ⋯

例如，假设 fx 是个判断函数（即函数的值是若干判断），如 "x 是人" --- 那么 fx 的不同的值形成判断的一个子集（译注：即 fx . x= 人）。我们可以如此引申 "¬p 并且 ¬q" 此想法，以至于把它用于同时否定所有 fx 的值的判断。这样一来，我们得到一个一般在数学逻辑中用词语再现的判断句 "相对于 x 的所有的值，fx 都是伪值"。这个（判断句）的否定就会是此判断句 "至少有一个 x 对 fx 是真值"，此句子用 "(∃x).fx" 代表。

如果我们不是以 fx 而是以非 -fx 开始，我们就理所应当地得到此判断句 "相对于 x 的所有值 fx 都是真值"，用 "(x).fx". 代表。维根斯坦处理总判断 [即 "(x).fx" 和 "(∃x).fx] 的方法不同于以往的诸多方法在于此事实，即归总只出现于把有关的若干判断专门设定为一个子集，把这个做完后，接下来构建真值函数就和逐一核对有限数目的函数的参数 p，q，r，⋯ 一模一样。

Mr. Wittgenstein's explanation of his symbolism at this point is not quite fully given in the text. The symbol he uses is [$\bar{p}$, ξ, N($\bar{ξ}$)]. The following is the explanation of this symbol:

到此为止，维根斯坦先生在文本中没有充分给定他对他的象征主义的解释。（他使用的象征符号是 [$\bar{p}$, ξ, N($\bar{ξ}$)]。下面是对这个象征符号的解释。

  p stands for all atomic propositions.
  ξ stands for any set of propositions.
  N(ξ) stands for the negation of all the propositions making up ξ.

  p 代表所有的原子判断。
  ξ 代表任意一个判断的子集。
  N(ξ) 代表对组成 ξ 的所有判断的否定。

The whole symbol $[\bar{p}, \xi, N(\bar{\xi})]$ means whatever can be obtained by taking any selection of atomic propositions, negating them all, then taking any selection of the set of propositions now obtained, together with any of the originals—and so on indefinitely. This is, he says, the general truth-function and also the general form of proposition. What is meant is somewhat less complicated than it sounds. The symbol is intended to describe a process by the help of which, given the atomic propositions, all others can be manufactured. The process depends upon:

从原始的集合中，无论怎么任意挑选若干原子判断，然后全部否定它们，再从如今已经得到的判断的子集中任意挑选——如此等等以至无穷，整个象征符号$[\bar{p}, \xi, N(\bar{\xi})]$就意指什么。他说，这就是归总的真值函数并且也是判断的总形式。所意指的不知为何不如听起来的那么复杂。此象征符号的用心是描述一个过程，在此过程的帮助下，如果给定若干原子判断，那么所有其他判断都能做出来。此过程取决如下：

(a). Sheffer's proof that all truth-functions can be obtained out of simultaneous negation, i.e. out of "not-p and not-q";

(a) 舍费尔的证据，即所有的真值函数可以从同时否定中，即从"非-p 和非-q"中得出；

(b). Mr. Wittgenstein's theory of the derivation of general propositions from conjunctions and disjunctions;

(b). 维根斯坦的从联合和失联中衍生出的总判断的理论；

(c). The assertion that a proposition can only occur in another proposition as argument to a truth-function. Given these three foundations, it follows that all propositions which are not atomic can be derived from such as are, by a uniform process, and it is this process which is indicated by Mr. Wittgenstein's symbol.

第十二章：罗素为这篇著作写的引介的中译

(c). 判断在另一判断中只能作为真值函数的参数出现这个确称。给定这三个基石，那么随之而来的就是所有非原子判断的判断都可以如此这般地用一个形式一致的过程演绎出来，并且维根斯坦先生的象征符号所指明的这个过程就是它。

From this uniform method of construction we arrive at an amazing simplification of the theory of inference, as well as a definition of the sort of propositions that belong to logic. The method of generation which has just been described, enables Wittgenstein to say that all propositions can be constructed in the above manner from atomic propositions, and in this way the totality of propositions is defined. (The apparent exceptions which we mentioned above are dealt with in a manner which we shall consider later.) Wittgenstein is enabled to assert that propositions are all that follows from the totality of atomic propositions (together with the fact that it is the totality of them); that a proposition is always a truth-function of atomic propositions; and that if p follows from q the meaning of p is contained in the meaning of q, from which of course it results that nothing can be deduced from an atomic proposition. All the propositions of logic, he maintains, are tautologies, such, for example, as "p or not p".

从这个单一形式的构建方法出发，我们就会得到一个令人惊讶叫绝的把逻辑推理的理论简化的过程，并且得到对属于逻辑这一类别的若干判断的定义。刚才已被描述的生成的方法，使得维根斯坦有能力说，从若干原子判断中用上面的方式能够构建出所有的判断，并且判断的总和就是这样被定义。（我们在上面提到过的那些明显例外，其被处理的方式我们一会儿后考虑。）维根斯坦有能力确称判断都是从原子判断的总和中（和它们就是原子判断的总和这个事实一起）推出；确称某个判断总是若干原子判断的真值函数；确称如果 p 是从 q 推出，那么 p 的意指总是包涵在 q 的意指之内，从中当然就有此结果，即从某一个原子判断中啥也演绎不出来。他主张，所有的逻辑判断都是同义反复，举例来说，像"p 或非 p"这样的同义反复。

The fact that nothing can be deduced from an atomic proposition has interesting applications, for example, to causality. There cannot, in Wittgenstein's logic, be any such thing as a causal nexus. "The events of the future", he says, "cannot be inferred from those of the present. Superstition is the belief in the causal nexus." That the sun will rise to-morrow is a hypothesis. We do not in fact know whether it will rise, since there is no compulsion according to which one thing must happen because another happens.

从某个原子判断中啥也演绎不出这个事实有若干有意思的应用，例如，应用到因果关系。在维根斯坦的逻辑中，不存在任何像因果关联之类的事。"未来的若干事件"，他说，"不可能从当前的若干事件中推出。迷信就是相信因果关联"。太阳明天将会升起是个假设的大前提。我们事实上并不知道它是否将会升起，因为不存在一个强制，根据此强制因为彼一事发生此一事必须发生。

Let us now take up another subject—that of names. In Wittgenstein's theoretical logical language, names are only given to simples. We do not give two names to one thing, or one name to two things. There is no way whatever, according to him, by which we can describe the totality of things that can be named, in other words, the totality of what there is in the world. In order to be able to do this we should have to know of some property which must belong to everything by a logical necessity. It has been sought to find such a property in self-identity, but the conception of identity is subjected by Wittgenstein to a

432

第十二章：罗素为这篇著作写的引介的中译

destructive criticism from which there seems no escape. The definition of identity by means of the identity of indiscernibles is rejected, because the identity of indiscernibles appears to be not a logically necessary principle. According to this principle x is identical with y if every property of x is a property of y, but it would, after all be logically possible for two things to have exactly the same properties. If this does not in fact happen that is an accidental characteristic of the world, not a logically necessary characteristic, and accidental characteristics of the world must, of course, not be admitted into the structure of logic. Mr. Wittgenstein accordingly banishes identity and adopts the convention that different letters are to mean different things. In practice, identity is needed as between a name and a description or between two descriptions. It is needed for such propositions as "Socrates is the philosopher who drank the hemlock", or "The even prime is the next number after 1." For such uses of identity it is easy to provide on Wittgenstein's system.

现在让我们谈起另一主题——即名字的主题。在维根斯坦的理论性的逻辑语言中，名字只赋予简单单位。我们不一事两名，或两事一名。根据他的理论，绝不存在任何方法可以让我们用来描述可以被命名的事物的总和，或者说存在于世界上的所有东西的总和。为了有能力这么做，我们应该根据逻辑的必然不得不知道必须属于每一个东西的属性。人们曾努力在自我——身份中找到此属性，但是身份此构思受到维根斯坦的解构批评，从中似乎毫无出路。用无法察觉的东西的身份给身份下定义被扬弃，因为不可觉察到的东西的身份看起来不是逻辑上的必要原则。根据这个原则，如果 x 的每一属性都是 y 的每一属性，那么 x 等同于 y，但是无论如何，两个东西具有确切等同的若干属性在逻辑上是有或然的。如果实际上这个没有发生，那么那是这个世界的偶然特点，并非逻辑上的必要特

433

点，而世界的若干偶然特点，理所当然，是决不容许被接纳进逻辑的结构的。维根斯坦先生据此放黜了身份并且采用了让不同的字母意指不同的东西的惯例。在生活实际中，在名字和描述之间需要身份，在两个描述之间同样也需要身份。像这样的判断句，如"苏格拉底是那位喝了毒酒的哲学家"，或"偶质数是1后面的那个数"，都需要它（身份）。身份的此等用法很容易用到维根斯坦的系统中。

The rejection of identity removes one method of speaking of the totality of things, and it will be found that any other method that may be suggested is equally fallacious: so, at least, Wittgenstein contends and, I think, rightly. This amounts to saying that "object" is a pseudo-concept. To say "x is an object" is to say nothing. It follows from this that we cannot make such statements as "there are more than three objects in the world", or "there are an infinite number of objects in the world". Objects can only be mentioned in connexion with some definite property. We can say "there are more than three objects which are human", or "there are more than three objects which are red", for in these statements the word object can be replaced by a variable in the language of logic, the variable being one which satisfies in the first case the function "x is human"; in the second the function "x is red". But when we attempt to say "there are more than three objects", this substitution of the variable for the word "object" becomes impossible, and the proposition is therefore seen to be meaningless.

扬弃身份就排除了说到事物的总和的一个方法，并且将会发现，任何有可能被提醒到的其他方法同样是荒谬的：至少维根斯坦是如此争论的，并且我以为，争论得正确。这等于说"客体"是个伪概念。说"x是个客体"就是啥也没说。于是从这里推出我们不能作出此等声明，如"世界上存在三个以上的客体"，或"世界上存在

第十二章：罗素为这篇著作写的引介的中译

无数的客体"。客体只能和某确定的属性有关联地谈到。我们可以说"存在三个以上的是人的客体"，或者"存在三个以上的是红色的客体"，因为在这些语句中词语客体可以用逻辑语言中的某个变量置换，该变量在第一个例子中是一个满足"x 是人"此函数的变量；在第二个例子中是满足"x 是红的"此函数。但是当我们试图说"存在三个以上的客体"时，毫无或然用此变量置换词语"客体"，于是该判断可以被看出是毫无意指。

We here touch one instance of Wittgenstein's fundamental thesis, that it is impossible to say anything about the world as a whole, and that whatever can be said has to be about bounded portions of the world. This view may have been originally suggested by notation, and if so, that is much in its favor, for a good notation has a subtlety and suggestiveness which at times make it seem almost like a live teacher. Notational irregularities are often the first sign of philosophical errors, and a perfect notation would be a substitute for thought. But although notation may have first suggested to Mr. Wittgenstein the limitation of logic to things within the world as opposed to the world as a whole, yet the view, once suggested, is seen to have much else to recommend it. Whether it is ultimately true I do not, for my part, profess to know. In this Introduction I am concerned to expound it, not to pronounce upon it. According to this view we could only say things about the world as a whole if we could get outside the world, if, that is to say, it ceased to be for us the whole world. Our world may be bounded for some superior being who can survey it from above, but for us, however finite it may be, it cannot have a boundary, since it has nothing outside it. Wittgenstein uses, as an analogy, the field of vision. Our field of vision does not, for us, have a visual boundary, just because there is nothing outside it, and in like manner our logical world has no logical boundary because our logic knows of nothing outside it. These considerations lead him to a somewhat curious discussion of Solipsism. Logic, he says, fills the world. The boundaries of the world are also its boundaries. In logic, therefore, we cannot say, there is this and this in the world, but not that, for to say so would apparently presuppose that we exclude certain possibilities, and this cannot be the case, since it would require that logic should go beyond the boundaries of the world as if it could contemplate these boundaries from the other side also. What we cannot think we cannot think, therefore we also cannot say what we cannot think.

我们在这里触及一例维根斯坦的基本论述，即没有任何或然从整体上说出任何与这整个世界有关的东西，无论能说出啥，啥也不得不是与以世界的有边界的部分相关。这个观点在起源上也许是被代码法提醒的，果若如此，那是对代码的多多褒扬，因为一套好的代码有其微妙和提醒，使得它有时候几乎就像一个鲜活的老师。代码的出格常常是哲学错误的先符，而一套完美的代码会成为思想的替代。不过，尽管代码系统可能首先提醒了维根斯坦让他知道，相对于世界的整体，逻辑局限于世界之内的事物，然而这个观点一旦被提醒到，就可以从中看出其他更多的褒扬它的东西。它是否最终为真，就我而言，我不为师而知。在这篇序言中我关心的是用理论解释它，而不是详细到用每一个发音的音节说它。根据这个观点，只有当我们在这个世界之外，也就是说，只有当世界对我们不再是整个世界，我们才可以说与世界的整体有关的若干事情。我们的世界对某些能够高高在上审视它的高级存在而言也许是被界定了边界的，但对我们而言，不管它是如何有限，它都没有边界因为在它外面啥也没有。维根斯坦用视野做了个类比而同。我们的视野，对我们而言，没有视觉边界，正因为在视野之外啥也没有，同样的，我们的有逻辑的世界没有逻辑边界因为我们的逻辑不知逻辑之外的任何东西。这些考虑导致他得到一个比较奇怪的对唯我主义做出的讨论。他说，逻辑充满世界。世界的边界也是它的边界。因此在逻辑中，我们不能说在世界上有这个和这个，但是没有那个，因为这么说就是明显的预先假定我们排除了某些特定的或然，而这个并不成立，因为它会这么要求，逻辑应该走到世界的边界之外就好像它能从另一边来思考这些边界。我们不能想的就不能想，因此我们不能想的我们也不能说。

This, he says, gives the key to solipsism. What Solipsism intends is quite correct, but this cannot be said, it can only be shown. That the world is my world appears in the fact that the boundaries of language (the only language I understand) indicate the boundaries of my world. The metaphysical subject does not belong to the world but is a boundary of the world.

他说，这给出了打开唯我主义的钥匙。唯我主义的用心是很对的，但是这不能说，只能演示。世界是我的世界出现于此事实中，即语言的界限（只有我懂的语言）指明我的世界的界限。形而上的主体并不属于世界，而是世界的边界。

We must take up next the question of molecular propositions which are at first sight not truth-functions, of the propositions that they contain, such, for example, as "A believes p."

我们必须接下来谈到乍一看不是真值函数的分子判断这个问题，谈到它们所包涵的若干判断的问题，例如，像"A 相信 p"这样的判断。

Wittgenstein introduces this subject in the statement of his position, namely, that all molecular functions are truth-functions. He says (5.54): "In the general propositional form, propositions occur in a proposition only as bases of truth-operations." At first sight, he goes on

437

to explain, it seems as if a proposition could also occur in other ways, e.g. "A believes p." Here it seems superficially as if the proposition p stood in a sort of relation to the object A. "But it is clear that 'A believes that p,' 'A thinks p,' 'A says p' are of the form "'p' says p"; and here we have no co-ordination of a fact and an object, but a co-ordination of facts by means of a co-ordination of their objects" (5.542).

维根斯坦在声明其立场的语句中，即所有分子函数都是真值函数这个语句中，引进了这个主题。他说(5.54)："在归总的判断的形式中，判断只作为真值-运算的基数而出现于某个判断中。"他进一步解释说，乍一看，某个判断似乎也能以其他方式出现，例如，"A相信p(甲相信判断P)"。在这儿，判断p和客体A在表面上似乎成某种关系。"但是显然'A相信p'，'A思想p'，'A说p'具有'p'说p"此形式，并且我们在此绝没有某个事实和某个客体之间的坐标关系，只有通过以若干事实的客体间的坐标关系为手段而得到的若干事实的坐标关系"。(5.542)

What Mr. Wittgenstein says here is said so shortly that its point is not likely to be clear to those who have not in mind the controversies with which he is concerned. The theory which which he is disagreeing will be found in my articles on the nature of truth and falsehood in Philosophical Essays and Proceedings of the Aristotelian Society, 1906 - 7. The problem at issue is the problem of the logical form of belief, i.e. what is the schema representing what occurs when a man believes. Of course, the problem applies not only to belief, but also to a host of other mental phenomena which may be called propositional attitudes: doubting, considering, desiring, etc. In all these cases it seems natural to express the phenomenon in the form "A doubts p", "A considers p", "A desires p", etc., which makes it appear as though we were dealing with a relation between a person and a proposition. This cannot, of course, be the ultimate analysis, since persons are fictions and so are propositions, except in the sense in which they are facts on their own account. A proposition, considered as a fact on its own account, may be a set of words which a man says over to himself, or a complex image, or train of images passing through his mind, or a set of incipient bodily movements. It may be any one of innumerable different things. The proposition as a fact on its own account, for example, the actual set of words the man pronounces to himself, is not relevant to logic. What is relevant to logic is that common element among all these facts, which enables him, as we say, to mean the fact which the proposition asserts. To psychology, of course, more is relevant; for a symbol does not mean what it symbolizes in virtue of a logical relation alone, but in virtue also of a psychological relation of intention, or association, or what-not. The psychological part of meaning, however, does not concern the logician. What does concern him in this problem of belief is the logical schema. It is clear that, when a person believes a proposition, the person, considered as a metaphysical subject, does not have to be assumed in order to explain what is happening. What has to be explained is the relation between the set of words which is the proposition considered as a fact on its own account, and the "objective" fact which makes the proposition true or false. This reduces ultimately to the question of the meaning of propositions, that is to say, the meaning of propositions is the only non-psychological portion of the problem involved in the analysis of belief.

如何全面深入的译读维根斯坦的《逻辑哲学纲要》

This problem is simply one of a relation of two facts, namely, the relation between the series of words used by the believer and the fact which makes these words true or false. The series of words is a fact just as much as what makes it true or false is a fact. The relation between these two facts is not unanalyzable, since the meaning of a proposition results from the meaning of its constituent words. The meaning of the series of words which is a proposition is a function of the meaning of the separate words. Accordingly, the proposition as a whole does not really enter into what has to be explained in explaining the meaning of a proposition. It would perhaps help to suggest the point of view which I am trying to indicate, to say that in the cases which have been considering the proposition occurs as a fact, not as a proposition. Such a statement, however, must not be taken too literally. The real point is that in believing, desiring, etc., what is logically fundamental is the relation of a proposition considered as a fact, to the fact which makes it true or false, and that this relation of two facts is reducible to a relation of their constituents. Thus the proposition does not occur at all in the same sense in which it occurs in a truth-function.

维根斯坦在这儿说的啥，说得如此简短以至于其要点对不了解、不知道他所关心的若干争论的人们而言不可能是清楚的。他在此刻所不同意的理论见于我讨论真伪的本质的那篇文章中，亚里士多德学会的哲学论文集和演讲录，1906-7。争论的题目是信仰的逻辑形式的问题，即代表当某人相信时出现的交叉证据集是啥的问题。当然，这个问题不仅应用于相信，也可以用于一系列其他可以叫作判断的态度的心理现象：怀疑、考虑、期待，等等。在所有这些情形中，用"A 怀疑 p"，"A 考虑 p"，"A 期待 p"等形式表达此心理现

440

第十二章：罗素为这篇著作写的引介的中译

象貌似是自然的，这使得我们看起来似乎在处理某个人和某个判断之间的关系。当然这不可以是最终的分析，因为那些人是虚构，判断也是虚构，只有在它们都是因自身而成为事实这个意义上才是例外。某个判断，如果以自身为根据而被考虑成事实，可以是某个人自言自语的一集词语，一个复杂的意象，或者在他脑中闪过的一组意象，或者一组逐渐展开的肢体运动。也许是无数不同的事情之一。判断作为以自身为根据而成立的事实，例如一组某人自言自语的实际词语，和逻辑没有关联。和逻辑相关的是所有这些事实之间的那个共同因素，它使得他，正如我们所说，意指判断所确称的那个事实。当然对心理学而言，有所关联的更多些；因为一个象征符号并不仅意指它以逻辑关系作象征的东西，而且也意指作为动机的心理关系，以联想，以无论是啥，作象征的东西。然而意义的心理学部分与逻辑学家不相干。在相信这个问题中，使逻辑学家关心的是有逻辑的交叉证据集。显然，当一个人相信某个判断时，为了解释有什么发生，不必假定作为形而上的主体的那个人。需要解释的是，一集因自身而被考虑成为的事实的判断的词语，和使得该判断或真或伪的"客观"事实，这两者之间的关系。这个最终可以化简成为判断的意指的问题，也就是说，判断的意指只涉及信仰分析的问题中的非心理学的那部分。简而言之，这个问题是个两个事实之间的关系问题，即信者使用的一组词语和使得这些词语或真或伪的事实这两者之间的关系。这一组词语是事实，和使得它成真或成伪的啥一模一样是事实。这两个事实之间的关系不是不可以分析，因为判断的意义源于组成判断的成分的词语的意义。作为判断的那一组词语的意义是那些分开着的词语的意义的函数。以此为根据，在解释判断的意义时，整个判断并不真正进入非得要被解释的啥。说说（我）一直都在考虑的情形中，判断是作为事实而不是作为判断而出现，就提醒我在力图指明的观点而言，也许有所帮助。然而，这样的语句绝不可以过多地从字面上考虑。真正的要点是在相信、期待中，作为逻辑的基础的那个啥，是被考虑成事实的某个判断，和使得它成真或伪的事实，这两者之间的关系，并且这两个事实之间的关系可以化简成它们的组成成分之间的关系。因此判断根本就不以它出现在真值函数中的同一感知而出现。（译注：罗素在此没有指出维根斯坦主张逻辑高于用真值函数表达的判断的感知。）

There are some respects, in which, as it seems to me, Mr. Wittgenstein's theory stands in need of greater technical development. This applies in particular to his theory of number (6.02ff.) which, as it stands, is only capable of dealing with finite numbers. No logic can be considered adequate until it has been shown to be capable of dealing with transfinite numbers. I do not think there is anything in Mr. Wittgenstein's system to make it impossible for him to fill this lacuna.

对我而言，在维根斯坦的理论中存在某些方面似乎需要作更有技巧的改进。这个尤其适用于他的数论(6.02ff.)，就目前的状态而言，它只能处理有限的数。除非已经演示可以处理超越有限的数，否则逻辑不会被考虑成是完整的。我不认为维根斯坦的体系中缺乏任何东西使得他无法填充这个空洞。

More interesting than such questions of comparative detail is Mr. Wittgenstein's attitude towards the mystical. His attitude upon this grows naturally out of his doctrine in pure logic, according to which the logical proposition is a picture (true or false) of the fact, and has in common with the fact a certain structure. It is this common structure which makes it capable of being a picture of the fact, but the structure cannot itself be put into words, since it is a structure of words, as well as of the fact to which they refer. Everything, therefore, which is involved in the very idea of the expressiveness of language must remain incapable of being expressed in language, and is, therefore, inexpressible in a perfectly precise sense. This inexpressible contains, according to Mr. Wittgenstein, the whole of logic and philosophy.

第十二章：罗素为这篇著作写的引介的中译

维根斯坦对待神秘的态度比此类有可比细节的诸多问题更有意思。他在这个方面的态度自然是产生于他的纯逻辑的教条，逻辑判断根据此教条是事实的画面（或真或伪），并且和事实共享某个特定的结构。正是这个共同的结构使得它有能力成为事实的画面，但是这个结构本身不能用词语表达，因为它是词语的结构，也是词语所指称的事实的结构。因此，所有涉及语言的表达特征这个想法的任何东西，必须保持不能被语言表达，因此是不能以完美精准的感知表达的。根据维根斯坦先生，这个不可表达的东西包涵整个逻辑和哲学。

The right method of teaching philosophy, he says, would be to confine oneself to propositions of the sciences, stated with all possible clearness and exactness, leaving philosophical assertions to the learner, and proving to him, whenever he made them, that they are meaningless. It is true that the fate of Socrates might befall a man who attempted this method of teaching, but we are not to be deterred by that fear, if it is the only right method. It is not this that causes some hesitation in accepting Mr. Wittgenstein's position, in spite of the very powerful arguments which he brings to its support. What causes hesitation is the fact that, after all, Mr. Wittgenstein manages to say a good deal about what cannot be said, thus suggesting to the sceptical reader that possibly there may be some loophole through a hierarchy of languages, or by some other exit. The whole subject of ethics, for example, is placed by Mr. Wittgenstein in the mystical, inexpressible region. Nevertheless he is capable of conveying his ethical opinions. His defence would be that what he calls the mystical can be shown, although it cannot be said. It may be that this defence is adequate, but, for my part, I confess that it leaves me with a certain sense of intellectual discomfort.

他说，哲学的正确的教学方法，应该是人把自己界定在科学学科的诸多判断的范围之内，穷尽所有或然的清晰和精准，郑重地说出这些判断，让学习者自己作出些哲学上的确称，并向他（学习者）证明，无论何时他作出确称，它们都是毫无意指。诚然，苏格拉底的命运有可能降临某个试图用了这个教学方法的人（译注：指维根斯坦的主张不会被哲学界接受，并假设这样教哲学的人因此会受到迫害），但是如果它是唯一正确的方法，那么我们就不会被那个恐惧吓倒。使得在接受维根斯坦的立场时有点犹豫不决的并不是这个东西，尽管他用来支持它的论争非常强大有力。促使犹豫不决的是此事实，即维根斯坦，不管怎么说，做到了对不能被说的说了许多，于是提醒着持有怀疑的读者，在整个语言的层次结构中也许存在某个漏洞，或者存在某个其他出口。例如，伦理学的全部主题，都被维根斯坦置于神秘的不可表达的区域中了。然而他却有能力传达他的伦理学的意见。他的辩护有可能是他所谓的神秘尽管不能说，但是可以演示。这个辩护是充足的，也许是如此，但是就我而言，我承认它让我确切地感到了学术思考中的不舒服。

There is one purely logical problem in regard to which these difficulties are peculiarly acute. I mean the problem of generality. In the theory of generality it is necessary to consider all propositions of the form fx where fx is a given propositional function. This belongs to the part of logic which can be expressed, according to Mr. Wittgenstein's system. But the totality of possible values of x which might seem to be involved in the totality of propositions of the form fx is not admitted by Mr. Wittgenstein among the things that can be spoken of, for this is no other than the totality of things in the world, and thus involves the attempt to conceive the world as a whole; "the feeling of the world as a bounded whole is the mystical"; hence the totality of the values of x is

第十二章：罗素为这篇著作写的引介的中译

mystical (6.45). This is expressly argued when Mr. Wittgenstein denies that we can make propositions as to how many things there are in the world, as for example, that there are more than three.

存在一个纯逻辑的问题，据此考虑，这些困难尤其尖锐。我意指归总的问题。根据归总的理论，在 fx 是个给定的判断函数的领域，必须考虑具有 fx 的形式的所有判断。根据维根斯坦的体系，这属于逻辑之可以表达的部分。但是貌似涉及具有 fx 的形式的判断的总和中的 x 的所有值的总和并没有被维根斯坦先生纳入到可以被说到的东西的里面，这是因为这就是世界中的事物的总和；并且因此涉及把世界构思为一个整体这个企图；"世界作为一个有边界的总体此感觉是神秘的"；于是 x 的值的总和是神秘的（6.45）。当维根斯坦先生否认我们可以对世界上存在多少个事物作出判断时，例如多于三个事物时，这尤其是个争论。

These difficulties suggest to my mind some such possibility as this: that every language has, as Mr. Wittgenstein says, a structure concerning which in the language, nothing can be said, but that there may be another language dealing with the structure of the first language, and having itself a new structure, and that to this hierarchy of languages there may be no limit. Mr. Wittgenstein would of course reply that his whole theory is applicable unchanged to the totality of such languages. The only retort would be to deny that there is any such totality. The totalities concerning which Mr. Wittgenstein holds that it is impossible to speak logically are nevertheless thought by him to exist, and are the subject-matter of his mysticism. The totality resulting from our hierarchy would be not merely logically inexpressible, but a fiction, a mere delusion, and in this way the supposed sphere of the mystical would be abolished. Such a hypothesis is very difficult, and I can see objections to it which at the moment I do not know how to answer. Yet I do not see how any easier hypothesis can escape from Mr. Wittgenstein's conclusions. Even if this very difficult hypothesis should prove tenable, it would leave untouched a very large part of Mr. Wittgenstein's theory, though possibly not the part upon which he himself would wish to lay most stress. As one with a long experience of the difficulties of logic and of the deceptiveness of theories which seem irrefutable, I find myself unable to be sure of the rightness of a theory, merely on the ground that I cannot see any point on which it is wrong. But to have constructed a theory of logic which is not at any point obviously wrong is to have achieved a work of extraordinary difficulty and importance. This merit, in my opinion, belongs to Mr. Wittgenstein's book, and makes it one which no serious philosopher can afford to neglect.

Bertrand Russell.

May 1922.

　　这些困难给我的心灵提醒着一些此等或然：正如维根斯坦先生所说，每一个语言都有个结构，与之相关的啥，用此语言，啥也不能说，但是也许有另一个语言处理此第一个语言的结构，并且自身有一个新的结构，而且语言的这个层次结构是无限的。维根斯坦先生当然会回答说他的理论可以保持不变的适用于此等语言的总和。唯一的反驳就会是否认有这样一个总和。和维根斯坦所主张的相关，在逻辑上毫无或然说到的总和，却被他想成是存在的，而且是他的神秘主义的主题。源于我们的层次结构的总和不仅在逻辑上是无法表达的，而且是虚构，仅仅是个幻觉，并且这样一来被假定的神秘的东西的范围就会被取消。这样一个假设前提是很难的，而且我明白若干反对它的意见，此时此刻我不知道如何回答这些反对。然而我也看不出任何更容易点的假设前提怎么能从维根斯坦的诸多结论

第十二章：罗素为这篇著作写的引介的中译

中逃逸。即使这样一个非常难的假定终究证明是成立的，它还是漏掉了维根斯坦先生的理论中的很大一部分，尽管可能不是他本人最想要强调的那部分。作为一个对逻辑的若干困难有长期经验的人，作为一个对貌似无可辩驳的理论的欺骗性有长期经验的人，我觉得我不能，仅仅以我不能在理论的立足点上看出任何一个错误为根据，就能肯定该理论的正确性。但是已经构建出一个逻辑的理论，在任何一点上都看不出明显的错误，就是完成了一部极其困难并且极其重要的著作。这个荣誉，我认为，属于维根斯坦先生的这本书，并使它成为任何一位严肃的哲学家都轻视不起的一本书。

伯特兰 罗素，

1922年五月

译注：

1) 从罗素的"语言的层次结构"中可以看出维根斯坦有可能给他解释过逻辑的表达是有层次的立体图形语言，并有可能给他演示过与逻辑规则图类似的图形。不然他不会说哲学就等着维根斯坦为其发展指出新方向。

2) 罗素的"这样一个非常难的假定"意指维根斯坦没有公开但是被笔者揭露的逻辑坐标图和逻辑规则图的图形序列。这个非常难的假定已经被信息科学证明为逻辑推理的真正大前提。

3) 罗素的"它还是漏掉了维根斯坦先生的理论中的很大一部分"中的"很大一部分"意指被维根斯坦的逻辑哲学排除在逻辑之外的貌似有逻辑的旧形式哲学和旧形式逻辑。

4) 罗素对反对维根斯坦的逻辑哲学的人们说他没法反驳维根斯坦用逻辑给这个世界求和的公式，并且他看不出这个图形语言序列有任何错误。基于以上四点，我们可以说罗素的确看懂了维根斯坦的逻辑哲学的核心是用书面图形语言呈现逻辑的真正形式，用书面描述语言再现逻辑的先验性的立体组织结构。

小结：

根据芒克的记述，罗素当初和维根斯坦交往时，多次对维根斯坦本人和他的姐姐宣称，哲学就等着被维根斯坦引入一个新时代。

如何全面深入的译读维根斯坦的《逻辑哲学纲要》

可是在这篇序言中，罗素并没有揭示为什么《逻辑哲学纲要》对哲学和逻辑学的发展做出的贡献足以彻底颠覆逻辑和哲学的旧传统。并且我们从康德仁为维根斯坦写的传记中还知道，罗素是维根斯坦的博士论文的答辩主持人之一。论文就是十多年前已经写好的《逻辑哲学纲要》。当答辩完成之后，有人问罗素为什么他一言不发，罗素回答说他不懂。于是维根斯坦走过去拍拍罗素的肩膀说："你懂。"从那之后，他们同在剑桥大学，却再无来往。

罗素是在1922年为这篇著作写的引介。这时他的《数学原理》已经发表了十多年，已经被吹捧成为逻辑学上的里程碑的著作。并且他已经被看作是全世界的逻辑学的班头和领袖，已经成为皇家科学学会的院士。如果他承认维根斯坦的成就，那么他不仅要否定他本人的《数学原理》，还得否定所有的旧哲学和旧逻辑。如果他这样做，那么那些反对维根斯坦的理论的人就会撤销对罗素的支持和捧场。罗素最终在真理和利益的冲突的面前选择了抛弃真理。但是他知道维根斯坦的逻辑哲学具有巨大的实用意义，于是他揣着明白装糊涂写了这篇序言。他的最后借口竟然是他不懂维根斯坦，所以他的知识分子的"独立的人格"和"自由的思想"不过是两个好听的名字而已。罗素的两难也是西方学术和舆论界的两难：既要维根斯坦创建的逻辑学中的软件技术的基础理论，又不要他的逻辑哲学理论。

第十三章

维根斯坦为创建信息科学作出的巨大基础理论贡献

我在前面已经指出，维根斯坦在《逻辑哲学纲要》中只讲解逻辑的理论，没有讲解逻辑的应用。在《逻辑哲学纲要》出版了快二十年之后，维根斯坦在1939年讲授了算术的原理的讲座，讲的内容就是逻辑的应用。所以，我们必须联系《逻辑哲学纲要》才能理解这个讲座中的深意——如何用逻辑投影并改造生活的形式。

根据《维根斯坦论数学原理的讲座》这本书的记载，当时已经在普林斯顿大学取得了重要研究成果的数学家图灵自始至终听完了这个讲座，发言和提问最为积极。根据芒克的记载，图灵和维根斯坦有许多私下交流，并且我们知道他俩于1939年底都离开了剑桥去伦敦参加二次世界大战，但是至今没有查到他俩当时在伦敦有些什么交往。

但是我们知道，虚拟的图灵机是图灵为当代数学和信息科学做出的巨大贡献之一。我在前面指出了图灵机的理论基础来自于维根斯坦指出的逻辑的形式特征是同义反复的理论。并且克林在《数学逻辑》中提到过判断数学方程式是否合理有解的标准就是逻辑方程式。而逻辑方程式的形式特征就是维根斯坦于1921年指出的逻辑的两个形式特征：同义反复和自相矛盾。

我们不知道的是，当图灵参加英国国防部的秘密项目之后，用维根斯坦传授的逻辑知识写出了什么逻辑指令句，让虚拟的逻辑机器代替人做重复的计算，从而解码德军的密码。但是根据《逻辑哲

如何全面深入的译读维根斯坦的《逻辑哲学纲要》

学纲要》和这个讲座传授的知识，我们可以懂得一些基本原理，从而编制一套程序语言，让逻辑的机器根据投影的原理帮我们写出某个英文字母或者中文文字。然后我们再把那套程序语言打包放在某个文字或词语的后面，从而用文字或词语指挥逻辑的机器执行某些特定的行为。于是人的所见即所得就等于机器的所见即所得。这应该是软件工程的起点或基础。

没有这套逻辑语言，任何计算机都不能执行聪明的计算。所以如今只根据公开的历史记载确定谁发明了世界上第一台电子计算机是无关实质的。实质是要知道谁为电子计算机写出了第一套逻辑语言，并且要知道这套逻辑语言有些什么内容。这个当代软件技术的核心秘密恐怕在相当一段时间之内都不会公布。但是我对《逻辑哲学纲要》的译读和我的《维根斯坦论数学的基本原理的讲座》的中文译本可以帮助读者用图形思考出编制逻辑程序句的过程和语法规则。我接下来只是重点介绍维根斯坦在他主讲的这个讲座中提出一些与虚拟的逻辑机器有关的重要原则。读者如有兴趣可以参阅我用中文翻译的《维根斯坦论数学原理的讲座》。

一、逻辑数学和数学的重要区别

维根斯坦在讲座的第一讲指出，在讨论逻辑数学之前，我们首先要弄清楚数学家和逻辑数学家之间的区别。他指出，数学家的工作是对数进行复杂的计算，从而揭示某个特殊的计算的规律或方法。但是数学家往往不是哲学家，因为他们认为计算不过是发现上天预先的设定。例如，和维根斯坦同时代的哈代教授就坚持他和他的同行们在当时、现在和将来作出的所有计算都是为了发现源于上天的秘密。

与之相反，维根斯坦指出逻辑数学家的任务是讨论某数学计算方程成立还是不成立的理论基础或者证据。这个证据就是他在6.123中指出的"逻辑的证据"。因此逻辑数学也是今后的哲学家和数学家们在各自的研究领域作"断言为真"的理论根据。这个根据和地球围绕太阳转的理论根据完全不同。这是因为逻辑是从抽象思维到抽象思维的归总。科学是研究客体的内在属性。如果说抽象思维是

第十三章：维根斯坦为创建信息科学作出的巨大基础理论贡献

变量，那么逻辑就是变量的变量，也就是 X 的 X，或者说高度的抽象。

逻辑和逻辑数学为什么可靠，为什么可以跨越时空永恒存在牢不可破？哈代和罗素会说这是因为逻辑是来自于上天的纯粹思维。但是维根斯坦在讲座中多次指出，逻辑之所以牢不可破是因为逻辑既是自己的形式的同义反复，也是其他知识的形式的同义反复。这个同义反复并不是来自上天，而是来自于人们的认知对客观存在的形式的反应。存在的形式是同义反复，逻辑的形式更是同义反复。存在的内容虽然变化，但是存在的形式永恒不朽。所以逻辑牢不可破、超越时空、永恒不朽。

更重要的是，维根斯坦在第六大子集中反复演示这个同义反复可以通过图形做到自证。而逻辑学之所以成为数学和其他科学的基础理论就是因为只有逻辑通过图形才可以做到呈现和自证。其他学科都需要以逻辑为基础作出"是还是不是"的判断。所以，"变量的变量"的自证的图形证据就是区别数学家和逻辑数学家的标准，也是区别逻辑哲学家和传统哲学家的标准，也是区别旧逻辑和新逻辑的标准。只有逻辑哲学才能拿出"变量的变量"的图形证据；而且只有在图形证据的基础上信息科学才能发展。

"变量的变量"就是高度的抽象。下面我们谈谈维根斯坦在讲座中说了些什么高度抽象的思维的形式特征，并为这些形式特征找到了什么应用，从而为推动当代信息科学的发展在基础理论方面做出了什么重大贡献。

二、变量的变量就是王氏逻辑规则图中的"-"

他在第一至第八讲中指出，变量的变量就是算法的算法（也就是抽象的抽象、X 的 X、高度的抽象，等等）。这是因为计算本身就是算法的图形证据。例如，逻辑的运算是真值函数运算。而且随着函数的形式发生转换，运算的规则也发生转换。所以，维根斯坦在讲座中指出，逻辑真值函数的算法的特点在实际应用中是任何一个规则都可以被其他规则解读。而这个其他规则又可以被另一个规则解读，如此等等。因此逻辑的算法具有可视的形而上的特征。逻辑的算法是思维中的可视的形而上之合理存在的证据。其表达可以写作 X 的 X。因此，"X 的 X"也是算法的算法的规则的象征。

他指出，数学算法中存在从加法到乘法的过渡，再从乘法到除法的过渡，等等。数学需要数字作为象征符号才能进行计算，而逻辑的象征符号囊括万物，所以数学的算法的基础是逻辑的算法。他还指出所谓算术中的算法的转换就是为运算制定了新的规则。在这些规则中，十以内的数的乘法口诀是一组非常重要，无须证明的计算规则。这是因为无论是大型乘法的积还是大型除法的商都是这个口诀表的运用。再复杂的运算，如方程的求根、立体坐标值的确定，微积分的运算也都离不开加减乘除，尤其是乘法口诀中制定的算术规则。这就是说尽管每个特殊的算法都有其特殊规则，但是这些特殊的规则都可以被另一个规则解读，直到逻辑的规则为止。所以数学算法的根据来自于判断的真值函数运算。数学的算法规则的解读最终必须回到逻辑的规则。例如，1 + 1 = 2 中就包涵失联和全等这两个逻辑关系。

维根斯坦指出，在算术中，乘法是从加法推出，幂是从乘法推出。反过来，乘法口诀也可以被加法解读，加法可以最终被解读到 1 + 1 = 2。所以维根斯坦认为：1 + 1 = 2 是人为的根据客观存在制定的规则，是算术的算法的起点。在 1 + 1 = 2 中再也没有任何算法，只有约定俗成的规定。这个等式的表达形式即使有不同，也只是语言的表达的不同，意指都是同一的。这个同一的意指或者说规则本身就是 1 + 1 = 2 之所以成立的证据。所以算法中的最基本的计算单位的画面对所有人而言都是：| + | = ||，即一根棍子与另一根棍子并排放等于两个棍子。这个语句和其图形就是 1 + 1 = 2 的证据。我们不需要再去另外一个空间为这个来源于生活的图形再去找更高级的证据。这是因为这个象征本身是人们从生活中总结出来的认知标本或基本规则。所以，| + | = || 是个有逻辑判断的图形证据，而不是来自上天的定理。

三．几何的几何就是逻辑的模型

维根斯坦还用正方形的做法指出了有逻辑的图形证据的意义和包涵。他指出：正多边形的做法是证据，正多边形的图形是证据的

第十三章：维根斯坦为创建信息科学作出的巨大基础理论贡献

象征，而作法展开的过程就是证明，或者说逻辑推理的过程。正多边形的作法证明有一个理想的正多边形的图形作为认知结构存在于人们的认知中。它既是没有实质内容的，也是人们从实践中总结出来的所有可视的正多边形的标准认知图形（paradigm）。这就是说，我们用尺子和圆规做出来的任何一个正多边形都只是那个作为认知标本的正多边形的象征与逻辑的或然。该认知标本的形式就是存在于人类知识中的理想的正多边形。这是逻辑的必然。此认知标本的内容就是正多边形的作法。它是所有正多边形的共同作法，因此是抽象并超越时空的。正因为如此，我们可以说数学的认知标本是刚直不阿、牢不可破的有逻辑的标本。这也是我们对有逻辑的认知标本的准确性和普遍性深信不疑的原因。

在比较认知图形的象征和证据的区别时，他在第八讲中举某人在黑板上作正五边形的图形为例，指出了图形和图形证据的区别："在两个情形中他都在墙上作出了画。但是如果人擦掉正五边形的画面他就擦掉了他画出的东西；如果人擦掉七边形的作法人就没有擦掉他所发现的啥——人没有擦掉该证据。"[1] 显然维根斯坦认为图形证据是个抽象的认知结构。图形只是象征它的客体。抽象的认知结构是擦不掉的，象征性的图形是可以擦掉的。因此图形证据是可视的形而上。我正是根据他这样的论述从他的《逻辑哲学纲要》中找到了他发明的逻辑学的环环相扣的图形证据。

四、逻辑推理的图形中存在两个参照系统的对比和判断

如果说几何学的图形证据是算法的证据，那么逻辑数学的图形证据就是算法的证据的证据。这是因为维根斯坦在第十六讲中指出，逻辑判断的图形（a = b）中存在两套平行认知体系：甲＝乙、25 × 25 ＝ 625，等等，都是两个参照系统的对比和判断。其中的一个是认知的标准，另一个是被核对的对象。因此算法中存在着永恒

---

[1] Let's ask: What's new in each case?-In both cases he produces a picture on the wall. But if one wipes away the picture of the pentagon one has wiped away what one has produced; if one wipes away the construction of the heptacaidecagon one hasn't wiped away what one has discovered-one hasn't wiped away the proof.

不变的标准和规则（算法的算法）。我们用它确定计算（算法）的对错。

这两个参照系统组成一个透明的结构，因为它既是目的也是手段；既是规则，也是使用。算法的使用就是用于作核对的点数。点数有若干方法：如说、写、画。用阿拉伯数字点数只是惯例。但是不管用何种方法，都必须有一一对应的关系和应用。一一对应作为核对的结果只有真或伪。所以维根斯坦指出主客之间的一一对应的真伪值才是数论的基础。所以罗素给数下的定义，只要名字和集合元素对应就会有数，是片面的。一一对应必须有逻辑判断的真值（或伪值）。真值的一一对应在逻辑系统中就是同义反复。所以逻辑上的同义反复是所有计算的大前提。例如，在数学计算中，1 + 1 = 2 全等于 1 x 2，也全等于 2 x 1，等等。这些个全等就是逻辑关系中的同义反复。

于是维根斯坦在第十六讲中指出了罗素的一一对应的重大贡献和明显的不足：代码和语言的形式一一对应简化了符号的使用，从而提高了数学计算的速度。但是所有的代码的使用都是独立的个案。这些个案之间缺乏若干全等的环节，没有一个共同的基础。于是我们不能在罗素的逻辑系统中进行任何计算。所以，罗素死不认错就在维根斯坦的学生们面前丢尽了面子。他们中有些人认为只有维根斯坦才是当代最伟大的哲学家，于是把他们的听课记录整理成书正式出版。

到此我们也可以看出，维根斯坦提出的认知的简单单位（simple）在逻辑上是 $p(tf)$，在算法方面是 fa。它们都是可视的形而上，而且都有个共同的特点——主客核对的算法的同义反复。他还指出，数学计算的规则是同义反复的基础是逻辑的同义反复，并且他给数学计算中的同义反复起了个专门的名字叫作"类比而同"(analogy)。

五、逻辑句的对称平衡结构就是数学的等式的等式

维根斯坦在第八讲之后正是从数学中的类比而同中总结出逻辑数学的形式特征，如：1) 所有数学计算的全部规则的总规则，或者说抽象的数学的高度抽象，是逻辑的同义反复。这就是为什么逻

第十三章: 维根斯坦为创建信息科学作出的巨大基础理论贡献

辑计算是数学计算的理论基础。2) 数学计算的画面或者说形式是看不见的逻辑计算的规则的可视的形而上。这就是说数学计算是逻辑计算的伪装。3) 数学计算是呈现,但是数学呈现的基础是逻辑的呈现。4) 数学的类比而同的基础就是逻辑的形式的同义反复。例如,算术、几何作图、数列的运算、解方程、幂、对数等都是逻辑的一系列的同义反复的展开。此过程中的逻辑的形式特征的转变就是规则的转变,也就是从一种同义反复转换到另一种同义反复,如从加法过渡到乘法。5) 每一个同义反复都可以看作是被某个公式或规则确定的序列。因此计算的公式是类比而同的标准的同义反复。计算的结果是执行此同义反复的程序的必然结果。所以,数学计算的唯一目的和用途就是从一集逻辑句中推出另一集逻辑句。这是程序设计的一个重要概念。6) 展开程序的计算过程就是证据之所以成立的过程。此过程由一个接一个的类比而同的步骤组成。这个类比而同的序列中的每一个环节中的两个环之间的逻辑关系就是全等。克林在其著作《数学逻辑》中,在模型论的第四节讲到了包涵和全等的原则的来源就是维根斯坦对数学计算中的类比而同的分析。

维根斯坦指出,两位数的乘法的计算就演示着十以内的数的乘法口诀、进位和加法的规则的使用。这些不同规则的使用就是一个接一个的类比而同。当我们把这些类比而同的序列归结到最初的一个类比而同,它就是 $1 + 1 = 2$。如果我们再把所有这些类比而同归总,那么我们就得到此表达:$X = Y$ 或甲 = 乙。所以数学计算的类比而同在数学描述句中的归总的表达就是"这个等于这个"。这个等式告诉我们,一个规则总是可以被另一个规则解读,规则后面总有其他规则。因此在 X 的 X 这个结构中,我们可以得出一层套一层的类比而同。这些套层结构就是我在前面已经指出的逻辑哲学的套层结构的包涵。这些类比而同的逻辑根据就是逻辑判断符号中的推理和归结。由于等式是数学判断的形式,而数学判断的形式的基础是逻辑的形式,所以从一个等式推到另一个等式的过程就是逻辑推理的过程。所以,在逻辑推理的过程中,最重要的是要注意规则的制定和规则的使用。制定是形式,使用是内容。形式是存在,使用是灵魂。不能使用的规则是僵死的东西,而能使用的规则就具有生命。同样的,规则是形式,使用是内容和感知。

所以一方面,任何事情要作成功都必须有规则。这些规则的表达或象征就是 fa。另一方面,所有的规则都可以被另一个规则解读或者翻译。这就是 X 的 X 或者说高度的抽象。所以"变量的变量"就是语言竞技的精髓。竞技的目的是最终统一到某个很简单因而很普遍的正确的认知规则,即"这个等于这个"。

"这个等于这个"里面到底是哪两个?一个是主观认知,一个是客观存在。主观和客观在感知方面保持一致——这就是逻辑。维根斯坦在第八讲中举例说,如果我们要给房间铺木地板,我们得先知道房间的尺寸,然后知道每块木板的尺寸。一方面是我们要知道需要多少块木板(主观认知和判断)。另一方面我们可以用乘法和除法算出来要用的木板的数目(计算)。所以在逻辑数学中,判断和计算这两个方面必须是全等的。反过来看,如果一台机器能做到计算和判断相等,那么它就是一台逻辑机器。为什么?这是因为该机器能像人一样作出若干类比而同或者说同义反复。这就是电子计算机之所以成立的基本原理。维根斯坦指出,类比而同就是"这个等于这个"的意指。显然"类比而同"本身也是多层次的认知结构,其核心层次就是逻辑关系中的同义反复。

维根斯坦指出,"类比而同"和任何语言符号一样也都有千奇百怪的使用。我们必须对符号的使用进行严格的语法分析才能厘清概念或者说整理出思路。他还指出,数学家之所以不是哲学家就是因为他只关心计算,不关心判断。如果数学家在计算的同时关注判断则有可能成为哲学家。但是数学家的困难就在于他们往往在善于计算某特定的抽象思维的形式的同时却不善于分析逻辑规则的使用。而逻辑哲学则强调从语言的使用深入研究判断的逻辑证据和逻辑的证据之间的关系。这是因为一方面我们只有使用描述的语法和图形分析的语法才能构建或者解构人类的认知结构。另一方面,我们只有以逻辑数学为工具才能准确的度量和计算该认真结构。所以,语法、算法和逻辑是教育和学习的基础。不能把这三者分开。

判断必须包涵计算这个事实告诉我们,判断是目的、是高度抽

第十三章：维根斯坦为创建信息科学作出的巨大基础理论贡献

象的概念；算法是抽象概念的度量。因此数学是判断的手段和工具。度量是否正确可以用数学计算确定。计算本身虽不预报事情的结果，但是判断可以利用计算预报事件的结果。这就是利用逻辑数学建立认知模型的重要意义。任何可靠又准确的预报都必须有这么一个类比而同的等式。该等式告诉我们，为了做好一件事情，主观判断的形式必须等于客观的形式结构。这就是逻辑之所以成立的基础。所以我们可以说数学是帮助我们把判断（即抽象的形式逻辑）做得精准又精致的工具和手段。

现在假设某个小学生做 16 乘以 15 乘出了 250 而不是 240，那么我会对他说，"你没有照着我做的做"，即他没有照着我演示的规则做。用维根斯坦的话表达就是：250 不是类比而同，240 才是全等的类比而同。于是我再算一道题，然后要他照着做。如此反复多次，他仍做不出一个正确的类比而同。我也许会说："你真是个 250 啊！"于是我们在这里也有个类比而同，但是是个性质和前面的完全不同的类比而同。

在前面的类比而同中，我们眼前只有一个东西，即 16 x 15 = 240。但是它是看不见的形而上的规则或认知结构的象征。因此 16 x 15 = 240 的计算过程的表达或图形是这些规则之合理存在的可视的形而上。我们也可以说，16 x 15 = 240 的计算图形就是类比而同的规则的使用的结果。

但是在现在的情形中，我们眼前有两个指称对象。一个是那小孩，一个是 250。我是把那个小孩比作 250，即把这个比作那个。或者说这个是那个的再现。于是这个再现是在解释或者定义什么是"类比而同"，而不是演示"类比而同"这个规则的使用。这就是语言中再现和呈现的重要区别。所有的拼音语言都只能用声音再现生活和逻辑的画面。这是我们在做逻辑数学时必须记住的要点。

现在如果我说，"240 是正确的类比而同，250 不是的"，那么我在这里也只是给"类比而同"下一个特殊的定义。给符号下定义就是仅仅在说符号的外在关系。所以把 240 和 250，把小孩和 250 并列起来说，说的都是"类比而同"这个名字是个啥，根本就没说 240 和 250、250 和小孩分别是个啥，正如"她是张力"中的"她"

只意指张力这个名字，并没让我们知道张力这个人是个什么样的人一样。这就是为什么描述本身没有任何意义，只有包涵在描述中的判断才有意义。我们可以说，描述的意义只在于满足心理作用，而判断的意义在于认知与发明。

例如，当我说那个孩子是 250，我仅仅是用 250 给他另外起了一个名字。因此他在名分上被我当作是 250 的代表；在认知上这个名字激发的画面是大家都熟悉的"250"这个画面的再现。除代表和再现之外，我们在使用"250"这个名字的过程中对这个孩子再也没有其他了解。因此这种说法是武断的，但也是简单又容易的。所以，在词法上，词语代表相对于指称而言就是再现；而图形相对于判断而言就是呈现。

数理逻辑要求我们看透描述和再现，去看呈现里面包涵的判断说的啥。也就是你不能真的把那个小孩当作 250，而是应该调查研究一下为什么他不能遵守共同的规则。回答这个问题的过程就是作出判断的过程。显然判断要比描述费时费力费资源。但是，理论告诉我们，如果我们不这么做，说话就不能做到事实求是。

到此我们可以看出文学作品和逻辑判断之间的关键区别。文学作品中的类比而同是各种比喻和修辞。它说的是比喻或者说名字本身是啥，而不是名字的指称对象是啥。而我们之所以喜欢这些名字，是因它们在我们的大脑中唤出大家都熟悉的画面，或者在心理上满足某种期待或需求。这就是说文学语言的特征一般是用画面描述画面。但是这是惯例使然。语言的使用中的灵活性并没有说文学语言不可以使用象征的手法演示认知结构。相反，正因为有这些惯例，成功地用象征的手法描述某个东西对作者而言是个挑战。如果我们坚持用象征的手法描述客观世界，久而久之我们就可以养成不同的阅读和写作习惯，更容易的掌握"变量的变量"这个提高思想和道德水平的工具。

于是我们到此也可以对象征有个全面的理解。象征是根据认知结构（即逻辑关系）而展开的类比而同。此认知结构是所有这一类别的画面跨越时空都可以成立的共同的依据、作法或标本。由于认知结构是大家共享的标准，所以象征是认知结构之可视的形而上。

第十三章：维根斯坦为创建信息科学作出的巨大基础理论贡献

于是这个可视的形而上可以成为哲学、自然科学、文学、美学、伦理学和生活常识的判断标准。于是象征的表达要比各种修辞手段（如比喻）更加全面精致。更重要的是象征演示的是认知结构的使用，而比喻说的是名字的定义。

六、逻辑的计算必须处理逻辑的必然和或然，因此可以完整地描述世界

维根斯坦在第十五讲中指出，事件成立的部分和整体之间的或然正如语法中的词法和句法之间的或然。词法是部分的使用，句法是整体的使用。部分是简单结构，整体是复合结构。一个复合结构有许多成立的方式。已经成为现实的部分只是事实可以成立的一种方式或者或然。发明创造是用另一种更有效的方法使得另一个更美好的或然成为生活中的真实。

但是，维根斯坦指出，就真这个概念而言，我们必须知道四种不同的真：实际存在的真（reality）、或然的真（possibilities）和感知的真（truth）以及合理的真（validity）。实际存在的真是在现实中存在的实体或万物，又叫作客体。客体存在的属性叫作真实或现实（reality）。而真值（truth）是判断的结果。合理的真即主观和客观一致。与客观保持一致的任何形式的语句（无论描述、判断还是逻辑句）就是合理的真实语句。合理的真和真实的结合就是事实。事实的归总的表达就是"甲／乙"或 aRb。

或然的真只有从真值函数的运算里面才可以产生，这是因为或然可以用计算标定其真值。这也是或然的真和现实的真以及判断合理的真的不同的形式特征。根据这个特征，或然是真实的影子或画面。或然虽然不像真实那样存在，但是有感知意义，即可以感知到还没有成为现实的判断的真值。真伪能否成为真实有若干选择，其表达分为：1)"有或然"（possible），用于定义，其语法属性是形容词。2）或然性（possibility）和 或然值（possibilities），这两个名字用于判断和描述，语法属性是名字或名词。3）或然率（probability），其属性特指用计算得出的或然可以成真的比率，

即可以用计算得出大约如此的预报。 4)"没有或然"也是或然的组成部分。"没有或然"的普通名称是"啥也不是"(nothingness, nothing)，即客体没有任何机会转变成真实的存在。5)"啥也不是"不是"无"，因为"无"没有或然这个概念。所以"无"只是武断的归类，正如所有书面语言的外形都是武断的定型。

维根斯坦在这一讲中还指出，武断就是不考虑主客一致中的或然，全凭主观感觉武断出某一个绝对的可能或不可能。书面语言符号的形式一般都是主观武断的约定俗成。所以使用书面语言容易养成武断的习惯。在某种形式上说，使用象征就是和语言使用中的主观武断做斗争。正因为语言符号是武断的，所以不能说主观武断的东西哪一个比哪一个更高明。这是因为这样说没有逻辑根据。怎么判断语言符号的优越？不是形式，即不是拼音或象形，而是语言的使用。

维根斯坦在第 28 讲中还指出，由于数学符号在使用中作为变量的多重性就是或然性。所以作为数学的基础，表达逻辑的象征符号必须有多重性或者或然性。罗素的代码错误是没有给定一个公用的阅读和翻译的原则（28）。他的《数学原理》是他把加法的逻辑规则翻译成代码的原理。罗素的代码和音乐的代码一样只能做译读，不能做计算。这就是说"罗素的数学原理"由于不能做计算，所以并不是计算的普遍原则。于是人们阅读他的这些原理，由于缺乏一个共同的或者类比而同的原则，就不知道该如何有根据的阅读。必须指出，数学计算中的类比而同就是逻辑关系中的全等，也就是语言的形式等于内容。

如果罗素的代码的错误是各个公式之间缺乏全等的环节，那么所有描述语言表达的各种规则更是如此。这是因为凡是再现必定有主观参与，因此每一个认知的环节缺乏全等。于是我们可以明白为什么用"平仄"这两个字所标定的律诗的形式不是音律中的客观规律，而是主观的武断的规定。其实古人写诗填词也有工尺，只是失传了而已。工尺作为规则必然包涵或然，否则要乐谱干什么？不知从什么时候开始，人们开始用武断的平仄规定代替了工尺。因此死扣平仄就是武断，就是伪格律，就是缺乏或然性。用同一个平仄度量古今的语言的读音更是偏执。这只能养成偏执的思维习惯。

维根斯坦的贡献就是指出，所有的文章的解读，无论体裁，都是符号的解读，所有符号的解读的根据都是内在于符号的深层结构。我们不应把解读的根据设定为某些人的意见，如笺注，注释，等等，而是应该设定为可视的形而上。（第28讲）可视的形而上必然包涵或然。这也是文本解读的规则。

于是所有的计算、推理和写作都可以也必须考虑到事件成不成立的或然。或然是使得手段和目的统一的内容。有全部或然就是有手段和目的的全部统一。有部分或然就是只有部分统一。

七、数学的语言和数学判断是个技巧意指它是逻辑推理的技巧

维根斯坦在第22讲中指出，数学推理的过程是证据和判断的关系展开的过程。证据是一个过程。证据只有在判断的系统中才能成立。因此证据和判断的关系是函数关系。如果判断的函数的公式变了，那么就有变革性的转换生成。正如算法的规则总是可以转换，判断函数的运算规则也总是有新的转换。

维根斯坦在第22讲中以判断符号为根据指出：逻辑推理的第一步就是自相矛盾，即首先假设一个事情的正反两个方面都成立。这就是p(tf)。但是维根斯坦指出，罗素的悖论和传统的语言的使用使得人们如此害怕自相矛盾以至于看不到逻辑的法则和语言的游戏的区别。语言的游戏不是语言竞技而是玩弄词语。例如，为了掩盖"逻辑哲学"而发明并发行"哲学逻辑""数学逻辑"等名字。

判断符号p(tf)告诉我们，在逻辑推理的过程中我们必然首先要看到一个判断中总是存在着矛盾的两个方面。矛盾作为事实在生活中虽然有或然造成若干伤害，尤其是遇到严重的二元对立或者说矛盾发展到不可调和时。但是自相矛盾，也就是判断中的真和伪的对立，作为逻辑的法则不仅不造成任何危害，而且还是逻辑推理过程中的一个环节。我们在逻辑推理的过程中遇到的主要困难就是只知道矛盾的正面，不知道其反面。所以我们不能轻易作出结论。但

如何全面深入的译读维根斯坦的《逻辑哲学纲要》

是我们如此习惯于屈从这个困难以至于认为自相矛盾这条逻辑的法则也会给生活带来危害。作为一条特定的逻辑法则，它的名字叫自相矛盾。作为生活中存在的现象，我们称它为矛盾。维根斯坦指出，在逻辑推理的过程中面对生活中的矛盾时，我们首先很自然地采用的逻辑法则就是否定，即排除与该矛盾完全不相关的东西。然后用其他排除性的逻辑法则，排除与矛盾有部分关系的东西。最后才选用若干肯定的逻辑法则。所谓肯定的逻辑法则在生活中的使用就是宣传、奖励或者说褒扬你认为是作出了正面贡献的事。

请注意，逻辑推理的顺序和逻辑关系的逻辑地位是两回事。于是维根斯坦指出"又坐又不坐"此类句子并不传递任何信息，而是应该看作是个自相矛盾的名字或者符号。自相矛盾作为一条逻辑的规则是逻辑推理的起点：承认真伪两方面都有存在的或然。当我们或某个逻辑的机制面对着这个或然时，某个标定矛盾的感知符号发出指令：暂时停止某个行为，啥也不做。所以自相矛盾也是逻辑编程语言必须使用的逻辑关系。

如果说，逻辑推理是某个用于计算的公式。那么逻辑关系，如类比而同或者说全等，是该计算公式中的某个环节。正如加减乘除在算术中有先后顺序一样，全等、包涵、否定在逻辑的计算中也有优先的顺序。

到此我们可以看出逻辑象征图形的用途是除了用作符号以外不做任何其他事情。它无声地宣布：所有的变量进到我这儿来都要遵循我这儿的符号的形式之上的运算规则，生成出不同的输出。就形式而言，这个过程就是同义反复。就内容而言，这就是转换生成。

这就是说，全部十六条初级逻辑关系的属性和基础就是同义反复和转换生成。这是因为尽管一方面这些逻辑关系都要各自的特点。但是另一个方面，如果我们掌握了分析某一个逻辑关系的方法，我们就掌握了分析其他十五种逻辑关系的方法，因为各种逻辑关系的共同属性就是同义反复。例如，方法之一就是全部十六种初始逻辑关系，都可以写成函数。如 $fa.a \subset$ 同义反复、自相矛盾、并列、前件、后件等。方法之二就是要把逻辑函数当作序列展开。一个函数就是一个序列，其中必然包括算法。所以，逻辑值和数列一样，逻辑法则是公式，即同义反复；逻辑的输出值是数列中的项，每一个项都是类比而同。每一个类比而同都是不同的转换生成。不同的转换之间必然有不同的逻辑组合，必然有不同的结果或生成。这个过程就是逻辑推理。逻辑的形式的内容的同一结构决定了我们可以用同一方法研究每一种逻辑关系，并且在各个逻辑关系之间作灵活的转换。

　　逻辑序列中的一项接着一项往下推或者往前回溯，这就是逻辑推理。逻辑推理必须包涵前推和上溯。这就是辩证的统一，就是维根斯坦所谓的逻辑推理环环相扣。在属性上，序列具有子集包涵子集的结构。所以从大的方面看，我们把整个判断符号看作是基础或者说起点，利用各种逻辑关系组成逻辑数列，这个逻辑序列就是某个应用程序的原始架构。从小的方面看，这个原始架构里面可以有各种不同的分支，这就是逻辑序列的子集，也就是模块。做模块的是程序员，做构建的是设计师。程序语言本身和其发展其实也是一个序列。计算技术的提高和突破不在别处，就在王氏逻辑规则图中。既然我们能从三阶逻辑坐标中得到许多数学的算法，那么在N阶逻辑坐标中必然能发现许多新的计算方法！

　　现在我们再回头去看《逻辑哲学纲要》，就会看出维根斯坦在讲座中讲解的这些数学的基本原理，同样来自他的判断符号，尤其是复杂判断关系的判断符号。

八、逻辑的判断的图形可以作为公共的记忆存档

　　维根斯坦在第二十六讲中指出，如果我们把认知的结构看作是由语义项（元素）组成的序列，那么决定序列的算法的过程是一套程序。表达此程序的符号系统就是程序语言。人们可以把这套程序整理归档，随时调出使用。他认为，被归档的不是若干单个计算题，而是图形。图形是即某一类运算的归总，正如正五边形的作图的图形是天下所有或然的正五边形的归总。所以作出一个认知图形就是发明一项运算，当然也是发明一个程序。这是因为某个东西的表面只是个诉诸感观的图形，而此东西之所以成立必须有个内在的诉诸逻辑数学的图形。所以同时掌握两个图形，感官的图形和高度抽象的图形——这就是发明的诀窍。这也是编制计算机的程序语言的诀

窍。程序设计中的最基本的架构设计就是对做某件事的过程首先要有个精致、全面、可以反复循环的图形。这个图形首先是个逻辑方程，里面包涵若干逻辑因式、模块或者子集。在日常生活中，我们的认知之所以浅薄往往就因为我们只看到感官的画面，没有想到理性的画面既是存档的内容，也是标准的结构。我们首先要设计的是这个可以存档的画面和里面的认知结构，而不是具体的计算。

存档的方法是什么。存在什么地方？决定存档（图形）的手段和目的仍是语法。我们平常只是学习描述的语法规则，很少接触判断的语法规则。这是我们不知道为什么语法学习非常重要的原因之一。维根斯坦指出，正如描述有词法和句法，判断也有词法和句法。（第26讲）逻辑首先是判断，所以学习逻辑必然要学会判断的词法和句法。反过来，不懂语法学逻辑就等于在迷宫里面探路。

维根斯坦指出，判断的语法的关键是：语句通过象征符号归总或者说升华之后就失去了原来的意指，于是成为具有普遍意义的象征表达。这就是逻辑的法则的表达。罗素的问题是他仍把象征的表达看作是语句的表达，看作是有声的语言，但是却不指出谁是说话人。于是把上天或上帝设定为说话人。也就是把呈现看作是再现，从而混淆了判断句的形式和内容。判断的句法的核心是我们完全可以把一个判断句看作是一个象征符号，而不是像罗素那样把判断句看作是由几个象征符号组成的语句。这是维根斯坦超越罗素的诀窍。当然，维根斯坦的象征，正如我在前面指出的，只是对于拼音语言而言。

维根斯坦在第二十八讲特别指出逻辑判断的词法决定新的计算技术。他对听众说："我们正在引进的啥是若干新的计算方法，完全类同于介绍若干新的测量的方法。我们测量椅子的高度。但是我们用完全不同的方式测量[2]勃朗峰的高度。我们不断的引进新的测

[2] What we are introducing is new methods of calculation, quite analogously to introducing new methods of measurement. We measure the height of a chair. But we measure the height of Mont Blanc in a different way-although there are analogies. But if we measure the distance of the sun from the earth, this is altogether different. We introduce continuously new methods of measurement, and so continuously changing meanmgs of "length". (28) 我们正在引进的啥是若干新的计算方法，和引进新的度量方法相当相似。我们度量椅子的高度。但是我们用不同的方法度量勃朗峰的高度——不过是存在些类比相同而已。但

第十二章：罗素为这篇著作写的引介的中译

量的方法，于是不断地改变'长度'的意指。"这个新规则仍属于逻辑的包涵律，即算法里面包涵算法，规则里面包涵规则。于是我们可以从中看出，在数理逻辑中所有的方法和规则都是人的设定，并不是一成不变的上天的原则。不同的用法导致不同的规则的转换，不同的转换必然有新的内容的生成——这既是逻辑的包涵律的规则，也是判断的词法规则、数学计算的规则。总而言之，随着词法和算法的改变，象征的图形也不断改变。但是不管怎么变，判断句的词法和算法都存在于连串的象征的图形中。所以我可以说：你必须懂得判断的词法，才能看懂罗素和维根斯坦，并知道谁比谁更高明许多。总而言之，象征符号可以看作是判断的单词。词法的转变是思维是否可以创新的关键。

九、逻辑的判断的语法高于算法

维根斯坦在讲座的开头中（第1、2、4讲）多次指出，判断的语言和数学语言都是程序语言。所谓判断的语法即用语法规则把描述语言翻译成代码语言，然后进一步简化成象征语言。只有象征语法才可以用于计算，因为象征是计算语言的本质或属性。但是，判断的语法被掩盖在描述的语法之内。如果不懂描述的语法，就不能进入判断的语法，就走不出创新发明的第一步。

他指出，描述语言的表达是再现，即通过符号产生画面而再现客体和局面。在局面和符号之间有许多主体可以随意发挥的空间。维根斯坦在第24讲中指出，数学判断和逻辑判断的语言是呈现。所谓呈现，即画面和符号的意指是同一。这就是证据。证据是局面和符号一致的基础。人只需要看，即仔细观察从画面里面呈现出来的许多东西，就会明白其中的许多道理。所以，在呈现里面没有任何主观离题发挥的空间。

我认为这就是某些人故意贬低程序语言的原因。这是因为没有主体离题发挥的空间就是没有忽悠人的空间。于是，为了维护他们的话语权和地位，他们百般强调描述语言是自然的语言，而程序语

是如果我们度量从地球到太阳的距离，那么这完全不同。我们不断地引进新的度量方法，于是不断地改变"长度"的意指。（第28讲）

465

言不是自然的语言。事实是，我们必须把这两者颠倒过来看才能有正确的逻辑知识。这是因为所有的人类语言都是武断。而所有的有逻辑的判断语言都满足自然成立的条件：真值的同义反复。所以把程序语言说成是机械语言，把描述语言说成是自然的语言是没有逻辑的。

维根斯坦在第29讲中还反复强调，判断句的语法不是给出信息，而是演示逻辑推理的步骤或者说过程。这么使用语言就是有判断的使用语言。他指出，判断句的意指的确定和描述句的意指的确定完全不一样。判断句的意指是通过把判断符号用作证据，通过判断的函数的真伪值的运算确定的。这就是说，崭新的判断句的意指是要通过某人对客体的结构有独到的见解，有特殊的算法或发明才能确定的。而描述的意指是通过查字典、笺注等工具书确定的。这是人云亦云、亦步亦趋的空间。这么阅读和写作就不容易有发明和创造。

他在第29讲中还设想了一套新的逻辑的表达方式：用经验性的判断，即用来自生活的语言，像乘法的计算一样，演示逻辑的语言。他在第29讲中还说，每一条初级逻辑法则都可以翻译成这样的语言。这种语言组成的语句，并不传递信息，只是演示思维的法则。例如"如果走那么就是走"，就是个不传递任何信息的判断句。它只演示同义反复这个逻辑的法则。但是，拼音语言的文字并不能这样逻辑的意指。而我在《逻辑中文简介》中和译读《逻辑哲学纲要》时恰恰是用（走）（过）（来）（了）这几个中文字演示了逻辑的语言，做到了逻辑语言符号的意指和中文文字的意指完全一致。

维根斯坦还在这儿指出，罗素和弗里格的错误是没有看到或者说设定判断句的语法。他们只找出了判断句的表达形式，没有发现判断的形式也有自己的内容。维根斯坦在这个讲座中强调了判断的语法，并且为这个语法找到了应用。这就是逻辑编程的语言。没有判断的语法这个概念，图灵不可能为他的计算机做出任何指令！虽然维根斯坦在这儿没有提到他的《逻辑哲学纲要》，但是我们知道判断的词法和语法都来自这本著作。早在1919年维根斯坦就已经为撰写和翻译判断句制定了句法和词法，只是他在1939年才有机会讲解这些词法和句法。

第十二章：罗素为这篇著作写的引介的中译

维根斯坦接下来在第30讲中指出，具有多重指代的象征符号本身并没有任何意义，没有实际应用；但是它们是意义的中介或者说二传手。没有它们，就不会有意义的转换。

十、逻辑的应用即知行合一

在日常生活中，你要执行某个行为就必须使用判断。所以判断的属性就是应用。只是我们在生活中太经常的使用判断，以至于忘了判断的珍贵。与之相比，描述的必然结果是形象的画面。描述的属性不涉及真伪判断。从描述，到判断，再到实践，在这三者之间，描述只是开头，缺乏判断，更缺乏实践的检验。但是，几千年的书面文字的使用养成的强调描述的习惯，使得语言的使用和生活脱节成为貌似高雅的学问。以至于人们不得不经常强调语言的使用要与生活保持一致。如果大家都学好了逻辑，就会在认知上彻底改变这个反动于生活的惰性。

例如，维根斯坦在第29和第30讲中反复指出，判断的应用有不同的种类。最常见的是判断的习以为常的应用。这些应用常见于我们日常生活中的行为。我们如此习以为常的使用判断，以至于我们忘记或者不知道如何反思判断的操作的形式和内容。除了习以为常的判断之外还有创新的判断。并且如今是新的判断，成为标准之后，就会成为习以为常的判断。新的判断必须有新的生成和转换的方式。这就是推动社会向前发展的动力。

必须指出，如果判断的结果是行为和应用，那么伦理学和美学等的基础就必然是逻辑学，而不是看不见的形而上。这就是说做一个有知识、有道德的人，知道如何自觉并自省的人的先决条件是思维要有逻辑。这也是我们应该学好逻辑哲学的重要原因。

维根斯坦指出，我们在给判断归类时，要注意个人的经验判断和推动社会发展的大规模的判断的区别。个人的经验性的判断是有用处的判断。但是经验判断如果没有用语言表达，往往是某人私下里做某件事的看家的本领。与之相比，能够大规模的推动整个社会发展的新的判断必须满足两个条件：1) 有一套语法规则。根据此语法，可以建立一套程序性的语言或者说形而上的指令或规则。任何人或者任何机制都得遵守这些规则；否则做不成事。这就是逻辑和哲学的辩证统一。2) 有一套灵活的算法。根据此算法，例如用木板给房间铺地板，可以对某个行为的过程进行分析并作准确的预报。这就是可视的形而上的标准和其象征符号的统一。此统一是对真实的模拟和投影。所以具有创新意义的判断必须做到"语法、算法和逻辑"的统一结构，并且要用适当的语言表达这个结构。

维根斯坦在第18讲中指出，判断的必然结果是使用，而使用的关键是要把可以感知到的东西做成有用的、真实的东西，也就是把有或然的真做成实际存在的真。这个过程必须做到整个系统都为真。这个系统必须：1) 离不开语言的使用；2) 必须根据语法把语言翻译成比数学变量符号更灵活的象征符号；3) 必须用感知值标定每一个成分的身份。这就是当今的虚拟世界和真实世界的理论原型。

他在第29讲还强调，判断的每一个使用都是特定的函数。它确定认知的标准和意义。因此语言竞技是判断的使用，而不是描述的定义！定义是书本知识，判断是从实践得来的知识。这就是读死书和读活书的区别。所以语言竞技是提高认知能力和思维能力的竞技。与之相反，描述是表面功夫，只帮助读者形成某些概念，很有可能是武断或片面的概念。因为它们都没有判断作为根据。没有判断即没有经过真伪的对比。也就是没有逻辑。语言竞技的目的是为了确定正确的认知的标准。所谓认知标准就是形而上的规则。推出一套新的规则即推出一套新的语法、新的认知体系，新的逻辑系统。这就是发明。维根斯坦在这里指出，所有语言竞技的结果是发明不是发现。这是因为判断语言的使用是用感知的真伪值的组合确定判断的形式特征。研究判断语言的使用就是研究感知的或然，并且要善于从或然中找到必然。

怎么使得或然成为必然？他在第30讲中指出，判断的语法和认知结构都包涵两条路径：1) 可以用符号表达思维的法则；2) 可以用机制表达规范行为的法则，如否定就是禁止某个行为，选择就是两选一的行为，等等。

他指出，如果说实践是应用，那么理论是应用的应用。所以任

第十三章：维根斯坦为创建信息科学作出的巨大基础理论贡献

何理论都得以判断为基础。判断中的逻辑推理的过程就是形成一套理论的过程。理论工作的认知模型或者说理论建设的辅助工具同样也是数学。例如数学的循环小数就是应用的应用（图形内的图形的无穷循环）。循环小数、乘法的计算、几何图形的构建等里面都包涵着形而上的规则和规则的使用。规则在上，上即理论，即抽象思维。规则的使用存在于计算的形式中，或者说眼前的象征图形中。每一道计算或者作法都是一次逻辑推理。推理的每个环节都环环相扣，滴水不漏。所以，理论工作的模型也是数学的模型。反过来说，没有判断的计算就没有正确的理论。

十一、虚拟的逻辑的机器即如今的电子计算机

在现实生活中怎么使用逻辑的判断？为了回答这个问题，现在我举一个很有意义的例子。维根斯坦在1939年第二学期举行的讲座的重点之一是讲解同一律和矛盾律的内容和形式的区别。他认为：一方面，逻辑的法则的内容，即其使用，是灵活多变的。另一方面，逻辑的形式是刚直不阿、牢不可破的。这就是说，逻辑的运作虽然具有坚固可靠的机制，但是逻辑本身不是僵硬的机器。维根斯坦在这里指出了新的逻辑学和旧逻辑学的根本区别。新逻辑学来源于实践存在，经过升华之后再回到实践，于是服务于生活。而旧逻辑只存在于看不见的形而上，和生活没有直接的关联。

所以维根斯坦在第二十讲中设想了一台虚拟的逻辑的机器。它由活塞、飞轮和连杆组成。但是它不是台真实的机器，而是动力数学研究这台机器怎么运转的原理时作出的一个由活塞、飞轮、连杆组成的图形。这个图形就是那台机器的形而上或者说象征，用如今的话说这就是虚拟。他作出的这个发明的原理在这里：由于逻辑和数学的最简认知结构是"这个等于这个"，所以当飞轮的速度等于活塞的速度，我们就得到了一台逻辑的机器。这是因为，我们可以把飞轮看作是一个这个（判断），把活塞看作那个（运算），把连杆看作是类比而同，即逻辑上的同义反复。于是我们就得到一台可靠的虚拟的逻辑机器。当然，我们也可以把飞轮看作是客体语言，把活塞看作是主体语言，把连杆看作是连接主客的中间项。所以虚

拟的逻辑的机器的原理仍是 aRb。

我们再仔细看看这个逻辑机器有什么特点。首先，当飞轮的运作方式等于活塞的运作方式时，数学和逻辑就完美地结合在一起。这就是说主体语言（飞轮）要活塞（客体语言）怎么做，活塞就会怎么做。这是因为飞轮和活塞共享一个逻辑结构。另外，飞轮还可以让活塞的运动做到丝毫不差。这是因为数学可以精确的度量这个逻辑结构。

那么，怎么让飞轮和活塞交流沟通呢？我们必须发明一套语言，让飞轮和活塞能互相交流。如果我们把任何行为的表达也看作是语言，把逻辑看作是规范行为的法则，那么活塞和飞轮就能懂一进一退的语言。由于逻辑的原始判断结构是一真一伪，如果我们能发明一个算法能让活塞懂得飞轮的一真一伪就是活塞自己的一进一退，那么这个算法就是逻辑的语言。我们可以用进（1）标定真，用退（0）标定伪。请注意，在这里飞轮代表一组判断，活塞代表一组判断，而数学语句就是连接这两组判断的中间项。所以，在逻辑编程中，数学的作用是从一组判断中算出另一组判断。在这样的计算模式中，输入是一组判断，输出是另一组判断。维根斯坦设想的逻辑机器是当代逻辑编程的理论基础。这是因为，如果用 0 和 1 分别代表伪和真这两个抽象概念，那么并列关系的真值运算可以如此表达。

(1) T & T = T 1 x 1 = 1
(2) T & F = F 1 x 0 = 0
(3) F & T = F 0 x 1 = 0
(4) F & F = F 0 x 0 = 0

在上面的图形中，等于号前面是一组作为输入的判断，等于号后面是一组作为输出的判断。于是数学在逻辑中的唯一作用就是从源于生活的判断算出用于生活的判断。

现在假定一个刀具上有左右两把刀，那么就可以用十六种逻辑关系操控其全部或然的运动。例如，"甲并且只有甲"指定左边的刀具运动，"乙并且只有乙"指挥右边的，"甲或乙但不是甲和乙"指挥两把刀中任何之一。同样的，如果"否定"指挥整个刀具转半圈，那么双重否定指挥它回到起点；"自相矛盾"则取消将要执行的行为，

第十三章：维根斯坦为创建信息科学作出的巨大基础理论贡献

等等。

所以，维根斯坦指出，逻辑机器语言的关键就是数学的类比而同和逻辑的类比而同结合为一个完美的类比而同，或者说两条平行线重叠为一条。这既是一个精致的认知结构，也是个完美的行为。实际上，维根斯坦关于数理逻辑的讲座就是从不同层次、不同的角度讲"类比而同"的不同使用和其中包涵的丰富的哲理和数理。所以，图灵发明图灵机和机器语言并不是偶然的。在听维根斯坦的讲座之前，他甚至连自相矛盾的属性是什么都没弄明白。

信息科学中的软件和软件语言的原始构想就出于维根斯坦在《讲座》中提出的飞轮传动的机制和让人的思想和逻辑的机器交融的判断语言和语法，成于他的学生图灵的计算机语言。后面的所有的程序语言的设计，只不过是分工的更精致和更专门而已，都是这个序列的引申或者发展。显然，维根斯坦所谓的逻辑的机器的机制就是我们如今所说的"软件"。同一个东西只不过是改了名字。

十二、逻辑数学即逻辑学和数学的完美结合

维根斯坦在讲座中反复强调，数学的演绎推理的目的是作结论，就是根据一系列的类比而同而作出某个新的类比而同。所以，作结论是一系列的转换生成的终点。所谓结论就是根据逻辑推理断言某个新的判断为真。因此逻辑推理的过程是使用抽象思维的技巧进行真值函数计算而得出某个合理的结论的过程，不是和发现万有引力一样的科学实验的过程。逻辑推理和万有引力是完全不同的两件事。维根斯坦谈到的逻辑的机器就是他的详细的逻辑推理的过程必然得出的合理成果。这台机器并不是上帝已经放在某个抽象领域里等着维根斯坦去发现。而是他根据严谨语法规则、算法规则和表达的规则得出的发明。

由此可见，所谓严谨的思维首先是有语法规则的思维，就是严格的遵守一套确定的让主观和客观保持一致的类比而同的规则，并根据这些规则作出认知的标准图形或者说象征。这个图形就是逻辑的类比而同和数学的类比而同的完美结合。我们必须把这个图形看成是客体在主体的认知中的投影。投影的结构是逻辑，投影的度量

和计算是数学。我在前面已经指出，正如几何定理包涵几何图形，维根斯坦的《逻辑哲学纲要》中的判断句都包涵判断的图形。我在此要强调，这些图形就是逻辑和数学的完美的重叠。

当逻辑和数学完美重叠之后，哲学的本质和方法也发生了彻底的改变。哲学成为一门归总的学科，帮助我们把语法、算法和逻辑的综合成为世界观和认知技巧。它告诉我们，所有的哲理和数理一样都是人为的规则。因此我们不用多说，真、善、美、平等、自由等概念的意指也都是认知活动的产物。对这些概念之一的重新定义都可以掀起一场大规范的判断和话语实践。

总之，逻辑哲学所倡导的研究方法和技巧在教学中的发展和普及会使得当代社会的发展进入这样一个循环：你越要获得真正的知识就越要接触并接受逻辑哲学的语法、算法和逻辑。你越理解这些法则你就越要和传统的认知和逻辑背道而驰。其实，和旧逻辑的不透明的法则相比，这些语法和算法规则并不复杂，完全透明。关键是要学会判断的真值函数的运算。

当数学和逻辑重叠之后，数学存在的基础不再是来自上天的形而上，而是生活。由于数学就是逻辑学的伪装，所以当代逻辑学既是在高等数学方面很有挑战性的学科，也是建构任何专门学科的内在结构的软件工程学。所有重要软件的基础都起源于以判断符号为基础作架构的算法和计算。一般的程序设计不过是整个架构中的一个模块。所以，逻辑学也是一个很有回报潜力的基础理论的学科。这是因为你的学习成果会让整个信息科学和人类社会受益。

对比维根斯坦于1939年举行的这些讲座和1921年出版的《逻辑哲学纲要》，我们可以看出他始终坚持了逻辑是客观存在和主观认知的统一，并且存在第一，逻辑第二。他始终坚持了判断的语法和算法是提高判断和语言的使用水平的关键因素，并制定了许多语法和算法规则。他也多次指出语法严谨就是逻辑严谨，我们并不需要也无法去上天找来使得思维有逻辑性的模板。他也始终批评了罗素的《数学原理》缺乏数学的基本常识。所以，我们说维根斯坦在逻辑哲学的基本立场和方法论这两个方面始终了保持一致。

第十四章

跋

　　逻辑学的应用是用高度抽象的逻辑坐标为客体的存在的形式中的逻辑结构作画。如此看来，逻辑学既是几何的几何、数学的数学，也是各个学科的科学，或者说 X 的 X。

　　笔者译读《逻辑哲学纲要》给全人类做出的贡献就是做出了维根斯坦故意没有做出的逻辑坐标图和逻辑规则图，并用各种图形演示了这两组图形序列所包涵的气象万千的转换和演绎。我对《逻辑哲学纲要》的全面深入的译读也成功地演示了维根斯坦在逻辑学的算法中的根本立场：图形序列的推导和演绎是逻辑学的自证的根据，正如几何图形是几何学的证据；但是逻辑的图形要高于几何的图形。由于几何计算中的变量一次只可以代入一个值，而逻辑坐标的变量可以代入无数的判断值，所以逻辑的计算既是几何计算的基础也比几何计算更加复杂精妙。这就是说《逻辑哲学纲要》在算法上要比欧式《几何原理》更加合理更加契合实际生活。

　　维根斯坦看出了高度抽象的逻辑思维在逻辑坐标中的必然发展规律和或然的使用，并且反复多次提到了逻辑坐标，但是他没有完整地做出逻辑坐标的图形。他能用归零法的图形证明逻辑之真的大前提就是判断之真的同义反复，但是他不能做到拼音语言中的名字的意指就是判断句和逻辑句中的名字的意指。这也许是他没有公开他的逻辑坐标图和逻辑演绎推理的规则图的原因之一。

　　他逝世前都没公开逻辑坐标的连环演绎的图形也许是因为他没

有得到他应得的荣誉和地位所以他不愿意告诉世人他的看家本领。如果是这样，那么我如今正和他相反。我早在 20 世纪 90 年代中期就已经看懂了维根斯坦在逻辑哲学中确定的呈现和再现的区别能对文学艺术创作和审美活动产生差别巨大的效率和意义。我如今公开发表我对逻辑哲学的全面深入的译读就是为了让世人看明白逻辑哲学的高度抽象的基础就是逻辑坐标。看穿逻辑坐标的组织结构之后，我们就会明白逻辑哲学的源泉和有逻辑的图形演绎推理的全过程，从而懂得我们使用中文时必须包涵的语法算法和表达规则和如此使用中文必将产生的伟大哲学意义，从而提高我们用中文说明并改造这个世界和生活的效率和速度。

　　由于逻辑哲学的原型结构 aRb 可以投影高度抽象的逻辑计算的模型，所以数学和其他学科都可以把自己的若干简单判断代入到逻辑投影现实的机制 R 中，从而构建自己的理论模型。投影论完全推翻了旧哲学中由柏拉图奠定的形式论。形式论认定人不可以掌握，只能用思想临摹来自上天的完美的逻辑；但是投影论通过信息科学已经证明完美的逻辑就来源于存在于生活中的精准的客主核对。当代信息科学中的虚拟世界和文字处理等应用程序每时每刻就在给我们演示着投影论的彻底胜利。所以逻辑哲学必须是已经无可辩驳地成为当代所有学科的基础理论。但是某些人为了保持自己的话语霸权和技术优势采用各种宣传和学术研究彻底掩盖了当代逻辑哲学的重要意义。

　　现在我可以说，维根斯坦在剑桥教书期间并没有完整的讲解他的《逻辑哲学纲要》，尤其是他没有全面深入地讲解为什么判断的规则中必有判断的图形，逻辑的规则中必有逻辑的图形，尽管他有时候也做出了少数几个重要的图形。数学家图灵和维根斯坦有许多接触，全程参加了维根斯坦在 1939 年连续两个学期举办的关于算术的原理的讲座，在逻辑学方面受益巨多。根据康德仁的描述，维根斯坦和图灵在 1939 年之后都离开了剑桥去伦敦参加第二次世界大战。我推测图灵是受维根斯坦的启发和帮助，根据逻辑坐标、逻辑句和图形设定等基本概念，撰写了第一个用于指挥计算机工作的逻辑语言的指令集，并破解了德军的通信密码。

第十四章：跋

另外根据克林在《数学逻辑》中的叙述，他本人和图灵有许多交往。我们可以假定克林是通过与图灵的交谈和介绍，在构建逻辑数学的模型论的过程中，全程剽窃了《逻辑哲学纲要》，为计算机的机器语言的决策过程的编写做出了贡献。

维根斯坦也许从图灵取得的成就中看到了自己的理论得到了证明并受到鼓舞。于是他在20世纪50年代初在《哲学调查》中宣称他的理论终将会给全人类带来与旧认知大陆决裂的大陆板块的大漂移（Paradigm Shift）。可是历史表明，不仅他的理论贡献没有被承认，而且图灵也因同性恋被迫害致死。维根斯坦在联系好出版商之后决定不出版《哲学调查》。由此可见维根斯坦是多么的失望。于是《逻辑哲学纲要》成为他自己唯一公开发表的著作。我利用《创世纪》的语句形式强调维根斯坦的逻辑哲学的重要意义。

在哲学发展史上，有很长一段历史时期，思想没有形式和内容的区别，也没有可以标定思想的形式的特征的语法、算法和表达的规则。一切都是少数几个被封为神的哲学家们声称他们在对来源于上天的逻辑进行思考时作出的武断。一切都是其他人的阅读和领悟。

然后维根斯坦说：让几个武断的简单符号的合成表达逻辑的组织结构，并让此结构成为判断的文本、图形和真值函数运算。让逻辑结构的成分成为判断的词法，让客主和联系它们的中介成为判断的句法（a R b），让主体投影客体的机制R成为理论的模型和描述此模型的逻辑语言，让判断的感知值的组合成为构建理论模型所需要的所有逻辑点的真值标定，让这一切都界定在逻辑坐标系统之内。让我们离开逻辑坐标的逻辑点对在逻辑点上必然要发生的行为中的逻辑结构进行合理的反思，并用判断的感知值和逻辑句组成的文本指挥客体代替我们去逻辑点上执行任务！于是天崩地裂，新的认知大陆和旧大陆彻底决裂。于是就有认知的新天新地。于是维根斯坦创立的逻辑就能让我们做到心想事成。

必须指出，逻辑推理不仅要做到过程合理，环节合理，结论合理，而且大前提也必须合理。正因为维根斯坦之前的逻辑学家们都不能确定逻辑推理的大前提在哪里，于是他们才推断说逻辑推理的大前提来自完美永恒的上天。但是这个推断只能是强言为真。

如何全面深入的译读维根斯坦的《逻辑哲学纲要》

维根斯坦的逻辑推理的基础是判断和逻辑的图形演绎。但是他不能用拼音语言给逻辑的图形起名副其实的名字。这是因为逻辑的画面是空灵的，没有方向、时间、性别、时态、语气、单复数等形式特征。而罗素引以为傲的拼音语言的形式特征恰恰和逻辑的形式特征完全相悖。并且维根斯坦在《逻辑哲学纲要》中指出了拼音语言的形式特征是和音乐一样用声音再现生活，而逻辑的形式特征是自我呈现。

于是维根斯坦只好把拼音字母与特定的符号当作象征符号，用它们来象征判断句、判断的感知值、判断函数的计算、逻辑关系等。但是当他这么高度抽象地使用拼音字母时，他不能把假定是来自上天的看不见的完美的逻辑的形式排除在拼音字母之外。这是因为这样的象征的背景是没有边界的。于是他只好要求读者把他的象征符号设想为生活作画的象形文字。所以罗素在他为这篇著作写的引介中指出，维根斯坦没有充分的定义逻辑象征主义。

维根斯坦也曾对中文文字可以为逻辑的形式作画抱着希望，从而证明他的逻辑推理的大前提来源于生活而不是上天。一方面他用图形（判断符号）肯定了判断就是计算。另一方面，古典中文已经被当时研究中文的国学家们和西方的汉学家们宣称为只是装饰性的语言。于是他在《蓝皮书》中对学生们说，使用中文的人善于做计算，但是中国人不知道在生活中怎么应用计算，于是中国人都把计算图形印在墙纸上作为装饰品贴在墙上。不过他也对学生们说他难以相信用中文表达的数学语句会和用拼音语言表达的数学语句有不同的计算结果。[①]

维根斯坦知道他的理论的大前提的缺陷——用拼音符号做象征不能把上帝或上天的象征排除在外。所以他在《讲座》第29讲中给听众说，他希望有人能发明一种语言，其中来自日常生活的词语

[①] 例如在《论确定》第十段中他指出"2 x 2 = 4"在他熟悉的西方语言中的意指是相同的，都是价值为真的算术判断。但是他说："但是'2 x 2 = 4'在中文的口语和书面语句中也许会有不同的意指或者完全没有感知意义 but the spoken and written sentence '2 x 2 = 4' in Chinese might have a different meaning or be out and out nonsense"（《论确定》，§10）。更加奇怪的是，民国时期的所有那些所谓学贯中西的大师们也都认为古典中文著作没有逻辑，古代中国诗人使用的诗歌语言都是装饰性语言。以至于如今在日常生活中，世界上还有许多人相信中文是没有逻辑的语言。这也是某些西方学者认为中国人不善于创造只会模仿的原因。

第十四章：跋

的意指就是判断句的意指。这样的语言就是逻辑透明的语言。

他的听众不需要发明这种语言，只需要使用中文就可以达到这个目的。我完全可以用"走"和"过"这两个字透明地表达全部十六种逻辑关系如下。

同义反复：如果走那么就是走并且如果过那么就是过。

并非：不是走和过。

后件：如果过那么走。

前件：如果走那么过。

失联：或走或过。

后否：不过。

前否：不走。

两选一：或走或过但并非走和过。

全等：如果走那么过并且如果过那么走。

唯甲：只走。

唯乙：只过。

两非：既不走也不过。

前非：不走但是过。

后非：走但是不过。

联合：走和过。

自相矛盾：走又不走并且过又不过。

当然，我也可以用甲和乙这两个字或其他两个有逻辑关联的字置换走和过。所以，在理论上我们可以更容易更直观更有效率地用中文文字编写逻辑句描述"走"的局面并把它投影成虚拟的"走"的画面。这就是说，当全部用中文文字编写的逻辑编程语言通过虚拟的逻辑的机器用"走"这个文字命令某个客体（走）时，它就会走起来。并且如果虚拟的逻辑的机器能让客体"走"起来，那么它就能让客体做出所有和（走）类似的行为。只有这样，逻辑才能达到它的真正目的："所见即所得。"逻辑的"所见即所得"不仅是对人类的逻辑语言，对全部有生命的有机体的成分之间的逻辑交流语言也必须是如此。否则有机的生命的结构不会有对称统一的配合和成长。

477

如何全面深入的译读维根斯坦的《逻辑哲学纲要》

在第 5.461 段谈到括号的使用时，维根斯坦说："把括号和这些明显的原始符号一起使用显示着这些不是真正的原始符号；并且当然没人会相信这些符号自动具有意指。"这就是说，维根斯坦用（ ）表达的所有逻辑推理的过程都有一个原始的图形。我认为，这个原始的图形就是原始判断的逻辑坐标（aRb）[0]；并且有意义的判断始于简单判断的逻辑坐标（aRb）[1]。于是我们可以看出，整部《逻辑哲学纲要》中的语法、算法和逻辑的表达的规则都是以 aRb 为切入点进行层层深入的分析而制定的。

维根斯坦还指出，在确定了判断的形式和内容之后，表达就是一切。这就是说，在看清楚了逻辑坐标的层层演绎的形式和内容之后，我们还必须给逻辑坐标和其成分起恰当的名字。对使用拼音语言的人而言，这是个极大的困难。我认为难就难在拼音语言在表达上的形式特征是仅仅用声音的拼写再现思维的简单单位，而逻辑推理的过程是一次性的全面呈现某个思维活动的流程。于是拼音文字或单词不能给逻辑的简单单位和复杂单位起适当的名字。这是因为给（ ）命名的名字必须和（ ）一样是个简单单位。但是任何拼音语言的词语都是至少由两个以上的字母组成的复杂结构，并且字母之间的拼写关系完全是武断的。

在高度抽象的思维中，当我们用中文文字往（ ）里面填空时，1）任何一个字都和逻辑坐标的表达形式（方框）完全契合；2）我们能够出于本能以那个字为触媒在脑子激发某个作为判断的标准的画面（b）并核对局面（a）是否和画面一致；3）当我们对有逻辑的行为序列中的逻辑进行反思时，我们必须把（走）用作简单判断函数。这时候，不仅"走"的意指就是判断函数（走）的意指，并且我们不需要另外给判断起名字。

以上三点演示中文是逻辑透明的语言。问题是，多年来的二维书面的使用的习惯，使得文人们忘了或者说摈弃了任何一个中文字在三维立体的空间中都是一个判断符号，并且判断符号里面包涵判断的计算和演绎推理这个事实。这个判断符号就是中文具有高度抽象的逻辑思维的能力或庄严的理性的标志。

必须指出，维根斯坦在《逻辑哲学纲要》中只使用了 a、R、

第十四章：跋

b、+、-、p、t、f、( ) 这几个符号就完美地表达了逻辑。由于每一个逻辑符号只占一个方框，于是我们可以把逻辑符号看作是方块文字。为了帮助大家看出我们使用中文时可以找到完美的逻辑并实现认知的层层飞跃，我现在做出一个比较方块文字和拼音文字的思维结构的图形如下。

1	2
生活中的完美逻辑	上天的完美的思维形式
高度抽象的思维/逻辑坐标、可计算可确定	抽象思维/形式逻辑、不可计算不可确定
方块文字	拼音文字

我们可以在左边第一行中看出方块文字的使用可以上升到高度的抽象，并且高度的抽象可以不断地升华。罗素也看出了维根斯坦发现的完美的逻辑具有不断升华的层次结构。所以他在为这本著作写的引介的最后部分中指出："正如维根斯坦先生所说，每一个语言都有个结构，与之相关的啥，用此语言，啥也不能说，但是也许有另一个语言处理此第一个语言的结构，并且自身有一个新的结构，而且语言的这个层次结构是无限的。维根斯坦先生当然会回答说他的理论可以保持不变的适用于此等语言的总和。唯一的反驳就会是否认有这样一个总和。"但是罗素对反对维根斯坦的人们说他不能否认这个总和。

必须指出，首先有形式序列才能有序列的求和。所以罗素显然看出了维根斯坦的逻辑是个形式序列。并且他承认，除了否认维根斯坦的形式序列可以求和之外，人们再无其他办法反驳维根斯坦的形式序列可以为世界和生活求和的理论。于是罗素在后面接下来对反对维根斯坦的立场和方法的人们说："这样一个假设前提是很难的，而且我明白若干反对它的意见，此时此刻我不知道如何回答这些反对。然而我也看不出任何更容易点的假设前提怎么能从维根斯坦的诸多结论中逃逸"。所以我们在这儿看出，罗素并不是如他后来所宣称的那样不懂维根斯坦的逻辑哲学，而是有些人害怕高度抽象的逻辑思维将要引发的哲学的变革和软件技术的核心理论的扩散。

如何全面深入的译读维根斯坦的《逻辑哲学纲要》

我们从上面的那个表格的第二行中可以看出维根斯坦之前的拼音语言中的逻辑都是形式逻辑。这就是为什么维根斯坦在为他自己的这本著作的前言中说所有的哲学的问题的提出都源于对我们的语言中的逻辑的误解。形式逻辑是以僵硬、分裂和固定不变的二元对立（非我即异）的立场和方法看世界。形式逻辑在数学方面的代表作是欧式《几何原理》和罗素的《数学原理》。形式逻辑是被旧逻辑学家们设定为人间不完美的命题的集合。这是因为他们发现这样的集合不能同时包涵自己也包涵从属于它的子集。于是完美的既包涵自己也包涵其他子集的存在被他们设定为是来自上天。这就是为什么那些主张语言/种族优越论的人们自我感觉良好，觉得他们都是上天的宠儿的原因。他们一方面掌握了技术优势和话语霸权，另一方面从殖民主义时期开始就贩卖奴隶，掠夺甚至殖民弱小国家。正是这些语言/种族优越论者们的理论如此普及以至于有些当代中外学人还在强言为真地说用中文文字表达的语言是缺乏逻辑的语言。

在高度抽象的逻辑哲学中，判断句和逻辑句的每一个成分，如判断函数、判断值 TF、函数间的逻辑关系、逻辑句的成分和整体，都被维根斯坦用作高度抽象的变量。正因为存在这些空灵、客观、完全排除了任何主观因素的干扰的变量（维根斯坦称逻辑句中的变量为伪客体），所以维根斯坦创建的逻辑哲学系统可以在高度抽象的思维中用判断的真值根据对逻辑推理的过程进行精准的计算，从而准确地表达思想。请记住我的这句话。

凡是从日常口语中抽象出来的任何语句的抽象形式都是伪逻辑，都缺乏有逻辑的客/主交叉核对的形式：+（--）p。把日常口语中包涵的判断的逻辑和逻辑的判断的基本单位"-"用作变量，进行全面深入的感知值的计算才是真逻辑。

所以，以句型结构为核心的当代语文的语法是不合理的语法。我们在这样的语法结构中看不到任何出路，只能围绕着一些名字（术语）作没有客/主核对的、枯燥又抽象的恶性循环。从高度抽象的 aRb 这个判断句中的逻辑结构中演绎出来的语法才是真正有实际用途的语法。它必须是人类所有语言都共享的语法。这样的语法可以

第十四章：跋

让我们看到语言的使用中所包涵的无限广阔的前景和辉煌的目的。所以，在逻辑哲学指导下撰写的语法规则具有严谨、精确和高度抽象的威严和庄重，并且具有无比广阔的应用前景。谁掌握了这样的语法谁就掌握了具有高度抽象的形式特征的语言艺术。这是因为当代逻辑就是所有学科和所有知识的基础理论。由于存在第一、逻辑第二，所以各个学科不能在逻辑之外再搞出一套基础理论。"基础理论"这个词就是某些西方人为了掩盖当代逻辑的真相而发明并推广的名字。它的指称对象就是维根斯坦创建的逻辑哲学。

我对《逻辑哲学纲要》的全面深入的译读揭示全人类都共享一个逻辑，因此有或然在全球建立一个人类命运的共同体。并且我的译读已经揭示中文的方块语言在未来的语言竞技中具有全面压倒的战略优势。

必须指出，数理逻辑在西方是从笛卡尔、莱布尼兹到弗里格和罗素一直都想完成的梦想。但是他们都无法用他们的逻辑方程式进行计算。有很长一段时期，数理逻辑在西方被称为上帝的刮胡刀。这是因为数学方程的图形可以清晰地界定思维的轨迹和定义域，从而有潜力演示数学的自觉和自证来源于逻辑的图形自证。但是他们的共同错误是把上天的完美逻辑预设为人的形式逻辑必须与之对应的客体，把数和数的集合看作是世界的实质。和他们完全相反，维根斯坦在《逻辑哲学纲要》中已经反复指出：世界的实质是客体的形式和内容；逻辑只研究客体的形式；逻辑是高于客体并掌控客体的更高级的存在；完美的逻辑不在上天，就在我们的生活中，就在对生活中的逻辑坐标进行反思的大脑中。当代信息科学的发展已经证明维根斯坦的判断是正确的。如果没有维根斯坦在《逻辑哲学纲要》中发表的表达完美的逻辑的"语法＋算法＋表达"的规则，当代信息科学就没法仿真现实，就没法做出完美并牢不可破的客体的形式。所以，高度抽象的客体是维根斯坦成功的创建崭新的逻辑的大厦的基础。总而言之，客体是维根斯坦解构旧哲学和旧逻辑的武器；图形设定是他建构逻辑哲学和当代逻辑学的工具。

到此为止，我完成了《逻辑哲学纲要》的译读。必须强调，王氏逻辑坐标图和王氏逻辑规则图并不是我的原创。我只是根据我对

如何全面深入的译读维根斯坦的《逻辑哲学纲要》

《逻辑哲学纲要》的详细和反复的阅读，注意到了维根斯坦表达逻辑的语言符号是 a、R、b、+、-、( )、t、f、p，注意到了他反复提到了逻辑坐标、逻辑和、逻辑积，等等，也注意到了他做出了逻辑的方框图形，并做出了归零法的图形和视野的错误图形。我把这些要素组合起来就做出了他没有公开的逻辑坐标图和逻辑规则图。根据《讲座》，我认为没有这样的图形和图表就不可能有虚拟的图灵机。根据我的译读，读者也可以看出没有维根斯坦为逻辑制定的语法算法和表达的规则，也不可能有克林的模型论。

总而言之，维根斯坦创建的逻辑哲学为我们赋予了极其伟大又光荣的任务。在此完成了对《逻辑哲学纲要》的译读之时，我坚信其他人接下来将会更好地完成这个任务。